Kohlhammer

Kohlhammer Edition Marketing

Herausgeber: **Prof. Dr. Richard Köhler**
Universität zu Köln

Prof. Dr. Dr. h.c. Heribert Meffert
Universität Münster

Heribert Meffert
Joachim Bolz

Internationales Marketing-Management

3., überarbeitete und ergänzte Auflage

Verlag W. Kohlhammer
Stuttgart Berlin Köln

Die Deutsche Bibliothek – CIP Einheitsaufnahme

Kohlhammer-Edition Marketing / Hrsg.: Richard Köhler ; Heribert Meffert. –
Stuttgart ; Berlin ; Köln : Kohlhammer.

Meffert Heribert: Internationales Marketing-Management. – 3.,
überarb. und erg. Aufl. – 1998

Meffert, Heribert:
Internationales Marketing-Management / Heribert Meffert ; Joachim
Bolz. – 3., überarb. und erg. Aufl. – Stuttgart ; Berlin ; Köln :
Kohlhammer, 1998
 (Kohlhammer-Edition Marketing)
 ISBN 3-17-014912-1

3., überarbeitete und ergänzte Auflage 1998

Vorwort der Herausgeber

Mit dem vorliegenden Werk wird die »Kohlhammer Edition Marketing« fortgesetzt – eine Buchreihe, die in 24 Einzelbänden die wichtigsten Teilgebiete des Marketing behandelt. Jeder Band soll in kompakter Form (und in sich abgeschlossen) eine Übersicht zu den Problemstellungen seines Themenbereichs geben und wissenschaftliche sowie praktische Lösungsbeiträge aufzeigen.

Als Ganzes bietet die Edition eine Gesamtdarstellung der zentralen Führungsaufgaben des Marketing-Management. Ebenso wird auf die Bedeutung und Verantwortung des Marketing im sozialen Bezugsrahmen eingegangen.

Als Autoren dieser Reihe konnten namhafte Fachvertreter an den Hochschulen und, zu einigen ausgewählten Themen, Marketing-Praktiker in verantwortlicher Position gewonnen werden. Sie gewährleisten eine problemorientierte und anwendungsbezogene Veranschaulichung des Stoffes. Angesprochen sind mit der Kohlhammer Edition Marketing zum einen die Studierenden an den Hochschulen. Ihnen werden die wesentlichen Stoffinhalte des Faches möglichst vollständig – aber pro Teilgebiet in übersichtlich komprimierter Weise – dargeboten.

Zum anderen wendet sich die Reihe auch an Institutionen, die sich der Aus- bzw. Weiterbildung von Praktikern auf dem Spezialgebiet des Marketing widmen, und nicht zuletzt unmittelbar an Führungskräfte des Marketing. Der Aufbau und die inhaltliche Gestaltung der Edition ermöglichen es ihnen, einen raschen Überblick über die Anwendbarkeit neuerer Ergebnisse aus der Forschung sowie über Praxisbeispiele aus anderen Branchen zu gewinnen.

Was das äußere Format und die inhaltliche Ausführlichkeit betrifft, so ist mit der Kohlhammer Edition Marketing bewußt ein Mittelweg zwischen Taschenbuchausgaben und sehr in einzelne gehenden Monographien beschritten worden. Bei aller vom Zweck her gebotenen Begrenzung des Umfanges erlaubt das gewählte Format ein übersichtliches und durch manche didaktische Hilfen ergänztes Darstellungsbild. Über die Titel und Autoren der Gesamtreihe informiert ein Programmüberblick auf den Umschlagseiten dieses Bandes. Hier sollen nur die fünf Schwerpunktgebiete genannt werden:

Grundlagen des Marketing (Einführungsband, Strategisches Marketing, Marketing-Planung, Marketing-Organisation und Marketing-Kontrolle)

– **Informationen für Marketing-Entscheidungen** (Marktforschung, Markt- und Absatzprognosen, Konsumentenverhalten, Marktsegmentierung, Marketing-Informationssysteme, Entscheidungsunterstützung für Marketing-Manager) – **Instrumente des Marketing-Mix** (Produktpolitik, Distributionsmanagement, Preispolitik, Kommunikationspolitik, Strategie und Technik der Werbung, Verkaufsmanagement) – **Institutionelle Bereiche des Marketing** (Handelsmarketing, Investitionsgüter-Marketing, Dienstleistungs-Marketing, Marketing für öffentliche Betriebe, Internationales Marketing-Management) – **Umwelt und Marketing** (Rechtliche Grundlagen des Marketing, Social Marketing).

Der Band »Internationales Marketing-Management« liegt nun in einer dritten, überarbeiteten und ergänzten Fassung vor. Die Neubearbeitung von Meffert und Bolz trägt im Inhalt den veränderten Bedingungen und der strategischen Neuorientierung im internationalen Marketing Rechnung. Im vergangenen Jahrzehnt ist vor dem Hintergrund der Entstehung größerer Wirtschaftsräume die Globalisierung des Wettbewerbs in Wissenschaft und Praxis in den Mittelpunkt des Interesses gerückt. Ausgehend von dieser Entwicklung behandeln die Autoren das internationale Marketing-Management sowohl als funktionsübergreifende Führungskonzeption als auch im funktionsbezogenen Sinne als Gestaltungsaufgabe beim Einsatz von Marketing-Instrumenten auf internationalen Märkten.

Der Aufbau des Buches folgt aus entscheidungsorientierter Sicht dem Planungsprozeß im internationalen Marketing. Auf diese Weise gelingt es nicht nur, die Planung von Marketing-Strategien und -maßnahmen auf internationalen Märkten miteinander zu verbinden; vielmehr wird auch unter Einbeziehung des Informations-, Implementierungs- und Kontrollaspektes eine integrierte Gesamtschau über ein komplexes Spezialgebiet des Marketing gegeben. In das Buch sind neben einer umfassenden Lehrerfahrung zahlreiche Praxiskontakte und die Ergebnisse eigener Forschungsarbeiten der Autoren eingeflossen. So enthält es gleichermaßen Lerngrundlagen für den Studierenden und Anregungen sowie Arbeitshilfen für den im internationalen Geschäft tätigen Praktiker.

Köln und Münster, im August 1997   Richard Köhler
Heribert Meffert

Vorwort

In den letzten Jahren hat sich in der Einstellung zu Fragen der Bearbeitung von Auslandsmärkten ein grundlegender Wandel vollzogen: an die Stelle eines mehr zufälligen »Warten auf Bestellungen« ist in der Unternehmensführung in zunehmendem Maße eine bewußte Ausrichtung auf die Probleme und Bedürfnisse der Käufer auf Auslandsmärkten, d.h. die Marktorientierung oder das Marketing getreten. Das Anliegen dieses Buches ist es, einen Überblick über die Besonderheiten und Aufgabenstellungen des internationalen Marketing zu geben. Das Buch geht dabei über die traditionelle Lehrbuchdarstellung hinaus, in dem es die zunächst vorgetragenen Grundlagen kritisch diskutiert und darauf aufbauend das konkrete Vorgehen bei der Analyse, Planung, Koordination und Kontrolle der Unternehmensaktivitäten auf internationalen Märkten beleuchtet. Dieses Vorgehen entspricht einer managementorientierten Konzeption des internationalen Marketing. Ausgehend von den Problembereichen und den Informationsgrundlagen des internationalen Marketing werden zunächst Fragen der konzeptionellen Planung (Zielplanung, Marktsegmentierung, Marktwahl, Strategien der Marktbearbeitung) behandelt. Diese Entscheidungen bilden die Grundlagen für die Maßnahmenplanung (Ausgestaltung der Marketinginstrumente) und die Koordination und Kontrolle im internationalen Marketing. Das Buch richtet sich an Studenten wirtschaftswissenschaftlicher Studiengänge im Hauptstudium mit Schwerpunkt Marketing und Unternehmensführung sowie an Praktiker, die sich im Rahmen ihrer Tätigkeit mit Entscheidungsproblemen des internationalen Marketing-Management befassen. Zum Gelingen dieses Werkes haben zahlreiche Diskussionen mit den Mitarbeitern bzw. Kollegen am Institut für Marketing beigetragen. Unser besonderer Dank für die kritische Durchsicht des Manuskripts, zahlreiche konstruktive Verbesserungsvorschläge und wertvolle Ergänzungen gilt Herrn Dipl.-Kfm. R. Katz M. Sc. sowie Herrn Dipl.-Kfm. M. Krups, der sich auch intensiv um die formale redaktionelle Gestaltung des Buches bemüht hat. Ferner danken wir Frau M. Bürger für die zügige Abwicklung der oft recht mühevollen Schreibarbeiten.

Heribert Meffert und Jürgen Althans

Vorwort zur 2. Auflage

Auf dem Gebiet des internationalen Marketing hat sich seit Erscheinen der ersten Auflage in Wissenschaft und Praxis ein erheblicher Wandel vollzogen. An die Stelle des exportorientierten und multinationalen Marketing ist vielerorts das globale Marketing gerückt. Eng damit verbunden war eine stärkere wettbewerbsstrategische Ausrichtung des Marketing. Diese Veränderungen machten eine nahezu völlige Neubearbeitung des Buches erforderlich, bei der Jürgen Althans als Koautor leider nicht mehr zur Verfügung stand. Neben einer Aktualisierung und Vertiefung im Bereich der Marketing-Instrumente wurde der Implementierung und Kontrolle als bedeutsamen Erfolgsfaktoren des internationalen Marketing besonderes Augenmerk geschenkt. Auch bei der zweiten Auflage des Buches wurden wir von Mitarbeitern des Instituts für Marketing unterstützt. Unser besonderer Dank gilt Herrn Dr. Clemens Pues und Herrn Dipl. Kfm. Jörg Meurer für die engagierte inhaltliche Mitwirkung bei der Abfassung der Schrift und die technische Abwicklung des Projektes. Ferner gilt unser Dank Frau Dipl.-Kffr. Karin Hillebrand und Herrn Dipl.-Kfm. Frithjof Netzer für die sorgfältige Durchsicht der Druckfahnen.

Heribert Meffert und Joachim Bolz
im Juni 1994

Vorwort zur 3. Auflage

In den drei Jahren zwischen Erscheinen der zweiten Auflage und der nunmehr vorliegenden überarbeiteten und ergänzten dritten Auflage hat sich das Verständnis des internationalen Marketing weiter in Richtung einer strategisch-integrativen Sichtweise entwickelt. Vor diesem Hintergrund war es angezeigt, neben einer Aktualisierung des Zahlenmaterials und der Literatur auch inhaltliche Änderungen und Ergänzungen in allen Kapiteln vorzunehmen. Abschließende Thesen sollen im Schlußteil des Buches die zentralen Entwicklungsperspektiven des internationalen Marketing aus Sicht der Wissenschaft und Praxis zusammenfassen.
Wir danken Herrn Dipl.-Kfm. Frithjof Netzer für die wertvolle Unterstützung bei der Überarbeitung der Neuauflage und Herrn Dipl.-Kfm. Martin Koers für die sorgfältige Durchsicht der Druckfahnen. Unser Dank gilt darüber hinaus Herrn cand. rer. pol. Alexander Lorbeer für die technische Umsetzung der Änderungen.

Heribert Meffert und Joachim Bolz
im September 1997

Inhaltsverzeichnis

13

1. Internationalisierung als Herausforderung an Marketing und Unternehmensführung

1.1 Entwicklungslinien der internationalen Geschäftstätigkeit

Die Internationalisierung der Geschäftstätigkeit gehört für die überwiegende Mehrzahl der Großunternehmen in den führenden Industrienationen seit geraumer Zeit zu den Eckpunkten der strategischen und operativen Unternehmensplanung. Die Vollendung des Europäischen Binnenmarktes, die Bildung einer Vielzahl weiterer regionaler Wirtschaftszonen in fast allen Kontinenten, die Öffnung des osteuropäischen Wirtschaftsraumes und nicht zuletzt die zunehmende Deregulierung von Branchen haben in den letzten Jahren auch eine zunehmende Anzahl mittelständischer Betriebe zu einer Internationalisierung ihrer Absatzaktivitäten bewegt.

Über diese, auf **politisch-rechtliche Entwicklungslinien** zurückzuführende Ursachen der Internationalisierung hinaus bedingt eine Reihe weiterer Faktoren die wachsende Bedeutung internationaler Wirtschafts- und Handelsbeziehungen. So bietet auf der **Konsumentenebene** die beständig voranschreitende Homogenisierung der Nachfragebedingungen die Chance und gleichzeitige Notwendigkeit der Internationalisierung von Geschäftsaktivitäten. Waren ausländische Wettbewerber bis in die 70er Jahre hinein vielfach nur als Nischenanbieter auf angestammten Heimatmärkten präsent, ist die Internationalisierung des **Wettbewerbs** heute ein fester Bestandteil der Dynamik der Marktstrukturen. Die insbesondere in Europa beobachtbare Internationalisierung des **Handels** sowie eine wachsende Anzahl weltweit agierender industrieller Nachfrager konfrontiert ferner eine Vielzahl von Zulieferern, Werbeagenturen und Beratungsunternehmen mit der Herausforderung, ihren Hauptabnehmern auf ausländische Märkte zu folgen. Begünstigt wird die zunehmende Internationalisierung zudem durch den **technologischen Fortschritt** auf dem Gebiet grenzüberschreitender Informations- und Kommunikationsmöglichkeiten, von denen das Internet beispielhaft hervorzuheben ist.

Dieser im externen Marktumfeld begründete **Internationalisierungs-Pull** findet sein unternehmensinternes Pendant in einer vielfach beobachtbaren aktiven Suche nach Wettbewerbsvorteilen (**Internationalisierungs-Push**). Stichworte wie »Global Sourcing«, die Verkürzung von Technologie- und Produktlebenszyklen sowie die Realisierung von Kostensenkungspotentialen bei steigendem Forschungsaufwand sind in diesem Zusammenhang als Indikatoren anzuführen.

Die Internationalisierung der Geschäftstätigkeit wird jedoch auch von verschiedenen Faktoren beeinflußt, die unter dem Oberbegriff »Protektionismus« die Ausweitung des zwischenstaatlichen Güteraustausches behindern. So reagieren viele Staaten auf die umfangreichen Anpassungserfordernisse an die veränderten Rahmenbedingungen insbesondere in Zeiten weltweiter Wachstumsschwäche mit dem Schutz einzelner Unternehmen und Industriezweige. Dabei wird der Protektionismus für einzelne Branchen z. T. als Strukturanpassungshilfe mit dem Ziel verstanden, den time-lag, der bei der Anpassung an veränderte Weltmarktbedingungen zu berücksichtigen ist, sozialverträglich auszugleichen. Dies betrifft vor allem Industriezweige, deren Märkte kaum expandieren bzw. schrumpfen und bei denen eine große Zahl von Arbeitsplätzen bedroht ist, wie z.b. Stahl, Bergbau und Landwirtschaft. Nach neueren Schätzungen des GATT (General Agreement on Tariffs and Trade) unterliegen gegenwärtig 50 % des Welthandels einschränkenden Regelungen. Dabei werden klassische Schutzmaßnahmen in den letzten Jahren verstärkt durch subtilere Formen nichttarifärer Handelshemmnisse abgelöst. Zu nennen sind hier z.b. Subventionen, staatliche Beschaffungspolitik, Einfuhrüberwachungsmaßnahmen, quantitative Importbeschränkungen, Ausgleichszölle, Selbstbeschränkungsabkommen bei Exporten, Mindestpreisfestsetzungen bei Importen, nationale Normensysteme und restriktive Devisenausfuhrbeschränkungen, welche die Bedingungen für eine erfolgreiche Gestaltung internationaler Geschäftsaktivitäten erschweren.

Diese Entwicklungslinien sind anhand einiger Kennzahlen im Hinblick auf die strukturellen Veränderungen des Welthandels und der internationalen Wettbewerbsfähigkeit der Bundesrepublik Deutschland zu verdeutlichen, die folgend im Überblick dargestellt sind.

1.2 Welthandel und internationale Wettbewerbsfähigkeit der Bundesrepublik Deutschland

Eines der Kennzeichen des tiefgreifenden Strukturwandels der Weltwirtschaft war bis zu Beginn der 80er Jahre eine Intensivierung der **internationalen Handelsbeziehungen**, die nur bedingt durch die beiden Ölkrisen in den 70er Jahren kurzfristig beeinträchtigt wurden. Nach einer verhaltenen Expansion des internationalen Handels zu Beginn der 80er Jahre und einer kurzzeitigen Schrumpfung im Jahre 1982 entwickelte der Welthandel im weiteren Verlauf der 80er Jahre eine beträchtliche Dynamik und erreichte zeitweise Steigerungsraten zwischen 6 – 13 % (Statistisches Bundesamt 1993). Insgesamt erhöhte sich das Welthandelsvolumen im Laufe der 80er Jahre um ca. 50 % und expandierte damit deutlich stärker als die Produktion.

Mit über 50 % der Weltausfuhr stellen die sieben großen westlichen Industrieländer die am stärksten exportorientierte Ländergruppe dar. Angeführt wurde die Rangliste der führenden Exportländer im Jahre 1994 durch die USA, dicht gefolgt von der Bundesrepublik Deutschland (vgl. Abbildung 1). Die intensivsten Wirtschaftsbeziehungen sind hierbei zwischen den Wirtschaftsregionen Nordamerika, Westeuropa und den asiatischen Industrieländern zu verzeichnen (vgl. Abbildung 2). Dabei ist insbesondere die japanische Wirtschaft aufgrund hoher Außenhandelsüberschüsse immer wieder in das Kreuzfeuer der internationalen Kritik geraten.

Die Analyse der größten Kunden und Lieferanten der **Bundesrepublik Deutschland** zeigt den hohen Stellenwert europäischer Handelspartner für deutsche Unternehmen (vgl. Abbildung 3). Frankreich ist sowohl der größte Lieferant als auch das mit Abstand wichtigste Abnehmerland für Güter und Dienstleistungen. Außereuropäische Länder wie die USA und Japan rangieren bei den Lieferanten auf Platz 4 bzw. 7, während Japan als Abnehmerland bundesdeutscher Unternehmen knapp zu den 10 wichtigsten Handelspartnern zählt.

Zur Stärkung der internationalen Wettbewerbsfähigkeit und angesichts einer Vielzahl protektionistischer Maßnahmen in einzelnen Ländern haben bundesdeutsche Unternehmen in der Vergangenheit verstärkt im Ausland direkt investiert (vgl. Abbildung 4). Nach einem vor allem durch die

	1970	1975	1980	1985	1990	1991	1992	1993	1994
USA	13,8	12,4	11,1	11,1	10,7	12,0	12,0	12,3	12,1
Deutschland	10,9	10,3	9,7	9,5	12,2	11,5	11,5	10,0	10,1
Japan	6,2	6,4	6,5	9,1	8,3	9,0	9,0	9,6	9,4
Frankreich	5,7	6,0	5,6	5,1	6,1	6,1	6,2	5,4	5,6
Großbritannien und Nordirland	6,2	5,0	5,5	5,3	5,4	5,3	5,1	4,8	4,8

Abb. 1: Exportanteile ausgewählter Länder am Weltmarkt (alle Angaben in %)
Quelle: Statistisches Jahrbuch 1996

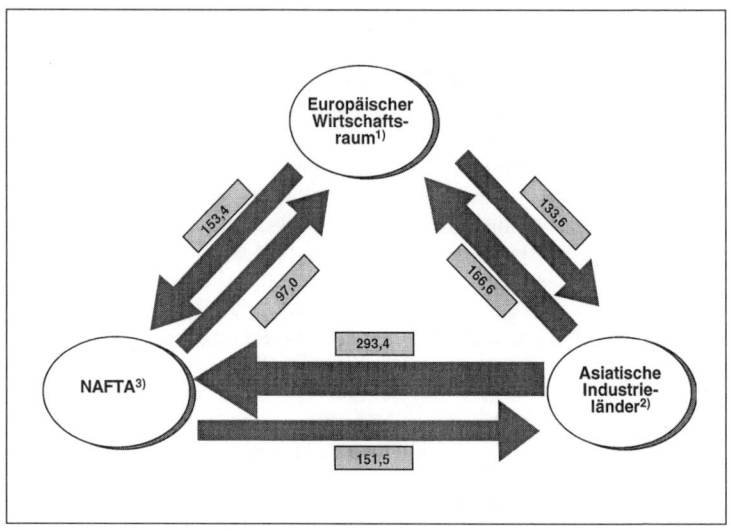

1) Europäische Union (15) und Island, Norwegen
2) China, Hongkong, Indonesien, Japan, Malaysia, Singapur, Südkorea, Taiwan, Thailand
3) Kanada, Mexiko, USA

Abb. 2:   Internationale Außenhandelsverflechtungen im Jahr 1994
           (in Mrd. US $)
           Quelle: IMF 1995

Wiedervereinigung bedingten Rückgang zwischen 1990 und 1992 weisen die deutschen Direktinvestitionen im Ausland ab 1993 wieder eine steigende Tendenz auf. Demgegenüber ist zwischen 1990 und 1993 eine Abnahme ausländischer Direktinvestitionen in der Bundesrepublik Deutschland zu verzeichnen.
Diese Entwicklung wird dabei nicht selten als Indikator einer sinkenden Attraktivität des »**Produktionsstandorts Deutschland**« herangezogen. Diese intensive und teilweise leidenschaftlich geführte Diskussion ist jedoch nur eine Facette im Hinblick auf die internationale Wettbewerbsfähigkeit bundesdeutscher Unternehmen. In diesem Zusammenhang wird häufig auch auf ein Produkt- und Technologieprogramm bundesdeutscher Unternehmen verwiesen, welches bisher nur bedingt Anschluß an die Schlüsseltechnologien der Zukunft – Informationstechnik, Gentechnik, neue Werkstoffe, neue Energien und Raumfahrt – gefunden hat und »im Industriezeitalter stecken bleibt« (Seitz 1991, S. 343ff.). Die in Abbildung 5 dargestellte Übersicht der Exportanteile führender Industrienationen an ausgewählten Schlüsselbranchen verdeutlicht beispielhaft, daß Unterneh-

men der Bundesrepublik Deutschland bis auf wenige Ausnahmen eine Beeinträchtigung ihrer Wettbewerbsfähigkeit hinnehmen mußten. Zu einem ähnlichen Ergebnis kommt eine 1996 vom IMD in Lausanne veröffentlichte Studie, die Länder nach wettbewerbsrelevanten Kriterien bewertet und Deutschland hinter Konkurrenten wie den USA, Singapur oder Dänemark auf dem zehnten Platz in der Welt sieht (vgl. IMD 1996, S. 19).

Angesichts dieser Rahmenbedingungen und Entwicklungstendenzen stellt sich für **Forschung und Lehre** im Bereich des internationalen Marketing und der Unternehmensführung die Aufgabe, zur Lösung der anstehenden Herausforderungen methodische, instrumentale und inhaltli-

Einfuhr	in Mrd. DM	in % der Gesamtimporte
Frankreich	68,1	10,7
Niederlande	53,4	8,4
Italien	52,8	8,3
USA	44,9	7,1
Belgien / Luxemburg	41,1	6,5
Großbritannien und Nordirland	40,4	6,4
Japan	35,2	5,6
Schweiz	28,1	4,4
Österreich	23,2	3,7
Spanien	19,6	3,1
China	15,9	2,5
Schweden	12,9	2,3
Gesamt	435,6	68,7

Ausfuhr	in Mrd. DM	in % der Gesamtexporte
Frankreich	84,5	11,6
Großbritannien und Nordirland	58,1	8,0
Italien	54,6	7,5
USA	54,6	7,5
Niederlande	53,9	7,4
Belgien / Luxemburg	47,0	6,5
Schweiz	39,7	5,5
Österreich	39,2	5,4
Japan	18,8	2,6
Schweden	17,6	2,4
Spanien	16,3	2,2
ehem. Tschechoslowakei	14,9	2,0
Gesamt	499,2	68,6

Abb. 3:   Die größten Kunden und Lieferanten im Außenhandel der Bundesrepublik Deutschland 1995
Quelle: Statistisches Jahrbuch 1996

che Ansatzpunkte bereitzustellen (Meffert, Bolz, S. 71ff.; Macharzina, Engelhardt 1987, S. 322f.). In den folgenden Kapiteln dieses Buches werden aus der Perspektive des internationalen Marketing-Management Ansatzpunkte und Ergebnisse ausgewählter Forschungsaktivitäten vorgestellt. Hierfür ist jedoch vorab eine Einordnung des Forschungsgebiets »Internationales Marketing« und eine Klärung der definitorischen Grundlagen notwendig.

Her-　　　Jahr kunftsländer	1990	1991	1992	1993	1994
USA	27,2	33,5	39,0	69,0	45,6
Großbritannien und Nordirland	18,6	16,0	19,1	25,7	25,1
Frankreich	34,8	23,9	31,3	20,6	22,7
Deutschland	28,7	22,8	16,1	17,4	20,6
Japan	48,0	30,7	17,2	13,7	17,9
Zusammen	157,3	126,9	122,7	146,4	131,9
Alle Länder	243,2	199,3	190,6	222,2	222,3

Ziel-　　　Jahr länder	1990	1991	1992	1993	1994
USA	47,9	22,8	17,6	41,1	49,4
China	3,5	4,4	11,2	27,5	33,8
Frankreich	13,2	15,1	21,8	20,8	16,9
Großbritannien und Nordirland	33,0	16,0	15,0	14,5	10,2
Spanien	13,8	10,5	8,1	6,8	8,2
Deutschland	9,2	7,9	5,5	1,8	4,4
Zusammen	120,6	76,7	79,2	112,5	122,9
Alle Länder	184,4	158,5	170,2	208,5	225,7

Abb. 4:　Direktinvestitionen der wichtigsten Herkunfts- und Zielländer (in Mrd. US $)
Quelle: UNCTAD, World Investment Report 1992, 1995

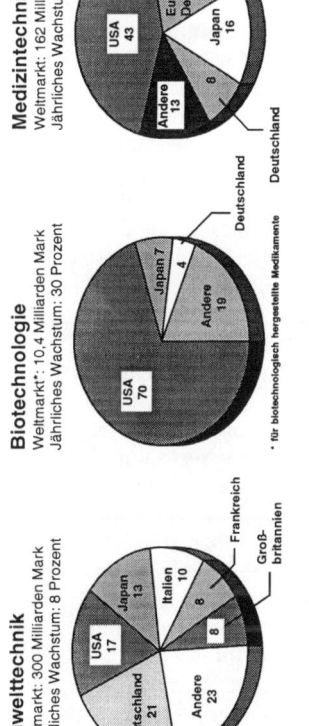
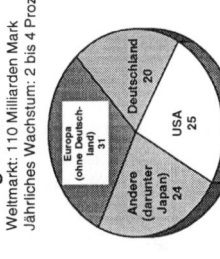
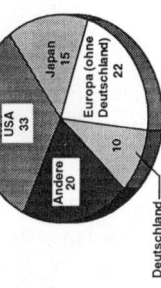

Umwelttechnik
Weltmarkt: 300 Milliarden Mark
Jährliches Wachstum: 8 Prozent

USA 17 · Japan 13 · Italien 10 · Großbritannien 8 · Frankreich 8 · Andere 23 · Deutschland 21

Biotechnologie
Weltmarkt: 10,4 Milliarden Mark
Jährliches Wachstum: 30 Prozent

USA 70 · Japan 7 · Deutschland 4 · Andere 19

* für biotechnologisch hergestellte Medikamente

Medizintechnik
Weltmarkt: 162 Milliarden Mark
Jährliches Wachstum: 9 Prozent

USA 43 · Europa (ohne Deutschland) 20 · Japan 16 · Deutschland 8 · Andere 13

Informationstechnologie
Weltmarkt: 700 Milliarden Mark
Jährliches Wachstum: 2* und 7** Prozent

USA 39 · Europa (ohne Deutschland) 27 · Japan 16 · Deutschland 8 · Andere 10

Telekommunikation
Weltmarkt: 1260 Milliarden Mark
Jährliches Wachstum: 9 Prozent

USA 33 · Europa (ohne Deutschland) 22 · Japan 15 · Deutschland 10 · Andere 20

Energietechnik
Weltmarkt: 110 Milliarden Mark
Jährliches Wachstum: 2 bis 4 Prozent

Europa (ohne Deutschland) 31 · USA 25 · Andere (darunter Japan) 24 · Deutschland 20

* Hardware
** Software und Services

Abb. 5: Anteil deutscher Exporte am Weltmarkt am Beispiel zukünftiger Schlüsselindustrien
Quelle: Wirtschaftswoche vom 27. 4. 1995

21

1.3 Merkmale und Besonderheiten des internationalen Marketing

Das Fach »**Internationale Betriebswirtschaftslehre**« und hiermit auch die eng verwandte Teildisziplin »**Internationales Marketing**« sind immer wieder Gegenstand einer kritischen Diskussion im Hinblick auf ihre Einordnung als eigenständiges Forschungs- und Lehrprogramm gewesen. Kernpunkt der Kritik ist dabei die These Albachs, daß die Fragestellungen und Aufgaben der Internationalisierungspraxis keine eigenständigen Gestaltungsempfehlungen bezüglich Gegenstandsbereich und Methodenspektrum bedingen (Albach 1981, S. 13ff.). Demgegenüber steht die Aussage, daß die Internationale Betriebswirtschaftslehre möglicherweise die »Allgemeine Betriebswirtschaftslehre« der Zukunft darstellt, während die traditionelle Betriebswirtschaftslehre nur den nationalen – um viele Variablen vereinfachten – Spezialfall darstellt (Schoppe 1994, S. 1).

Beiden Positionen ist nur teilweise zuzustimmen. Ohne Zweifel weist eine Vielzahl der im Rahmen der internationalen Unternehmensführung relevanten Fragestellungen keine prinzipiellen Besonderheiten gegenüber einer rein nationalen Geschäftstätigkeit auf. Die Ausweitung der Geschäftstätigkeit auf den internationalen Bereich oder eine Forcierung der geographischen Diversifikation bei bereits bestehender internationaler Marktbearbeitung bedeutet für Unternehmen jedoch zumeist mehr als nur eine graduelle Veränderung der unternehmenspolitischen Rahmenbedingungen. Neben einem prinzipiellen Situationswandel und einer Multiplizierung der Entscheidungsparameter treten darüber hinaus eine Vielzahl von Aspekten, wie z.B. die Bereiche des internationalen Risiko- und Finanzmanagement, das internationale Wirtschaftsrecht, internationale Konzernkonsolidierung etc., als eigenständige Problemstellungen bei internationaler Geschäftstätigkeit auf (Dülfer 1992, S. 54f.; Meissner 1988b, S. 19). Des weiteren bedingen besondere Anforderungen an die Managementqualifikation bei internationaler Geschäftstätigkeit (Dülfer 1991, S. 457ff.) sowie die Herausforderungen an die Integration der Unternehmensaktivitäten eine besondere Berücksichtigung internationaler Fragestellungen in Forschung und Lehre. Dabei hat nicht zuletzt der 1992 in Rio de Janeiro durchgeführte Welt-Umweltgipfel verdeutlicht, daß die gravierenden globalen Umweltprobleme nur auf internationaler Ebene einer Lösung zuzuführen sind.

Die **Besonderheiten und Probleme des internationalen Marketing** resultieren dabei weniger aus der Veränderung der Aufgabeninhalte als vielmehr aus ihrer **Komplexität**. Ein rein national tätiges Unternehmen sieht sich aufgrund der relativen Konstanz der sozio-kulturellen Bedingungen und des daran anknüpfenden rechtlich-politischen Normensystems im Heimatmarkt vergleichsweise gut einschätzbaren Rahmenbedingungen gegenüber. Anpassungen des unternehmerischen Handelns erfolgen fast immer aufgrund gradueller Veränderungen der nationalen Umwelt. Mit der Entscheidung zum »going international« tritt dagegen ein **prinzipieller Situationswandel** für das Unternehmen ein. Die fremden, möglicherweise völlig unterschiedlichen Umweltstrukturen in den einzelnen Ländern stellen in ihrer Einwirkung auf das Management das konstitutive Merkmal des internationalen Marketing dar. Die **Konfrontation mit heterogenen Umwelten** führt dabei

– zu einem höheren Maß an Ungewißheit,
– zu erhöhten und zusätzlichen Risiken,
– zu einem erweiterten Informationsbedarf und
– zu einem erhöhten Koordinationsbedarf.

und läßt die Anforderungen an das internationale Marketing-Management sprunghaft ansteigen. Die Entscheidung der Internationalisierung bedeutet in der Differenzierung der Rahmenbedingungen eine **Veränderung, Multiplizierung und Komplizierung der Marketing-Aktivitäten**. Wie stark die Anforderungen an das Marketing im Falle grenzüberschreitender Aktivitäten zunehmen, läßt sich nicht exakt quantifizieren, da die spezifische Ausprägung der Führung von der Form der Internationalisierung und dem situativen Kontext bestimmt wird. Vielmehr vollzieht sich eine qualitative Wandlung des Marketing, die auf die Konfrontation mit den besonderen Einflüssen der Gastland-Umwelt zurückzuführen ist. Dieses sei exemplarisch an zwei Instrumenten des Marketing erläutert:

– Die **Kommunikationspolitik** kann durch Analphabetentum und Zugangsbeschränkungen zu den Medien behindert werden. Infolge sprachlicher Mißgriffe (falsche Übersetzung), Mißachtung kultureller Tabus oder Unkenntnis von Einstellungen und Werten der Zielpersonen unterschiedlicher Nationalität kann der Erfolg von werblichen Maßnahmen eingeschränkt werden.
– Der im Bereich der **Produktpolitik** häufig vorzufindende Zwang zur Produktanpassung kann durch klimatische Einflüsse oder mangelnde Akzeptanz infolge abweichenden Konsumverhaltens verursacht werden sowie aufgrund gesetzlicher Vorschriften bezüglich Produkthaftung, Umweltschutz oder Importrestriktionen notwendig werden.

Insgesamt ist festzustellen, daß eine unter wissenschaftlichen Gesichtspunkten exakt definierte Trennung zwischen nationalem und internationalem Marketing noch aussteht. Die Auseinandersetzung mit zentralen Forschungsbereichen des internationalen Marketing verdeutlicht gleichzeitig, daß mit dem Begriff »**Internationales Marketing**« in der Literatur kein einheitlicher Vorstellungsinhalt verbunden wird. Unter Zugrundelegung eines managementorientierten Begriffsverständnisses wird dabei unter »**Marketing**« die Analyse, Planung und Kontrolle marktbezogener Unternehmensaktivitäten verstanden. Eine Bestimmung von »Interna-

tionalem Marketing« kann sich in diesem Zusammenhang an den Begriffsauffassungen zur »Internationalen Unternehmung« anlehnen.
Die terminologische Abgrenzung zwischen »**nationalen**« und »**internationalen Unternehmungen**« erfolgt dabei in der Literatur oft unter statistisch-quantitativen Gesichtspunkten. **Statistisch-quantitative Abgrenzungen** stellen die Auslandsanteile bei Produkten, Umsatz, Investitionen, Anlagevermögen, den Mitarbeitern usw. den entsprechenden Zahlen für das Inland gegenüber. Werden vorgegebene Grenzwerte überschritten, so handelt es sich um keine nationale, sondern um eine internationale Unternehmung.

So gehen z.B. Zenoff und Zwick (1969) von einer **Mindestanzahl von 15 Auslandstöchtern** und einem **Umsatzanteil** des Auslandsgeschäfts am Gesamtumsatz von 25 % (ohne Exporte) aus. Eilenberger (1987) spricht von einer internationalen Unternehmung bei »nachhaltiger Tätigkeit« mit eigener Produktion in mindestens 2 Ländern. Im Rahmen des UNCTAD World Investment Report wird ein Transnationalitätsindex aus dem arithmetischen Mittel des Auslandsanteils am Umsatz, dem Kapital und der Beschäftigung gebildet (vgl. Sherman 1996, S. 7). Sullivan legt einen Ansatz vor, der mittels multivariater Analysemethoden einen Internationalisierungsgrad aus (1) leistungsbezogenen, (2) organisationsstrukturellen und (3) verhaltensspezifischen Faktoren bildet. Die Operationalisierung erfolgt im Bereich des leistungsbezogenen Faktors durch den Auslandsumsatzanteil, bei dem strukturellen Faktor durch den Prozentsatz ausländischen Anlagevermögens und ausländischer Niederlassungen und bei dem einstellungsspezifischen Faktor durch die Auslandserfahrung des Management sowie die Verteilung der Auslandsaktivitäten auf unterschiedliche internationale »psychische« Zonen (vgl. Sullivan 1994, S. 331 ff.).

Allen genannten Ansätzen ist die statische Betrachtungsweise gemein, die keine Auskunft über den **Prozeß** der Internationalisierung gibt. Die Internationalisierung der Geschäftstätigkeit ist in den **verschiedensten Abstufungen** denkbar. Die Verlagerung von Teilfunktionen des Unternehmens ins Ausland – wobei Planung und Kontrolle weitgehend zentral von der Unternehmenszentrale wahrgenommen werden – kann mit zunehmender Intensivierung des Auslandsengagements solche Ausmaße annehmen, daß der ursprüngliche nationale Markt nur noch ein Land unter vielen ist und für das Gesamtgeschäft von untergeordneter Bedeutung wird.
Backhaus, Büschken und Voeth unterteilen analog in **einstiegsspezifische** und **kontinuierliche** Entscheidungsprobleme beim Überschreiten von Ländergrenzen. Während die Bedeutung von Informationsbedarf und Risiko im Zeitablauf durch Erfahrungen und Lerneffekte abnimmt, bleibt der Koordinationsbedarf bei internationaler Geschäftstätigkeit konstant bzw. wächst (Backhaus, Büschken und Voeth 1996, S. 18f.).
Im folgenden soll daher eine allgemein gehaltene **Begriffsfassung** zugrunde gelegt werden: eine Unternehmung wird dann als »international« bezeichnet, wenn ein nicht unbedeutender Teil der Wertschöpfungsaktivitä-

ten (Porter 1986), wie z.B. Produktion oder Absatz, in mehr als einem Land durchgeführt wird (vgl. auch Segler 1986, S. 11; Jeannett und Hennessy 1992, S. 7).

Somit kann »**internationales Marketing**« wie folgt definiert werden:

> Internationales Marketing besteht in der Analyse, Planung, Durchführung, Koordination und Kontrolle marktbezogener Unternehmensaktivitäten bei einer Geschäftstätigkeit in mehr als einem Land.

1.4 Grundorientierungen im internationalen Marketing

Die Ausgestaltung des internationalen Marketing kann vielfältige Formen annehmen. Sie hängt dabei überwiegend von der vorherrschenden **Grundorientierung des Management** ab. Diese Grundorientierung bestimmt im wesentlichen die «**Sichtweise**» **des Management** bezüglich der bearbeiteten Ländermärkte. In Anlehnung an Perlmutter (1969) lassen sich drei Grundorientierungen unterscheiden, deren Vor- und Nachteile in Wissenschaft und Praxis intensiv diskutiert worden sind: die ethnozentrische, polyzentrische und geozentrische Orientierung. Neben der Beschreibung des Management-Focus wurde das Konzept ebenso in Zusammenhang mit unternehmenskulturellen und organisationstrukturellen Merkmalen gebracht sowie mit der Ableitung normativer Strategien (vgl. Shoham, Rose und Albaum 1995, S. 10).

Unter Bezugnahme auf die Wahl und Bearbeitung internationaler Märkte, die Wettbewerbsorientierung, die Internationalisierungsform und die organisatorische Steuerung können als Grundtypen das internationale, multinationale und globale Marketing mit den drei Grundorientierungen in Verbindung gebracht werden. Vereinfacht lassen sich diese Strategien auch als **Entwicklungsprozeß der internationalen Geschäftstätigkeit** deuten.

Im **Anfangsstadium der Internationalisierung** einer Unternehmung sind die Marketingaktivitäten schwerpunktartig auf den Heimatmarkt konzentriert. Ziel dieses **internationalen Marketing** ist die Sicherung des inländischen Unternehmensbestandes durch Wahrnehmung lukrativer Auslandsgeschäfte. Typisch für diese Stufe ist die begrenzte Fähigkeit der Unternehmungen, sich auf länderspezifische Besonderheiten einzustellen (**ethnozentrische Orientierung**). Als Hauptkonkurrent gilt der stärkste inländische Wettbewerber. Die Konzentration auf Nischen setzt eine Selektion von Ländern und Segmenten voraus und kann entweder auf

Produktdifferenzierung oder Kostenvorteilen aufgebaut sein. Das internationale Geschäft wird dabei überwiegend als Exportgeschäft über die internationale Division (Exportabteilung) einer primär inlandsorientierten Organisation abgewickelt.

Mit dem Aufkommen **multinationaler Unternehmungen** rückt das Ziel der Sicherung des internationalen Unternehmenserfolges bei einer Vielzahl nationaler Märkte in den Mittelpunkt strategischer Überlegungen. Tochtergesellschaften erhalten einen so großen Entscheidungsspielraum, daß sie ihre nationale Strategie primär an den Besonderheiten bzw. an den Erfordernissen des jeweiligen Auslandsmarktes orientieren. Sie treten als quasi autonomes nationales Unternehmen auf (**polyzentrische Orientierung**). Eine Profilierung gegenüber dem jeweils stärksten lokalen Wettbewerber wird vor allem durch eine differenzierte Bearbeitung der Auslandsmärkte angestrebt.

Die Form der internationalen Betätigung besteht hauptsächlich in internationalen Produktionsstätten und Tochtergesellschaften. Darüber hinaus ermöglichen Joint Ventures z. T. erst den Markteintritt, erleichtern den Aufbau eines nationalen Images und erhöhen die Akzeptanz multinationaler Unternehmungen durch die Gastland-Regierung. Untrennbar mit dem multinationalen Marketing verbunden ist eine weitgehende länderorientierte Dezentralisierung der Entscheidungskompetenzen.

Der Übergang vom multinationalen zum **globalen Marketing** beruht auf einer Neuorientierung des Wettbewerbs. Unbelastet von langer internationaler Tradition haben sich japanische Unternehmungen in diesem Sinne als Weltmarktpioniere hervorgetan (**geozentrische Orientierung**). Ziel des globalen Marketing ist die Verbesserung der internationalen Wettbewerbsfähigkeit durch Integration aller Unternehmensaktivitäten in ein zusammenhängendes Gesamtsystem. Ziele werden am Weltmarkt grundsätzlich ohne besondere Berücksichtigung nationaler Wünsche und Bedürfnisse formuliert. Dieses erfordert die konsequente Ausnutzung von Kostenvorteilen durch standardisierte Massenproduktion mit der Folge, daß die einzelnen Tochtergesellschaften nicht mehr unabhängig auf nationaler Ebene operieren, sondern weltweit zur Arbeitsteilung und Spezialisierung verpflichtet sind. Unter bewußter Inkaufnahme national suboptimaler Strategien wird versucht, eine weltweit optimale Strategie zu realisieren.

Stark vereinfacht lassen sich das multinationale und globale Marketing als gegensätzliche Pole im Spannungsfeld zwischen globalem Wettbewerbsdruck und nationalen Bedürfnissen in einer Matrix positionieren (vgl. Abbildung 6). Globale Strategien sind bei grundsätzlich geozentrischer Unternehmensphilosophie durch ein hohes Maß an länderübergreifender Integration zur Wahrnehmung von Globalisierungsvorteilen gekennzeichnet. Indikatoren für Globalisierungsvorteile sind z.B. der Weltmarktanteil und die damit verbundenen Kostenvorteile. Demgegenüber suchen multinationale Strategien den Erfordernissen einer län-

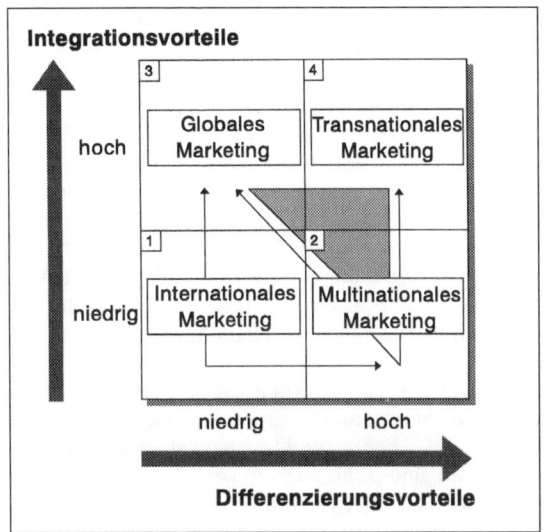

Abb. 6: Systematisierung von Internationalisierungsstrategien

derspezifischen Anpassung (z.B. heterogene Bedürfnisse, Normen bzw. gesetzliche Regelungen) durch Differenzierung besonders Rechnung zu tragen. Bei vergleichsweise geringer Integration der internationalen Aktivitäten wird die Ausnutzung von Lokalisierungsvorteilen angestrebt. Als Indikatoren für Lokalisierungsvorteile können länderspezifische Marktanteile, Marktausschöpfungsgrade oder Umsatzvolumina herangezogen werden.

Der Übergang vom »frühen Stadium der Internationalisierung« zum globalen Marketing kann sich auf unterschiedliche Weise vollziehen. Dabei lassen sich zwei **typische Pfade der Globalisierung** beobachten. Europäische und amerikanische Firmen entwickelten in der Vergangenheit häufig multinationale Landesgesellschaften, bevor sie zunehmend globaler operierten.

Das Pharmaunternehmen Eli Lilly beispielsweise vollzog fünf Stufen auf dem Weg zum globalen Unternehmen: (1) Nutzung nationaler Ressourcen zur Initiierung der Internationalisierung, (2) Management der internationalen Expansion, (3) Beginn weltweiter Aktivitäten bei Ausbau der Ländermarktpositionen, (4) Integration der weltweiten Geschäftsaktivitäten in das Gesamtportfolio des Unternehmens (vgl. Malnight 1995).

Japanische Unternehmungen verfolgten dagegen häufig die Strategie einer direkten, offensiven Globalisierung mit dem Ziel, weltweite Wettbewerbsvorteile zu erringen (z.B. Fuji).

27

Die **externen Erfolgsvoraussetzungen des globalen Marketing** wie z.B. Homogenität der Märkte, einheitliche technische Standards sowie Realisierung bedeutender Kostenvorteile standen in den vergangenen Jahren im Mittelpunkt der Globalisierungsdebatte (Meffert 1988c, S. 272ff.). Auf der Angebotsseite wurden als **globalisierungstreibende Kräfte** vor allem Betriebsgrößenersparnisse in den verschiedenen Funktionsbereichen, Vorteile im Zugang zu Ressourcen und der Zwang zu einer schnellen Amortisation steigender Investitionen in Forschung und Entwicklung herausgestellt. Auf der Nachfragerseite wird vor allem auf zunehmend **homogene Anforderungen weltweit tätiger Industriekunden** und die Vereinheitlichung technischer Standards, im Konsumentenbereich auf die Existenz sog. **cross cultural groups** mit übereinstimmenden Verhaltensmustern verwiesen.

Die Praxis hat indes gezeigt, daß die **externen Erfolgsvoraussetzungen** derzeit in vielen Branchen nicht oder nicht hinreichend erfüllt sind. Selbst im europäischen Binnenmarkt sehen sich zahlreiche Anbieter in den einzelnen Mitgliedsländern mit unterschiedlichen Verhaltensmustern der Konsumenten, abweichenden Normen, technischen Standards und Zulassungsverfahren, verschiedenen Auflagen von seiten der Regierungen sowie abweichenden Wettbewerbsstrukturen konfrontiert. Des weiteren sind Entwicklungen im Technologieumfeld zu berücksichtigen, die vermeintliche Globalisierungsvorteile relativieren können. So ermöglichen flexible Produktionstechnologien (CAM, CIM) eine Realisierung von Kostenvorteilen bereits bei geringeren Losgrößen.

Die besonderen Chancen, aber auch Probleme globaler Strategien lassen sich am Beispiel der **Automobilindustrie** belegen: Schon in den 70er Jahren ist die Idee eines **Weltautos** von einigen Herstellern mit großen Erwartungen aufgegriffen worden. Für den Fall einer Verdopplung der jährlichen Produktionsmengen wurden insbesondere in der Karosserie-, Motoren- und Getriebefertigung Kostensenkungspotentiale zwischen 15 und 30 % berechnet. Verschiedene Barrieren, vor allem
- die **Tendenz zum Protektionismus** mit der Förderung lokaler Automobil- und Zulieferindustrien,
- die **erheblichen Kapitalinvestitionen**, die den Kreis potentieller »World-Car-Produzenten« auf einige wenige Hersteller beschränken,
- die **unterschiedlichen länderspezifischen Normen**, technischen Standards und Nutzenerwartungen an ein Automobil,
- die **Probleme der Standortwahl** für eine zentrale Produktion sowie das Risiko eines »global« bzw. »single sourcing« und nicht zuletzt
- die **wechselnden strategischen Allianzen** im Automobilbereich
haben zu einer gewissen Ernüchterung bei der Verfolgung ehrgeiziger »World-Car-Konzepte« geführt (Meffert 1989, S. 448f.).

Somit besteht die besondere Herausforderung an das Management darin, die in Konflikt stehenden Interessen zwischen der Wahrnehmung globaler Kostenvorteile, nationaler bzw. regionaler Anpassung und weltweitem

Lernen auszubalancieren bzw. miteinander zu verbinden. Praktisch bedeutet dies, daß auf der Grundlage weltweit konzipierter Rahmenstrategien eine nationale bzw. lokale Anpassung der Konzepte erfolgen muß. Deshalb kann nicht nur von der extremen Stoßrichtung auf Ausnutzung von Globalisierungsvorteilen ausgegangen werden. Vielmehr sind im Rahmen eines »**strategischen Korridors**« auch ländermäßige Differenzierungsvorteile zu beachten. Diese Überlegungen schlagen sich konsequenterweise in Begriffen wie »Komplex-globales Marketing« oder »Transnationales Marketing« nieder, die eine differenzierte Marktbearbeitung durch spezialisierte Unternehmenseinheiten postulieren. Als strategische Kompetenzen eines transnationalen Unternehmens heben Bartlett und Ghoshal (1990a) die globale Wettbewerbsfähigkeit, multinationale Flexibilität und weltweite Lernfähigkeit hervor. Dem transnationalen Management kommen dabei integrierende Aufgaben wie beispielsweise der Aufbau flexibler Koordinationsprozesse, die Schaffung einer gemeinsamen Vision und die Strukturierung der Vielfalt an Perspektiven und Fähigkeiten zu.

1.5 Forschungsansätze der internationalen Management- und Marketingforschung

Die betriebswirtschaftliche Forschung hat sich im Laufe der Entwicklung den grenzüberschreitenden Marktprozessen unter jeweils verschiedenen Blickwinkeln genähert. Von einer geschlossenen Theorie des internationalen Marketing im Sinne eines axiomatischen, widerspruchsfreien Aussagensystems kann jedoch nicht gesprochen werden. Vielmehr lassen sich im Zusammenhang mit der internationalen Geschäftstätigkeit drei **Forschungsschwerpunkte** identifizieren, von denen das internationale Marketing entscheidend geprägt worden ist (Meffert und Bolz 1993b). Diese Schwerpunkte liegen im Bereich der Bestimmungsfaktoren der internationalen Geschäftstätigkeit, der Ausgestaltung internationaler Strategien sowie ihrer Umsetzung im Unternehmen. Im folgenden sollen die Forschungsschwerpunkte überblickartig skizziert werden. Detailaspekte werden in den einzelnen Teilkapiteln des vorliegenden Buches vertiefend aufgegriffen (vgl. Abbildung 7).

Im Mittelpunkt einer eher **managementorientierten Diskussion** um die Bestimmungsfaktoren der internationalen Unternehmenstätigkeit standen vor allem die **Determinanten**, welche die Ausgestaltung zentraler Gestaltungsparameter der Internationalisierungsstrategie bestimmen.

Im Gegensatz zu organisationstheoretisch abgeleiteten Bestimmungsfaktoren hat sich die Auseinandersetzung mit dem sog. **Integration-Respon-**

siveness-(IR-) Paradigma der internationalen Unternehmenssituation als aufschlußreicher Erklärungsansatz erwiesen (Prahalad 1975; Doz 1979). Demzufolge wirken auf internationalen Märkten gleichzeitig integrations- und lokalisierungsfördernde Kräfte. Erst die simultane Berücksichtigung beider Faktoren führt zu einer erfolgreichen internationalen Geschäftstätigkeit. In diesem Zusammenhang zeigt sich, daß neben der **Nationalität** des Gastlandes in erster Linie die **Branchenzugehörigkeit** das Ausmaß der globalen Integrationserfordernisse und lokalen Anpassungsbedürfnisse prägt (Meffert 1988c). Empirische Untersuchungen (Morrison 1990; Roth und Morrison 1990) konnten in diesem Zusammenhang die konzeptionell immer wieder hergeleiteten generischen **Situationstypen**»Global« und»Multinational« validieren.

Die zahlreichen Einflußgrößen des IR-Paradigmas erfuhren in jüngerer Zeit eine Reduktion auf zentrale Dimensionen. Dabei stand vor allem die Frage nach den sog.»**globalisierungstreibenden Kräften**« im Vordergrund. In diesem Zusammenhang werden»markt-, kosten- und wettbewerbsbezogene Kräfte« (Yip et al. 1988; Yip 1989) bzw. der»**Globalisierungs-Push und -Pull**« (Meffert und Bolz 1991; Meffert; Bolz 1992) diskutiert. Damit ist einerseits die»**Globalisierung von Märkten**« angespro-

Forschungs-schwerpunkte	Isolierte Betrachtung		Integrierte Betrachtung
	bis Ende 70er Jahre	80er Jahre	90er Jahre
Umsetzung der Globalisierung			MNCs als integrierte Netzwerke/ Heterarchien
Globalisierungs-strategien		Ausgestaltung globaler (Marketing-) Strategien	Globale Wettbe-werbsstrategien
Bestimmungs-faktoren der Globalisierung	Theorien der internationalen Unternehmung	Determinanten der Integration und Differenzierung	Wettbewerbsvorteile durch: • Effizienz • Risikohandhabung & Flexibilität • Weltweites Lernen
	"Warum ?"	"Was ?"	"Wie ?"

Abb. 7:   Überblick über die Forschungsschwerpunkte im internationalen Marketing

chen, die auf homogene Nachfragerbedürfnisse und die Existenz weltweit agierender Industriekunden abstellt. Andererseits sind die sog. »**kostentreibenden Kräfte**« dadurch gekennzeichnet, daß viele Unternehmen angesichts einer zunehmenden Technologiedynamik und hohen Kapitalintensitäten in nationalen Märkten nicht mehr ausreichende Erfahrungs-, Größen- und Synergieeffekte realisieren können (Hout et al. 1982; Hamel und Prahalad 1985; Porter 1989). Sie sind somit gezwungen, ihre Strategien an einem Weltmarktstandard auszurichten. Die »**Globalisierung des Wettbewerbs**« stellt schließlich auf die Tendenz ab, daß Unternehmen auf den Weltmärkten immer häufiger denselben Konkurrenten begegnen und daher Wettbewerbsinterdependenzen zu berücksichtigen sind (»**Global Chess**«) (Hout et al. 1982; Kogut 1985b; Hamel und Prahalad 1985; Segler 1986; Colberg 1989).

Eng verbunden mit der Diskussion um die globalisierungsfördernden Kräfte werden in der Literatur die mit der internationalen Geschäftstätigkeit angestrebten **Wettbewerbsziele** diskutiert (Ghoshal 1987; Douglas und Craig 1989; Kogut 1985a, 1990). Dabei stehen zu realisierende Vorteilsdimensionen wie »Größenvorteile«, »weltweites Lernen« und »Risikohandhabung bzw. -ausgleich« im Vordergrund.

Beachtenswert sind in diesem Zusammenhang auch die zahlreich durchgeführten **komparativen Studien** zum Einfluß der Nationalität bzw. des Kulturkreises auf die Profitabilität von Unternehmen (Douglas et al. 1987; Douglas und Rhee 1989), Branchen oder gar Nationen (Porter 1993; Franke et al. 1991), die jedoch nur bedingt Aufschluß über die Bestimmungsfaktoren der internationalen Geschäftstätigkeit geben.

Neben den Bestimmungsfaktoren der internationalen Geschäftstätigkeit standen in den vergangenen 20 Jahren insbesondere deren **Gestaltungselemente** im Mittelpunkt der wissenschaftlichen Diskussion. Auf der Suche nach den zentralen Parametern internationaler Strategien fand allerdings eine deutliche Schwerpunktverschiebung statt. Unterstellt man als Ziel der internationalen Strategieforschung die Entwicklung spezifischer Internationalisierungsstrategien, so wird deutlich, daß die Forschung lange Zeit nur mit Detailproblemen beschäftigt war. Diese wurden erst in jüngster Zeit zu einem »zusammenhängenden Ganzen« verbunden. Letztlich steht die Frage im Vordergrund, welche konkrete strategische Gestaltung die Begriffe »international«, »multinational« und »global« beinhalten.

Als Ausgangspunkt der Strategieforschung kann die sog. **Standardisierungsdiskussion** angesehen werden, deren Anfänge sich bis in die 60er Jahre zurückverfolgen lassen (Elinder 1965; Fatt 1967; Buzzell 1968). Damit wird eine Forschungstradition aufgegriffen, die sich mit zentralen Gestaltungsparametern der Internationalisierungsaktivitäten befaßt. Im Vordergrund stand dabei zunächst die Frage nach der Vereinheitlichung der länderübergreifenden Werbung, wenngleich die übrigen Marketinginstrumente bald in die Analysen einbezogen wurden. Obwohl schon vergleichsweise frühzeitig erkannt wurde (Sorenson und Wiechmann 1975), daß neben der inhaltlichen Standardisierung die **Vereinheitlichung von Methoden, Prozessen und Systemen** eine zentrale Erfolgsvoraussetzung darstellt, wurde diese – außer im Rahmen organisationstheoretischer Beiträge, in denen von »Formalisierung« gesprochen wird – in der Standardisierungsdiskussion nur stiefmütterlich behandelt (Hedlund 1981).

Neuen Auftrieb gewann die Standardisierungsdiskussion mit dem Beitrag von Theodore Levitt zur »Globalisierung der Märkte« (Levitt 1983). Seine These, das Überleben internationaler Unternehmungen sei nur auf dem Wege von »**Globalisierungsstrategien**« – wobei Levitt i.e.S. nur die Marketingstandardisierung beschreibt – sicherzustellen, hat begeisterte Befürworter und harte Kritiker gefunden. Im Mittelpunkt der bisweilen leidenschaftlich geführten Debatte standen immer wieder die Extremtypen der globalen bzw. lokalen Orientierung von Unternehmen. Die Auseinandersetzung artete dabei häufig in eine »Schwarz-Weiß-Malerei« aus (Meffert 1986b).

Kritiker wie Befürworter der Standardisierung stützten sich in diesem Zusammenhang auf die zu dieser Zeit zahlreich durchgeführten Untersuchungen zum **situationsadäquaten Standardisierungsgrad**. Die Ausgangsüberlegung dieser Untersuchungen war die Hypothese, daß grundsätzlich ein höherer Standardisierungsgrad angestrebt werden kann, je ähnlicher sich die betrachteten Ländermärkte im Hinblick auf die zugrunde gelegten Situationsfaktoren sind. Das primäre Forschungsinteresse galt dabei vor allem wirtschaftlichen (Douglas und Wind 1987; Huszagh et al. 1986), politisch-rechtlichen (Doz und Prahalad 1980; Doz et al. 1981; Hill und Still 1984; Prahalad und Doz 1987) sowie kulturellen bzw. konsumentenverhaltensbezogenen Rahmenbedingungen (Schiffmann et al. 1981; Ricks 1986; Aydin und Terpstra 1981; Friedmann 1986). Demgegenüber fällt bis in die jüngste Zeit eine weitgehende Vernachlässigung wettbewerbsbezogener Einflußgrößen auf.

Wenn auch die meisten Untersuchungen zu dem Ergebnis kommen, daß eine vollkommene Standardisierung nicht möglich ist, scheint das Ausmaß der Standardisierungspotentiale doch generell nur in geringem Umfang von der Art der untersuchten Situationsfaktoren abzuhängen. Vielmehr fällt auf, daß Kritiker der Standardisierung vorrangig anhand kurzlebiger Konsumgüter in wenig entwickelten Ländern der Dritten Welt (Das 1981; Hill und Still 1984) und Befürworter am Beispiel langlebiger Konsumgüter bzw. Investitionsgüter in den Ländern der Triade argumentieren (Boddewyn et al. 1986). Wenngleich diese Diskussion letztlich unbefriedigend bleibt, hat sie doch zu der Erkenntnis geführt, daß eine länderübergreifend einheitliche Marktbearbeitung in den wenigsten Fällen sinnvoll ist. Gleichzeitig wurde jedoch auf größere länderübergreifend identische Nachfragersegmente hingewiesen. Damit ergaben sich zahlreiche Impulse für die Entwicklung von Konzepten der internationalen Marktsegmentierung (z.B.»**integrale Segmentierung**«) (Meffert 1977; Jain 1989; Kreutzer 1991).

Etwa Mitte der 80er Jahre begann sich auf breiter Ebene die Einsicht durchzusetzen, daß »Globalisierung« mehr als die Standardisierung des Marketing bedeutet. Die globale Geschäftstätigkeit strebt – ausgehend von einer geozentrischen Orientierung des Management – eine globale **Integration aller Wertschöpfungsaktivitäten** an (Meffert 1988c). Dabei kann unter globaler Integration – in Anlehnung an die organisationstheoretische Literatur – die Form und Intensität der Zusammenarbeit weltweit tätiger Organisationen (Aktivitäten, Funktionen) verstanden werden. Sie manifestiert sich in spezifischen Integrationsinstrumenten und -mechanismen (Meffert und Bolz 1992).

Diese Überlegungen wurden zunächst von Keegan und MacMaster (1983) aufgegriffen. Sie differenzieren zwischen unterschiedlichen Graden der Globalisierung von Aktivitäten innerhalb einzelner internationaler Unternehmensfunktionen. Diese Differenzierung macht es möglich, **idealtypische Entwicklungspfade internationaler Unternehmen** zu beschreiben, so z.B. den »defensiven« Pfad über eine Globalisierung der F & E oder Produktion zur globalen Unternehmung (Meffert 1988c).

Porter (1986) ergänzte in seinem »Rahmenkonzept« der globalen Unternehmensführung die Standardisierung und Koordination explizit um die »**Konfiguration**« als weiteres zentrales Merkmal der länderübergreifenden Integration. Dabei bestand die wesentliche Neuheit darin, die Standortwahl – bezogen auf einzelne Wertschöpfungsaktivitäten – zum Parameter der Internationalisierungsstrategie zu machen.

Eine empirische Überprüfung der Porterschen Konzeption erfolgte zunächst nur am Beispiel der länderübergreifenden Werbung (Hite und Fraser 1990). Aufgrund der unzureichenden Übertragbarkeit der Konfigurationsdimension auf das Marketing wurde der Ansatz von Porter später um die Dimensionen der **Prozeßstandardisierung** und **Entscheidungszentralisierung** erweitert (Meffert und Bolz 1991; Meffert 1991a; Macharzina 1992; Meffert und Bolz 1992).

In jüngerer Zeit wurde – in Anknüpfung an eine Forschungstradition der Industrial Organization und des Strategischen Management – der **Diversifikation** auf internationalen Märkten verstärkte Aufmerksamkeit zuteil. Dabei standen sowohl der Zusammenhang zwischen dem Internationalisierungsgrad und der Produkt- bzw. Marktdiversifizierung (Geringer et al. 1989) im Vordergrund als auch die Entwicklung spezifischer Operationalisierungsmaße für die Diversifikation auf internationalen Märkten (Kim et al. 1989).

In jüngster Vergangenheit beschäftigt sich die Forschung schließlich vermehrt mit der **Implementierung** der internationalen Aktivitäten. Derartige Fragestellungen konzentrieren sich im internationalen Kontext seit jeher auf die Auseinandersetzung mit adäquaten Strukturen und Koordinations- bzw. Integrationsinstrumenten zur Gestaltung der Mutter-Tochter-Beziehungen.

Gemäß der Chandlerschen These des »**structure follows strategy**« (Chandler 1962) setzen sich zahlreiche Autoren mit dem Zusammenhang zwischen internationaler Strategie und Organisationsstruktur auseinander. Zu den bekanntesten und meistzitierten Studien gehört zweifelsohne die von Stopford und Wells (1972) über den **Strategie-Struktur-Zusammenhang** von 187 US-amerikanischen Unternehmungen. Validierungen, vor allem durch Franko (1976), Daniels et al. (1984; 1985), und Erweiterungen durch Egelhoff (1988a) sowie Studien mit einem besonderen Schwerpunkt auf globalen Matrixstrukturen (Davidson und Hapeslagh 1982) haben zu relativ gesicherten Erkenntnissen über die Ausprägung und den Einfluß der Internationalisierungsstrategie auf die internationale Struktur geführt.

Aktuelle, zumeist fallstudienorientierte Untersuchungen zeigen, daß angesichts immer häufiger anzutreffender sog. »**hybrider**« **Organisationsstrukturen** (Meffert 1989) eine klare empirische Erfassung von »Struktur« komplizierter wird. Angesichts der mehrdimensionalen Aufgaben, die internationalen Unternehmen zu eigen sind, greifen eindimensionale, hierarchische Strukturlösungen augenscheinlich zu kurz (Doz und Prahalad 1991). Vor diesem Hintergrund wird auch oftmals von einer »strukturellen Unbestimmtheit«, »messy structures« und »fuzzy boundaries« gesprochen (Hedlund 1990). In der deutschsprachigen Literatur wird demgegenüber noch ein relativ klar bestimmbarer Strategie-Struktur-Zusammenhang vertreten (z.B. Macharzina 1992).

Zahlreiche andere Autoren haben sich mit weiteren Instrumenten zur Koordination bzw. Steuerung von Tochtergesellschaften auseinandergesetzt. Die Frage nach dem »optimalen« **Zentralisierungsgrad** sowie nach der Nutzung sog. **technokratischer Koordinationsinstrumente** – vor allem Planung, Formalisierung und Standardisierung (Welge 1980, 1989) – stand dabei zunächst im Vordergrund. Allerdings führten die wenig konsistenten empirischen Ergebnisse sowohl hinsichtlich der aggregiert gemessenen Zentralisierungsgrade als auch der den Zentralisierungsgrad beeinflussenden Faktoren spätestens seit Ende der 70er Jahre dazu, das Ausmaß der Entscheidungszentralisierung detaillierter und vor allem funktionsspezifisch zu analysieren (Hedlund 1981; Welge 1981; Ahn et al. 1986). Danach fanden sich die höchsten Zentralisierungsgrade im Bereich Forschung und Entwicklung, während Personalaspekte grundsätzlich dezentral gehandhabt werden.

Jüngeren Datums sind Studien, die sich mit der Rolle **personen- bzw. kulturorientierter Mechanismen** für die Integration der länderübergreifenden Aktivitäten auseinandersetzen. Trotz einiger Anhaltspunkte in früheren Studien (Brooke und Remmers 1978; Wiechmann 1974) begann die Diskussion um den Stellenwert dieser Instrumente für multinationale Unternehmen mit der Analyse von Koordinationsmechanismen japanischer Firmen (Johnson und Ouchi 1974; Yoshino 1976; Ouchi und Johnson 1978). In diesem Zusammenhang entstand das Konzept der »**cultural con-**

trol«, welches auf Aspekte wie Auslandsentsendung von Führungskräften, Job-Rotation oder Koordinationsgremien etc. abstellt und im Gegensatz zur **»bureaucratic control«** steht (Edström und Galbraith 1977; Jaeger 1983; Baliga und Jaeger 1984). Andere Arbeiten negieren den Zusammenhang zwischen Kultur und Führung und sehen das Management aufgrund der »Logik der Industrialisierung« sowie angesichts kontingenztheoretischer Einflüsse als kulturinvariant an (»culture-free«–These) (Harbison und Myers 1959; Hickson et al. 1974).

Neuere Ansätze zur organisatorischen Gestaltung internationaler Aktivitäten sind vorrangig theoretisch-konzeptioneller Natur. Die Kernaussage dieser Ansätze besteht darin, daß sowohl zentral gesteuerte Aktivitäten als auch vergleichsweise unabhängige Auslandstöchter den Herausforderungen eines globalen Wettbewerbs nicht mehr gerecht werden können. So steht vor allem seit den grundlegenden Arbeiten von Bartlett und Ghoshal das sog. **integrierte Netzwerkmodell** im Mittelpunkt der Diskussion (Bartlett 1981, 1989; Bartlett und Ghoshal 1987, 1990a, 1990b; Ghoshal und Bartlett 1990; White und Poynter 1990). Zum Teil werden diese Netzwerke angesichts ihrer nicht-hierarchischen Ausrichtung auch **»Heterarchien«** genannt (Hedlund 1986, 1990). Dabei wird nicht mehr die einseitige, sondern die gegenseitige Verknüpfung von Zentrale und Auslandstochter sowie zwischen den Auslandstöchtern gefordert.

1.6 Planung des internationalen Marketing

Ein Verständnis von **internationalem Marketing als »Analyse, Planung, Koordination und Kontrolle« internationaler marktgerichteter Aktivitäten** legt es nahe, Entscheidungen im Rahmen eines **Planungsprozesses** abzubilden. Dies entspricht auch den Bemühungen, die Ansätze des internationalen Marketing mit den Gedanken des strategischen Marketing zu verbinden (Meissner 1995, S. 2ff.).

Ein Unternehmen, das eine Internationalisierung der Geschäftstätigkeit in Betracht zieht, steht im Marketing-Bereich vor einer Reihe von Analyse-, Planungs- und Kontrollproblemen, die das Aufgabengebiet des internationalen Marketing-Management kennzeichnen. Abbildung 8 zeigt die Entscheidungsprobleme im **Planungsprozeß des internationalen Marketing**.

Als Ausgangspunkt der internationalen Marketingplanung kann zunächst die **Analyse und Prognose** angesehen werden. Ihre Aufgabe ist es, entscheidungsrelevante Informationen zur Sensibilisierung bzw. Anregung, Problemanalyse, Alternativenbewertung sowie Steuerung und Kontrolle der länderübergreifenden Aktivitäten bereitzustellen. Die Bereitstellung dieser Informationsgrundlagen erfüllt damit eine Frühwarnfunktion zur proaktiven Ausrichtung marktorientierter Strategien des Unternehmens. Zur Strukturierung relevanter Informationen und Einflußfaktoren des internationalen Marketing unterscheidet man zumeist zwischen der globalen und der Aufgabenumwelt der Auslandsmärkte. Angesichts der besonderen Risiken im Auslandsgeschäft wird die Aufga-

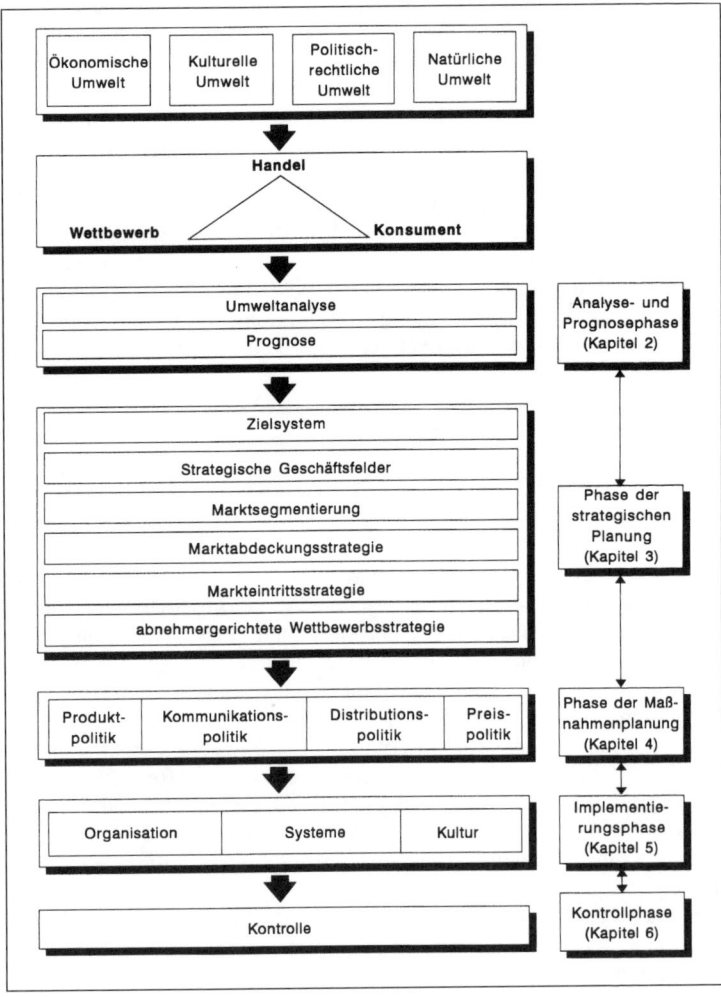

Abb. 8:   Planungsprozeß im internationalen Marketing

benumwelt auch oft unter dem Aspekt der internationalen Risikoanalyse betrachtet.

Die Analyseergebnisse sind im Rahmen der **Prognose** um möglichst fundierte **Vorhersagen wahrscheinlicher oder möglicher Ereignisse bzw. Entwicklungen** auf den Auslandsmärkten zu ergänzen. Entscheidungen im internationalen Marketing besitzen tendenziell langfristigen bzw. langfristig wirksamen Charakter. Deshalb kommt fundierten Prognosen im internationalen Marketing eine wichtige Funktion zu.

Vor dem Hintergrund der hohen Komplexität der Entscheidungsprobleme gewinnt die Entwicklung einer **strategischen Rahmenplanung** für den Erfolg der taktischen Marktbearbeitungsmaßnahmen im internationalen Marketing besonderes Gewicht. Diese strategische Planung legt die Verhaltensprinzipien für die Auswahl der Märkte und die Schwerpunkte für den Einsatz der absatzpolitischen Instrumente in verschiedenen Ländern für einen mehrjährigen Zeitraum fest.

Den ersten Schritt bei der Entwicklung von Marketingstrategien bildet die Formulierung von Marketingzielen, die sich auf ein bestimmtes Bezugsobjekt richten. Dabei besteht Einigkeit darüber, daß sog. **strategische Geschäftsfelder** die Basis für Marketingstrategien und damit das Bezugsobjekt für die Zielformulierung darstellen. Grundlegend für die Bestimmung strategischer Geschäftsfelder ist dabei die Überlegung, daß jeder breiter definierte Markt in aller Regel mehr Marktsegmente und Abnehmerbedürfnisse umfaßt als ein Anbieter überhaupt und in überlegener Weise bearbeiten kann. Die Festlegung strategischer Geschäftsfelder wird auch oft als strategische Segmentierung bezeichnet.

Zu der eigentlichen **Marktsegmentierung** wird dann in einem zweiten Schritt versucht, Unterschiede zwischen den Käufern auf den Welt- und Ländermärkten offenzulegen und den Gesamtmarkt in verschiedene Teilmärkte bzw. Zielgruppen im Hinblick auf eine differenzierte Marktbearbeitung zu unterteilen. Dazu werden internationale (u.a. Geographie, Sprache, Klima, Bruttosozialprodukt) und intranationale (u. a. Geschlecht, Alter, Einkommen, Kaufverhalten) Kriterien herangezogen, die die Identifizierung potentieller Abnehmer ermöglichen sollen.

Die im Rahmen der strategischen Marktsegmentierung abgegrenzten Länder- und Kundensegmente sind unter Berücksichtigung der Marketingziele durch geeignete Verfahren zu **bewerten**. Damit wird die Marktwahlentscheidung vorbereitet. Auf der Basis der getroffenen **Marktwahl** ist über die geeignete **Markteintrittsstrategie** zu entscheiden. Dabei steht die Frage nach der **Form** (z.B. Export oder Joint Venture) und dem **Timing** im Vordergrund.

Die **internationale abnehmergerichtete Wettbewerbsstrategie** bestimmt im Anschluß daran den schwerpunktmäßigen Einsatz aller Marketinginstrumente. Über die Ausgestaltung und den konkreten Einsatz der einzelnen Instrumente wird im Rahmen der **Maßnahmenplanung** entschieden. Sie beinhaltet die Festlegung der Intensität, Art und Abfolge von operativen Marktbearbeitungsmaßnahmen in einzelnen Ländern bzw. Teilmärkten. Das Entscheidungsproblem, ob die ausgewählten Märkte einheitlich (**standardisiert**) oder länderspezifisch (**differenziert**) bearbeitet werden sollen bzw. müssen, steht dabei im Vordergrund. Wie im »nationalen« Marketing stehen dabei gleichermaßen die Instrumente des **Produkt-Mix** (Produkt bzw. Leistung, Sortiment, Marke, Kundendienst), des **Kommunikations-Mix** (Werbung, Verkaufsförderung, Direktkommunikation, Public Relations, Sponsoring), des **Distributions-Mix** (Absatzkanäle, Logistik) und des **Kontrahierungs-Mix** (Preis, Rabatte, Kredite, Lieferungs- und Zahlungsbedingungen) zur Verfügung.

In der **Implementierungsphase** steht die Umsetzung der strategischen und operativen Aktivitäten im Vordergrund. Hierfür müssen leistungsfähige Organisationsstrukturen sowie formale und marktgerichtete Koordinationsmechanismen entwickelt werden.

Die letzte Phase innerhalb des gesamten Planungsprozesses bildet die **internationale Kontrolle**. Dabei wird untersucht, ob die gesteckten Ziele mit dem planmäßigen Einsatz der Strategien und Instrumente erreicht wurden. Es handelt sich dabei um eine Wiederaufnahme des Ist-Zustandes (Situationsanalyse), einen Soll-/Ist-Vergleich und die Vorbereitung von Anpassungsmaßnahmen. Diese können sowohl die Ziele als auch z.B. die Marktwahlentscheidung, die Gestaltung der Marketinginstrumente oder einzelne Implementierungsmaßnahmen betreffen.

2. Informationsgrundlagen im internationalen Marketing

2.1 Aufgaben und Gegenstand der internationalen Marketingforschung

Während ein »Warten auf Bestellungen« aus dem Ausland bzw. die Wahrnehmung zufälliger Exportchancen in aller Regel ohne eine Basis aus soliden Marktinformationen auskommen, bedarf eine nachhaltige und systematische Erschließung und Bearbeitung der Märkte einer detaillierten Gewinnung und Verarbeitung relevanter Informationen.

Das Erkennen und die Beurteilung von Marktchancen und -risiken lösen beim Marketing-Management einen vielfältigen Informationsbedarf aus. Es fällt in den Aufgabenbereich der Marketingforschung, als »Intelligenzsystem« diesen Informationsbedarf in geeigneter Weise zu decken.

> Marketingforschung ist die systematische Suche, Sammlung, Aufbereitung und Interpretation von Informationen, die sich auf alle Probleme des Marketing von Gütern und Dienstleistungen beziehen (Meffert 1991, S. 15). Sie spielt im internationalen Rahmen wegen des erhöhten Risikos der Auslandtätigkeit und des Umfangs der zur Verfügung stehenden bzw. zu erhebenden Informationen eine besondere Rolle.

Marktforschung i.e.S. bezeichnet demgegenüber die systematische Erforschung der Absatz- und Beschaffungsmärkte eines Unternehmens und ist damit enger als Marketingforschung definiert. Der oftmals synonymen Verwendung beider Begriffe in der Literatur soll jedoch auch im Rahmen der weiteren Ausführungen gefolgt werden. Somit ist nachfolgend auch Marktforschung in einem weiteren Sinne zu verstehen.

Die internationale Marketingforschung kann als Funktion, Institution und Prozeß interpretiert werden. Die **Funktion** der Marketingforschung ergibt sich aus der Art der im Entscheidungsprozeß zu erfüllenden Informationsaufgaben (Intelligenz-Service). Der **institutionelle Aspekt** bezieht sich auf die Träger der Marketingforschung, insbesondere die organisatorische Einordnung der mit Marktforschungsaufgaben betrauten Personen (z.B. Marktforschungsabteilung in der Zentrale oder Landesgesellschaft). Die **prozessuale Dimension** betrifft die Stufen bzw. Phasen des Informationsgewinnungs- und Informationsverarbeitungsprozesses (z.B. Definition des Informationsbedarfs, Gewinnung, Verarbeitung, Interpretation und Weitergabe von Informationen).

Stellt man den funktionalen Aspekt der internationalen Marketingforschung in den Vordergrund, so lassen sich folgende **generelle Funktionen** unterscheiden (Meffert 1991, S. 17):

1. Die Marketingforschung sorgt dafür, daß Risiken auf ausländischen Märkten frühzeitig erkannt und abgeschätzt werden können (**Frühwarn-Funktion**).

2. Sie trägt dazu bei, daß Chancen und Entwicklungen im Auslandsgeschäft aufgedeckt und antizipiert werden können (**Innovations-Funktion**).

3. Sie trägt im willensbildenden Prozeß zur Unterstützung der Arbeit der Marketingleitung bei (**Intelligenzverstärker-Funktion**).

4. Sie trägt in der Phase der Entscheidungsfindung zur Präzisierung und Objektivierung der Sachverhalte bei (**Unsicherheitsreduktions-Funktion**).

5. Sie fördert das Verständnis bei der Zielvorgabe und die Lernprozesse in der Unternehmung, insbesondere im Hinblick auf die Landesgesellschaften (**Strukturierungs-Funktion**).

6. Sie sorgt dafür, daß aus der umweltbedingten Informationsflut die für die unternehmerischen Ziel- und Maßnahmenentscheidungen relevanten Informationen selektiert und aufbereitet werden (**Selektions-Funktion**).

Die **besondere Rolle der internationalen Marketingforschung** ergibt sich aus den folgenden Gründen (Douglas und Craig 1983, S. 16ff.; Jain 1990, S. 319; Jeannet und Hennessey 1992, S. 218f.):

– Komplexität des Forschungsdesigns
– Fehlende bzw. unzureichende sekundärstatistische Daten
– Hohe Kosten der Primärforschung
– Länderübergreifende Koordination von Forschungsaktivitäten und Datenerhebung
– Probleme der Vergleichbarkeit und Äquivalenz der erhobenen Informationen.

Meissner (1995, S. 112ff.) unterscheidet dabei vier **zentrale Objektbereiche der internationalen Marketingforschung**:

– **Kundenverhalten** (insbesondere kulturbezogene Bestimmungsfaktoren)
– **Länderanalysen** (insbesondere wirtschaftliche und wirtschaftspolitische Entwicklungen)
– **Branchenberichte** (Intensität und Dynamik des internationalen Branchenwettbewerbs) und Wettbewerbsinformationen

– **Wettbewerbsinformationen** (zur Erfassung der Wettbewerbsbedingungen).

Diese Objektbereiche sollen im folgenden systematisiert und näher erläutert werden.

2.2 Umweltanalyse als zentrale Aufgabe der internationalen Marketingforschung

Entsprechend der Tradition systemtheoretischer und situativer Forschungsansätze kann die Unternehmensumwelt in eine globale Umwelt (Makroumwelt) und in eine unternehmensspezifische Aufgabenumwelt (Mikroumwelt) unterteilt werden (Raffée und Wiedmann 1989, S. 186ff.). Die **globale Umwelt** ist ihrerseits in die Sphären der kulturellen, politisch-rechtlichen, ökonomischen und natürlichen Umweltbedingungen zu differenzieren. Entwicklungen in diesen Umweltbereichen können direkt Einfluß auf das Unternehmensverhalten ausüben. Die **Aufgabenumwelt** erfaßt demgegenüber in erster Linie Endverbraucher, Handel und Wettbewerb im internationalen Zusammenhang und hat zudem weitere Anspruchsgruppen wie Medien oder Bürgerinitiativen zu berücksichtigen. Von besonderem Interesse für das internationale Marketing sind jedoch Informationen über das ausländische Markt- und Absatzpotential, das von den oben genannten Umweltfaktoren beeinflußt wird und dessen Entwicklung, Wachstum, Bedürfnisstruktur und Substitutionsgrad durch die internationale Marketingforschung zu erfassen ist.

2.21 Globale Umwelt

2.211 Kulturelle Umwelt

Kulturelle Merkmale eines Landes bestimmen in erheblichem Maße die Absatzchancen der Produkte und Dienstleistungen. **Kultur kann dabei als Summe aller kollektiv geteilten, impliziten und expliziten Verhaltensnormen, -muster, -äußerungen und -resultate interpretiert** werden, die von Mitgliedern einer sozialen Gruppe erlernt und über Generationen weitergegeben werden (Holzmüller 1989, Sp. 1144). Damit wird deutlich, daß sich Kultur – im Gegensatz zu wirtschaftlichen oder rechtlichen Gegebenheiten – nur mit Schwierigkeiten erfassen läßt. So ist nicht verwunderlich, daß die Literatur eine große Zahl von Kulturelementen unterscheidet. Im Vordergrund stehen dabei »**cultural universals**« wie,

– Sprache,
– Symbole,
– Nationalbewußtsein,
– Religion und
– Sozialverhalten.

Einen zentralen Bestimmungsfaktor, insbesondere bei der Gestaltung der internationalen Werbung, stellt die **Sprache** dar. Die besondere Komplexität des Problems ergibt sich dabei nicht nur aufgrund der **Sprachenvielfalt**, teilweise sogar in einem Land (z.B. Schweiz, Belgien, Kanada). Vielmehr müssen syntaktische, semantische und phonetische Aspekte berücksichtigt werden. So gibt es oftmals für einen Begriff verschiedene Möglichkeiten der **Übersetzung** in die fremde Sprache (z.B. »Autoreifen« in latein-amerikanischen Ländern). **Phonetische Probleme** treten auf, wenn beispielsweise Markennamen nicht ausgesprochen werden können oder phonetisch eine andere Assoziation hervorrufen (z.B. »Coca Cola« in der chinesischen Sprache) (Ricks 1988, S. 91). Zwingen rechtliche Gegebenheiten in mehrsprachigen Ländern dazu, alle Sprachen auf der Verpackung oder in der Werbung zu berücksichtigen (z.B. Malaysia), führt dies gegebenenfalls zu geringeren werblichen Aussagemöglichkeiten oder zu höheren Werbeetats.

Symbole umfassen Worte, Objekte und Gesten, deren Bedeutung auf allgemein anerkannte Konventionen zurückzuführen ist (Hofstede 1992, S. 304). Besondere Bedeutung für das Marketing haben vor allem die **Tier- und Farbsymbolik**.

So verbietet der Koran generell die genauere bildliche Darstellung von Lebewesen. Hunde und Schweine werden in vielen Ländern als unrein betrachtet; während der Tiger in Europa als Zeichen der Stärke gilt, löst er beispielsweise in Indien und Thailand Furcht aus (Keegan 1989, S. 498). Da der Elch in Skandinavien als besonders dumm gilt, hat der Möbelhersteller IKEA darauf verzichtet, dieses Symbol in den skandinavischen Märkten zu verwenden.

Insbesondere bei der Gestaltung von Produkten, Verpackungen und in der Werbung ist die landesspezifische Farbsymbolik zu beachten. Abbildung 9 zeigt in einer Übersicht die Bedeutungen von Farben in verschiedenen Ländermärkten.

Anredeformen, Kleidungsvorschriften und bestimmte **Statussymbole** sind schließlich bei allen direkten Kontakten (z.B. Direkt-Kommunikation oder Verkauf) zu beachten.

Das **Nationalbewußtsein** erweist sich oftmals als Behinderung der Auslandstätigkeit. Dies gilt insbesondere für junge Staaten und Entwicklungsländer. So zeichnen sich gerade bei letzteren Tendenzen ab, ihre Unabhängigkeit von den Industrienationen und multinationalen Unternehmen zu sichern. Aber auch in größeren Industrienationen lassen sich vielfältige Appelle an die lokale Bevölkerung beobachten, heimische Produkte zu kaufen (z.B. in Griechenland oder Großbritannien). Zuweilen werden diese Forderungen auch mit dem Hinweis verbunden, daß der Kauf ausländischer Produkte heimische Arbeitsplätze gefährdet (Parole in den USA: »Foreign steel steals jobs!« (Walldorf 1987, S. 114)).

Religiöse Aspekte haben seit Jahrhunderten die Grundeinstellungen der Menschen geprägt. Dies betrifft die Lebensführung im allgemeinen, kann sich im speziellen aber auch auf den Kauf und Konsum von Gütern auswirken. Vielfach wird die Arbeits- und Leistungsbereitschaft religiös geprägt. Wenn der **Gütererwerb** aber nur als wenig erstrebenswert angesehen wird (z.B. in asiatischen Religionen wie Hinduismus und Buddhismus), resultiert dies in nur geringen Anreizen zur Einkommensmehrung. Darüber hinaus gibt es vielfältige Beispiele für den **Einfluß der Religion auf das Konsumverhalten**:

– Verbot von Alkohol und Schweinefleisch in islamischen Ländern
– Spezielle Schlacht- bzw. Zubereitungsriten von Lebensmitteln im Islam und Judentum.

Das **Sozialverhalten** und insbesondere die **Rollenverteilung** in einer Kultur sind oftmals religiös begründet. Von besonderer Relevanz für das internationale Marketing ist dabei die **Rolle von Mann und Frau bei der Kaufentscheidung**. Dies betrifft sowohl die kommunikative Ansprache als auch die distributionspolitischen Maßnahmen (z.B. Darsteller im Rahmen von Werbebotschaften und Zielpersonen von Verkaufsförderungsaktivitäten).

Abbildung 10 zeigt vor diesem Hintergrund in einer Übersicht die Ergebnisse einer aktuellen empirischen Studie von Hofstede, der auf Basis verdichteter »cultural universals« Länderkulturen anhand der Dimensionen »Machtdistanz«, »Kollektivismus vs. Individualismus«, »Maskulinität« und »Ungewißheitsvermeidung« typologisiert (Hofstede 1992, S. 307ff.).

Land / Farbe	Österreich	Brasilien	Dänemark	Finnland	Frankreich	Italien	Pakistan	Portugal	Schweden	Schweiz
Schwarz	Trauer	Trauer Tod Geheimnis	Trauer Sorge	Sorge Eifersucht	Sorge Trunkenheit Eifersucht Pessimismus	Depression	Trauer Hilflosigkeit	Trauer Sorge Hunger	Depression Sorge	Pessimismus illegal
Weiß	Unschuld	Friede Sauberkeit Reinheit	Unschuld Reinheit	Unschuld Sauberkeit	Reinheit jung	Unschuld, Furcht erfolglos Liebesaffäre	Trauer Nüchternheit Eleganz	Friede Unschuld Reinheit	Güte	Reinheit Unschuld
Rot	Ärger Liebe Leidenschaft Feuer	Wärme Leidenschaft Haß Feuer, Ärger Gewalt	Liebe Gefahr Feuer	Ärger Liebe Leidenschaft Feuer	Ärger Hitze Vergnügen Schüchternheit	Ärger Gefahr Feuer	Ärger Heiratszusage (Frauen)	Krieg Blut Leidenschaft Feuer	Ärger Wut Feuer	Ärger Feuer
Grün	Hoffnung	Hoffnung Freiheit unreif Krankheit	Hoffnung Langeweile Gesundheit	Hoffnung Neid	jugendlich Furcht	Neid, Jugend Geldknappheit depressiver Ärger	Glück Frömmigkeit ewiges Leben	Hoffnung Neid	Neid unerfahren Güte	unwohl unreif
Blau	Treue	Ruhe Kälte Gleichgültigkeit	Qualität	Kälte ohne Geld unschuldig	Ärger Furcht	Furcht		Eifersucht Schwierigkeit, Probleme zu lösen	blauäugig leichtgläubig gefroren kalt	Wut Ärger Romanze
Gelb	Eifersucht	Freude, Sonne Glück, Neid Krankheit	Gefahr Falschheit Neid	(kein besonderer Ausdruck)	Krankheit	Ärger	Jungfräulichkeit Schwäche Ärger	Verzweiflung Plage	ohne Geld (Slang)	Neid

Abb. 9: Farbsymboliken im internationalen Marketing
Quelle: Wilkes 1977, S. 122

2.212 Politisch-rechtliche Umwelt

Hinsichtlich der rechtlichen Rahmenbedingungen sind vor allem die Aspekte
- Rechtssystem,
- Gastlandrecht,
- Heimatlandrecht und
- Internationales Recht

für die Umweltanalyse von Interesse.

Unter der **Rechtsordnung eines Staates** kann die Gesamtheit der in ihm erlassenen positiven, d.h. schriftlich fixierten Rechtsnormen sowie gewohnheitsrechtlichen Regelungen (z.b.»Treu und Glauben«,»gute Sitten«) verstanden werden (Dülfer 1991, S. 331). Gesetze, Verordnungen, Verfügungen, Satzungen, Gerichtsurteile und Verträge gehören somit zum **positiven Recht**. Rechtsordnungen sind in aller Regel national orientiert, da jeder Staat in der Lage ist, seine Rechtsordnung im Rahmen der Gesetzgebung zu gestalten. Die EU-Gerichtsbarkeit kann als Beispiel für eine neben den nationalen Rechtsordnungen bestehende supranationale Rechtsinstanz angeführt werden. Die Auswirkungen zeigen sich beispielsweise in den umfangreichen Deregulierungsmaßnahmen, die den EU-Luftverkehr mit Durchgriff auf nationales Recht maßgeblich beeinflussen. Staaten mit mehr oder weniger ähnlichen Rechtsordnungen können zu Rechtssystemen zusammengefaßt werden. Dabei wird im allgemeinen zwischen Staaten mit einem **Code-law-** und einem **Case-law-Rechtssystem** unterschieden. Darüber hinaus lassen sich das islamische Recht, das kommunistisch-geprägte sowie das »Eingeborenen«-Recht differenzieren (Jain 1990, S. 279).

Während das **Fallrechtssystem** (z.B. England, USA, Australien, Indien) auf Vorfällen und Praktiken der Vergangenheit basiert, stehen im **kodifizierten Rechtssystem** (z.B. Deutschland, Italien, Frankreich) Regeln für viele Situationen im Vordergrund. Zahlreiche marketingrelevante Entscheidungen sind von dieser Unterscheidung betroffen: so würde in den USA demjenigen das Recht auf ein Warenzeichen zugesprochen, der es in der Vergangenheit tatsächlich genutzt hat. Im kodifizierten Recht kommt es demgegenüber auf die Anmeldung des Warenzeichens an (Jain 1987, S. 272).

Für das international tätige Unternehmen gilt die gesamte Rechtsordnung des Gastlandes. Besondere Relevanz besitzen natürlich die **Rechtsregeln für die Geschäftsabwicklung**. Dazu zählen insbesondere:
- Handels- und Wirtschaftsrecht (insbesondere Export- und Importerleichterungen bzw. -restriktionen; Patent- und Lizenzrecht)
- Recht des Währungs- und Kreditwesens (z.B. Transfer-Problematik bei Devisenangelegenheiten)
- Gesellschafts- und Unternehmensrecht

	Machtdistanz		Kollektivismus und Individualismus	
	Gesellschaften mit geringer Machtdistanz	Gesellschaften mit hoher Machtdistanz	Kollektivistische Gesellschaften	Individualistische Gesellschaften
Familienleben	• Kinder werden ermutigt, eigenen Willen zu zeigen • Eltern werden eher wie Partner behandelt	• Kinder werden zum Gehorsam gegenüber den Eltern erzogen • Eltern werden wie Respektspersonen behandelt	• Erziehung zum "Wir-Bewußtsein" • Meinungen werden durch die Gruppe vorbestimmt • Verpflichtungen gegenüber der Familie (Harmonie, Respekt, Scham)	• Erziehung zum "Ich-Bewußtsein" • Persönliche Meinungen werden erwartet • Verpflichtungen gegenüber sich selbst (Eigeninteresse, Selbstverwirklichung, Schuldgefühle).
Ausbildung	• Schülerzentrierte Ausbildung (Eigeninitiative) • Lernen heißt, eine unpersönliche Wahrheit kennenzulernen	• Lernzentrierte Ausbildung (Ordnung) • Lernen heißt, die persönliche Weisheiten des Lehrers zu übernehmen	• Lernen ist nur etwas für junge Menschen • Lernen, wie man etwas tut	• Permanente Weiterbildung • Lernen, wie man lernt
Beruf	• Hierarchie bedeutet Ungleichheit der Rollen, die aus praktischen Gründen eingenommen wird • Untergebene erwarten, daß sie auch konsultiert werden • Der ideale Chef ist ein fähiger Demokrat	• Hierarchie bedeutet existentielle Ungleichheit • Untergebene erwarten Anweisungen und Vorschriften • Der ideale Chef ist ein wohlwollender Autokrat	• Wertvorstellungen unterschiedlich für In- und Out-Gruppen • Andere Menschen werden als Gruppenmitglieder gesehen • Zwischenmenschliche Beziehungen dominieren die Aufgabe • Die Arbeitgeber / Arbeitnehmer-Beziehung ist moralisch fundiert	• Die gleiche Wertvorstellungsnormen gelten für alle • Andere Menschen werden gemäß ihrer Nutzen beurteilt • Die Aufgabe dominiert zwischenmenschliche Beziehungen • Die Arbeitgeber / Arbeitnehmer-Beziehung ist zweckbezogen
Länderbeispiele	• Österreich • Israel • Dänemark • Neuseeland • Irland	• Malysia • Panama • Guatemala • Phillipinen • Mexiko	• Guatemala • Ecuador • Panama • Venezuela • Kolumbien	• USA • Australien • Großbritanien • Niederlande • Kanada

Abb. 10a: Typologisierung von Länderkulturen nach Hofstede
Quelle: Hofstede 1992, S. 307ff.

	Maskulinität		Ungewißheitsvermeidung	
	Maskuline Gesellschaft	Feminine Gesellschaft	Gesellschaft mit schwacher Tendenz zur Ungewißheitsvermeidung	Gesellschaft mit starker Tendenz zur Ungewißheitsvermeidung
Familienleben	• Auf Leisten wird großer Wert gelegt • Konkurrenz • Konflikte werden ausgefochten	• Auf zwischenmenschliche Beziehungen wird großer Wert gelegt • Solidarität • Konflikte werden durch Kompromiß und Verhandlung gelöst	• Alles, was von der Norm abweicht, wird als lächerlich oder schlecht betrachtet • Gelassenheit, Bequemlichkeit, wenig Streß • Aggressionen und Emotionen werden nicht gezeigt	• Alles, was von der Norm abweicht, wird als risikoreich betrachtet • Mehr Ängste, Sorgen und Streß • Aggressionen und Emotionen werden gezeigt und akzeptiert
Ausbildung	• Der beste Schüler gilt als Maßstab • Das System belohnt die akademische Leistung des Schülers • Das Versagen eines Schülers wird sehr ernst genommen und kaum auch zu Selbstmord führen	• Durchschnittsschüler gilt als Maßstab • Das System belohnt die gesellschaftliche Anpassung des Schülers • Das Versagen eines Schülers wird als relatives Mißgeschick betrachtet	• Die Schüler wollen - unstrukturierte Lernsituationen - vage Zielvorgaben - allgemeine Aufgabenstellung - keine Zeitvorgabe • Der Lehrer darf mal zugeben, daß er einer Antwort nicht weiß	• Die Schüler wollen - strukturierte Lernsituationen - präzise Zielvorgaben - detaillierte Aufgabenstellung - strenge Zeitvorgabe • Der Lehrer soll auf alle Fragen die Antwort wissen
Beruf	• Selbstbewußtes Verhalten wird anerkannt • Man verkauft sich über seinem Wert • Die Karriere besitzt einen hohen Stellenwert • Entschlossenheit	• Selbstbewußtes Verhalten wird lächerlich gemacht • Man verkauft sich unter Wert • Die Lebensqualität besitzt einen hohen Wert • Intuition	• Abneigung gegenüber Vorschriften, seinen sie schriftlich oder mündlich • Weniger Formalisierung und Standardisierung	• Emotionales Bedürfnis nach Vorschriften, seinen sie schriftlich oder mündlich • Mehr Formalisierung und Standardisierung
Länderbeispiele	• Japan • Österreich • Venezuela • Schweiz • Italien	• Norwegen • Schweden • Niederlande • Dänemark • Costa Rica	• Griechenland • Portugal • Guatemala • Uruguay • Belgien	• Singapur • Jamaika • Dänemark • Hongkong • Schweden

Abb. 10b: Typologisierung von Länderkulturen nach Hofstede
Quelle: Hofstede 1992, S. 307ff.

- Arbeits- und Sozialrecht
- Wettbewerbsrecht
- Steuerrecht (insbesondere auch Abkommen über die Doppelbesteuerung) (Dülfer 1991, S. 339; Fuß et al. 1989, S. 177f.).

Wettbewerbsrechtliche Bestimmungen haben dabei für das internationale Marketing mit die größte Bedeutung, wobei die internationale Werbung von ihnen am stärksten betroffen ist. Zu den wettbewerbsrechtlichen Bestimmungen zählen im einzelnen:
- Verordnungen in bezug auf vergleichende sowie an Kinder gerichtete Werbung
- Werbebeschränkungen für bestimmte Produkte (z.B. Alkohol, Tabak, Arzneimittel)
- Verordnungen über begrenzt bzw. nicht einsetzbare Medien sowie Beschränkungen bei der Übertragung von Werbespots (Walldorf 1987, S. 213).

Nicht unerwähnt bleiben dürfen die gesetzlichen Regelungen über Produkteigenschaften (z.B. Sicherheitsvorschriften im Automobilbau) sowie über die anzuwendenden Maß- und Gewichtseinheiten und Normenvorschriften.

Heimatlandspezifische Rechtsvorschriften umfassen vor allem **Handelsverbote** (z.B. in arabischen Ländern gegenüber israelischen Unternehmen), **Anti-Boykott-Gesetze** (z.B. in der Bundesrepublik mit Bezug auf Israel), das **Kartell- und Steuerrecht** sowie in einigen Ländern Gesetze über das **Geschäftsgebaren im Ausland** (z.B. der »Foreign Corrupt Practice Act« in den USA).

Politische Rahmenbedingungen beziehen sich insbesondere auf das politische System (kapitalistisch, sozialistisch, sozial marktwirtschaftlich) sowie auf Risikofaktoren wie z.B.:
- Souveränitätsbestrebungen
- Politische Konflikte (Aufruhr, Bürgerkrieg)
- Politische Interventionen (Enteignung, Nationalisierung, Konfiszierung).

Aufgrund ihrer besonderen Relevanz bei der **Risikoanalyse** werden politische Rahmenbedingungen in Kap. 2.24 vertieft diskutiert.

Mit der gestiegenen Bedeutung ausländischer Direktinvestitionen wurde die Notwendigkeit deutlich, einen **internationalen Rechtsrahmen** zu schaffen, der die grenzübergreifenden Aktivitäten der Unternehmen regeln sollte. Vielfach haben sich in diesem Zusammenhang nationale Gesetze als unzureichend erwiesen, dem Einfluß internationaler Unternehmen bei Aspekten wie der Steuergesetzgebung oder dem Verbraucher- und Umweltschutz zu begegnen. Dies ist vor allem dann der Fall, wenn bestimmte Praktiken im Heimatland erlaubt, im Gastland jedoch untersagt sind und vice versa.

Die **Entwicklung internationaler rechtlicher Rahmenbedingungen** hat sich bislang in **drei Phasen** vollzogen (Saúvant und Aranda 1992, S. 79ff.). In der **ersten Phase** (Mitte der 40er bis in die 60er Jahre) standen insbesondere angesichts der Entkolonialisierung vieler Entwicklungsländer Fragen der nationalen Souveränität über natürliche Ressourcen und des Rechts auf wirtschaftliche Entwicklung im Vordergrund. Die hiermit verbundenen Konsequenzen, insbesondere im Bereich von Staatsaufträgen und Verstaatlichungen bzw. Enteignungen, waren daher Gegenstand zahlreicher bilateraler Abkommen zum Schutz von Direktinvestitionen. Aufgrund sehr unterschiedlicher Interessenlagen kam es demgegenüber nur zu einem wichtigen multilateralen Abkommen zur Beilegung von Investitionsstreitigkeiten im Jahr 1965.

Die **zweite Phase** in den 70er Jahren war von der Schaffung zahlreicher Verhaltensnormen für internationale Unternehmen geprägt. Dies betraf z.b. die Nichteinmischung in die inneren Angelegenheiten der Gastländer, Informationspflichten, Verbraucher- und Umweltschutz und die Mutter-Tochter-Beziehungen (z.B. Transferpreisproblematik). Wichtige multilaterale Abkommen waren dabei:

– Resolution 24 im Rahmen des Andenpaktes, 1970
– OECD-Erklärung über multinationale Unternehmen, 1976
– Dreiererklärung der Internationalen Arbeitsorganisation (ILO), 1977
– Verhaltenskodizes der Vereinten Nationen, 1977 und 1980.

Im Mittelpunkt der **dritten Phase** (seit 1980) standen Abkommen, welche vorrangig die Pflichten der Gastländer gegenüber den multinationalen Unternehmen zur Expansionserleichterung und zum Vermögensschutz zum Inhalt hatten. Die wichtigste Vereinbarung mit multilateralem Charakter war dabei die von der Weltbank initiierte Konvention über die Errichtung der »Multilateral Investment Guarantee Agency« (MIGA) im Jahr 1985.

2.213 Ökonomische Umwelt

Die Untersuchung der ökonomischen Merkmale eines Landes soll die Frage nach der Größe und den Eigenschaften seines Marktes beantworten. Die Größe des Marktes, ausgedrückt in **Marktvolumen und -potential**, gibt Auskunft über die Marktchancen eines bestimmten Produktes. Sie kann mit Hilfe verschiedener Indikatoren, wie z.B. Bevölkerungszahl, -wachstum, Bruttosozialprodukt, Pro-Kopf-Einkommen, Einkommensverteilung etc. bestimmt werden.

In Indien beträgt das Durchschnittseinkommen zwar zur Zeit nur etwa 200 $; bei einem Segment von etwa 5 % der Bevölkerung, das die durchschnittliche US-amerikanische Kaufkraft erreicht, resultiert ein Marktpotential von der Größe Kanadas (Kale und Sudharsan 1987, S. 61).

Darüber hinaus beinhaltet eine Analyse der ökonomischen Umwelt die Berücksichtigung derjenigen Faktoren, die den Handel mit dem betreffenden Land erschweren oder erleichtern. Zu den bedeutendsten handelserschwerenden Faktoren zählen **protektionistische Maßnahmen**. Vom Protektionismus sind vor allem Industriezweige betroffen, deren Märkte kaum expandieren oder gar schrumpfen und bei denen eine große Zahl von Arbeitsplätzen bedroht ist (z.b. Stahl, Bergbau, Landwirtschaft). Nach neueren Schätzungen des **GATT** (General Agreement on Tariffs and Trade) unterliegen gegenwärtig 50 % des Welthandels einschränkenden Regelungen. Dabei werden klassische Schutzmaßnahmen in den letzten Jahren verstärkt durch subtilere Formen **nichttarifärer Handelshemmnisse** abgelöst, von denen es ca. 800 Varianten gibt. Die unterschiedlichen **Formen des Protektionismus** umfassen z.B.:

– **Subventionen** (Landwirtschaft, Stahlbau, Luftverkehr; so wurde die französische Fluggesellschaft Air France nur durch Subventionen in mehrstelliger Milliardenhöhe (DM) vor dem Konkurs bewahrt)
– **Staatliche Beschaffungspolitik** (z.B. Bevorzugung von Unternehmen der Alliierten nach dem Golf-Krieg durch die kuwaitische Regierung)
– **Einfuhrüberwachungsmaßnahmen** (z.B. Einfuhr von Videorecordern an nur einem Ort in Frankreich)
– **Quantitative Importbeschränkungen**
– **Ausgleichszölle**
– **Selbstbeschränkungsabkommen bei Exporten** (z.B. durch japanische Automobilhersteller in den USA)
– **Antidumpingmaßnahmen** (z.B. Maßnahmen der Europäischen Gemeinschaft gegen sog.»screw-driver plants« japanischer Unternehmen in England)
– **Mindestpreisfestsetzungen bei Importen**
– **Nationale Normensysteme** (z.B. japanische Skihersteller, die sich jahrelang erfolgreich gegen ausländische Importe mit dem Argument wehrten, der japanische Schnee sei »nasser« als in anderen Ländern)
– **Restriktive Devisenbestimmungen** (z.B. Devisenausfuhrbeschränkungen)

Protektionistische Maßnahmen erschweren die Bedingungen für eine erfolgreiche internationale Wettbewerbsfähigkeit und erfordern zunehmend Anpassungen in der internationalen Strategie (z.B. Verstärkung risikoreicher Direktinvestitionen).

Besondere Relevanz im Rahmen der ökonomischen Umwelt besitzt der Trend zur **Regionalisierung** von Wirtschaftsbeziehungen. In Nordamerika wurde 1989 das Freihandelsabkommen zwischen den USA und Kanada abgeschlossen. Darüber hinaus entwickelten die USA unter der Regierung Bush erste Pläne einer panamerikanischen Freihandelszone unter der Bezeichnung **NAFTA** (North American Free Trade Area). Im Februar 1991 beschlossen die USA, Kanada und Mexiko, das o.a. Freihandelsabkommen in einem zweiten Schritt zu erweitern, mit dem Ziel, nach Vorbild der Europäischen Gemeinschaft eine nordamerikanische Freihandelszone zu realisieren.

Im ostasiatisch-pazifischen Raum wurde 1989 die **APEC** (Asian-Pacific Economic Cooperation) nach OECD-Vorbild gegründet, der neben den **ASEAN**-Staaten (Malaysia, Singapur, Indonesien, Phillipinen, Thailand und Brunei) auch Australien, Neuseeland, Japan, Kanada, China, Südkorea, Taiwan, Hongkong und die USA angehören. Ziel der APEC ist vorrangig die Stärkung der Kooperation auf zahlreichen wirtschaftlich relevanten Gebieten.

In Lateinamerika wurden alte Pläne zur Schaffung von Freihandelszonen revitalisiert. Diese Bemühungen führten 1991 zum Abschluß zweier Abkommen: dem **Andenpakt** oder **ACM** (Anden Common Market) zwischen Bolivien, Ecuador, Kolumbien, Peru sowie Venezuela und dem **Mercosur**-Vertrag über die Errichtung eines »Gemeinsamen Marktes im südlichen Lateinamerika« mit den Unterzeichnern Argentinien, Brasilien, Paraguay und Uruguay. Fernziel ist die Errichtung eines Binnenmarktes nach dem Modell der Europäischen Union mit gemeinsamem Parlament.

In Europa veröffentlichte die Kommission der **Europäischen Union** mit dem Weißbuch des Jahres 1985 ein detailliertes Aktionsprogramm für die Vertiefung der Integration im Hinblick auf die Vollendung des europäischen Binnenmarktes bis Ende 1992. Von den nahezu 300 Maßnahmen, welche die EU-Kommission darin forderte, ist ein Großteil bis zum heutigen Tag umgesetzt. In einzelnen wichtigen Bereichen wie etwa der Steuerharmonisierung besteht jedoch immer noch Handlungsbedarf (Dichtl und Dohet 1992, S. 221). Daß der 31. Dezember 1992 aber nur eine Etappe innerhalb des **Europäischen Integrationsprozesses** war, wird angesichts anderer Schlüsselereignisse, die sich in der jüngsten Vergangenheit in Europa ereigneten, deutlich.

Die **Beschlüsse von Maastricht** vom Februar 1992 verliehen der Europa-Diskussion neue Akzente. Als die wohl bedeutendste Fortentwicklung der im Jahre 1957 geschlossenen Römischen Verträge zielen sie darauf ab, aus der Europäischen Wirtschaftsgemeinschaft eine Europäische Union mit einem nicht nur wirtschaftlichen, sondern auch starken politischen Integrationsanspruch zu formen (Zentes und Lubitz 1992, S. 228).

In einer aktuellen Untersuchung des Instituts für Marketing kommt zum Ausdruck, daß mit der Währungsunion aus Sicht der deutschen Bürger sowohl Transaktionskostenvorteile (bessere EU-weite Preistransparenz, vereinfachtes Reisen) und Chancen für Europa (Völkerverständigung) als auch Risiken für die heimische Wirtschaft verbunden werden (vgl. Meffert 1997a).

Damit ist fraglos die Anziehungskraft der Europäischen Union für die Staaten Zentral- und Nordeuropas gestiegen. Dies dokumentieren einerseits die Ende 1991 mit Polen, Ungarn und der damaligen Tschechoslowakei geschlossenen Assoziationsverträge (Zschiedrich 1992, S. 201f.), und andererseits der Beitritt Österreichs, Schwedens und Finnlands im Jahre 1995.

Neben dem EU-Raum ist aus der Perspektive deutscher Unternehmen der **Öffnungsprozeß in Osteuropa** von herausragender Bedeutung. Waren im Jahre 1989 unmittelbar nach der Marktöffnung westliche Unternehmen noch mit ca. 2000 Projekten in den Staaten Osteuropas aktiv geworden, so belief sich diese Zahl Ende 1992 bereits auf ca. 45000. Dabei stehen die reformführenden Länder Polen, Ungarn sowie die Nachfolgestaaten der CSFR im Mittelpunkt des westlichen Interesses (Pues 1994, S. 1 ff.).

Gleichzeitig stellen die **osteuropäischen Rahmenbedingungen** westliche Unternehmen vor eine Vielzahl besonderer, in anderen Wirtschaftsregionen in dieser Form kaum anzutreffende Herausforderungen. Zu nennen sind in diesem Zusammenhang insbesondere:

– eine weitgehend unterentwickelte Wettbewerbsorientierung in den osteuropäischen Unternehmen sowie unzureichende Qualitäts- und Produktivitätsstandards,
– z.T. ungeklärte rechtliche und steuerliche Rahmenbedingungen,
– das unterschiedliche Tempo bei der Privatisierung von Staatsunternehmen, die als potentielle Kooperationspartner in Betracht kommen,
– der den offiziellen Statistiken zu entnehmende, teilweise dramatische Rückgang der Produktion, der sich osteuropaweit inzwischen auf ca. 35–40 Prozent beläuft,
– eine steigende Inflation und wachsende Arbeitslosenquoten sowie
– der fast vollständige Zusammenbruch des Außenhandels innerhalb des ehemaligen RGW.

Einen Überblick der verschiedenen wirtschaftlichen Integrationsräume gibt die Abbildung 11.

2.214 Natürliche Umwelt

Zur natürlichen Umwelt des Unternehmens zählen insbesondere
– topographische Gegebenheiten,
– klimatische Verhältnisse,
– Ressourcenausstattung und
– infrastrukturelle Gegebenheiten.

So läßt beispielsweise das Vorkommen wertvoller **Bodenschätze** auf eine rasche wirtschaftliche Entwicklung schließen (z.B. Ölländer), während

topographische Merkmale (Seewege, Gebirge, Wüsten etc.) auf Logistik-probleme hinweisen. Das **Klima** erlaubt Rückschlüsse auf das Konsumen-tenverhalten (z.B. Verbrauch bestimmter Produkte wie Erfrischungsge-tränke, Mediennutzung) und auch auf die Produktgestaltung. **Infrastruk-turelle Bedingungen** beziehen sich auf das Verkehrsnetz und Transport-möglichkeiten (vorhandene Transportmittel, Verkehrsknotenpunkte,

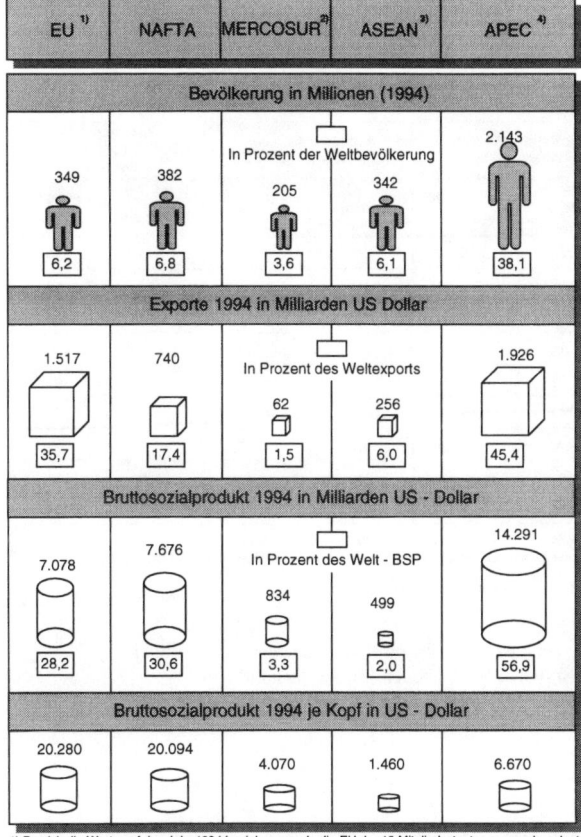

1) Da sich die Werte auf das Jahr 1994 beziehen, wurde die EU der 12 Mitgliedsstaaten zugrunde gelegt.
2) Argentinien, Brasilien, Paraguay, Uruguay
3) Indonesien, Malaysia, Philippinen, Singapur, Thailand, Brunei
4) Australien, Brunei, Chile, China, Hongkong, Indonesien, Japan, Kanada, Malaysia, Mexiko, Neuseeland,
   Papua Neuguinea, Philippinen, Singapur, Südkorea, Taiwan, Thailand, USA

Abb. 11: Ausgewählte wirtschaftliche Integrationsräume im Überblick
          Quelle: Statistisches Jahrbuch für das Ausland 1996,
          IFO Schnelldienst 32/96

Umschlagplätze für bestimmte Güter etc.), Kommunikationsmöglichkeiten (z.B. Medienstruktur, Telefondichte, Postsystem) sowie die Energieversorgung. Die natürliche Umwelt nimmt bei der Wahl eines ausländischen Produktionsstandortes eine wichtige Funktion ein. Die unterschiedlichen verkehrsinfrastrukturellen Gegebenheiten werden aus der Übersicht in Abbildung 12 deutlich. Bei der Interpretation der Zahlenwerte sind die jeweiligen geographischen Ausmaße der betrachteten Länder zu berücksichtigen. Deutlich wird beispielsweise die hohe Bedeutung des Luftverkehrs für die USA sowohl im Personen- als auch Güterverkehr, während in Indien und China dem Schienennetz eine zentrale Bedeutung zukommt.

Verkehrs-mittel / Land	Verkehrsleistungen Eisenbahnen (1993; in Mio.)		Verkehrsleistungen Luftverkehr (1994; in Mio.)		Bestand an Kraftfahrzeugen (1994; je 1.000 Einwohner)	
	Personen-kilometer [1] pro Kopf	Tariftonnen-kilometer [2]	Personen-kilometer pro Kopf	Frachttonnen-kilometer	Personen-kraftwagen	Lastkraft-wagen
Deutschland	705	64.277	697	5.373	423	118
Frankreich	1.003	45.033	1.159	4.398	431	88
Ägypten	k.A.	k.A.	100	185	21	8
Tunesien	118	1.994	221	17	k.A.	k.A.
USA	37	1.619.560	3.129	19.084	565 [3]	187 [3]
Kanada	44	101.806	1.476	1.479	493	261
Chile	k.A.	k.A.	378	653	57	27
China	289	1.192.342	42	1.714	180	39
Indien	320	252.388	18	564	3 [3]	4 [3]
Japan	1.998	25.075	943	6.008	341	178

[1] Zahl der beförderten Personen mal mittlere Reisereichweite
[2] Tarifgewicht mal Tarifentfernung aller transportierten Güter
[3] Werte für 1993

Abb. 12: Verkehrs-Infrastruktur ausgewählter Länder im Überblick
Quelle: Statistisches Jahrbuch für das Ausland 1996

2.22 Aufgabenumwelt

2.221 Konsument

Eine der zentralen Kontroversen in der Literatur zum internationalen Marketing besteht in der Frage, ob bei Konsumenten eine **einheitliche Marktbearbeitung** aufgrund zunehmend ähnlicher Interessen und Reaktionsmuster möglich ist (Levitt). Teilweise wird aber auch von der Gegenthese ausgegangen, daß sich Verhalten immer stärker auseinanderentwickelt (Douglas und Wind 1987, S. 21f.). Bartlett und Ghoshal (1990a, S. 46) behaupten gar, daß das verstärkte Angebot standardisierter Güter eine Ursache für die zunehmende Nachfragerdifferenzierung sei:

»Die Konsumenten reagierten auf das Überangebot von weltweit standardisierten Produkten, indem sie stärker nach differenzierten Waren verlangten, die ihren jeweiligen Wünschen besser entsprachen.«

Eine kritische Auseinandersetzung mit dieser Aussage verdeutlicht jedoch, daß weniger eine verstärkte länderübergreifende **Heterogenisierung der Konsumentenbedürfnisse** hinter diesen Entwicklungen steht, sondern in erster Linie ein länderweit zu beobachtender **Trend zur Individualisierung**. So spricht für eine ländermäßig differenzierte Marktbearbeitung eine verstärkte Hinwendung der Verbraucher zu (landesspezifischen) traditionellen Werten und Normen. Diese Aspekte werden in sog. **Konsumententypologien** aufgegriffen, wobei im Zuge der EU-Binnenmarktharmonisierung oftmals die Identifizierung eines »**Euro-Verbrauchers**« im Mittelpunkt stand. Zentrale Studien werden im RISC-Institut sowie bei der GfK durchgeführt.

Ziel der RISC-Studie (International Research Institute in Social Change) ist die Identifikation des Wandels in Europa zum Zeitpunkt seines Entstehens (Woesler – de Panafieu 1988, S. 55). Zu diesem Zweck wurde von RISC ein integriertes Forschungsprogramm über soziokulturellen Wandel in Europa entwickelt, das ACE-System (Anticipating Change in Europe). Bei der in diesem Zusammenhang identifizierten Euro-Typologie handelt es sich um das Ergebnis einer Segmentierung der europäischen Bevölkerung mit dem **Ziel**, Zusammenhänge zwischen soziokulturellen Werten/Trends einerseits und Konsumgewohnheiten/-einstellungen andererseits innerhalb eines Markt- oder Bevölkerungssegments aufzuzeigen. Dabei sollte eine länderübergreifende Vergleichbarkeit solcher Zusammenhänge geschaffen werden, um somit eine **Basis für die Erarbeitung internationaler oder globaler Marketing-Strategien** zu erhalten. Auf der Basis einer Befragung von 2500 Personen je Land wurden 20 sog. Euro-Trends identifiziert, die wiederum zu sechs Euro-Typen führten (vgl. Abbildung 13).
Auch die von der GfK mitgetragene Europanel-Studie hatte das Ziel, eine Segmentierung der europäischen Gesellschaft zur länderübergreifenden **Bestimmung von Lebensstil-Typen** durchzuführen, die durch ihre Weltanschauung, Werte, Einstellungen und Meinungen sowie ihr Verhalten (Freizeitverhalten, Konsumgewohnhei-

	Bevölkerungsanteil in Prozent	
	Europa	Bundesrepublik Deutschland
Traditionalist	19%	27%
Häuslicher	14%	13%
Rationalist	22%	18%
Hedonist	17%	22%
Aufsteiger	15%	9%
Trendsetter	13%	11%

1. The Traditionalist is heavily marked by the culture, socio-economic history and unique situation of each country. His provile reflects deep-rooted attitudes specific to his country; consequently, this is the least homogeneous group across countries.
2. The Homebody is mainly motivated by a strong attachment to roots (physical environment and childhood). Less preoccupied with Economic Security than the Traditionalist, he feels increasingly in touch with his social environment. He looks for warm relationships, but has difficulty in coping with the violence he sees around him.
3. The Rationalist is defined by his ability to cope with unforeseeable and complex situations, and his readiness to take risks and to start new endeavours.
   He envisages personal fulfillment more as a matter of self-expression than as a financial reward and trusts science and technology to help resolve the challenges facing mankind.
4. The Pleasurist emphasizes sensual and emotional experiences. He prefers non-hierarchically structured groups built around peoples's self-reliance and auto-regulation, rather than around leaders and formal decision-making processes.
5. The Striver shares most attitudes, beliefs and values underlying the dynamics of social change. He claims autonomous behaviour and wants:
   – to shape his own life
   – to exploit to the fullest his own mental, physical, sensual and emotional o possibilities.
6. The Trend-Setter favours non-hierarchical social structures and enjoys spontaneity rather than formal procedures. He is not overly concerned with proving his own abilities. Even more individualistic than the Striver, he exemplifies the flexible response to a rapidly changing environment.

Abb. 13: Euro-Typen der RISC-Studie
        Quelle: Woesler-de Panafieu 1988, S. 55

ten, Besitz von Gütern) definiert werden können (GfK 1989). Dabei konnten 16 Lebensstil-Typen identifiziert werden, die sich anhand der Dimensionen Bewegung/ Beharrung und Güter/Werte unterscheiden lassen.

Wenngleich derartige Verbrauchertypologien eine verhältnismäßig starke Zersplitterung der Nachfragestrukturen aufzeigen, verweisen sie gleichzeitig darauf, daß die einzelnen Segmente sich zunehmend länderübergreifend ähneln. Folgerichtig gehen zahlreiche Unternehmen dazu über, ihre Marktsegmentierung nicht mehr länderspezifisch vorzunehmen, sondern eine »**integrale**« Segmentierung anzustreben, bei der Nachfragergruppen länderübergreifend anhand der ähnlichen Ausprägung von bestimmten Segmentierungskriterien gebildet werden (vgl. Kap. 3.22).

Dennoch ist insgesamt davon auszugehen, daß es in den meisten Fällen keinen einheitlichen »globalen« oder »Euro-Verbraucher« geben wird. Auch ein immer stärkeres Zusammenwachsen von Ländern, z.B. in Europa, eine zunehmende Mobilität und verbesserte Kommunikationsbedingungen werden die kulturelle Vielfalt in den Regionen Europas, Amerikas und Asiens, der sog. Triade, nicht beseitigen können.

Auffällig ist in diesem Zusammenhang eine gewisse Ambivalenz, die sich durch eine Globalisierung der Verbraucher bei gleichzeitiger **Rückbesinnung auf nationale oder gar lokale Werte** ausdrückt. Sichtbar wird dies beispielsweise in der »Renaissance« von **Minderheitensprachen** in Teilen Europas oder im Bereich der Nahrungsmittelindustrie, die derzeit neben einer Internationalisierung der Eßgewohnheiten auch eine **Rückbesinnung auf nationale Spezialitäten** konstatiert.

Auch die **Analyse soziodemographischer Merkmale** von Verbrauchern aus mehreren europäischen Ländern zeigt, daß trotz einer relativen Angleichung in den letzten Jahren noch beträchtliche Unterschiede zwischen den einzelnen Staaten bestehen (vgl. Abbildung 14).

Demgegenüber zeichnen sich **industrielle Abnehmer** durch ein stark koordiniertes und zentralisiertes und damit einheitliches Nachfragerverhalten aus. Hier lassen sich umfangreiche Bestrebungen erkennen, vor allem Vorprodukte auf globaler Basis weitgehend zentral einzukaufen, um eine länderübergreifend gleichmäßige Qualität sowie einen einheitlichen Service bei standardisierten, möglichst niedrigen Preisen zu realisieren (»**global sourcing**«). So verlangt z.B. General Motors von seinen Zulieferern einheitliche Roboter-Steuerungssysteme (Farell und Saloner 1987, S. 3). Die Deutsche Lufthansa AG hat auf die zunehmend globale Präsenz ihrer Firmenkunden mit der Einrichtung eines Global Key Account Management reagiert, um eine Vereinheitlichung der Konditionengestaltung und zugleich eine individuellere Betreuung ihrer Schlüsselkunden zu erreichen.

Merkmal / Land	BIP pro Kopf EU - Durchschnitt = 100 1994	Haushalts- größe (in Personen) 1994	Ausstattung der Haushalte mit ausgewählten Konsumgütern (je 1000 Einwohner) 1994				
			PKW	TV	Telefon	Mobil- funk	PC
Deutschland	102,3	2,2	422	549	481	31	130
Belgien	103,9	2,5	416	458	449	13	139
Dänemark	105,0	2,2	319	538	604	97	213
Finnland	83,1	2,4	368	504	547	118	142
Frankreich	105,7	2,6	430	574	547	14	101
Griechenland	57,6	2,9	199	212	478	16	29
Großbritannien und Nordirland	97,2	2,5	344	435	489	65	141
Irland	79,4	3,2	250	326	350	25	131
Italien	100,8	2,9	493	438	429	39	72
Luxemburg	163,1	2,6	540	342	554	35	k.A.
Niederlande	99,2	2,4	383	471	509	21	156
Österreich	104,2	2,6	433	480	465	35	107
Portugal	61,9	3,1	242	246	350	18	36
Schweden	93,0	2,1	406	466	683	158	189
Spanien	73,7	3,3	352	418	371	10	70

Abb. 14: Ausgewählte sozio-ökonomische Merkmale von Verbrauchern in der Europäischen Union
Quelle: Statistisches Jahrbuch 1996 für das Ausland

2.222 Handel

Die Handelssituation ist seit geraumer Zeit durch offenkundige **Interna-tionalisierungsbestrebungen großer Handelsketten bzw. Einkaufskoope-rationen** gekennzeichnet. Gerade die Filialisten scheinen einen gewissen Nachholbedarf in dieser Beziehung zu decken und die Möglichkeiten grenzüberschreitender Aktivitäten verstärkt nutzen zu wollen. Diese In-ternationalisierung wird dabei von einigen Entwicklungen getragen, die die Erfolgsaussichten bislang vorherrschender nationaler Vertriebsver-antwortungen auf Herstellerebene in Frage stellen.
So gewinnen neben einem typischen »**going international**« (z.B. durch Aufbau von Auslandsniederlassungen) internationale Kooperations- und Akquisitionsstrategien gerade auch im Handelsbereich an Bedeutung.
Die zehn größten Lebensmittelhandelsunternehmen vereinigen in Euro-pa einschließlich der Reformländer Polen, Slowakei und Tschechien mitt-lerweile einen Marktanteil von 31 Prozent auf sich. Die Metro-Gruppe erzielt einen Europa-Umsatz von 72 Milliarden DM, gefolgt von Rewe (51 Milliarden DM), dem französischen Auchan-Konzern (44 Milliarden DM) und dem französischen Großflächen-Spezialisten Promodès (43

Milliarden DM). Die fünfzig größten Unternehmen erreichen zusammen ein Einkaufsvolumen von 900 Milliarden DM (o. V. 1996b, S. 22). Die Vorteile solcher Verbundsysteme liegen dabei vor allem in der koordinierten Beschaffung, der Rationalisierung und in der Einrichtung leistungsfähiger grenzüberschreitender Informationssysteme. Für die Hersteller bedeutet dies den Zwang zu einem weitgehend abgestimmten Marketing-Programm. Viele Handelsunternehmen haben darüber hinaus in der jüngeren Vergangenheit den Weg der Akquisition von Firmen jenseits der Ländergrenzen beschritten. Dieses Vorgehen bietet die Möglichkeit, durch Zukauf international Marktanteile zu gewinnen und durch Nutzung des erworbenen Know-hows relativ schnell eine Insider-Position im jeweiligen Auslandsmarkt zu erringen.

Wenngleich derartige Entwicklungen in vielen Ländern, so vor allem in Europa, zu beobachten sind, dürfen weiter bestehende Unterschiede in den Handelsstrukturen nicht übersehen werden (vgl. Abbildung 15). Länder mit einer hohen Anzahl und Vielfalt an Geschäften bedürfen anderer Vertriebsstrategien als Länder mit wenigen, tendenziell einheitlichen Geschäftsstätten. Daher wird das handelsgerichtete Marketing auch von der unterschiedlichen Bedeutung einzelner Betriebsformen beeinflußt (z. B. abweichender Stellenwert der Filialisierung).

Kriterien / Land	Anzahl der Geschäfte 1995 (in 1.000)	Anzahl der Geschäfte pro 1.000 Einwohner	Umsatz pro Geschäft in 1.000 ECU
Belgien	12,9	1,3	1.077
Dänemark	3,6	0,7	2.297
Deutschland	76,4	0,9	1.318
Frankreich	41,9	0,7	2.726
Großbritannien	39,4	0,7	1.737
Italien	131,1	2,3	284
Niederlande	7,1	0,5	2.458
Österreich	8,5	1,1	1.275
Portugal	33,6	3,4	170
Spanien	82,6	2,1	376

Abb. 15: Strukturdaten für den europäischen Lebensmitteleinzelhandel
Quelle: AC Nielsen 1997

2.223 Wettbewerb

In jüngerer Zeit wird vielfach eine weitere Entwicklung für die zunehmende Internationalisierung des Marketing verantwortlich gemacht, die als »**Globalisierung des Wettbewerbs**« bezeichnet wird (Bolz 1992, S. 15). Kennzeichen eines globalen Wettbewerbs ist dabei die Tendenz von Unternehmen, die Planung ihrer Aktivitäten zunehmend auf länderübergreifender Ebene vorzunehmen und eine Profilierung vornehmlich gegenüber anderen internationalen Wettbewerbern zu suchen. Unter bewußter Inkaufnahme national suboptimaler Lösungen wird dabei durch eine länderübergreifend integrierte Planung und Abstimmung ein international optimiertes Ergebnis angestrebt. Deutliches Kennzeichen dieser Entwicklung sind Konkurrenzauseinandersetzungen, die auf Basis eines **internationalen Ländermarktausgleichs** geplant werden (»cross-subsidization«) (Segler 1986, S. 229).

So reagierte der Reifenhersteller **Goodyear** auf einen Markteintritt von Michelin in Nordamerika nicht mit verlustreichen Gegenaktivitäten auf dem Heimatmarkt, sondern auf dem für Michelin wichtigen europäischen Markt. Zwar standen die daraus resultierenden Werbeaufwendungen und Preisreduktionen etc. in den betroffenen europäischen Märkten in keinem Verhältnis zu den dort erwirtschafteten Erträgen, erwiesen sich aber als Gegenmaßnahme wirksamer, als bei einer Reaktion auf dem amerikanischen Markt zu erwarten gewesen wäre. Durch einen gezielten Ländermarktausgleich wurde es vermieden, verlustreiche »**Preis- und Werbeschlachten**« auf dem amerikanischen Markt zu führen (Hamel und Prahalad 1985, S. 82f.)

In diesem Zusammenhang erweist es sich als zunehmend wichtiger, auf den ausländischen Märkten einen **Mindestmarktanteil** zu halten, der das Unternehmen befähigt, das Verhalten der wichtigsten internationalen Wettbewerber durch Vergeltungsmaßnahmen zu beeinflussen. Dieser Gedanke, der bisweilen als »**global chess**« tituliert wurde (Hout et al. 1982, S. 14), geht von einem Zwang zur Bearbeitung der Heimatmärkte globaler Wettbewerber aus. So führt ein mangelndes Entgegentreten gegenüber diesen Unternehmen auf deren Heimatmärkten dazu, daß diese aufgrund des geringen Wettbewerbsdrucks und der zunehmenden Ertragskraft gegenüber ihren Rivalen früher oder später unaufholbare Wettbewerbsvorteile besitzen.

Insbesondere vor dem Hintergrund der **Binnenmarktharmonisierung** ist in Europa von einer nachhaltigen Steigerung der Konkurrenzintensität auszugehen. Dies ist allein schon auf die allgemeine Erleichterung des internationalen Marktzugangs und die damit steigende Zahl der relevanten Wettbewerber in vielen Feldern zurückzuführen. Dabei sind auch Anbieter zu berücksichtigen, die aus Ländern außerhalb der EU im Binnenmarkt tätig werden, wie die Bemühungen gerade japanischer Unternehmen um leistungsfähige »Standbeine« im Binnenmarkt (z.B. japanische Automobilhersteller in Großbritannien) zeigen.

2.23 Marketingumwelt und internationale Grundorientierung

Die Grundorientierung des Management hinsichtlich der bearbeiteten Auslandsmärkte wird wesentlich durch die Marktsituation geprägt. Hieran setzt das sog. »**Integration-Responsiveness**«**-Paradigma** der internationalen Unternehmenssituation an (Prahalad 1975; Doz 1979). Internationale Märkte werden, so dieser Ansatz, simultan durch integrations- und lokalisierungsfördernde Kräfte geprägt (vgl. Abbildung 16), und erst die Berücksichtigung beider Dimensionen führt zu einer erfolgreichen Geschäftstätigkeit. (vgl. Kapitel 1.5).

Zu den **Integrationszwängen** gehören u.a. homogene Bedürfnissstrukturen, einheitliche Produkttechnologien oder gleichartige Wettbewerber auf den Weltmärkten. Demgegenüber führen politisch-rechtliche

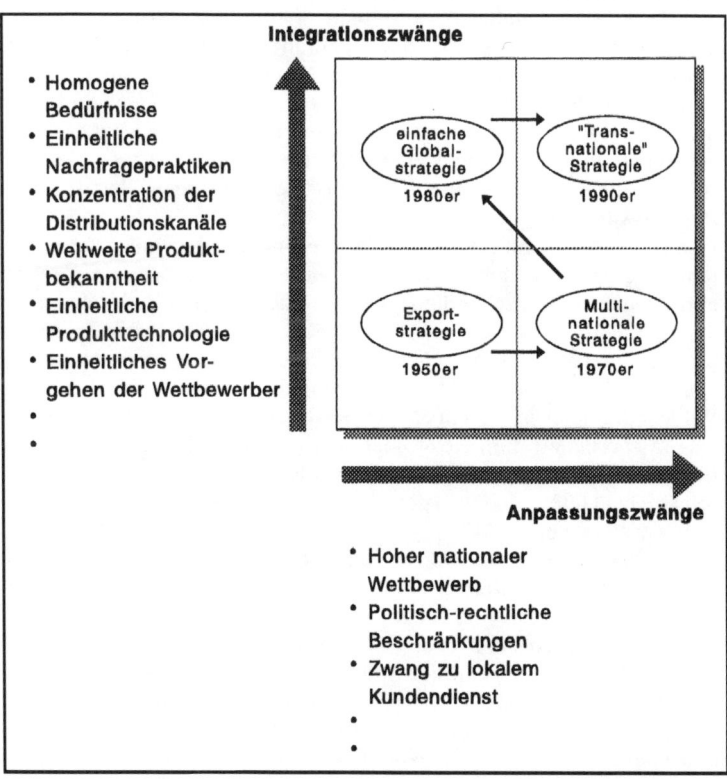

Abb. 16: Integrations- und Anpassungszwänge im internationalen Marketing

Beschränkungen oder ein ausgeprägter, intensiver nationaler Wettbewerb zu **nationalen Anpassungserfordernissen**. Die Variablen des IR-Paradigmas stellen daher eine Verdichtung makro- und aufgabenumweltbezogener Situationsfaktoren dar, um das Ausmaß der Internationalisierung einzelner Märkte und Branchen zu erklären.

So kommt der **Homogenität der Bedürfnisstrukturen** eine entscheidende Bedeutung für das Standardisierungsniveau einer Strategie innerhalb des internationalen Marketing zu. Mit schwindenden Nachfrageunterschieden ist es um so eher möglich, ein lokal differenziertes Marketing zugunsten einer weltweit standardisierten Konzeption aufzugeben. Weltweit ähnliche Marktsegmente sind darüber hinaus Voraussetzung für den Aufbau einer globalen Marktposition, wie sie z.b. Marlboro und Coca-Cola erreicht haben.

Daneben ist auf seiten aufgabenumweltspezifischer Faktoren das **strategische Vorgehen der Hauptwettbewerber** entscheidender Faktor für die unternehmensspezifische Strategiewahl. Je mehr sich der oder die Hauptwettbewerber an globalen Konzepten orientieren, desto stärker wird auch der Reaktionszwang in diese Richtung. Unternehmen, die z.b. im Fernsehmarkt nicht rechtzeitig die Bedeutung einer weltweiten Durchsetzung ihrer Systeme erkannt und ihr technologisches Know-how nicht in Weltmarktanteile umgesetzt haben, konnten meist ihre Marktposition gegenüber globalen Wettbewerbern nicht behaupten. Ein typisches Beispiel hierfür ist die Strategie von Grundig und Philips gegenüber den japanischen Anbietern.

Eng verbunden damit erweist sich die **Techonologiedynamik** des relevanten Marktes als eine zentrale Einflußgröße der internationalen Grundorientierung. Je dynamischer die Technologie, desto größer ist der Zwang zu einer raschen Globalisierung. Als ein klassisches Beispiel kann der Markt für Computerprozessoren gelten, deren rascher »Generationenwechsel« eine kurze Präsenz im Markt und einen rapiden Preisverfall zur Folge hat. Will ein Anbieter in diesem Markt Gewinne erzielen, so bleibt ihm nur eine rasche Penetration vieler oder aller relevanter Ländermärkte. Das Beispiel macht zudem deutlich, warum eine globale Orientierung insbesondere bei Unternehmen in jungen, rasch wachsenden Märkten identifiziert werden kann.

Handelsbarrieren, Ähnlichkeit von Produktstandards, Mediaszenen oder Distributionssystemen führen dazu, daß das Ausmaß der Globalisierung differenziert. In diesem Bereich liegen die gravierendsten Begrenzungsfaktoren einer rein globalen Marketingstrategie. Selbst bei einer **Angleichung kultureller Subsysteme** (z.B. Lebensstile Jugendlicher) und einer wachsenden Vereinheitlichung von Produktstandards durch Typung und Normung erfordern meist **unterschiedliche Distributionssysteme** und die **Heterogenität der Mediaszenen** zumindest ein differenziert globales Vorgehen in der Distributions- und Kommunikationspolitik.

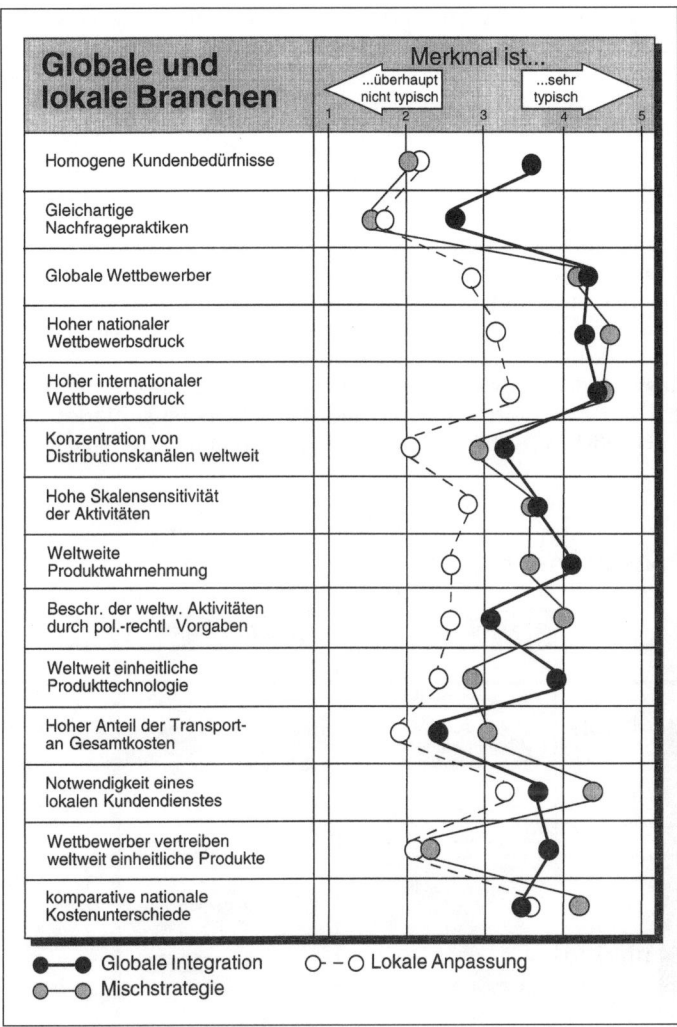

Abb. 17: Empirische Ergebnisse zur Ausgestaltung globaler und nationaler Branchen
Quelle: Roth und Morrison, 1990

63

Roth und Morrison (1990) haben in einer aktuellen empirischen Untersuchung die zentralen **Ausprägungen globaler vs. nationaler Branchen** identifiziert. Danach liegen die am stärksten differenzierenden Umweltmerkmale in den Bereichen (vgl. Abbildung 17)
– einheitliches Nachfrageverhalten,
– Wettbewerb,
– Produkttechnologien.

Zu einem ähnlichen Ergebnis gelangen auch Bolz (1992) sowie Meffert und Bolz (1993b) im Hinblick auf die Standardisierbarkeit des Marketing auf internationalen Märkten. Die Heterogenität von Nachfrager- und Wettbewerbsbedingungen stellt, so verdeutlichen die empirischen Ergebnisse, die stärkste Standardisierungsbarriere dar.
Positioniert man ausgewählte Branchen in die Systematik des IR-Paradigmas, so läßt sich das **Globalisierungsniveau bestimmter Märkte** grob veranschaulichen (Abbildung 18). Von besonderem Interesse sind in die-

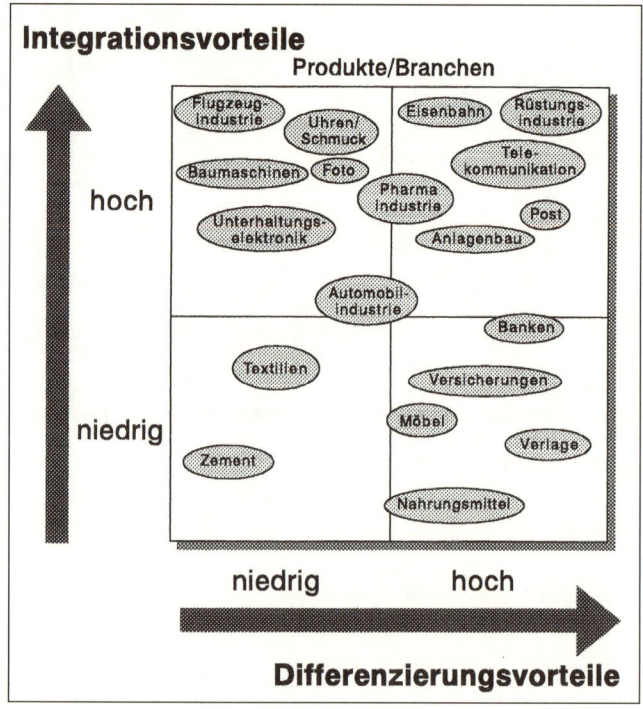

Abb. 18: Globalisierungsniveau unterschiedlicher Branchen

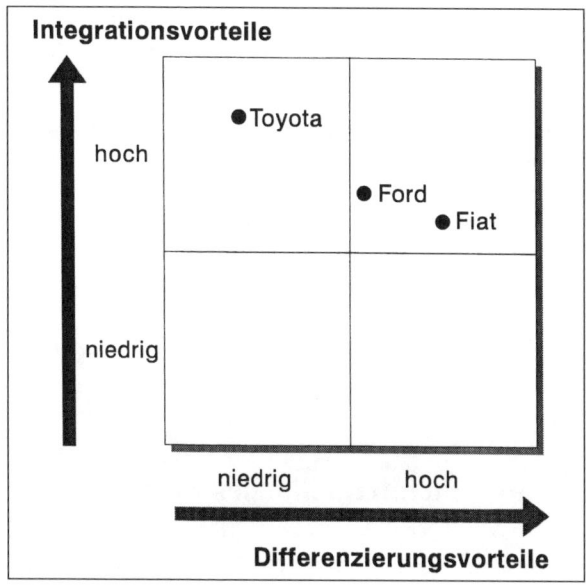

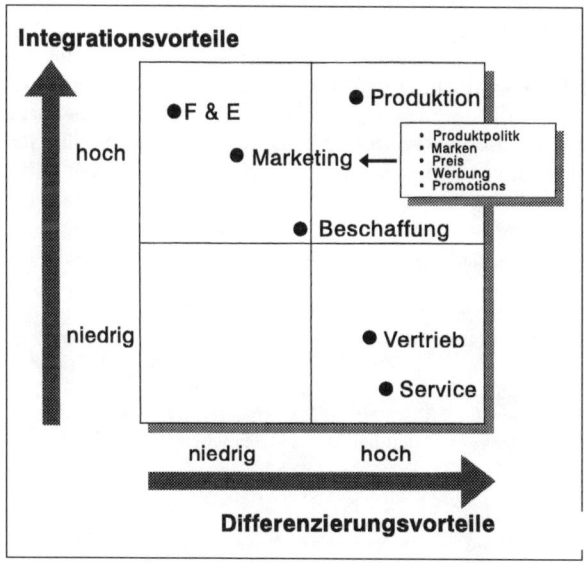

Abb. 19: Globalisierungsniveau verschiedener Unternehmen innerhalb der Automobilbranche
Quelle: in Anlehnung an Ghoshal (1987), S. 429

sem Zusammenhang diejenigen Produktgruppen, die sich im Übergang vom eher multinationalen zum globalen Marketing befinden. In diesen Branchen spielen sich derzeit im internationalen Wettbewerb die vergleichsweise stärksten Anpassungsprozesse ab. Aber auch innerhalb einzelner Branchen zeigt sich, daß der **Globalisierungsgrad in bestimmten Firmen** sehr unterschiedlich ist. Auch hinsichtlich des Ausmaßes der **Globalisierung einzelner Funktionsbereiche** wird in einzelnen Unternehmen unterschiedlich vorgegangen, wie Abbildung 19 verdeutlicht.

Das Unternehmen FIAT beispielsweise strebt mit seinem Produkt Fiat Palio ein weltweit integriertes Produktions- und Marketingkonzept an, das die Fertigung standardisierter Modelle in räumlicher Nähe der Zielmärkte beinhaltet (vgl. Abbildung 20) (o. V. 1996 c, S. 14).

2.24 Risikoanalyse im internationalen Marketing

Die Ausweitung der Geschäftstätigkeit auf den internationalen Bereich bedeutet für Unternehmen zumeist mehr als nur eine **graduelle** Veränderung der unternehmenspolitischen Rahmenbedingungen, denn sie ist – das haben die vorangegangenen Ausführungen verdeutlicht – oftmals mit einem **prinzipiellen Situationswandel** und gleichzeitig einer **Multiplizierung der Entscheidungsparameter** verbunden. Mit diesem Situationswandel geht das Auftreten einer Vielzahl unternehmenspolitischer **Risiken** einher, die damit zu einer **Schlüsselerfolgsgröße** für Auslandsengagements werden. Gleichzeitig sind Risiken zu berücksichtigen, die bei bereits bestehenden Geschäftsaktivitäten im Ausland auf die Unternehmung einwirken. Ein Blick in die jüngere Vergangenheit liefert eine Reihe anschaulicher Beispiele für die spezifischen Risiken des Auslandsgeschäftes:

– die Studentenunruhen in China und deren gewaltsame Niederschlagung im Sommer 1989 führten – inmitten einer Phase der wirtschaftlichen und politischen Integration des Landes – zumindest kurzfristig zu einer eklatanten Verschlechterung des Investitionsklimas,
– der Golfkrieg zu Beginn des Jahres 1991, verbunden mit dem Embargo-Beschluß der UNO gegen den Irak sowie deutlichen Absatzeinbußen etwa für die Tourismus- und Luftverkehrsbranche,
– die Entwicklung des US-Dollar mit den Tiefstkursen von unter 1,38 DM/$ im Jahre 1995
– der mittlerweile zur Ruhe gekommene Bürgerkrieg auf dem Staatsgebiet des ehemaligen Jugoslawien sowie
– die kriegerischen Auseinandersetzungen in Tschetschenien.

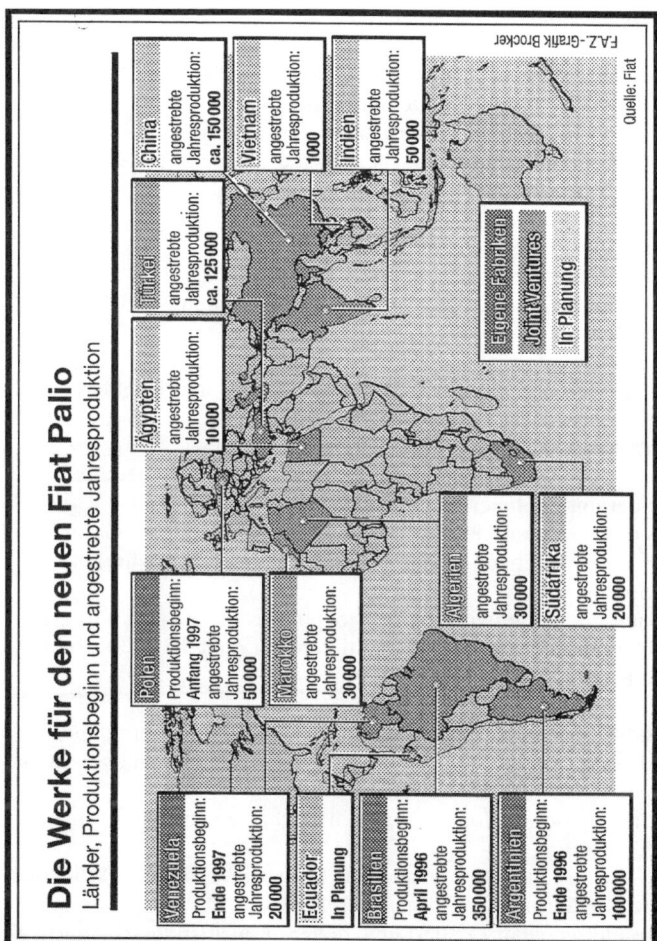

Die Werke für den neuen Fiat Palio
Länder, Produktionsbeginn und angestrebte Jahresproduktion

China
angestrebte
Jahresproduktion:
ca. 150 000

Vietnam
angestrebte
Jahresproduktion:
1000

Indien
angestrebte
Jahresproduktion:
50 000

Türkei
angestrebte
Jahresproduktion:
ca. 125 000

Ägypten
angestrebte
Jahresproduktion:
10 000

Eigene Fabriken
Joint Ventures
In Planung

Polen
Produktionsbeginn:
Anfang 1997
angestrebte
Jahresproduktion:
50 000

Marokko
angestrebte
Jahresproduktion:
30 000

Algerien
angestrebte
Jahresproduktion:
30 000

Südafrika
angestrebte
Jahresproduktion:
20 000

Venezuela
Produktionsbeginn:
Ende 1997
angestrebte
Jahresproduktion:
20 000

Ecuador
In Planung

Brasilien
Produktionsbeginn:
April 1996
angestrebte
Jahresproduktion:
350 000

Argentinien
Produktionsbeginn:
Ende 1996
angestrebte
Jahresproduktion:
100 000

Quelle: Fiat

F.A.Z.-Grafik Brocker

Abb. 20: Globale Integration am Beispiel von Fiat
Quelle: o. V. 1996c, S. 14

2.241 Gegenstand der Risikoanalyse

In der betriebswirtschaftlichen Literatur hat sich (allerdings) bislang noch keine allgemein akzeptierte Definition des Begriffs »Risiko« durchgesetzt. Risiko wird einerseits **ursachenbezogen** als Ungewißheit – im Sinne unvollständiger Informationen – bezüglich des Eintretens von Ereignissen verstanden, während andererseits die Wirkungsbezogenheit des Risikos auf die

– Gefahr einer Fehlentscheidung,
– Verlustgefahr oder
– potentielle Beeinträchtigung bzw. Nicht-Erreichung von Unternehmenszielen

abstellt (Raffée und Kreutzer 1984, S. 28; Müller und Köglmayr 1987, S. 261).
Länderrisiken können daher definiert werden als die

> – mit der unternehmerischen Tätigkeit verbundenen und
> – aus dem Gastland resultierenden Verlustgefahren bzw. Gefahren der Beeinträchtigung oder Nichterreichung unternehmerischer Zielsetzungen,
> – die aus der gesamtwirtschaftlichen, politischen und soziokulturellen Situation eines Landes resultieren (Meyer 1987, S. 16; Raffée und Kreutzer 1984, S. 19).

Damit stellt die Risikoanalyse gewissermaßen eine auf unternehmerische Auslandsrisiken vorgenommene Verdichtung der generellen Umweltanalyse im Sinne von »**Risiko-Key-Issues**« dar.
Länderrisiken weisen drei zentrale Unterschiede gegenüber reinen Inlandsrisiken auf:

1. das Risiko besteht entweder **ausschließlich bei Auslandsmarktbearbeitung** (z.B. Währungs- und Transferrisiken),
2. im Auslandsgeschäft existiert eine **höhere Eintrittswahrscheinlichkeit** für das jeweilige Risiko (z.B. inflationsbedingte Kostenrisiken) oder
3. es herrscht eine **geringere Prognose- und Beurteilungssicherheit** aufgrund einer schlechteren Informationsbasis (z.B. Kundenbonität, Landesvorschriften) (Zimmermann 1984, S. 116).

Eine Systematisierung der einzelnen Länderrisiken nach globalen Ursprungsbereichen führt zur Differenzierung zwischen **politischen** und **wirtschaftlichen** Länderrisiken (vgl. Abbildung 21), wobei letztere noch in **makroökonomische** und **mikroökonomische** Risiken unterteilt werden können (Dichtl et al. 1984, S. 21; Franke 1989, Sp. 22ff.). Während die mikroökonomischen und konjunkturellen Risiken grundsätzlich auch bei rein nationaler Marktbearbeitung Relevanz besitzen (bei allerdings u. U.

veränderten Eintrittswahrscheinlichkeiten), handelt es sich bei den Währungs- und politischen Risiken – zumindest aus deutscher Perspektive – um spezifische Risiken internationaler Geschäftstätigkeit. Diese sollen daher nachfolgend näher erläutert werden (de Haan 1984, S. 34ff.; Loscher 1984, S. 27ff.; Meyer 1987, S. 16f.).

Den politischen Risiken wird zunächst das **Enteignungsrisiko** zugerechnet. Es bezieht sich auf den partiellen oder vollständigen Entzug von Vermögen oder Rechten, wobei dieser Entzug mit oder ohne Entschädigung durch die vollziehende Institution erfolgen kann. Das Risikoausmaß ist damit unmittelbar von der Höhe im Enteignungsfall gewährter Kompensationszahlungen abhängig.

Demgegenüber beinhaltet das **Transferrisiko** die Gefahr, daß Regierungen den Transfer von Gewinnen, Lizenz- und Managementgebühren, Gütern und Dienstleistungen, Personal sowie die Repatriierung von Kapital einschränken. Es kommt damit zwar nicht zu einem Eigentumsentzug, wohl aber zu einer Beschränkung der Verfügungsmacht über das Auslandsvermögen.

Dem **Dispositionsrisiko** werden sämtliche politisch motivierten Eingriffe staatlicher Institutionen zugerechnet, die unmittelbar zu einer Beschränkung des Handlungsspielraumes der international operierenden Unternehmung **innerhalb des Gastlandes** führen. Die Einflußnahme vollzieht sich dabei zumeist in Form administrativer Auflagen, wobei sämtliche betrieblichen Funktionsbereiche betroffen sein können (z.B. Absatzkontingente, Zugangsbeschränkungen zum nationalen Kapitalmarkt).

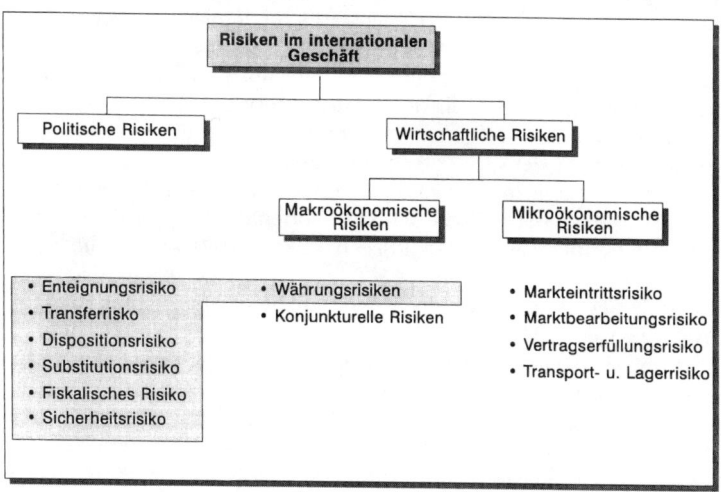

Abb. 21: Übersicht der Risikoarten bei internationaler Geschäftstätigkeit

Dem Dispositionsrisiko kann das **Substitutionsrisiko** untergeordnet werden. Es beschreibt in Entwicklungs- und Schwellenländern vielfach zu beobachtende wirtschaftspolitische Maßnahmen, die nach einer besonders erfolgreich verlaufenden Exportphase darauf abzielen, die Unternehmen zum Aufbau einer lokalen Produktion innerhalb des Gastlandes zu bewegen (z.B. Zwang zur Gründung von Joint Ventures mit Minderheitenbeteiligungen der internationalen Unternehmen im Gastland).

Einen engeren Fokus weist das ebenfalls den politischen Risiken zuzurechnende **fiskalische Risiko** auf, das speziell auf die Geld- und Fiskalpolitik des Gastlandes abstellt und aus einer Verschlechterung der Relation zwischen finanzwirksamen öffentlichen Zuwendungen und Abgaben an die öffentlichen Haushalte erwächst (z.B. Aufhebung von Steuererleichterungen oder -befreiungen im Gastland).

Das **Sicherheitsrisiko** schließlich umfaßt alle potentiellen Gefährdungen von Leben, Gesundheit oder Freiheit der Mitarbeiter internationaler Unternehmen sowie deren Angehöriger. Es wird zudem schlagend, wenn die physische Erhaltung der betrieblichen Vermögenswerte im Gastland nicht mehr gewährleistet werden kann.

Das den makroökonomischen Risiken zuzurechnende **Währungsrisiko** umfaßt drei Einzelrisiken (vgl. Franke 1989, Sp. 22ff.; de Haan 1984, S. 224ff.). Neben dem Umrechnungs- und ökonomischen Währungsrisiko besitzt insbesondere das Umwechslungs- bzw. Transaktionsrisiko eine besondere Bedeutung.

Ein **Umwechslungsrisiko** besteht grundsätzlich dann, wenn ein Unternehmen entweder Devisenbestände hält oder auf fremde Währungen lautende Forderungen oder Verbindlichkeiten besitzt, denn der in der Währung des Stammlandes gemessene Gegenwert kann infolge von Wechselkursänderungen sinken. Das Umwechslungsrisiko knüpft damit an Zahlungsströme an, d.h. an konkrete Liefer- und Leistungsbeziehungen. Es wirkt dabei immer und vollständig **liquiditätsmindernd**.

Politische und makroökonomische Länderrisiken sind jedoch keine objektiven und von der spezifischen Unternehmenssituation unabhängigen Rahmenbedingungen internationaler Geschäftstätigkeit. Vielmehr kann die **unternehmensspezifische Risikobetroffenheit** nur vor dem Hintergrund eines **situativen** Verständnisses des Länderrisikos eingeschätzt werden.

Zentrale Bestimmungsfaktoren der unternehmensspezifischen **Risikobetroffenheit** sind z.B.

- die Größe der Tochtergesellschaft sowie der Wirtschaftssektor, in dem diese tätig ist,
- die Zeitdauer, während der eine Unternehmung bereits in dem betrachteten Gastland vertreten ist,
- die Art der **Auslandsmarktbearbeitung** (insbesondere Beteiligungsquote der Muttergesellschaft an der Auslandstochter),
- der **technologische (Innovations-) Grad** sowie die **Technologiepolitik**

der Muttergesellschaft gegenüber der ausländischen Tochtergesellschaft sowie

– der allgemeine sowie der auf der individuellen **Nationalität** beruhende Ausländerstatus, den die internationale Unternehmung im Gastland genießt.

Hinsichtlich der Zeitdauer, die ein Unternehmen bereits in einem Ländermarkt präsent ist, können drei typische Phasen abgegrenzt werden, in denen jeweils ein spezifisches Verhältnis zwischen Gastland und internationaler Unternehmung existiert.

Dies wird sehr anschaulich als »**Liebesverhältnis mit Entfremdungseffekt**« beschrieben.

– Im ersten »**Verliebtheitsstadium**« buhlen die Regierungen um die Arbeitsplätze, das Know-how und die wirtschaftlichen Vorteile, die ihnen Direktinvestitionen aus den Industrieländern bringen. Dazu werden großzügig steuerliche Anreize und verbilligte Kredite gewährt.

– Es folgt der »**Ehevertrag**«: die Unternehmen werden nunmehr dazu angehalten, eine höhere Wertschöpfung im Gastland zu erbringen, wobei administrative Maßnahmen wie Einfuhrverbote für Komponenten und Devisenkontrollen eingesetzt werden.

– In der folgenden »**Entfremdungsphase**« wird der Rücktransfer von Gewinnen oder Kapital erschwert. Das Unternehmen wird gezwungen, mehr (oder ausschließlich) einheimische Mitarbeiter zu beschäftigen und die Kapitalmehrheit privaten Investoren oder den unter Staatseinfluß stehenden Banken des Gastlandes zu übertragen. Damit ist dann das Zweigwerk praktisch dem Einfluß der Muttergesellschaft entzogen, deren Rolle auf eine reine »Beobachtungsposition« reduziert wird. Einer formellen Enteignung (»**Scheidung**«) bedarf es dann oft nicht mehr.

Damit wird deutlich, daß neben der Querschnittbetrachtung stets auch eine Längsschnittbetrachtung von Länderrisiken notwendig ist, da diese auch eine **dynamische** Komponente beinhalten.
Weiterhin besitzt die **Form der Auslandsmarktbearbeitung** aus zwei Gründen wesentlichen Einfluß auf die Risikobetroffenheit eines Unternehmens:

– bestimmte Einzelrisiken gelten nur für spezifische Strategien der Auslandsmarktbearbeitung (so sind naturgemäß etwa Export- oder Lizenzgeschäfte nicht durch Dispositions- oder Enteignungsrisiken bedroht) und

– die **Risikowirkung** wird wesentlich durch die Art des potentiell relevant werdenden Einzelrisikos und damit indirekt ebenfalls durch die Strategie der Auslandsmarktbearbeitung bestimmt (während das mit relativ geringen Konsequenzen verbundene Umwechselrisiko grundsätzlich bei allen Formen des Auslandsgeschäfts besteht, ist das mit sehr viel weitreichenderen Risikowirkungen verbundene Enteignungsrisiko nur bei Direktinvestitionen relevant).

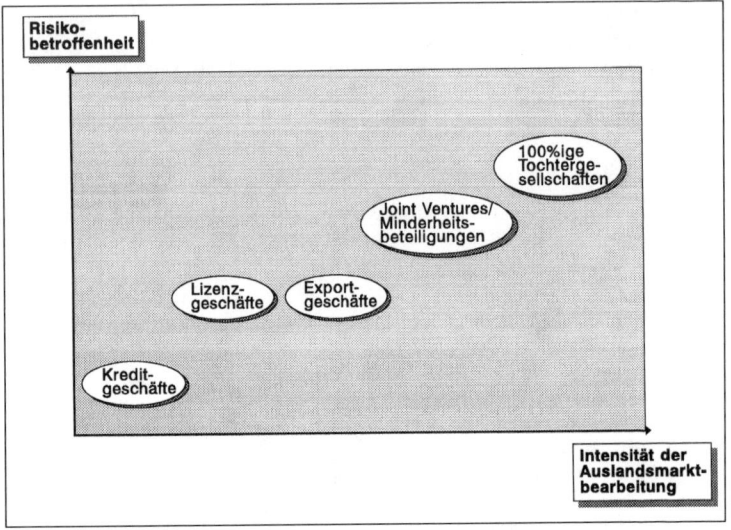

Abb. 22: Zusammenhang zwischen Risikobetroffenheit und Intensität der Auslandsmarktbearbeitung
Quelle: in Anlehnung an Meyer 1987, S. 17

Im Ergebnis kann die Risikobetroffenheit als **Funktion der Intensität der
Auslandsmarktbearbeitung** dargestellt werden (vgl. Abbildung 22).

2.242 Methoden der Risikoanalyse

Die Verfahren zur Analyse von politischen und makroökonomischen
Länderrisiken setzen jeweils an den **Risikoursachen**, d.h. an den **wirtschaftlichen, politischen** und **sozio-kulturellen** Rahmenbedingungen des
zu untersuchenden Ländermarktes an. Diese verschiedenen Ursachenbe-
reiche können wiederum relativ isoliert oder aber in ihrer Gesamtheit
analysiert werden. Demgemäß lassen sich die Verfahren der Risikoanalyse unterteilen in
- **Partialansätze** der Risikoanalyse, wobei diese Modellkategorie primär
  von wissenschaftlich-analytischen Interessen geleitet ist und die formu-
  lierten Erklärungsmodelle infolge der Komplexität des Entscheidungs-
  feldes jeweils nur einen Teilausschnitt der relevanten Risikoursachen-
  bereiche in die Betrachtung einbeziehen sowie
- **Totalansätze** der Risikoanalyse, innerhalb derer die Umweltkom-
  ponenten vollständig analysiert werden, und in deren Mittelpunkt

eher eine pragmatische Zielsetzung, nämlich die konkrete Bereitstellung von Entscheidungshilfen für den Markteintritt bzw. die laufende Marktbearbeitung, steht (Loscher 1984, S. 144f.; Meyer 1987, S. 47).

Die Total- und Partialansätze der Risikoanalyse korrespondieren dabei mit der Qualität der den Methoden jeweils zugrundeliegenden **Informationsbasis** (vgl. Abbildung 23). So handelt es sich bei den Partialansätzen grundsätzlich um quantitative Verfahren unter Verwendung statistischer Daten. Demgegenüber besitzen die Totalansätze einen eher **heuristischen** Charakter, denn sie beruhen als **qualitative** oder allenfalls **semi-quantitative** Verfahren im wesentlichen auf **subjektiven Schätzungen** unternehmensinterner oder -externer Spezialisten (de Haan 1984, S. 107ff.; Meyer 1987, S. 47ff.).

Die Risikoanalyse steht dabei in einer untrennbaren Verbindung zur **Risikoprognose**. Insofern bedarf es letztlich nicht einer bloßen **vergangenheitsgerichteten Identifikation** politischer und wirtschaftlicher Risiken, sondern einer **Prognose** über den Eintritt solcher Ereignisse, die mit negativen Auswirkungen für die internationale Geschäftstätigkeit verbunden sind. Denn eben solche **zukünftigen** Ereignisse mit den sich daraus ergebenden Verlustgefahren konstituieren letztlich unternehmenspolitisch relevante Länderrisiken.

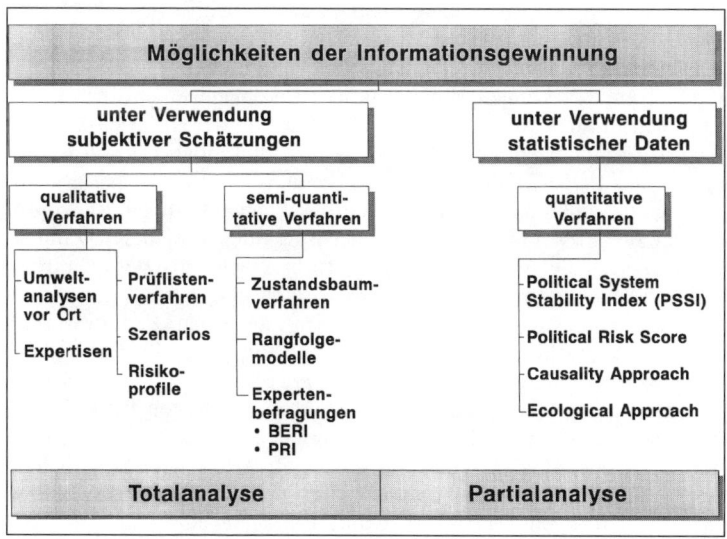

Abb. 23: Überblick über die Methoden der Risikoanalyse

Von den vielfältigen Methoden der Risikoanalyse sollen nachfolgend **drei Ansätze** in ihren Grundzügen dargestellt werden:

- einfache **Prüf- bzw. Checklisten-Verfahren** und **Risikoprofile** als Beispiel für qualitative Methoden unter Verwendung subjektiver Schätzungen sowie
- **Risiko-Punktbewertungsverfahren** als Beispiel für semi-quantitative Verfahren unter Verwendung von Expertenbefragungen (z. B. BERI, PRI).

Checklisten-Verfahren gehören zu den am weitesten verbreiteten Verfahren der Risikoanalyse im internationalen Management (de Haan 1984, S. 112). In deren Mittelpunkt steht der Versuch, zentrale Risikofaktoren (also etwa potentielle soziale und politische Unruheherde oder eine Verschlechterung der internationalen Wirtschaftsbeziehungen des Gastlandes) möglichst frühzeitig zu erfassen.

Dabei ist zwischen Checklisten zu differenzieren, die sich ausschließlich auf die unternehmensexterne wirtschaftliche und insbesondere politische Lage beziehen, und solchen, die speziell auf die Ermittlung der unternehmensindividuellen Verletzbarkeit gerichtet sind. Der Vorteil dieses Analyseinstrumentes liegt in der Möglichkeit zur Schaffung einer vollständigen und für alle Auslandsmärkte einheitlichen Informationsgrundlage und somit einer **Erhöhung der Prozeßstandardisierung** (Loscher 1984, S. 117; de Haan 1984, S. 112).

Ihre Anwendungsmöglichkeit beschränkt sich dabei nicht nur auf Markteintrittsentscheidungen. Vielmehr sind Checklisten auch im Rahmen eines permanenten **Risikomanagement** einsetzbar, wobei sich jedoch Probleme aus einer mangelnden Vergleichbarkeit der Antworten aufgrund der Formulierung von verschiedenen Beurteilern zu verschiedenen Zeitpunkten ergeben können. Ein Einsatz als Risikomanagement-Instrument ist daher an die Grundvoraussetzung gebunden, die Kriterien-Beurteilung in regelmäßigen zeitlichen Intervallen und möglichst von jeweils identischen Personen durchführen zu lassen.

Ein weiteres qualitatives Verfahren der Risikoanalyse stellen **Risikoprofile** dar, die in zwei unterschiedlichen Ausprägungen existieren. Zum einen dienen sie der Verdeutlichung der (subjektiv geschätzten) Eintrittswahrscheinlichkeiten relevanter Einzelrisiken und damit einer groben Abschätzung der Risikointensität in einem Ländermarkt. Dazu werden vertikal die verschiedenen Einzelrisiken und horizontal eine Rating-Skala für die Beurteilung der Risikointensität abgetragen (Stahr 1981, S. 116). Die dann unter Heranziehung von Experten ermittelten Risikoprofile können sich auf verschiedene Beurteilungsebenen – also etwa ganze Ländermärkte oder aber verschiedene Markteintrittsstrategien bezüglich eines Ländermarktes – beziehen.

Muß bei derartigen Risikoprofilen die Ausprägung einzelner Teilrisiken unmittelbar durch Experten geschätzt werden, so liegt einer zweiten Form dieses Analyseinstrumentes ein andersgelagertes, an den Ursachen von Länderrisiken anknüpfendes Vorgehen zugrunde: Rückschlüsse auf Arten und Intensität von Länderrisiken – und hierin liegt der Grundgedanke der in Abbildung 24 beispielhaft dargestellten Methode – können aus einer Gegenüberstellung der Ziele gewonnen werden, die einerseits die international tätige Unternehmung mit ihrem Auslandsengagement und andererseits das Gastland mit der Gewinnung von ausländischen Direktinvestitionen verfolgt (de Haan 1984, S. 115). Dabei ergibt sich die Risikointensität als eine Funktion des Zieldivergenzgrades. Im Beispiel der Abbildung 24 ist eine konkrete Bedrohung also etwa im Bereich der Transferrisiken zu lokalisieren.

Risiko-Punktbewertungsverfahren (Indikatorenkonzepte) werden in unterschiedlichen Ausgestaltungsformen von verschiedenen **privatwirtschaftlichen** (BERI-Institut, Wirtschaftsverlage) oder auch **öffentlichen** Institutionen (Weltbank) erstellt. In Abhängigkeit von der Anzahl verwendeter quantitativer und qualitativer Risikokriterien lassen sich **ein- und mehrdimensionale** Konzepte unterscheiden (Meyer 1987, S. 59 f.). Die **Datenbasis** wird aus veröffentlichten Statistiken nationaler und supranationaler Organisationen sowie durch Primärerhebungen in Form von Expertenbefragungen gewonnen. Ermittlung und Aussagewert von Indikatorenkonzepten sollen nachfolgend am Beispiel des in der Praxis breite Beachtung findenden **BERI-Index** (Business Environment Risk Index) erläutert werden:

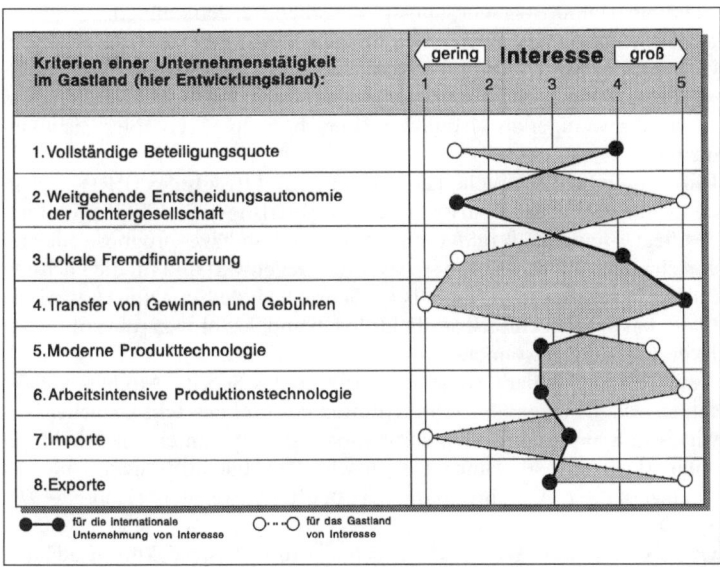

Abb. 24: Risikobeurteilung auf der Basis von Risikoprofilen

Der im Jahr 1972 erstmals vorgestellte BERI-Index diente zunächst lediglich der Messung des **geschäftlichen Klimas** in etwa 5 Anlageländern. In der Folgezeit wurde er jedoch zu einem umfassenden Informationssystem erweitert, innerhalb dessen auf Basis von Ein- und Fünfjahresprognosen verschiedener Expertenpanels drei Komponenten des Auslandsrisikos gemessen werden (Hake 1982, S. 463ff.; Tümpen 1987, S. 228ff.; Meyer 1987, S. 91ff.):
- das **Geschäfts**klima mit Hilfe des **Operation Risk Index**
- die **politische** Stabilität anhand des **Political Risk Index**
- der **Rückzahlungsfaktor** (R-Faktor)

Einen entscheidungsunterstützenden Charakter im Sinne einer »Investitionsempfehlung« gewinnt das BERI-Informationssystem insbesondere durch die zusätzlich vorgenommene Aggregation der 5-Jahres-Prognosen für die Teil-Indizes zu einer sog. **Profit Opportunity Recommendation** (Empfehlung zur Gewinnerzielung).

Die Ermittlung des **ORI (Operation Risk Index)** basiert daher auf einem etwa 100 Führungskräfte aus Industrieunternehmen, Banken, Regierungsbehörden und Wirtschaftsinstitutionen umfassenden Expertenpanel. Dieses Panel beurteilt nach dem Delphi-Verfahren das Geschäftsklima von Ländern mit einem in Abbildung 25 am Beispiel von Argentinien skizzierten, aus insgesamt 15 unterschiedlich gewichteten Kriterien bestehenden Scoring-Modell, wobei jeweils Punktwerte zwischen »0« (nicht akzeptabel) und »4« (sehr günstig) vergeben werden können.

Durch Addition der gewichteten Einzelurteile ergibt sich schließlich ein Gesamtpunktwert, der die Risikoklasse eines Landes angibt. Ein Punktwert von 100 spiegelt ein hervorragendes Geschäftsklima wider, während Werte von weniger als 41 Punkten ein nicht mehr akzeptables Risiko indizieren.

Ein sehr ähnliches Vorgehen liegt dem **Political Risk Index (PRI)** zugrunde, dessen Ziel in der Beurteilung der **längerfristigen Stabilität** eines Landes liegt. Demgemäß findet eine Risikoanalyse bzw. -prognose für drei verschiedene Zeithorizonte statt: für die Gegenwart und für die nächsten fünf bzw. zehn Jahre. Ebenfalls als Scoring-Modell konzipiert, wird die Datenbasis durch ein sich aus Politologen und Soziologen rekrutierendes Expertenpanel gewonnen.

Gewisse Unterschiede weist die Struktur des Scoring-Modells auf. So setzen sich die insgesamt zehn Kriterien des PRI aus **acht Ursachen-** sowie **zwei Symptomkriterien** zusammen, die in einem ersten Schritt auf einer Skala von »0« (unproblematische Variablenausprägung) bis »7« (unakzeptabler Gefährdungsgrad) beurteilt werden (Haner 1979, S. 19ff.).

Um als besonders schwerwiegend eingestufte Risikofaktoren adäquat berücksichtigen zu können, besteht dann in einem zweiten Schritt die Möglichkeit der Vergabe von bis zu 30 Ergänzungspunkten, so daß im

Ergebnis bis zu 100 Punkte, die eine maximale Risikoeinschätzung zum Ausdruck bringen, vergeben werden können. Der **R-Faktor** dient schließlich der Evaluierung der Zahlungsfähigkeit eines Landes und indiziert damit das Risiko international tätiger Unternehmen, das aus der Notwendigkeit eines Umtausches von Erträgen und Kapital von der Landes- in eine harte Währung sowie dem Rücktransfer dieser Guthaben ins Stammland erwächst (Meyer 1987, S. 94). Im Gegensatz zu den beiden bisherigen Teil-Indizes erfolgt die Ermittlung des R-Faktors mittels quantitativer Daten, wobei insbesondere finanzwirtschaftliche Analysen von Import- und Exportstatistiken sowie Zahlungs- bzw. Kapitalbilanzen Eingang finden. Wie Abbildung 26 verdeutlicht, werden diese Daten dann jedoch wiederum in einem Scoring-Modell zu einem Gesamtpunktwert verdichtet, der die Zuordnung zu einer von fünf Risikoklassen ermöglicht.

Kriterien (i = 1, 2, ..., 15)	(ai)	(gi)	(ai · gi)
1. Politische Stabilität	1,5	3,0	4,50
2. Einstellung gegenüber ausl. Investoren und Gewinnen	2,1	1,5	3,15
3. Expropriation	2,1	1,5	3,15
4. Inflation	0,8	1,5	1,20
5. Zahlungsbilanz	1,7	1,5	2,55
6. Bürokratische Hemmnisse	1,6	1,0	1,60
7. Wirtschaftswachstum	1,3	2,5	3,25
8. Währungskonvertibilität	1,3	2,5	3,25
9. Durchsetzbarkeit v. Verträgen	2,1	1,5	3,15
10. Lohnkosten/Produktivität	1,8	2,0	3, 60
11. Verfügbarkeit örtl. Fachleute und Lieferanten	2,3	0,5	1,15
12. Nachrichten/Transport	2,0	1,0	2,00
13. Ortsansässiges Management und Partner	2,0	1,0	2,00
14. Verfügbarkeit kurzfristiger Kredite	1,4	2,0	2,80
15. Verfügbarkeit langfristiger Kredite und Eigenkapital	1,2	2,0	2,40
max. → 25 · 4 = 100 Punkte		$\sum_{i=1}^{15} gi = 25$	$\sum_{i=1}^{15} ai \cdot gi = 39,75$
(a) : gemittelte Merkmalsausprägung (g): Gewichtung			

Abb. 25: Struktur und Gewichtungsschema des Operation Risk Index (ORI) am Beispiel Argentinien 1982/3. Quartal
Quelle: Meyer 1987, S. 92

Kriterien	Merkmalsausprägung (a_j)	Gewichtung (g_j)	Oberkriterien Merkmalsausprägung (a_j)	Oberkriterien Gewichtung (g_j)
A1. Formelle Vorschriften für Transfer von Erträgen u. Dividenden	0 – 5	4		
A2. Formelle Vorschriften für Lizenzgebühren, Royalties usw.	0 – 5	3		
A3. Formelle Vorschriften für Rückführung von Kapital	0 – 5	3		
A4. Praktische Durchführung für Dividenden und Royalties	0 – 5	4		
A5. Praktische Durchführung für Kapitaltransfer	0 – 5	3		
A6. Termingeschäfte	0 – 5	3		
A. Behördliche Vorschriften	max. $\sum a_j \times g_j = 100$		0 – 100	0,2
B1. Leistungsbilanz	0 – 50			
B2. Kapitalbilanz	0 – 30			
B3. Kapitalzuflüsse als Folge hoher Zinsen	0 – 10			
B4. Kapitalanziehende Fluchtwährung	0 – 10			
B. Deviseneinnahmen	max. $\sum a_j = 100$		0 – 100	0,3
C1. Devisenreserven monatl. Importe (Waren u. Dienstleistungen)	0 – 50			
C2. Devisenreserven + Goldreserven Staatsschulden im Ausland	0 – 50			
C. Währungsreserven	max. $\sum a_j = 100$		0 – 100	0,3
D1. Brutto-Inlandsprodukt Auslandsverschuldung	0 – 40			
D2. Schuldendienst Deviseneinnahmen	0 – 40			
D3. Schuldendienst + Ölimporte Deviseneinnahmen	0 – 20			
D. Auslandsverschuldung	max. $\sum a_j = 100$		0 – 100	0,2
Rückzahlungs- bzw. R Faktor			max. $\sum a_j \times g_j = 100$	

Abb. 26: Scoring-Modell zur Bestimmung des R-Faktors
Quelle: Meyer 1987, S. 95

Die drei Teil-Indizes können dabei entweder als eigenständige Risikoindikatoren für die Beurteilung einzelner Länder(teil)risiken (also etwa des originären politischen Risikos oder des Zahlungsunfähigkeitsrisikos) herangezogen werden oder aber als gleichgewichtige Komponente additiv zu einem Gesamtindex, der Profit Opportunity Recommendation oder Investitionsempfehlung, verdichtet werden. Dieser Gesamtindex, der im übrigen auch den Anspruch des BERI-Informationssystems als **Totalansatz** der Risikoanalyse verdeutlicht, basiert auf einer 5-Jahres-Prognose der Teil-Indizes und ordnet jedes Land einer der vier folgenden Stufen der Investitionsattraktivität zu (Meyer 1987, S. 97f.):

I.   Für Investitionen uneingeschränkt geeignet

II. Nur für Engagements mit dividendenlosen, ertragsunabhängigen Zahlungen (z.B. Lizenz- oder Managementverträge) geeignet

III. Nur einzelne, kurzfristige geschäftliche Transaktionen ohne Kapitaltransfer

IV. Keine geschäftlichen Transaktionen.

Über Länderrisikoanalysen hinaus weist Segler auf die Notwendigkeit hin, bei bereits bestehender Marktpräsenz auch die allgemeinen Bedrohungen für den bearbeiteten Produktmarkt zu erfassen. Er postuliert damit die Implementierung von **Produktmarktrisikoanalysen** in das Risikomanagement international operierender Unternehmen (Segler 1986, S. 74). Dabei stehen die drei Erkenntnisobjekte **Basistechnologien, Konkurrenzsituation** und **Kundenbedürfnisse** im Vordergrund.

Als Beispiel für ein solches Produktmarktrisiko nennt Segler das sog. »Keramik-Phänomen«, die drohende Substitution des Basiswerkstoffs Metall durch Keramik oder Cermet – eine Kombination beider Werkstoffe –, die etwa gravierende technologische Strukturbrüche im Bereich der Werkzeugmaschinenindustrie zur Folge haben könnte.

Da derartige (Produktmarkt-) Risiken auch länderunabhängig bedingt sein können, somit also durch die traditionellen Methoden der Risikoanalyse nicht identifizierbar sind, stellen Produktmarktrisikoanalysen eine notwendige Ergänzung des Risikoanalyseinstrumentariums im internationalen Management dar. Sie sind geeignet zur Erfassung **mikroökonomischer Risiken**, insbesondere des Marktbearbeitungsrisikos, und decken damit – in Verbindung mit den traditionellen Analysemethoden – breite Teile des Spektrums möglicher Risiken des Auslandsgeschäftes ab.

Dieses Ergebnis darf indes nicht den Eindruck erwecken, international tätigen Unternehmen stehe ein vollständiges und ausgereiftes Instrumentarium zur Risikoanalyse zur Verfügung. Tatsächlich weisen die Analysemethoden einige wesentliche Mängel auf.

Die hiermit angesprochenen Grenzen der Risikoanalyse liegen zu einem wesentlichen Teil in der **Beschaffung notwendiger Informationen** begründet. Dies gilt vor allem dann, wenn die Länderkompetenz eines Unternehmens noch gering ist, was zumindest bei Risikoanalysen im Stadium des Marktwahlprozesses vielfach der Fall ist. Dabei macht sich vor allem das Fehlen von mit dem entsprechenden Ländermarkt vertrauten Spezialisten negativ bemerkbar.

Der Versuch, das Informationsproblem zu lösen, konfrontiert das international tätige Unternehmen mit einem **Dilemma**: Eine Umgehung des Problems erscheint möglich, indem ein Unternehmen auf Risikoindikatoren wie etwa den BERI-Index zurückgreift, die von privaten Unternehmen oder öffentlichen Institutionen entgeltlich angeboten werden. Dem steht jedoch als gravierender Nachteil die notwendigerweise sehr allgemeine, d.h. **unternehmensunspezifische** Perspektive derartiger Informationssysteme gegenüber.

Werden dagegen Analysemethoden unternehmensspezifisch ausgestaltet (z.B. Risikoprofile mit auf die Unternehmenssituation abgestimmten Beurteilungskriterien), so ergibt sich wiederum die Notwendigkeit, Spezialisten mit entsprechender Länderkompetenz in den Analyseprozeß zu involvieren, was etwa in Form von Beraterverträgen geschieht.

Ein weiteres Problem der Risikoanalyse besteht in der mangelnden Prognostizierbarkeit des **Zeitpunktes eines Risikofalles**. So kündigen sich etwa politische Unruhen häufig bereits im Vorfeld durch soziale Spannungen zwischen gesellschaftlichen Gruppen an; ob und vor allem wann derartige Spannungen aber – wie im Falle Jugoslawiens – eskalieren und damit das politische Risiko schlagend wird, kann naturgemäß nicht vorausgesagt werden.

Hier hängt es dann von der individuellen Risikobereitschaft des Management ab (z.B. bei einem Touristik-Anbieter, der 1990 vor der Frage stand, ob für die Saison '91 Verträge mit Hotels an der jugoslawischen Adria-Küste geschlossen werden sollen), wie weitreichend die aus einem zwar bestehenden, aber noch nicht schlagend gewordenen Risiko gezogenen Konsequenzen sind.

Breite Kritik richtet sich schließlich auch gegen die mit Hilfe von Scoring-Modellen ermittelten Risikoindizes. Folgende zentrale Schwächen, die die Aussagefähigkeit derartiger Analyseinstrumente ernsthaft in Frage stellen, bleiben festzuhalten:

– nur eingeschränkte Objektivität der Expertenurteile,
– mangelnde Unabhängigkeit zwischen den Kriterien (so führte eine faktoranalytische Untersuchung gängiger Länderindizes von Backhaus und Meyer zu lediglich fünf unabhängigen Risikokriterien),
– Abhängigkeit des Gesamtpunktwertes von der Art der verwendeten Aggregationsvorschrift (additive bzw. multiplikative Verknüpfung der Einzelwerte) sowie
– Probleme bei der Abgrenzung von Risikoklassen und damit bei der Festlegung von Zurückweisungspunktwerten (Tümpen 1987, S. 237ff.; Backhaus und Meyer 1986, S. 39ff.; Dichtl und Köglmayr 1985, S. 390 ff.).

2.3 Ansätze und Verfahren der internationalen Marketingforschung

2.31 Prozeß der internationalen Marketingforschung

Prozeß, Instrumente und Methoden der internationalen Marketingforschung sind mit denjenigen der nationalen Marketingforschung weitgehend identisch. Unterschiede ergeben sich durch die jeweiligen **Umweltsituationen**, in denen die Gewinnung und Auswertung der Informationen erfolgt. Durch sie variiert der Informationsbedarf (unterschiedliche Relevanz von Informationen in verschiedenen Ländern) und macht Anpassungen im Methodeneinsatz und der Durchführung des Erhebungsprozesses erforderlich. Abbildung 27 zeigt den Prozeß internationaler Marketingforschung im Überblick.

Zunächst ist das **Marktforschungsproblem** zu definieren und die **Ziele** des Forschungsvorhabens zu formulieren (z.B. Schaffung einer Informationsgrundlage zur Fundierung der Marktwahlentscheidung). Dies ist in Abstimmung zwischen Unternehmenszentrale und gegebenenfalls bereits bestehenden Tochtergesellschaften durchzuführen, da bestimmte Informationen in anderen Unternehmensteilen bereits vorliegen können. Daran schließt sich die **Designphase** an, in der der Informationsbedarf konkretisiert und geeignete Methoden ausgewählt werden. In der **Datensammlungsphase** werden die Daten erhoben, in der **Auswertungsphase** verarbeitet, interpretiert und ausgewertet. Im internationalen Rahmen sind hierbei insbesondere **Koordinationsaufgaben** zwischen Mutter- und Tochtergesellschaften sowie evtl. einbezogenen internationalen Marktforschungsinstitutionen zu lösen. Daneben gilt es vor allem, die im internationalen Rahmen bzw. in verschiedenen Ländern erhobenen Daten auf **Vergleichbarkeit** zu prüfen. Die Auswertungsergebnisse sowie evtl. auch Schlußfolgerungen und Empfehlungen werden als **Marktforschungsbericht** zusammengefaßt, gegebenenfalls übersetzt und an die Entscheidungsinstanzen in Mutter- und Tochtergesellschaften weitergeleitet (**Kommunikationsphase**).

Da die zentralen Probleme der internationalen Marktforschung vor allem in der Design- und Datensammlungsphase liegen, soll darauf im folgenden näher eingegangen werden.

Phase	1 Problemstellung	2 Entwicklung des Marktforschungsplans (Design)	3 Daten-erhebung	4 Daten-auswertung	5 Zusammenfassung der Ergebnisse, Bericht
Aufgaben	• Aufgabenstellung • Begründung und Ziele des Projekts	• Detailbeschreibung der Aufgaben • Konkretisierung des Informationsbedarfs • Bewertung und Auswahl geeigneter Methoden	• Ausschöpfung interner und externer Datenquellen • Überwachung des Rücklaufs bei schriftlichen Befragungen	• Verdichtung der Daten • Tabulierung und Klassifizierung • Testen von Hypothesen • Ermittlung von Signifikanzen	• Zusammenfassung in verständlicher Form • Interpretation und Bericht
Besonderheiten der Internationalität	• Abstimmung mit Tochtergesellschaft und Unternehmenszentrale • Suche nach einer internationalen MAFO-Agentur	• Vorbereitung und Auswahl von MAFO-Vorhaben durch "Desk Research" • Berücksichtigung der Vergleichbarkeit der Methodenauswahl	• Koordination des Projektes bei unabhängiger und sequentieller Erhebungsfolge in verschiedenen Ländern • Abgrenzung lokaler Erhebungsfehler	• Analyse der Vergleichbarkeit • Überprüfung, ob signifikante Abweichungen zufällig sind, oder auf nationalen kulturellen Unterschieden beruhen	• Abfassung länderspezifischer Berichte und des Gesamtberichts • Übersetzung, soweit erforderlich (Vergleichbarkeit)

Abb. 27: Überblick über den Prozeß der internationalen Marketingforschung

2.32 Marktforschungsproblem und Marktforschungsdesign

Entsprechend den Wettbewerbsvorteilen im nationalen Marketing lassen sich im internationalen Marketing verschiedene klassische Problemstellungen der Marktforschung identifizieren. Demnach ist ein Wettbewerbsvorteil immer dann gegeben, wenn ein Produkt oder eine Dienstleistung

- ein wichtiges Verbraucherbedürfnis betrifft
- vom Verbraucher als die bessere Problemlösung erkannt wird
- diese Wettbewerbsüberlegenheit kommunizierbar ist und
- die Problemlösung ein ökonomisch ausreichendes Marktpotential bietet.

Die Ermittlung eines relevanten Verbraucherbedürfnisses bildet den Ausgangspunkt aller Überlegungen beim Launch oder Relaunch eines bestehenden Produktes. Nur die Lösung eines vom Verbraucher als wichtig erachteten Problems führt schließlich zur Erlangung eines Wettbewerbsvorteils.

So ist es in der Automobilindustrie von Bedeutung, welche Kriterien für den Kauf eines Autos besonders wichtig sind (Waltermann 1989). Dabei ist zu beachten, daß in verschiedenen Ländern diese Kaufkriterien unterschiedliche Bedeutung haben. Waltermann konnte zeigen, daß die »Langlebigkeit« eines Fahrzeuges in verschiedenen Ländern eine gleich hohe Bedeutung aufweist, während eine »fortschrittliche Technologie« oder die »Wagengröße« länderübergreifend unterschiedlich wichtig sind. Aufgabe der Marktforschung ist es, die in den einzelnen Ländern wichtigen Eigenschaften zu ermitteln.

In einem zweiten Schritt ist zu überprüfen, ob das Produkt im Vergleich zum Wettbewerb eine überlegene Leistung aufweist. Die Leistung kann objektiv und/oder subjektiv besser sein als bei einem Wettbewerbsprodukt. Objektiv ist ein Produkt dann besser, wenn es nach bestimmten, festgelegten und überprüfbaren Maßstäben eine überlegene Leistung erbringt. Oftmals ist es aber so, daß der Verbraucher subjektiv diese Produktüberlegenheit nicht nachvollziehen kann. Dies ist zum Beispiel dann der Fall, wenn die Produktleistung zwar objektiv meßbar ist, diese Unterschiede aber zu gering sind, um wahrgenommen zu werden (ein PKW, der objektiv und unter genau festgelegten Bedingungen weniger Kraftstoff verbraucht, dieser Unterschied aber unter Alltagsbedingungen nicht wahrnehmbar ist). Darüber hinaus tritt sehr oft der Fall auf, daß ein besonders ausgeprägtes Markenimage die subjektive Wahrnehmung von Leistungsunterschieden verhindert (z. B. das Qualitätsimage deutscher Produkte im Vergleich zu japanischen Produkten, unabhängig von der tatsächlichen Qualität).

Im dritten Schritt geht es darum, ob ein ggf. vom Verbraucher nachvollziehbarer Leistungsvorteil auch kommunizierbar ist bzw. ob die intendierte Kommunikation (via Verpackung oder klassischer Kommunikation) den Leistungsvorteil auch ›herüberbringt‹. In aller Regel müssen Verbraucher von der verbesserten

Leistung eines Produktes überzeugt sein, bevor sie sich zum Kauf entscheiden. Diese Überzeugungsarbeit ist daher Gegenstand der Kommunikation.

So konnte Sony trotz einer von Experten übereinstimmend beurteilten »objektiven« Überlegenheit seines Betasystems für Videorecorder diesen Produktvorteil nicht hinreichend kommunizieren. Unter anderem war dies eine Ursache, warum sich das technisch weniger weit entwickelte VHS System zum Marktstandard entwickelt hat.

Vor Markteinführung ist das Marktpotential des Neuproduktes bzw. des Relaunches zu analysieren. Angesichts immer höherer Einstiegsinvestitionen (z. B. Investitionen in Produktionsanlagen, Einführungsbewerbung etc.) ist die Abschätzung eines ausreichend hohen Marktpotentials unerlässlich. Schließlich ist es Aufgabe der Marktforschung, eine Erfolgskontrolle zu ermöglichen. Neben den im Unternehmen zur Verfügung stehenden Informationen wie z. B. Umsätzen, steht die Ermittlung des Markterfolges beim Handel und Verbraucher im Vordergrund. An diesen Überlegungen knüpft bei Henkel eine Checkliste für die Neuprodukteinführung an. Danach werden neue Produkte nur dann in den Markt eingeführt, wenn die o.g. Bedingungen erfüllt sind. Für jede dieser Bedingungen sind verschiedenen Testmethoden vorgesehen, die in einem stufenweisen Vorgehen zur Anwendung kommen. (vgl. Abb. 28). Damit sind die zentralen Fragestellungen der Sekundär- und Primärforschung angesprochen.

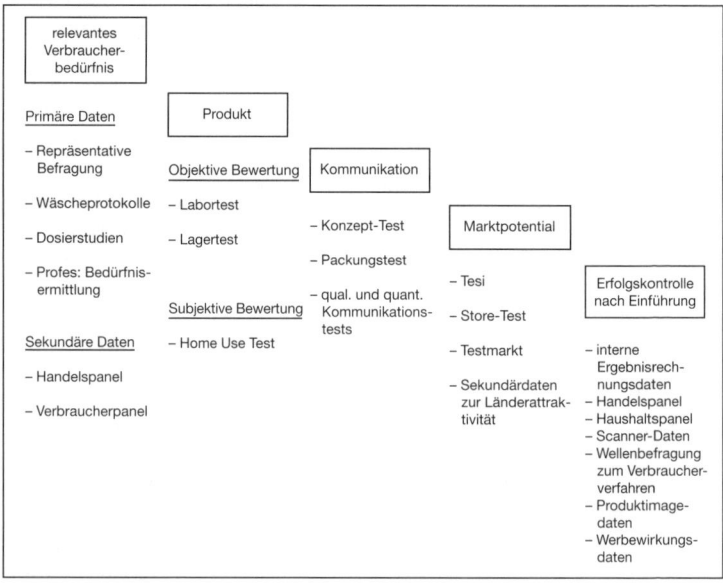

Abb. 28: Marktforschungscheckliste für die Neuprodukteinführung

2.33 Datenerhebung

Im Hinblick auf das zur Verfügung stehende beschränkte Budget müssen Kosten und Intensität internationaler Marketingforschungsvorhaben zumeist in einem relativ bescheidenen Rahmen gehalten werden. Schwerpunktmäßig wird sich das Unternehmen daher zunächst auf die Auswertung vorliegenden sekundärstatistischen Materials konzentrieren und erst in zweiter Linie Primäruntersuchungen durchführen.

2.331 Sekundärforschung

Bei jeder Form der **Sekundärforschung** ist das Material gegeben und dem Untersuchungszweck entsprechend auszuwerten. Sekundärforschung ist somit im wesentlichen Quellenforschung. Es lassen sich dabei **interne** und **externe Quellen** unterscheiden.

Bei den internen Quellen handelt es sich z.b. um Auslandsumsatzstatistiken (evtl. nach Regionen und Produkten aufgeteilt), Kundenkorrespondenz, Berichte von Auslandsvertretern, Kundendienstingenieuren usw. Aus bereits abgeschlossenen Projekten im Zuge der Internationalisierung der Geschäftätigkeit des Unternehmens lassen sich Erfahrungen ableiten und somit Lerneffekte erzielen.

Hinsichtlich der externen Quellen kann weiterhin zwischen nationalen und internationalen sowie kommerziellen und nicht-kommerziellen Institutionen unterschieden werden, die Informationen anbieten (Schopphoven 1991, S. 31; Schulz-Rinne 1989, Sp. 14ff.) (vgl. Abbildung 29).

Im Rahmen nicht-kommerzieller internationaler Quellen haben die statistischen Veröffentlichungen der **überstaatlichen Behörden** (Vereinte Nationen, Europäische Union, OECD, EFTA usw.) vor allem den Vorzug der zwischenstaatlichen Vergleichbarkeit. An Publikationen seien hier das »Statistical Yearbook« (UN) und das »Economic Bulletin for Europe« zu nennen. Wichtige Informationen liefern auch der »Internationale Währungsfonds« und die »Internationale Bank für Wiederaufbau und Entwicklung« (Rice und Mahmoud 1989, Sp. 271ff.).

Die wichtigsten nicht-kommerziellen nationalen Lieferanten für Sekundärinformationen sind z.b. in Deutschland die **»Bundesstelle für Außenhandelsinformation«** und das **»Statistische Bundesamt«** oder in den USA das **»US Department of Commerce«**. Aufgabe dieser Institutionen ist es, Informationsmaterial über außenwirtschaftliche Vorgänge zu sammeln, aufzubereiten und interessierten Stellen und Firmen zur Verfügung zu stellen. Dazu gehört u.a. die kontinuierliche Unterrichtung über die allgemeine Wirtschaftsentwicklung in einzelnen Ländern und die Welt, Zoll-, Rechts- und Verfahrensfragen, Messen und Ausstellungen, Post- und Verkehrswesen sowie Ausschreibungen in aller Welt.

	Nicht-Kommerziell	Kommerziell
National	■ BfAi ■ Statistisches Bundesamt ■ Wissenschaftliche Institutionen ■ Industrie und Handelskammern ■ Länderebene ■ BDI	■ Nationale Marktforschungsinstitute (z.B. Infratest) ■ Verlagshäuser (z.B. Gruner + Jahr)
International	■ UNO-Infodienst ■ Weltbank ■ IWF ■ GATT ■ OECD ■ EU ■ ASEAN	■ Internationale Marktforschungsinstitute (z.B. Nielsen) ■ Internationale Agenturen ■ Datenbanken (z.B. International Market Identifiers)

Abb. 29: Quellen der internationalen Sekundärforschung
Quelle: in Anlehnung an Schopphoven 1991, S. 31; Schulz-Rinne 1989, Sp. 14ff.

Darüber hinaus sind **wissenschaftliche Institutionen** auf dem Gebiet des Außenhandels zu erwähnen. Dazu zählen in der Bundesrepublik z.B. das »HWWA – Institut für Wirtschaftsforschung« in Hamburg und das »Kieler Institut für Weltwirtschaft«. Diese Institute verfügen über Spezialbibliotheken und forschen und publizieren zu speziellen Fragestellungen im internationalen Wirtschaftsgeschehen.

Im Rahmen nicht-kommerzieller Anbieter auf nationaler Ebene sind auch Organisationen zu nennen, die ihre Daten nur an Mitglieder weitergeben. Die **Ländervereine** sind private Organisationen und haben sich der Pflege der Beziehungen zu bestimmten Ländern und Regionen verschrieben. Sie sammeln und verteilen Informationen über das entsprechende Gebiet. Besonders durch informelle Kontakte lassen sich hier wertvolle Informationsquellen erschließen. In Deutschland existieren beispielsweise folgende Ländervereine:

– Afrika-Verein e.V., Hamburg
– Deutsch-Südafrikanische Gesellschaft e.V., Bad Godesberg
– Ostasiatischer Verein
– Ibero-Amerika-Verein.

Weitere Informationen lassen sich über die Außenwirtschaftsabteilungen der **Industrie- und Handelskammern** in der Bundesrepublik sowie Außenhandelskammern – Zusammenschlüsse deutscher und ausländischer Unternehmen und Kaufleute im Ausland – beziehen.

Mehrere Fachverbände, die im **Bundesverband der Deutschen Industrie** (BDI) zusammengeschlossen sind, unterhalten ebenfalls Informationsdienste über außenwirtschaftliche Fragen.

Zu den privaten Informationsdiensten lassen sich diejenigen Institutionen und Unternehmen zählen, die neben ihrer Hauptleistung Informationen über Auslandsmärkte als Kundendienst abgeben. Besonders die **Banken** haben sich auf diesem Gebiet stark engagiert.

Kommerzielle Anbieter sind diejenigen Institutionen, die Informationen gewerbsmäßig, mit oder ohne Auftrag, sammeln und zum Verkauf anbieten. Hierzu zählen in erster Linie nationale (z.B. Infratest) und internationale Marktforschungsinstitute, die Daten im Ausland selbst erheben. In diesem Zusammenhang hat insbesondere das Nielsen Handelspanel Bedeutung erlangt. Hierbei werden alle wichtigen handelsbezogenen Daten eines Produkts erhoben, wie z. B.

- Absatz und Umsatz
- Wert- und mengenmäßiger Marktanteil
- Distributionsgrade
- Umschlagshäufigkeit
- Lagerbestand
- Preise etc.

Auch Verlagshäuser sind gute Quellen sekundärstatistischen Materials.

Zu letzteren zählt das Werk »The Media Scene in Europe«, das für alle Länder Europas in standardisierter Form alle wichtigen Mediaplanungsdaten enthält und vom Verlagshaus Gruner + Jahr in Hamburg jährlich erstellt wird.

Bei der **Bewertung sekundärstatistischer Daten** sind verschiedene Aspekte zu beachten. Dazu gehören neben der Aktualität, Detailliertheit, Verfügbarkeit und Verläßlichkeit vor allem die Qualität und Vergleichbarkeit der Sekundärdaten (Schopphoven 1991, S. 33ff.; Berekoven et al. 1993, S. 44 f.).

Die **Qualität der Sekundärdaten** kann u.U. nicht ausreichend sein, wenn die ursprüngliche Datenerhebung für eine vollkommen andere Problemstellung erfolgt ist. Das »Selbstdarstellungsproblem« von Nationen führt oftmals zu wenig gewissenhaften Datenerhebungen, insbesondere wenn mit der Erhebung bestimmte nationale Ziele verfolgt werden (z.B. Darstellung der Investitionsattraktivität).

Die **Vergleichbarkeit von Sekundärdaten** bezieht sich auf die verschiedenen Begriffsdefinitionen in unterschiedlichen Untersuchungen. Dadurch erwächst die Notwendigkeit, verschiedene Definitionen einander gegenüberzustellen und die Unterschiede transparent zu machen. So wird z.B. im Jahrbuch der Vereinten Nationen der Begriff »urban« von Land zu Land unterschiedlich definiert (Czinkota und Ronkainen 1988, S. 199):

- Japan: ab 50.000 Einwohner
- Indien: ab 5.000 Einwohner
- Kenia: ab 2.000 Einwohner
- Norwegen,
  Schweden: ab 200 Einwohner
- Nigeria: die 40 größten Städte.

Erschwerend für die Vergleichbarkeit von Sekundärdaten wirken sich darüber hinaus unterschiedliche Erhebungsmethoden, Grundgesamtheiten und Erhebungszeiträume aus.
Stehen nicht genügend sekundärstatistische Daten zur Verfügung, wird man eine Primärerhebung durchführen.

2.332 Primärforschung

Die Primärmarktforschung (Feldforschung) sucht den Informationsbedarf eigens durch am Markt durchgeführte Untersuchungen zu decken. Die **Methoden der Primärforschung** (Befragung, Beobachtung, Experiment) unterscheiden sich im internationalen Marketing nicht von jenen des nationalen Marketing. Für das informationssuchende Unternehmen sind diese Erhebungen jedoch noch schwieriger als im Inland in eigener Regie durchzuführen. Den im Rahmen der Sekundärmarktforschung erwähnten international tätigen Instituten kommt daher eine wichtige Rolle zu.

Im Hinblick auf die Ermittlung von grundlegenden **Verbraucherbedürfnissen** (vgl. Abbildung 28) kommen im Rahmen der Primärforschung vor allem folgende Methoden zum Einsatz:
- Repräsentative Befragungen
- Studien zur Bedürfnisermittlung (z. B. PROFES-Studien)
- Untersuchungen/Beobachtungen von Kauf- und Verbrauchsgewohnheiten
- Imagestudien
- etc.

Bei der Beurteilung der **Produktleistung** kommen als objektive Methoden Labortests im eigenen Unternehmen oder aber bei unabhängigen Testinstituten zum Einsatz.

Bei Henkel werden im Waschmittelbereich z. B. neue bzw. verbesserte Wasch- und Reinigungsmittel im Rahmen von international standardisierten Methoden auf ihre Leistung überprüft. Die hierbei analysierten Kriterien sind beispielsweise die Reinigungskraft, Hautschonung sowie die Beständigkeit bei Lagerung.

Zur Ermittlung der subjektiven Verbraucherbewertung kommen sog. Home Use Tests (Produkttests) zum Einsatz. Hierbei wird dem Verbraucher die Möglichkeit gegeben, das neue Produkt (in der Regel im Vergleich zum alten Produkt oder aber im Vergleich zu Wettbewerbsprodukten) unter alltäglichen Bedingungen zu testen. International läßt sich hierzu feststellen, daß oft identische Produkte länderübergreifend unterschiedlich beurteilt werden.

Die Überprüfung der **Kommunikationswirksamkeit** kann mit Hilfe von Konzept-, Verpackungs- und qualitativen bzw. quantitativen Kommunikationstests erfolgen. Ziel ist es dabei zu ermitteln, ob die über eine Verpackung oder die klassische Werbung (z. B. TV-Spot) erfolgte Kommunikation der Produktleistung auch vom Konsumenten verstanden wird sowie ob Verpackung und Werbung Einfluß auf die Kaufentscheidung haben. Im Rahmen von Konzepttests wird dabei überprüft, ob eine bestimmte Positionierung bzw. ein bestimmtes Leistungsversprechen (»selling proposition«) verstanden und positiv bewertet wird, während bei Verpackungstests (z. B. bei sog. COB Tests (Choice Optimization Board)) untersucht wird, ob eine Verpackung das neue Leistungsversprechen hinreichend kommuniziert.

Die Bestimmung des **Marktpotentials** wird mit Hilfe von Experimenten im Rahmen von Markttests durchgeführt. Hierzu zählen klassische Testmärkte, Store-Tests oder aber die TESI-Methode (Testmarktsimulation).

2.333 Besonderheiten der Datenerhebung im internationalen Marketing

Neben der Operationalisierung der Konstrukte stellt die **Abstimmung des Erhebungsinstrumentariums** ein Problem dar. Denn im internationalen Marketing besteht die Gefahr, daß in unterschiedlichen sozialen Systemen die Bedeutung von und die Reaktion auf Datenerhebungsmethoden unterschiedlich sein kann. Auch wenn die Möglichkeit besteht, identische Instrumente einzusetzen, können die Antworten der Auskunftspersonen unterschiedlich ausgedrückt werden.

So verwundert es auch nicht, daß selbst in Europa die einzelnen Datenerhebungsmethoden in unterschiedlicher Intensität eingesetzt werden (vgl. Abbildung 30). Während die briefliche Befragung in den Niederlanden und Schweden eine recht große Rolle spielt, trifft dies in der Schweiz und in Großbritannien für die Hausbefragung zu; in Frankreich finden die meisten Interviews auf der Straße statt (Demby 1990, S. 24).

	F	NL	S	CH	U.K.
Schriftliche Befragung	4 %	33 %	23 %	8 %	9 %
Telefon-Interview	15 %	18 %	44 %	21 %	16 %
Persönliches Inteview auf der Straße	52 %	37 %	-	-	-
Persönliches Interview zu Hause	-	-	8 %	44 %	54 %
Gruppeninterview	13 %	-	5 %	6 %	11 %
Tiefeninterview	12 %	12 %	2 %	8 %	-
Analyse von Sekundärdaten	4 %	-	4 %	8 %	-

Abb. 30: Datenerhebungsformen in ausgewählten Ländern
Quelle: Demby 1990, S. 24

Die Ermittlung von Unterschieden bzw. Gemeinsamkeiten des Kaufverhaltens in verschiedenen Ländern erfordert die vorherige Bestimmung der in Frage stehenden Konstrukte. Da anschließend ein länderübergreifender Vergleich durchgeführt wird, muß ebenso wie bei der Sekundärforschung die **Vergleichbarkeit der Erhebungssachverhalte** gewährleistet sein. In diesem Zusammenhang sind die funktionale, konzeptionelle und kategorielle Äquivalenz von Interesse (Holzmüller 1986, S. 54ff.).

Ähnliche Objekte, Konzepte oder Verhaltensmuster haben in einzelnen Ländern oft unterschiedliche Bedeutungen, Rollen oder Aufgaben. Sie sind deshalb im internationalen Kontext nicht unmittelbar vergleichbar. So beeinflußt die **funktionale Äquivalenz** beispielsweise die Auswahl der in einer Erhebung einzubringenden Konkurrenzprodukte bei einer vergleichenden Imageanalyse. Beispielsweise wird in Deutschland und Großbritannien Bier als alkoholisches Getränk angesehen, während es in südeuropäischen Ländern wie Italien eher den Softdrinks zugeordnet wird. Daher können in einer länderübergreifenden Studie die Vergleichsobjekte nicht standardisiert vorgegeben werden, sondern sind entsprechend anzupassen (z.B. Wein und Spirituosen in Deutschland vs. Softdrinks in Italien) (Bolz 1992, S. 74).

Wenn demgegenüber sog. **kulturfreie Güter** Gegenstand der Untersuchung sind, verringert sich das Problem der funktionalen Äquivalenz, denn für diese Güter (z.B. Parfüms oder Kameras) bestehen in allen Kulturen gleiche bzw. ähnliche Erwartungen hinsichtlich der Grundfunktionen.

Während sich die funktionale Äquivalenz mit der Rolle bzw. dem Verhalten von Objekten befaßt, steht die **konzeptionelle Äquivalenz** bei der Interpretation von Objekten, Stimuli oder Verhaltensmustern durch Individuen im Vordergrund. Selbst wenn identische Konstrukte identifiziert werden können, werden sie aufgrund ihrer Kulturgebundenheit durch unterschiedliches Verhalten ausgedrückt. Persönlichkeitsmerkmale wie Aggression oder Konformität sind nur in einigen Ländern relevant und konkretisieren sich in unterschiedlichem Verhalten. Sie bedürfen daher unterschiedlicher Indikatoren zu ihrer Messung.

Die Verlobung z.B. ist in Großbritannien ein sicheres Zeichen für eine zukünftige Heirat, während sie in Italien lediglich ein Zeichen unverbindlicher Freundschaft ist. Wenn ein japanischer Konsument äußert, er beurteile ein Produkt als »sehr gut«, so kann er gegebenenfalls damit dasselbe meinen wie ein Holländer, der dasselbe Produkt »ziemlich gut« findet. Diese Ergebnisse dahingehend zu beurteilen, daß das Produkt in Japan besser beurteilt wird und größere Marktchancen hat, kann zu Fehlentscheidungen führen.

Plummer (1984, S. 323ff.) hat in diesem Zusammenhang auf die länderspezifischen Unterschiede in der Auffassung von »Sauberkeit« hingewiesen. So bejahen Befragte aus verschiedenen Ländern die Aussage »Man muß die Wohnung dreimal in der Woche staubsaugen und putzen« anders als die Aussage »Jeder sollte ein Deodorant benutzen« (vgl. Abbildung 31). Rückschlüsse auf die Einstellung zur Sauberkeit hängen also stark von der konkreten Operationalisierung dieses Konstruktes ab.

Darüber hinaus ist für die Vergleichbarkeit der Konstrukte die länderübergreifende definitorische Übereinstimmung im Rahmen der jeweils gewählten Kategorien notwendig (**kategorielle Äquivalenz**). So können z.B. Produktklassen länderübergreifend differieren und damit die Ver-

"Man muß die Wohnung drei Mal in der Woche staubsaugen und putzen."	"Jeder sollte ein Deodorant benutzen."
1. Italien	1. USA
2. Großbritannien	2. Kanada
3. Frankreich	3. Großbritannien
4. Spanien	4. Italien
5. Deutschland	5. Frankreich

Abb. 31: Länderspezifische Einstellungen zur »Sauberkeit«
Quelle: Plummer 1984, S. 323ff.

gleichbarkeit der Ergebnisse erschweren (Toyne und Walters 1990, S. 201).

Ein Beispiel für eine unzureichende kategorielle Äquivalenz stellt die international durchgeführte Marktforschung bei Pepsi Cola dar. Die Ermittlung des Konsumverhaltens von Cola erfolgt in den einzelnen Ländermärkten höchst unterschiedlich (Keegan 1989, S. 234):

Mexico: Zahl der Gelegenheiten, bei denen das Produkt am Tag vor der Befragung konsumiert wurde.

Argentinien: Zahl der Getränke, die am Tag vor der Befragung konsumiert wurden.

Deutschland: Zahl der Befragten, die mit »konsumiere täglich oder fast täglich« antworten.

Spanien: Zahl der Befragten, die mit »konsumiere mindestens einmal in der Woche« antworten.

Zur Realisierung einer weitgehenden Äquivalenz von Konstrukten können nen **Expertenurteile, Revalidierung sowie semantische Differentiale** herangezogen werden (Straus 1969, S. 237f.; Douglas und Craig 1983, S. 134ff.; Holzmüller 1986, S. 56).

Die größten Probleme bei der Datenerhebung liegen in der Vergleichbarkeit der **Sprachen** und der unterschiedlichen Interpretation von gleich erscheinenden Wortinhalten. Besonders beim Einsatz von Fragebögen ist sicherzustellen, daß der Befragungsgegenstand, in alle erforderlichen Sprachen übersetzt, dasselbe bedeutet. Eine nützliche Methode, um dieses Ziel zu erreichen, ist die **Rückübersetzung** (Schopphoven 1991, S. 43f.): eine Frage wird übersetzt und dann von einer anderen Person in die Ursprungssprache zurückübersetzt. Ergeben sich Unterschiede, wird die Frage in eine bessere bzw. »richtigere«, übersetzbare Form gebracht. Es ist also erforderlich, daß auch die Ursprungsfassung der Frage noch veränderbar ist. Hier zeigt sich der Zusammenhang zwischen konzeptionellen und linguistischen Problemen internationaler Marktforschung.

Der im Zusammenhang mit dem persönlichen Verkauf oft diskutierte **Entsprechungseffekt** zwischen Verkäufer und Käufer ist auch für das Verhältnis Interviewer/Interviewter von Bedeutung. Geht es im allgemeinen nur um die Entsprechung von Persönlichkeitsmerkmalen (Charakter, Verhaltensmerkmale, sozialer Status), so haben bei internationalen Befragungen auch Sprache, Dialekt, Rasse usw. der Interviewbeteiligten Bedeutung. Auch **Umgebung** und **Befragungssituation** differieren von Land zu Land und erschweren die Vergleichbarkeit. In Italien beispielsweise sind Einzelinterviews nahezu unmöglich – andere Mitglieder der Familie sind stets präsent. Im Vorderen und Mittleren Osten sind Interviews im Hause der Befragten nicht durchführbar; die »Selbsteinladung« der Interviewer würde als sehr aufdringlich und unhöflich empfunden.

Die Vergleichbarkeit der eingesetzten **Befragungsformen** ist ebenfalls nicht sichergestellt. In einigen Ländern gibt es sehr unzuverlässige Postdienste, anderswo nur wenig ausgebaute Telefonnetze für telefonische Interviews. Bereits bei nationalen Erhebungen zeigen sich die Unterschiede in der Art der Antworten und der Höhe der Antwortraten bei unterschiedlichen Befragungsformen.

Befragungen in mehreren Ländern haben auch gezeigt, daß Antworten auf die gleichen und auch gleichverstandenen Fragen aus Gründen z.b. des Temperaments unterschiedlich beantwortet werden. In Malaysia wurde die Beobachtung gemacht, daß Chinesen tendenziell leichter und öfter ablehnende Antworten geben als Malaien, die eher »ja« sagen. Japaner neigen mehr zu »understatements«, während Befragte im Mittleren Osten oft übertreiben. Zur richtigen Interpretation solcher Daten helfen nur Erfahrungen, durch die an den Erhebungsergebnissen entsprechende »Aufschläge« und »Abschläge« vorgenommen werden.

Um **Antwortvermeidungen** auszuschließen, können bei sensiblen Bereichen indirekte Fragen herangezogen werden. Diese umfassen Indikatoren, welche Rückschlüsse auf den zu erhebenden Tatbestand zulassen. So führen Fragen nach dem Einkommen in der Bundesrepublik eher zu Antwortverweigerungen als in den USA. Dabei können Fragen zu Besitzstand, Mietkosten, Urlaubshäufigkeit etc. gestellt werden, die den Zweck der Untersuchung nicht unmittelbar erkennen lassen.

Bei der **Stichprobenauswahl** können Auswahlfehler auftreten. Diese Fehler beziehen sich auf das Vorgehen bei der Stichprobenauswahl aus der Grundgesamtheit. Repräsentativität und Umfang sind die wesentlichen Kriterien. Unterschiede in der Grundgesamtheit und der Stichprobenauswahl verzerren die Ergebnisse und erschweren grenzüberschreitende Vergleiche.

Diese Fehler können aus fehlenden Melderegistern oder Telefonbüchern resultieren, denn diese Verzeichnisse existieren nicht in jedem Land. Darüber hinaus ergeben sich oft Schwierigkeiten bei der postalischen Zustellung schriftlicher Befragungen (z.B. aufgrund fehlender Hausnummern) (Jain 1990, S. 337).

Darüber hinaus beeinflussen kulturelle Variablen vermutlich auch die **Rücklaufquote**. Eine Studie in fünf Ländern verzeichnete Rücklaufquoten zwischen 17 % und 41 %. In einem dieser Länder, Mexiko, betrug der weibliche Anteil an den Antwortenden 64 %, während ihr Bevölkerungsanteil bei nur 52 % lag. Techniken der Rücklaufsteuerung (Coupon, Fragebogen, Erinnerung etc.) können diese Unterschiede ausgleichen.

Bei der **Gestaltung des Stichprobenplans** ist zu berücksichtigen, daß es in verschiedenen Kulturkreisen Erhebungszeitpunkte bzw. -situationen gibt, die für die Befragung wenig günstig sind, z.B.:

– in islamischen Ländern während der Betzeiten oder wenn Frauen allein zu Hause sind und
– in Europa während der Werksferien (Schopphoven 1991, S. 39).

Darüber hinaus sind unterschiedliche Rollen bei der Kaufentscheidung einzubeziehen, da z.B. in Indien der Einkauf von Lebensmitteln nicht von der Hausfrau, sondern von Dienstboten ausgeführt wird.

Stichprobenfehler sind die einzigen Fehler bei der internationalen Marktforschung, die nicht auf der Unterschiedlichkeit kultureller Variablen beruhen. Sie hängen von der Größe der Stichprobe ab und können theoretisch berechnet werden. Die dabei angewendeten Verfahren haben den Vorzug der Objektivität und weltweiten Akzeptanz. Allerdings liegt in der Erfaßbarkeit und Meßbarkeit dieses Fehlers die Gefahr, daß festgestellte signifikante Unterschiede zwischen untersuchten Variablen zweier oder mehr Länder nur auf diesen Fehler zurückgeführt und die Existenz aller anderen oben aufgeführten Fehlerquellen – da nicht exakt meßbar und nachweisbar – negiert wird.

Insgesamt gesehen liegen die Probleme der internationalen Marktforschung bei der Erfassung komplexer und vielschichtiger Umweltdaten vor allem in der Sicherung einer angemessenen und vergleichbaren Qualität der Inputdaten. Bei weltweit tätigen Unternehmen ist das Informationsmaterial in vielen Ländern nicht verfügbar, lückenhaft, veraltet, zu wenig detailliert, nicht verläßlich und nicht vergleichbar. Dieser Sachverhalt bringt erhebliche Unsicherheiten in den Prozeß der Marketingentscheidung und bedingt eine sorgfältige Anwendung verschiedener Methoden der Informationsauswertung.

2.34 Forschungsstrategien im internationalen Marketing

Die internationale Marktforschung ist durch das Vergleichbarkeits- und **Äquivalenzpostulat** geprägt (Tietz 1989, Sp. 146f.; Schopphoven 1991, S. 46). Dabei ist die Vergleichbarkeit hinsichtlich der Meßinstrumentarien sowie der Dateninterpretation zu unterscheiden. In der interkulturellen psychologischen Forschung sind in diesem Zusammenhang zwei Forschungsansätze entwickelt worden, die Extrempositionen auf einem Spektrum möglicher Vorgehensweisen darstellen. Diese werden in der Literatur auch unter dem »**Emic-Etic-Dilemma**« diskutiert (Douglas und Craig 1983, S. 133ff.; Holzmüller 1989, Sp. 1146f.; Holzmüller 1986, S. 52 ff.) (vgl. Abbildung 32).

Der »**Emic**«-**Zutritt** betrachtet Phänomene (z.B. Einstellungen, Verhalten), die in einer bestimmten nationalen Population auftreten, als für diese einzigartig. Dieser Ansatz gewährleistet die genaue Beschreibung eines nationalspezifischen Phänomens und macht die Entwicklung landesspezifischer Konzepte und Meßinstrumente erforderlich.

Die **»Etic«-Vorgehensweise** befaßt sich dagegen mit der Identifizierung und Festlegung universell gültiger psychologischer Konzepte. Es wird der Versuch gemacht, pankulturelle oder »kulturfreie« Meßinstrumente zu entwickeln. Dieser Ansatz ermöglicht zwar einen länderübergreifenden Vergleich, führt aber häufig zu unüberwindlichen Schwierigkeiten bei der Dateninterpretation. Eine Fehlerquelle liegt dabei z.B. in der Reaktion der Auskunftspersonen auf das nicht an ihre Kultur angepaßte Erhebungsinstrument (»pseudo-etic«) (Triandis und Marin 1983, S. 489ff.).

Der **»Ipsativ«-Ansatz** wendet zwar identische, zumeist übersetzte Meßinstrumente (z.B. Fragen und Testaufgaben) an, die Verarbeitung und Interpretation der Daten erfolgt dagegen landesspezifisch. Damit können national bedingte Verzerrungen und Spezifika in den Reaktionen der Be-

Meß-instrumente / Daten-interpretation	Einheitlich	Differenziert
Einheitlich	"Etic"	"Modifiziert"
Differenziert	"Ipsativ"	"Emic"

Abb. 32: Forschungsstrategien im internationalen Marketing
Quelle: Holzmüller 1989, Sp. 1946f.

fragten, die bekannt sind bzw. vermutet werden, berücksichtigt werden. Der »**modifizierte**« bzw. »**hybride**« Ansatz variiert die Indikatoren für die Konstruktmessung, um sie für den jeweiligen Kulturkreis verwenden zu können. Indem die Skalierung und Bewertung unabhängig von dem jeweiligen Land vorgenommen wird, soll die Bedeutung der Daten international standardisiert werden. Insgesamt bewegt sich die internationale Marktforschung also im Spannungsfeld zwischen nationaler Validität und internationaler Vergleichbarkeit der Untersuchungsergebnisse.

3. Strategische Planung im internationalen Marketing

3.1 Planung der internationalen Marketingziele

Die Ziele, die aus einer bestimmten Unternehmens- und Marktsituation heraus verfolgt werden, bilden den Ausgangspunkt und die Grundlage der konzeptionellen Planung im internationalen Marketing. Es sind die erstrebenswerten Vorzugszustände zu definieren, welche durch den Einsatz strategischer Parameter und taktischer Maßnahmen des Marketing-Mix erreicht werden sollen.

3.11 Motive der internationalen Geschäftstätigkeit als Ausgangspunkt der Zielplanung

Ganz allgemein lassen sich denkbare Ziele aus den Motiven einer Internationalisierung der Geschäftstätigkeit ableiten. Gewinn- und Absatzsicherung sowie Expansionsmotive nehmen dabei eine vorrangige Stellung ein.

Gewinnorientierte Motive der Internationalisierung sind z. B.:

– Export ins Ausland, falls Produktion im Heimatmarkt kostengünstig ist.

– Auslagerung der Produktion in kostengünstigere Länder (Personal, Material, Kapital), falls sich der Preis zur Erhaltung der Gewinnspanne nicht anheben läßt.

– Auflage höherer Serien durch Auslandsverkauf, dadurch Degressionseffekte in der Produktion, Preisreduzierung möglich.

– Abschöpfung von Konsumentenrenten in Ländern, in denen das angebotene Produkt eine Innovation ist.

– Stabilisierung des Gesamt-Unternehmensumsatzes durch Belieferung mehrerer Märkte, die nicht den gleichen Konjunkturzyklen unterliegen.

97

Unternehmenssicherungsorientierte Motive der Internationalisierung umfassen demgegenüber:
- Begegnung von Verlustgefahren im Inland, z.b. durch unvorhergesehene Verkürzung des Produktlebenszyklus.
- Ausgleich für durch das Auftreten von Konkurrenz im Inland reduzierte Marktanteile.
- Folgen der Konkurrenz ins Ausland, um deren Wettbewerbsvorteil auszugleichen.
- Folgen des Hauptabnehmers ins Ausland. Dies gilt insbesondere für Zulieferbetriebe und Dienstleister (insbes. Banken und Versicherungen sowie Werbe- und Unternehmensberatungsagenturen).
- Erhaltung und Ausbau bestehender Marktpositionen im Ausland (z.B. durch Export) durch stärkeres Engagement (z. B. Direktinvestitionen). Dies kann auch ein »erzwungenes Ziel« sein, wenn durch staatliche Maßnahmen der Import erschwert oder der Warenabsatz nur durch Joint Ventures genehmigt wird.

Wachstumsorientierte Motive der Internationalisierung umfassen schließlich:
- Teilnahme am dynamischen Wachstum von Auslandsmärkten (geographische Diversifikation).
- Erreichung von Wachstumszielen, die z.B. wegen wettbewerbsrechtlicher Vorschriften im Inland nicht erreicht werden können (die US-amerikanische Antitrustgesetzgebung beschränkt das Unternehmenswachstum innerhalb, aber nicht außerhalb der USA).
- Ausdehnung und Verlängerung des Produktlebenszyklus von Produkten (Stabilisierung bzw. weiteres Ausdehnen der Umsätze nach Erreichen der Sättigungsphase im Inlandsmarkt).

3.12 Systematik internationaler Marketingziele

Ganz im Gegensatz zu der Analyse von Motivstrukturen für das Auslandsengagement hat die Zielforschung internationaler Unternehmen in der Literatur bislang vergleichsweise wenig Beachtung gefunden.
Folgt man den Erkenntnissen der betriebswirtschaftlichen Zielforschung (vgl. Heinen 1976; Meffert 1971), so sind die im Auslandsgeschäft angestrebten Vorzugszustände zu operationalisieren und Zielsysteme zu entwickeln. Die Operationalisierung erfordert eine Festsetzung der Auslandsmarktziele hinsichtlich des
- Inhaltes (was soll im internationalen Geschäft erreicht werden?)
- Ausmaßes (wieviel soll angestrebt werden?)
- Zeitbezuges (wann soll das Ziel erreicht werden?)
- Segmentbezuges (in welchen Ländergruppen soll das Ziel erreicht wer-

den, bzw. handelt es sich um länderübergreifende oder länderspezifische Ziele?)

Ziele im internationalen Marketing erfüllen dabei vor allem folgende konkrete Funktionen (Rühli 1989, Sp. 2323):
- **Anforderungsfunktion**
  (Anforderungen der Muttergesellschaft an die nationale Tochtergesellschaft)
- **Steuerungsfunktion**
  (Steuerung der nationalen Landesgesellschaften durch Zielvorgaben)
- **Beurteilungsfunktion**
  (Beurteilung der Strategien und Maßnahmen der Landesgesellschaften anhand des Zielerreichungsbeitrages)
- **Koordinationsfunktion**
  (Koordination der arbeitsteiligen Aktivitäten verschiedener Landesgesellschaften)
- **Motivationsfunktion**
  (Leistungs- und Qualifikationskriterium für das lokale Management).

Unterscheidet man zunächst zwischen den eher generellen Unternehmenszielen und den sich daraus ableitenden Marketingzielen, so kann die Fülle möglicher Unternehmensziele wie folgt systematisiert werden (vgl. auch Ulrich und Fluri 1995, S. 97f.; Becker 1993, S. 13):

1. **Marktstellungsziele**
   - Marktanteil
   - Umsatz
   - Erschließung neuer Märkte
2. **Kostenziele**
   - Wirtschaftlichkeit
   - Produktivität
3. **Rentabilitätsziele**
   - Gewinn
   - Umsatzrentabilität
   - Kapitalrentabilität.

Darüber hinaus:
4. **Finanzielle Ziele**
   - Kreditwürdigkeit
   - Liquidität
   - Selbstfinanzierungsgrad
   - Kapitalstruktur
5. **Soziale Ziele** (in bezug auf die Mitarbeiter)
   - Arbeitszufriedenheit
   - Einkommen und soziale Sicherheit
   - Soziale Integration

6. Markt- und Prestigeziele
- Unabhängigkeit
- Image und Prestige
- Politischer Einfluß
- Gesellschaftlicher Einfluß.

Dabei ist davon auszugehen, daß die Marktstellungs- und Kostenziele für die Erreichung der Rentabilitätsziele grundlegende Voraussetzung sind. Die finanziellen Ziele stecken demgegenüber die Bedingungen ab, unter denen die Realisierung der Marktstellung und der Rentabilitätsziele erst möglich ist. Die sozialen Ziele stellen wesentliche Begleitziele dar, während Macht- und Prestigeziele in wechselseitiger Beziehung zur Erreichung der Gewinn- und Rentabilitätsziele stehen.

Die zahlreichen Unternehmensziele können nur dann realisiert werden, wenn in den einzelnen Funktionsbereichen der Unternehmung detaillierte Teilziele vorgegeben werden. Insofern stellt die Integration und Präzisierung von Marketingzielen im Zielsystem der Unternehmung die notwendige Voraussetzung dafür dar, die Unternehmens- und Marketingaktivitäten aus einer konzeptionellen Gesamtsicht heraus den veränderten Rahmenbedingungen anzupassen und zielorientiert zu gestalten. Marketingziele setzen dabei in erster Linie an den Marktstellungszielen der Unternehmung an und präzisieren diese. Dabei kann grundsätzlich zwischen ökonomischen und psychographischen Marketingzielen unterschieden werden (Stahr 1991, S. 41ff.).

Die **ökonomischen Marketingziele** hängen eng mit den generellen Unternehmenszielen (Gewinn, Rentabilität, Marktanteil) zusammen. Sie lassen sich in der Regel anhand der Markttransaktionen (Kauf bzw. Absatz) messen und nehmen damit auf beobachtbare Ergebnisse des Kaufentscheidungsprozesses Bezug.

Als zentrales ökonomisches Marketingziel ist der Marktanteil anzusehen. Er ist definiert als das Verhältnis des mengen- oder wertmäßigen Absatzes einer Unternehmung zum gesamten Absatz, jeweils in einem Teilmarkt sowie einer Betrachtungsperiode. Der Marktanteil spiegelt den Grad der Ausschöpfung des Marktvolumens wider. Er zeigt auf, in welchen Märkten die Unternehmung gegenüber Mitbewerbern besonders erfolgreich war und ist somit Ausdruck der Marktposition.

Als weitere ökonomische Marketingziele lassen sich anführen:
- Erzwingung des Marktzugangs,
- Steigerung der Kauffrequenz,
- Umsatz- und Absatzsteigerung,
- Steigerung der Marktdurchdringung bzw. Ausschöpfung von Marktpotentialen.

Von besonderer Bedeutung als Zielgröße ist darüber hinaus der Deckungsbeitrag oder Bruttoerfolg der Unternehmung, der die Schnittstelle zwischen generellen Unternehmens- und Marketingzielen bildet. Der Deckungsbeitrag kann als marktspezifischer Erfolgsbeitrag, d.h. bezogen auf Verkaufsgebiete, Artikelgruppen, Kundengruppen usw., mit Hilfe der Vertriebserfolgsrechnung ermittelt werden.

Absatzpolitische Maßnahmen sollen eine Beeinflussung bzw. Änderung des Kaufverhaltens bewirken. Voraussetzung für den Aktions- oder Handlungserfolg ist die Erzielung einer psychischen Wirkung beim Käufer. **Psychographische Marketingziele** knüpfen deshalb in erster Linie an den mentalen Prozessen des Käufers an. Ausgangspunkt bildet die Überlegung, daß Motive, Einstellungen und Bekanntheit die Kaufbereitschaft und damit letztlich die Kaufwahrscheinlichkeit bestimmen (Steffenhagen 1978, S. 74 ff.).

Die Mehrzahl psychographischer Marketingziele wurde in den 60er und 80er Jahren im Rahmen werbepsychologischer Untersuchungen formuliert (Mayer 1990, S. 37ff.). Dabei sind vor allem die folgenden Ziele von Bedeutung:

– Erhöhung des Bekanntheitsgrades
– Erzielung von Wissenswirkungen
– Veränderung bzw. Verstärkung von Einstellungen bzw. Images
– Erhöhung der Präferenzen
– Verstärkung der Kaufabsicht
– Verbesserung der Nachkaufzufriedenheit.

3.13 Internationale Grundorientierung und Marketingziele

Die Diskussion um die Integration vs. Differenzierung der internationalen Geschäftsaktivitäten verdeutlicht, daß bedingt durch die internationale Grundorientierung des Management Prioritäten gesetzt werden, was die Verfolgung bestimmter Marketing- bzw. Unternehmensziele betrifft. Insbesondere unter dem Blickwinkel des Globalen Marketing-Management werden vorrangig kosten- und marktstellungsorientierte Ziele angeführt, wobei Aspekte der Effizienz und Flexibilität der internationalen Geschäftstätigkeit, eine verbesserte Profilierung im Wettbewerb sowie die organisatorische Lernfähigkeit zur Realisierung dieser Ziele im Vordergrund stehen (Meffert und Bolz 1992b, S. 661ff.; Meffert und Bolz 1992a, S. 33ff.; Ghoshal 1987, S. 428ff.).

Unter **Effizienzgesichtspunkten** können vor allem **Kostenreduktionsziele** mit einer zunehmenden Integration der Aktivitäten realisiert werden. Dabei greifen Degressionseffekte vor allem bei Aktivitäten wie F & E, Produktion und Beschaffung. Insbesondere in arbeitsintensiven Branchen lassen sich **komparative Kostenvorteile** realisieren, indem das Lohngefälle – trotz oftmals damit verbundener Produktivitätsunterschiede – genutzt wird. Komparative Vorteile durch eine Konzentration von Aktivitäten auf einen oder wenige Standorte ergeben sich allerdings nicht allein aufgrund von Kosteneffekten in der Produktion. Vielmehr eignen sich Länder mit einem relativ hohen Ausbildungsniveau und damit einem großen »intellektuellen Potential« zur konzentrierten Ansiedlung beispielsweise der F & E-Aktivitäten.

Eine verstärkte Koordination der Aktivitäten führt auch bei ihrer dezentralen Ausführung zu Effizienzvorteilen. Eine intensive Koordination länderübergreifend dezentraler Fertigungsaktivitäten ermöglicht z.B. eine Spezialisierung der einzelnen Landesgesellschaften, so daß ähnlich hohe Degressionseffekte wie bei einer zentralen Produktion genutzt werden können (Davidson 1982; Doz 1986).

Weitere Effizienzvorteile setzen beim **Zeitvorteil** an. Zum einen sind Hersteller in der Lage, ihre Konzeptentwicklungsaktivitäten viel effizienter zu gestalten, wenn Planungs-Know-how gepoolt eingesetzt werden kann. Zum anderen wirken Kostendegressionseffekte nicht nur bei der konzentrierten Ansiedlung von Produktion, F & E oder Marketing, sondern auch bei der Standardisierung von Managementprozessen und entsprechenden Planungsinstrumentarien (vgl. Kap. 4 und 5). Daher strebt eine verstärkte Integration der Geschäftstätigkeit an, **Synergievorteile** und einen übergreifenden Know-how-Transfer durch eine Integration aller Landesgesellschaften zu realisieren (Landwehr 1988; Douglas und Craig 1989).

Die Verknüpfung des innerhalb des Unternehmensverbundes verstreuten Know-hows und die Förderung der **organisatorischen Lernfähigkeit** sind weitere Ziele, die im Rahmen globaler Strategien angestrebt werden. In erster Linie kann dies durch einen institutionalisierten und standardisierten Informationsfluß umgesetzt werden. Durch einheitliche Erfahrungs- und Ergebnisberichte und die Nutzung internationaler Informations- und Entscheidungsgremien kann ein unternehmensweiter Know-how-Transfer verwirklicht werden. Eine Analyse von Soll-Ist-Daten beim internationalen Controlling liefert unter Berücksichtigung der umgesetzten Maßnahmen für alle Landesgesellschaften Hinweise auf die Erfolgsträchtigkeit alternativer Maßnahmenkonzepte. Voraussetzung dafür ist jedoch, daß dieser Informationsfluß nicht ausschließlich zwischen Zentrale und Landesgesellschaft stattfindet, sondern auch zwischen den Niederlassungen.

Als Basis einer **Profilierung im internationalen Wettbewerb** durch die globale Integration wird oftmals die standardisierungsbedingte Erhöhung des Kundennutzens angeführt. Dazu trägt insbesondere ein weltweit einheitliches Qualitätsimage bei. Besondere Bedeutung hat der globalisierungsbedingte **Kundennutzen** darüber hinaus hinsichtlich technischer Standards z.B. in der Computerbranche. Neben einer Kompatibilität von Hard- und Software verschiedener Hersteller ermöglichen Standards vor allem eine Vereinfachung der weltweiten Produktvergleichbarkeit durch anerkannte »benchmarks«. In der Automobilindustrie bildet der – in nur wenigen Ländern vorgeschriebene – Katalysator nach U.S.-Norm mittlerweile einen Standard, nach dem die Schadstoffreduktion anderer Katalysatoren beurteilt wird.

Weitere Profilierungsmöglichkeiten liegen in einem **einheitlichen Marktauftritt** und der damit einhergehenden identischen Wettbewerbsprofilierung. Dies schafft nicht nur marktbezogene Effekte wie einen hohen Bekanntheitsgrad oder Markentreue, sondern fördert zudem eine einheitliche innengerichtete Corporate Identity, die dazu beiträgt, daß alle Landesgesellschaften »an einem Strang ziehen«. Somit weisen ein einheitlicher Marktauftritt und die standardisierte Positionierung einen »disziplinierenden« Charakter bei der Umsetzung globaler Wettbewerbsstrategien auf.

Vielfach wird jedoch auch davon ausgegangen, daß Umsatz- bzw. Marktstellungsziele vor allem durch eine Profilierung im jeweiligen nationalen Wettbewerb realisiert werden können. Denn durch ein auf die nationalen Märkte und Bedürfnisse abgestimmtes (multinationales) Vorgehen können die Marktpotentiale viel umfassender ausgeschöpft werden.

Darüber hinaus ist davon auszugehen, daß ein integriertes Vorgehen auf den Weltmärkten mit Flexibilitätsverlusten verbunden sein kann. Daher werden die internationale Marktbearbeitung und ihre Grundorientierung auch vor dem Hintergrund von Flexibilitätszielen diskutiert.

Einerseits ermöglicht eine Integration der Landesgesellschaften eine Verbesserung der unternehmensweiten Handlungsspielräume im Sinne einer »**Built-in-Flexibilität**«, beispielsweise durch den Ländermarktausgleich oder durch ein flexibles Währungsmanagement. Andererseits kann damit jedoch auch ein Verlust an **Handlungsflexibilität** einhergehen. Dies betrifft insbesondere die **Aktionsflexibilität** bei veränderten Marktbedingungen in einzelnen Ländern sowie die **Strukturflexibilität** hinsichtlich des Ländermanagement. So wird argumentiert, daß insbesondere eine Reduzierung der marktbezogenen Flexibilität sowie eine Nicht-Ausschöpfung der Management-Potentiale in den Niederlassungen durch starre Vorgaben die Folge einer zu hohen Standardisierung und Zentralisierung sind (Yip 1989; Quelch und Hoff 1986).

Eine suboptimale Ausschöpfung der Management-Potentiale kann sich vor allem aus zwei Aspekten ergeben. Zum einen entstehen erhebliche Irritationen über den Autonomieverlust im Rahmen standardisierter und zentral vorgegebener Konzepte. Zum anderen können sog. »**Not-invented-here**«-Probleme auftreten, die zu erheblichen Auseinandersetzungen der Landesgesellschaften mit der Zentrale führen.

Quelch und Hoff (1986) berichten, daß ein übliches Problemfeld der Versuch der Niederlassungen sei, als Gegenleistung für eine schnelle Umsetzung der vorgegebenen Konzepte zusätzliche Budgetaufstockungen einzufordern. Angesichts eines mangelnden Umsetzungswillens und eines oftmals zu beobachtenden Ausscheidens kompetenter Landesmanager sieht sich die Zentrale wiederum angehalten, die Aktivitäten der Niederlassung stärker zu kontrollieren und gegebenenfalls eine verstärkte Koordination und Steuerung durch weitere Standardisierung von Inhalten und Prozessen zu gewährleisten. Dadurch entsteht letztlich eine »Globalisierungs-Demotivations-Spirale«.

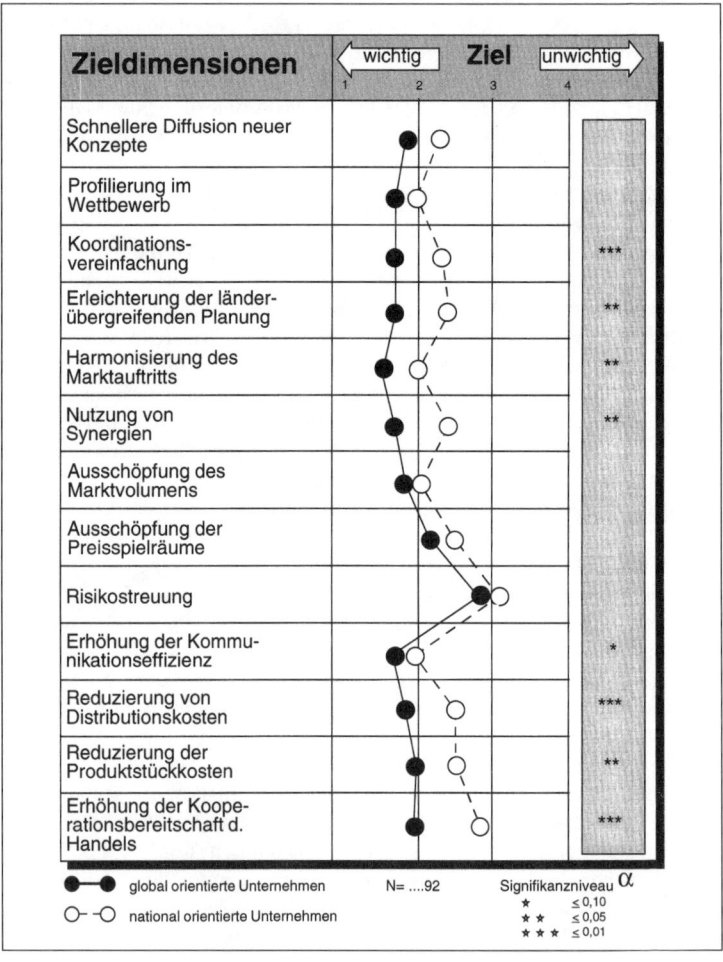

Abb. 33: Ziele der internationalen Marktbearbeitung europäischer Unternehmen
Quelle: Meffert und Bolz 1992b, S. 664

Unter externen Gesichtspunkten kann eine übermäßige Globalisierung zu **Flexibilitätsverlusten auf der Marktebene** führen. Dies trifft vor allem dann zu, wenn eine hohe Standardisierung – gekoppelt mit einer hohen Zentralisierung – keinen ausreichenden Spielraum zur Reaktion auf landesspezifische Konsumbedürfnisse zuläßt.

Unter Flexibilitätsgesichtspunkten ist es schließlich möglich, die Gesamtheit der Landesgesellschaften als ein **Portfolio** zu betrachten, deren konsolidierter Beitrag zum Unternehmenserfolg entscheidend ist. Eine Steuerung der einzelnen Ländermärkte als Portfolio-Objekte ermöglicht einen vergrößerten Handlungsspielraum gegenüber internationalen Wettbewerbern (»**competitive leverage**«) (Yip 1989).

Abbildung 33 zeigt die Ergebnisse neuerer empirischer Untersuchungen über die Ziele der internationalen Marktbearbeitung europäischer Unternehmen, differenziert nach ihrem Globalisierungsgrad (Meffert, Bolz 1992b, S. 664). Dabei ließen sich deutliche Unterschiede zwischen global und national/lokal orientierten Unternehmen vor allem hinsichtlich der Verfolgung von Effizienzzielen bei der Marktbearbeitung nachweisen. Lediglich die Zielsetzung »Erhöhung der Diffusionsgeschwindigkeit« scheint kein signifikant trennendes Zielkriterium zu sein.

Interessant scheint darüber hinaus, daß lokal/national orientierte Unternehmen keinesfalls die mit einer polyzentrischen Marketingorientierung verbundenen Marktbearbeitungsziele stärker verfolgen als global vorgehende Unternehmen. Dies betrifft insbesondere das Ausschöpfen von Volumen- und Preisspielräumen durch eine differenzierte Marktbearbeitung. Auch wird offensichtlich die verbesserte Risikostreuung einer multinationalen Marktbearbeitung nicht als vorrangiges Ziel im Vergleich zur globalen Marktbearbeitung gesehen.

3.2 Marktwahlentscheidungen im internationalen Marketing

3.21 Abgrenzung des relevanten Marktes und Bildung strategischer Geschäftsfelder

Die Bildung strategischer Geschäftsfelder und in diesem Zusammenhang die Abgrenzung des relevanten Marktes stellen den Ausgangspunkt der strategischen Planung im internationalen Marketing dar.

Eine falsche Abgrenzung des relevanten Marktes kann mit erheblichen negativen Folgen für die Unternehmung verbunden sein. Definiert eine

Unternehmung den relevanten Markt zu eng (z.B. »Plattenspieler«), bleiben potentielle Konkurrenten und mögliche Kundenbedürfnisse unberücksichtigt. Eine zu weite Abgrenzung (z.b. »Unterhaltungselektronik«) kann dazu führen, daß Nachfrager auf spezialisierte Anbieter ausweichen, die in dem von ihnen bearbeiteten Marktbereich über spezifische Wettbewerbsvorteile verfügen.

Für das Gesamtunternehmen kann eine Marktabgrenzung nur dann vorgenommen werden, wenn es über ein kleines, homogenes Produktsortiment verfügt. Diversifizierte Unternehmen erfordern dagegen eine differenzierte Analyse der einzelnen Tätigkeitsbereiche, auf deren Grundlage individuell ausgerichtete Strategien entwickelt werden können.

Die Abgrenzung der einzelnen Tätigkeitsbereiche innerhalb der Unternehmung erfolgt mit Hilfe des **Konzeptes der Strategischen Geschäftsfelder** (SGF). Als grundlegende Eigenschaften Strategischer Geschäftsfelder gelten die Kriterien der Marktaufgabe, der Eigenständigkeit und des Erfolgspotentialbeitrages (Meffert 1988a, S. 31). Ein Strategisches Geschäftsfeld ist demnach dadurch gekennzeichnet, daß es:

- eine eigene, von anderen Geschäftsfeldern unabhängige Marktaufgabe (»**unique business mission**«) besitzt, die auf die Lösung abnehmerrelevanter Probleme ausgerichtet ist,
- am Markt als **vollwertiger Konkurrent** mit eindeutig identifizierbaren Konkurrenzunternehmen partizipiert und nicht etwa die Funktion eines internen Lieferanten einnimmt,
- die Formulierung und Implementierung eines weitgehend **eigenständigen strategischen Planes** erlaubt sowie
- einen **eigenständigen Beitrag** zur Steigerung des **Erfolgspotentials** der Gesamtunternehmung leistet (Kreilkamp 1987, S. 317; Hinterhuber 1992, S. 147; Neubauer 1989, S. 17).

In der Literatur besteht Einigkeit darüber, daß es aus strategischer Perspektive unzureichend ist, Geschäftsfelder allein durch die Angabe von Produkten oder Abnehmergruppen zu definieren. Üblicherweise wird vorgeschlagen, bei der Geschäftsfelddefinition die drei Dimensionen

- potentielle Abnehmergruppen,
- Abnehmerfunktionen und
- verwendbare Technologien

getrennt zu berücksichtigen (Abell 1980, S. 18ff., S. 169 ff.; Köhler 1981, S. 266ff.).

Mit der Festlegung, auf welcher technologischen Basis welche Produkte bzw. Produktlinien an welche Abnehmergruppen zu vermarkten sind, ist der Marktwahlprozeß allerdings noch nicht abgeschlossen. Vielmehr ist weiterhin zu analysieren, in welcher Weise der Markt räumlich abzudecken« ist. Die Dimension »**räumliche Marktabdeckung**« kann dabei auf der Basis von Ländern, aber auch für bestimmte Regionen entwickelt werden.

Der **räumlichen Marktwahl** kommt deshalb eine besondere Bedeutung zu, weil

- aufgrund einer stetigen **Verkürzung der Produktlebenszyklen** bei steigenden Investitionen während des Innovationsprozesses die Unternehmungen gezwungen sind, ihre Produkte in möglichst vielen Markträumen anzubieten, um so das Risiko einer zu langen Amortisationsdauer zu begrenzen und
- in einer Vielzahl von Branchen **räumliche Markteintrittsbarrieren** relativ gering sind und diese dazu führen, daß in nicht besetzten Markträumen relativ kurzfristig neue Wettbewerber auftreten, die dort das Marktpotential ausschöpfen.

Die Abgrenzung strategischer Geschäftsfelder ist in der Praxis vielfach mit erheblichen **Problemen** verbunden (Meffert und Wehrle 1982, S. 13ff.). Dies ist vornehmlich darauf zurückzuführen, daß strategische Geschäftsfelder »primär als eine gedankliche Konstruktion, ein Hilfsmittel für die geistige Arbeit, die sich die langfristige bessere Steuerung der Unternehmung zum Ziel setzt« (Gälweiler 1989, S. 253), interpretiert werden und deshalb durchaus von den gegebenen Aufbauorganisationen abweichen können.

Gleichwohl sind, sobald der strategische Planungsprozeß einsetzt, insbesondere bei der Durchsetzung von Marketingstrategien die Planungs- und Implementierungsverantwortung für die strategischen Geschäftsfelder festzulegen. Dabei wird vornehmlich angeregt, die vorhandene organisatorische »Primärstruktur« durch eine »Sekundärorganisation« zu ergänzen (Dunst 1983, S. 148). Dadurch entstehen sog. »**duale Organisationen**«, in denen nur teilweise die primären operativen und die sekundären strategischen Verantwortungen in Personalunion von demselben Verantwortungsträger wahrgenommen werden (Szyperski und Winand 1979, S. 200).

Die **Strategien der Geschäftsfeldabdeckung** bauen unmittelbar auf der Geschäftsfelddefinition auf. Der strategische Auswahlprozeß ist deshalb insbesondere auch davon abhängig, nach welchen Dimensionen die strategischen Geschäftsfelder abgegrenzt werden.

Liegt eine mehrdimensionale Geschäftsfeldabgrenzung vor, so ist eine sukzessive Auswahl der zu erbringenden Funktionen, der einzusetzenden Technologien sowie der zu bearbeitenden Abnehmergruppen und geographischen Märkte sinnvoll. Hinsichtlich der Abfolge ist festzustellen, daß funktions- und technologieorientierte Vorgehensweisen stärker auf unternehmensbezogene Ressourcen abstellen, während abnehmer- und länderorientierte Planungsansätze eher auf die Lokalisierung und Ausnutzung von Marktchancen ausgerichtet sind.

Alternativ zu einem sukzessiven Auswahlprozeß (Walters 1984) in einem mehrdimensionalen Suchraum kann es aus Gründen der Planungsökonomik sinnvoll sein, bei Festlegung der Marketingstrategien eine Komplexitätsreduktion derart vorzunehmen, daß zu einer zweidimensionalen Betrachtung zurückgekehrt wird. Dabei können die Abnehmerfunktion und die dabei verwendeten Technologien zu einer nach technologischen Gesichtspunkten differenzierten **Produktdimension** verdichtet werden, während die **Abnehmergruppen- und Raumdimension** zusammengefaßt werden.

Nach erfolgter Festlegung der Kriterien, nach denen die Produkt-Markt-Segmente abgegrenzt werden, ist zu bestimmen, wie viele und welche Segmente ausgewählt und zum strategischen Geschäftsfeld der Unternehmung zusammengefaßt werden sollen. Hierbei lassen sich v.a. die vollständige Produkt-Markt-Abdeckung, die Produkt-Markt-Spezialisierung sowie die Produkt- bzw. Marktspezialisierung unterscheiden (Kotler und Bliemel 1995, S. 451ff.; Abell 1980, S. 192ff.).

3.22 Marktwahlentscheidungen im internationalen Marketing

Zu den zentralen und spezifischen Entscheidungen im internationalen Marketing zählt die **Auswahl von Ländermärkten** sowie deren anschließende **Segmentierung**. Hier wird der enge Zusammenhang zur strategischen (Geschäftsfeld-) Segmentierung deutlich. Besonders für Unternehmen, die eine geographische Ausdehnung ihrer Geschäftstätigkeit anstreben und daher auf vorhandenen Potentialen und Ressourcen (im Sinne der Dimensionen »Technologie« und »Abnehmerfunktionen«) aufbauen müssen, gewinnt dieser Teilaspekt der internationalen Marktwahl eine zentrale Bedeutung. Aber auch für international schon engagierte Anbieter stellt sich immer wieder die Aufgabe, angesichts steigender Wettbewerbsintensitäten oder gewandelter politischer und rechtlicher Bedingungen ihr Länderportfolio neu zu ordnen.

Es bedarf keiner besonderen Begründung, daß die Auswahl von Ländermärkten sowie deren Segmentierung auf das engste miteinander verknüpft sind. **Ziel der Marktwahl** ist es in diesem Zusammenhang, anhand geeigneter Kriterien jene Marktsegmente (Länder und einzelne Abnehmergruppen) zu bestimmen, deren Bearbeitung für die Unternehmung erfolgversprechend erscheint. Daher kann die Marktwahl im internationalen Management als ein Entscheidungsproblem aufgefaßt werden, in dessen Rahmen die einzelnen Segmentalternativen im Hinblick auf ihre Zielerfüllung zu bewerten, d.h. in eine Rangfolge zu bringen und auszuwählen sind.

Im Anschluß an die Marktwahl erfolgt die Entwicklung segmentspezifischer Marktbearbeitungsstrategien. Die Vielzahl und Vielgestaltigkeit der Auslandsmärkte und die daraus resultierenden Informationsprobleme bedingen daher, daß es kaum möglich ist, alle Länder und alle Länderkombinationen im Hinblick auf ihre Zielbeiträge zu bewerten. Marktsegmentierung und -auswahl stellen daher einen **interdependenten Prozeß** dar. Erfolgt die Segmentierung der Ländermärkte und Abnehmergruppen in mehreren Stufen (inter- und intranationale Segmentierung), so schließt sich an jede Segmentierungsstufe eine Auswahlstufe an. Die Marktauswahl stellt daher gewissermaßen das Pendant zur Marktsegmentierung dar. Abbildung 34 verdeutlicht die Zusammenhänge zwischen Marktsegmentierung und -auswahl.

Die Komplexität der Erfassung, Bildung und Auswahl von Teilmärkten im internationalen Management empfiehlt somit ein **stufenweises Vorgehen** (Meffert 1977, S. 433ff.; Stahr 1985, S. 60ff.). So bleiben die Kosten der Markterfassung übersehbar, während gleichzeitig dem Anbieter mit jeder Stufe eine zunehmend genauere Beurteilung der Absatzchancen und -risiken in den einzelnen Segmenten ermöglicht wird. In einer Vorstufe bietet es sich zunächst an, eine **Vorauswahl relevanter Ländermärkte** zu treffen, die dann in die Analyse innerhalb der ersten und zweiten Segmentierungsstufe eingehen. Z. T. ist aber zunächst eine Ländersegmentierung vorzunehmen, auf deren Basis dann eine Vorauswahl getroffen wird.

In der ersten Stufe erfolgt mit Hilfe länderspezifischer Merkmale (**Ländersegmentierung**) eine Aufteilung des Weltmarktes in Ländertypen (»**internationale Marktsegmentierung**«). Nach der Auswahl einer oder mehrerer geeigneter Ländergruppen erfolgt in der zweiten Stufe dann die Bildung homogener Abnehmergruppen innerhalb der Ländermärkte.

Marktsegmentierungsentscheidungen sind dabei von vornherein an den Möglichkeiten und Erfordernissen einer eventuellen späteren Marktbearbeitung der Auslandsmärkte auszurichten. Daher ist grundsätzlich von der vorher festgelegten Geschäftsfelddefinition auszugehen. Von einer

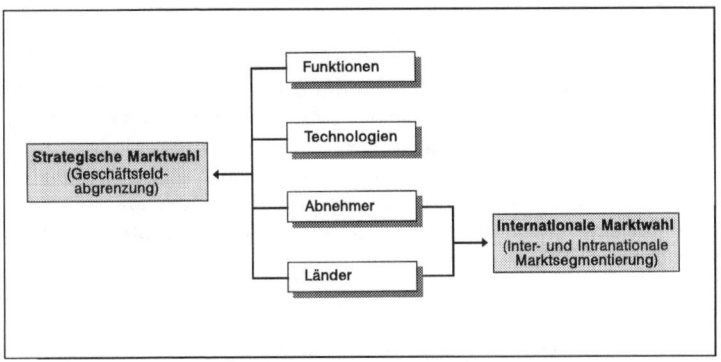

Abb. 34: Strategische und internationale Marktwahl im Überblick

managementbezogenen Marktsegmentierung und den dabei verwendeten **Segmentierungskriterien** ist zu erwarten, daß sie
- einen Bezug zum Käuferverhalten aufweisen,
- meßbar sind,
- zeitlich stabil sind,
- einen Bezug zur Marktbearbeitung besitzen,
- die Ansprechbarkeit der Segmente gewährleisten und
- die Bildung genügend großer Segmente zulassen (Meffert 1986a,
  S. 243).

Es ist somit zu prüfen, inwieweit die im Rahmen einer internationalen
und intranationalen Segmentierung benutzten Kriterien diesen Anforderungen Rechnung tragen.

3.221 Internationale Marktsegmentierung (Ländersegmentierung)

Eine internationale Marktsegmentierung auf der Grundlage länderspezifischer Merkmale zielt darauf ab, die Auslandsmärkte entsprechend ihrer
jeweiligen Unternehmensumwelt zu klassifizieren. Sie ermöglicht Aussagen darüber, ob und in welchem Umfang bestimmte Produkte in dem jeweiligen Markt abgesetzt werden können. Im Zuge der länderspezifischen Untersuchung können dabei alle Variablen der ökonomischen, na-
türlich-technischen, politisch-rechtlichen und kulturellen Umwelt des internationalen Unternehmens Anwendung finden (Althans 1989, Sp.
1470ff.) (vgl. Abbildung 35).

Die Diskussion dieser Segmentierungskriterien verdeutlicht dabei gleichzeitig deren engen Bezug zu den Faktoren der Makroumwelt (vgl. Kap. 2.21 und 2.22) bzw.
den Risikofaktoren des internationalen Unternehmens (vgl. Kap. 2.24). Somit ist
die Analyse der Unternehmensumwelt bereits mit Blick auf die Segmentierungsentscheidungen durchzuführen.

Die **ökonomischen Segmentierungsvariablen** charakterisieren ein Land
nach Größe und Eigenschaften seines Marktes. Bruttosozialprodukt und
Pro-Kopf-Einkommen dienen zur Beurteilung des Entwicklungsstandes
und der Höhe der Konsumausgaben in einem Land. Daneben bestimmen
Struktur und Verhalten der Konkurrenz (inländische und internationale
Unternehmen) in einem Ländermarkt die Erfolgschancen eines Unternehmens bzw. Produktes.
Der Vorteil **sozio-ökonomischer Segementierungsmerkmale** als Segmentierungskriterien besteht in der problemlosen, kostengünstigen Gewinnung der Informationen aus sekundärstatistischem Material. Es werden
schlüssige Hinweise auf Kaufvoraussetzungen (genügende Kaufkraft)
geliefert, allerdings keine Auskunft auf tatsächliches Kaufverhalten der

	Verhaltensrelevanz	Messbarkeit	Zeitliche Stabilität	Bezug zur Marktbearbeitung
Ökonom. Merkmale – Marktvolumen – Konkurrenzsituation	Relativ enger Bezug zu den Kaufvoraussetzungen (Einkommensverteilung etc.) Konkurrenzsituation etc.) Konkurrenzsituation etc.) Konkurrenzsituation etc.) globaler Hinweis über eigene Marktchancen	Leicht erfaßbar durch Länderstatistiken etc.	Relativ hoch	gering; lediglich generelle und globale Bezeichnung von Verkaufschancen
Natürliche und Technische Merkmale – Typographie – Klima – Entwicklungsstand – Infrastruktur – Grad der Verstädterung	Relativ gering; natürliche Merkmale beeinflussen das generelle Kaufverhalten (Verstädterung), haben aber keinen Einfluß auf das Bewertungsverhalten; Hinweis auf die Kaufvoraussetzungen	Leicht erfaßbar; sekundärstatistisches Material	hoch	Kenntnis dieser Merkmale, insbesondere der Infrastruktur, zeigt die Grenzen der Einsatzmöglichkeiten der Marketinginstrumente auf.
Politisch-Rechtliche Merkmale – Unternehmertätigkeit des Staates – Gesellschaftsordnung – politische Stabilität – Wirtschaftspolitik – Außenhandelsgesetze – Ausl. Rechtsprechung – internationale Vereinbarungen	Relativ enger Bezug zu den Kaufvoraussetzungen (Importbedingungen); Globale Hinweise auf das Bewertungsverhalten (Gesellschaftsordnung);	Rechtliche Aspekte sind problem- und lückenlos zu erheben; zur Erfassung der politischen Situation eines Landes sollte auf Experten zurückgegriffen werden	geringe Stabilität der politischen Merkmale möglich; rechtliche Merkmale verfügen i.a. über eine hohe zeitliche Stabilität	rechtliche Merkmale zeigen die Grenzen der Marktbearbeitungsmaßnahmen auf; politische Merkmale geben Hinweise auf die inhaltliche Gestaltung des Marketing
Soziale und kulturelle Merkmale – Sprache – Bildungssystem – Werte und Einstellungen – Religion – Sozialgefüge	Hinweise auf Gebrauchs- und Kaufgewohnheiten unterschiedlicher sozialer und kultureller Gruppen in einem Land; allerdings zu global, um auf das tatsächliche Käuferverhalten zu schließen.	Relativ leicht erfaßbar anhand von sekundärstatistischem Material	sehr hohe zeitliche Stabilität	Hinweise auf eine notwendige abnehmerspezifische Marktsegmentierung; generelle Hinweise auf die Art der Marktbearbeitung

Abb. 35: Kriterien der internationalen Marktsegmentierung
Quelle: Meffert und Althans 1982, S. 59

111

anzusprechenden Zielgruppen innerhalb der Landesgrenzen gegeben. Probleme entstehen bei der Vergleichbarkeit im internationalen Rahmen, da die Erhebungsmethoden meist unterschiedlich sind (vgl. auch Kap. 2.323). Die zeitliche Stabilität dürfte von Land zu Land entsprechend der Entwicklungsgeschwindigkeit der jeweiligen Volkswirtschaft stark schwanken.

Politisches Risiko und **rechtliche Einschränkungen der unternehmerischen Handlungsautonomie** sind Schlüsselgrößen zur Beurteilung von Auslandsmärkten. Vorrangig ist die Analyse der politischen Stabilität, da Streiks, Enteignungen, Revolutionen, Grenzschließungen und ähnliches existentielle Bedeutung für das international tätige Unternehmen haben können. Auch die Wirtschaftspolitik des jeweiligen Landes ist zu erfassen, da sie die Nachfrageentwicklung, die Marktgröße und damit die Kaufvoraussetzungen für ein bestimmtes Produkt beim Verbraucher mit beeinflußt.

Gesetze und Verordnungen prägen in gleicher Weise die Kaufvoraussetzungen für ein Produkt. Hierbei lassen sich zwischenstaatliche Vereinbarungen, internationale Handelsbräuche sowie die Gesetze des jeweiligen Auslandsmarktes unterscheiden. Aus der Fülle denkbarer Regelungen seien nur das Zoll- und Steuerrecht (z.B. Doppelbesteuerungsabkommen), Bestimmungen über Produkteigenschaften (Sicherheitsvorschriften im Automobilbau) und Werberichtlinien (z.B. TV-Werbeverbote) genannt. Zu erwähnen sind auch gesetzliche Regelungen über die anzuwendenden Maß- und Gewichtseinheiten sowie Normungsvorschriften. Politisch-rechtliche Merkmale eines Landes beeinflussen die Kaufvoraussetzungen für bestimmte Produkte, können allerdings keine Hinweise auf das tatsächliche Kaufverhalten geben. Vorteile rechtlicher Determinanten als Segmentierungskriterien liegen in ihrer leichten und kostengünstigen Erfaßbarkeit und in ihrer relativ großen zeitlichen Stabilität.

Natürliche Ressourcen, Topographie, Klima, technischer Entwicklungsstand, Infrastruktur und Grad der Verstädterung sind als weitere Kriterien der Ländersegmentierung von Bedeutung. Beispielsweise läßt das Vorkommen wertvoller Bodenschätze auf eine rasche wirtschaftliche Entwicklung schließen, während topographische Merkmale (Seewege, Gebirge) auf Logistikprobleme hinweisen. Das Klima erlaubt Rückschlüsse auf das Konsumentenverhalten (z.B. Verbrauch von Erfrischungsgetränken, Mediennutzung). Der technische Entwicklungsstand eines Landes interessiert insbesondere Investitions-, aber auch Konsumgüterhersteller (z.B. Nachfragesituation für langlebige Elektro-Konsumgüter). Natürliche und technische Merkmale geben Auskunft darüber, ob wesentliche Kaufvoraussetzungen gegeben sind. Länder, die diese Anforderungen nicht erfüllen, können aus der weiteren Marktsuche ausgeschlossen werden. Leichte, kostengünstige Erfaßbarkeit und relativ hohe zeitliche Stabilität stehen dem mangelhaften Bezug zum Kaufverhalten der Abnehmer und damit zum erfolgreichen Einsatz der Marketinginstrumente gegenüber.

Sozio-kulturelle Merkmale eines Landes liefern generelle Aussagen über das Kauf- und Verbrauchsverhalten der Bevölkerung. Sprache und Religion weisen auf ethnische Unterschiede zwischen verschiedenen Ländern hin. Die Einstellung der Bevölkerung zum Wirtschaftsleben, zum persönlichen Besitz etc. erlauben Rückschlüsse über die Akzeptanz von Produkten am Markt. Der jeweilige Bildungsstand der Käufer determiniert Entscheidungen z.b. über die Anzeigen- und Verpackungsgestaltung. Sozio-kulturelle Merkmale vermitteln dem Betrachter erste und zeitlich stabile Anhaltspunkte über Konsumgewohnheiten, zumal bei Ländern mit gleichen kulturellen Wurzeln auf ähnliche oder zumindest vergleichbare Verhaltensweisen geschlossen werden kann. Entsprechende Erhebungen sind aber oft mit hohem Aufwand verbunden, da sekundärstatistisches Material meist nicht ausreicht und durch eigene Erhebungen ergänzt werden muß.

Die Kriterien der internationalen Ländersegmentierung bilden die Grundlage zahlreicher **Ländertypologien**. Gebräuchliche Bestimmungsfaktoren der Ländergruppenbildung sind dabei Klassifizierungen von Jahres-pro-Kopf-Einkommen (z.b. der Weltbank oder der UNO), politische Merkmale (»politische Risikoklassen«) und Mischungen aus sozioökonomischen und sozio-kulturellen Merkmalen (z.b. alle entwickelten Commonwealth-Staaten). Für eine Typologiebildung bzw. Ländervorselektion können ökonomisch begründbare, aber auch subjektiv gefärbte Kriterien zur Anwendung kommen (z.b. nur »Nachbarländer«, nur »EU-Länder«).

Die länderspezifischen Kriterien sind durch ein generell sehr hohes Aggregationsniveau gekennzeichnet. Dadurch sind Bezüge zum Kaufverhalten und zur Marktbearbeitung oft nur schwer herstellbar. Aus diesem Grund müssen in einer zweiten Segmentierungsstufe die Abnehmer innerhalb eines Landes oder einer (homogenen) Ländergruppe anhand zusätzlicher Kriterien in homogene Gruppen eingeteilt werden. Dies ist Gegenstand der intranationalen Marktsegmentierung im internationalen Marketing.

3.222 Intranationale Marktsegmentierung

Bei der intranationalen Marktsegmentierung finden alle im Rahmen der Aufteilung eines nationalen Marktes üblichen Kriterien Anwendung: demographische, sozio-ökonomische und psychographische Merkmale.

Zu den **demographischen Merkmalen** gehören Geschlecht, Alter, Familienstand, Religion, Wohnort etc. Diese Merkmale besitzen von Land zu Land unterschiedliche Aussagekraft (z.B. »Wer ist der Kaufentscheider in Familien verschiedener Kulturkreise?«). Aus der Analyse des Auslandsmarktes nach demographischen Kriterien ergeben sich vor allem erste Hinweise auf die Struktur der dortigen Zielgruppen (z.B. beträgt bei »Junggesellen« als Zielgruppe der Anteil in der BRD 18 %, in Dänemark aber 28 %). Ein weiteres aufschlußreiches Kriterium ist die Aufteilung der Wohnbevölkerung in Stadt-/Landbevölkerung. Mögliche Nachfrageschwerpunkte erlauben eventuell eine geographische Konzentration der Marktbearbeitung. Demographische Kriterien sind leicht und kostengünstig meßbar und aufgrund ihrer zweifelsfreien Dimension bei länderübergreifenden Analysen vergleichbar. Dem steht eine mangelhafte zeitliche Stabilität und ein ungenügender Bezug zur Marktbearbeitung gegenüber. Die Kennzeichnung von Zielgruppen anhand von **sozioökonomischen Merkmalen** läßt sich nach Einkommen, Schulbildung und Beruf vornehmen. In einigen interkulturellen Untersuchungen werden diese Merkmale zum Begriff der »**sozialen Schichtung**« zusammengefaßt. Besonders in Ländern mit starken Einkommensgegensätzen ist eine Segmentierung nach solchen Kriterien sinnvoll, denn ein hohes durchschnittliches Pro-Kopf-Einkommen sagt noch nichts über die tatsächliche Einkommensverteilung im Land aus. Ein eindrucksvolles Beispiel liefert in diesem Zusammenhang Kreutzer (1989a, S. 226) mit den sog. »**Konsum-Eliten**« in verschiedenen Entwicklungsländern. Insgesamt zeigt sich, daß ein hoher Entwicklungsstand in einem Land mit einer Nivellierung der Einkommen breiter Bevölkerungsschichten einhergeht. Hilfreich für die Potentialbestimmungen ist die Zielgruppenbeschreibung mit Hilfe von Ausstattungsmerkmalen der Haushalte (Telefonanschlüsse, Pkw, langlebige Konsumgüter etc.). Sozioökonomische Kriterien stellen aufgrund der einfachen Meß- und Vergleichbarkeit bevorzugte Kriterien in der internationalen Marktsegmentierung dar. Je nach dem Wirtschaftswachstum des betreffenden Landes ist aber die zeitliche Stabilität dieser Merkmale eher vorsichtig einzuschätzen.

Kriterien der **psychographischen Segmentierung** sind Einstellungen, Persönlichkeits- und Verhaltensmerkmale (Charaktereigenschaften, Informationsverhalten, Lebens- und Kaufgewohnheiten etc.). Einstellungen als Überzeugungen eines Konsumenten über ein Produkt bzw. eine Dienstleistung werden auch als Produkterwartung oder Produktgruppenerwartung bezeichnet. Die internationale Unternehmung muß dazu prüfen, wie die Konsumenten des jeweiligen Landes die Produkteigenschaften subjektiv wahrnehmen, anhand welcher Beurteilungsdimensionen sie das Produkt beurteilen sowie mit konkurrierenden Produkten vergleichen. Von zentraler Bedeutung ist dabei, inwieweit bestimmte Produkteigenschaften bzw. deren Wahrnehmung durch die potentiellen Zielgruppen mit bestimmten psychographischen Merkmalen dieser Zielgruppen bzw. dieses Landes übereinstimmen. In diesem Zusammenhang sind die Begriffe »**culture bound**« und »**culture free**« von Bedeutung (Meffert und Bolz 1992a, S. 66): Produkte, deren Eigenschaften und Nutzen mit bestehenden Verhaltensnormen und Verbrauchsmustern in Einklang stehen müssen sowie Produkte, bei denen zwischen Produkt- und Zielgruppenmerkmalen keine Beziehung besteht bzw. feststellbar ist. Ohne daß ein empirischer Nachweis vorliegt, läßt sich tendenziell sagen, daß Verbrauchsgüter eher kulturgebunden sind (Ausnahme: Erfrischungsgetränke, Genußmittel), während Gebrauchs- und Investitionsgüter eher kulturfrei sind, also weltweit sehr ähnlich sind bzw. sein können. Verhaltensmerkmale stellen ergänzende Kriterien der psychographischen Marktsegmentierung dar. Hier interessieren z.B. Lese- und Sehgewohnheiten, Kaufverhalten, Freizeitverhalten und auch interpersonelle Beziehungen (z.b. Ratsuche bei Meinungsführern).

Die Segmentierung eines Ländermarktes nach psychographischen Merkmalen bietet den Vorteil einer **unmittelbaren Verhaltensrelevanz** der Konsumentenmerkmale. Viele Merkmale (z.b. Einstellungen, Informationsverhalten, Persönlichkeitsmerkmale) dieser Kategorie bieten darüber hinaus den Vorzug einer hohen zeitlichen Stabilität. Schwierig stellt sich demgegenüber die Messung dieser Kriterien und ihrer Berücksichtigung bei der Ansprache potentieller Zielgruppen dar.

Die **Marktsegmentierung auf Investitionsgütermärkten** stellt in diesem Zusammenhang eine Besonderheit dar, weil die Kaufentscheidungseinheit wesentlich komplexer strukturiert ist (Backhaus 1995, S. 158ff.; Day et al. 1988, S. 14ff.). Investitionsgüter werden für den zweckgebundenen Einsatz in Organisationen eingekauft. In der Regel sind es mehrere Personen, ein Buying-Center oder Einkaufsgremien, die die Kaufentscheidung treffen.

Die Einflußfaktoren auf die Kaufentscheidung und damit auch die Segmentierungskriterien liegen beim Investitionsgüterkauf auf drei Ebenen, nämlich bei der Organisation, beim Kollektiv (Einkaufsgremium) und beim Individuum.

Dementsprechend kann die Segmentierung auf drei Ebenen ansetzen. Im Rahmen einer **organisationalen Segmentierung** ist zu prüfen, inwieweit die organisationsdemographischen Merkmale einen Einfluß auf die Kaufentscheidung besitzen.

Auf der **Segmentierungsebene des Einkaufsgremiums** werden vorrangig diejenigen Variablen bedeutsam, die die Interaktion der Entscheidungsbeteiligten beeinflussen und damit der Vielzahl der sozialen Beziehungen im industriellen Einkauf Rechnung tragen. Eine nähere Analyse der bedeutsamsten Entscheidungsträger im Rahmen einer **Individualsegmentierung** erscheint demgegenüber interessanter. Wenn es gelingt, »Zentral- oder Schlüsselpersonen« im Kaufentscheidungsprozeß zu erkennen, so sind deren Bewertungsverhalten und Präferenzen näher zu prüfen.

3.223 Integrale Segmentierung

Als Alternative zu einer zweistufigen Vorgehensweise wird der Versuch einer integralen länderübergreifenden Segmentbildung diskutiert (Meffert 1977; Kreutzer 1989, S. 112; Kale, Sudharsan 1987, S. 60 ff.; Stegmüller 1995a, S. 78 ff.). Unter Verzicht auf eine länderspezifische Segmentierung können die Abnehmer weltweit zu homogenen Nachfragersegmenten zusammengefaßt werden (z. B. Teenager mit gleichen Verhaltensweisen und Interessen). Ansätze in dieser Richtung finden sich z. B. bei Zigaretten, Parfums, Unterhaltungselektronik und Erfrischungsgetränken sowie bei Flugreisen. Auch diese Ansätze verzichten jedoch bei näherer Betrachtung nicht auf ein zweistufiges Vorgehen. Abbildung 36 verdeutlicht am Beispiel eines Zwei-Länder-Falles den Prozeß der integralen Marktsegmentierung, an dessen Ende die Identifikation eines länderübergreifend einheitlichen Segments steht. Stegmüller (1995a) konnte am Beispiel des interkontinentalen Flugreisemarktes empirisch das Bestehen eines identischen Nutzensegmentes in Deutschland und den USA nachweisen. In diesem Segment erwiesen sich aus Sicht der Nachfrager der Preis und der Sitzkomfort als die wichtigsten Produkteigenschaften. Damit wären die Voraussetzungen für eine standardisierte Marktbearbeitung gegeben.

3.23 Verfahren der Segmentbewertung und Marktwahl

Auf den einzelnen Stufen des Auswahlprozesses stehen unterschiedliche Verfahren zur Verfügung, die sich mit fortschreitender Detailliertheit der Marktwahl durch einen zunehmenden Informationsbedarf auszeichnen. In diesem Zusammenhang lassen sich heuristische und analytische Verfahren der Auswahl von Segmenten unterscheiden. **Heuristische Methoden** umfassen qualitative Verfahren, die im Vergleich zu den analytischen Methoden geringere Anforderungen an die Informationsbeschaffung stellen. Insbesondere sind die Anforderungen an die Quantifizierung situationsspezifischer Konsequenzen einzelner Handlungsalternativen geringer. Von daher kommen diese Verfahren vor allem im Rahmen einer **Grobanalyse** der Auslandsmärkte in Betracht. Dies betrifft insbesondere die Vorauswahlphase sowie die Bewertung der Ländercluster.

Demgegenüber unterstellen die **analytischen Methoden**, daß eine Quantifizierung der relevanten Alternativen, Umweltsituationen und Handlungskonsequenzen möglich ist, die optimale Alternative also errechnet werden kann. Sie gehen von einem »guten Informationsstand« und ge-

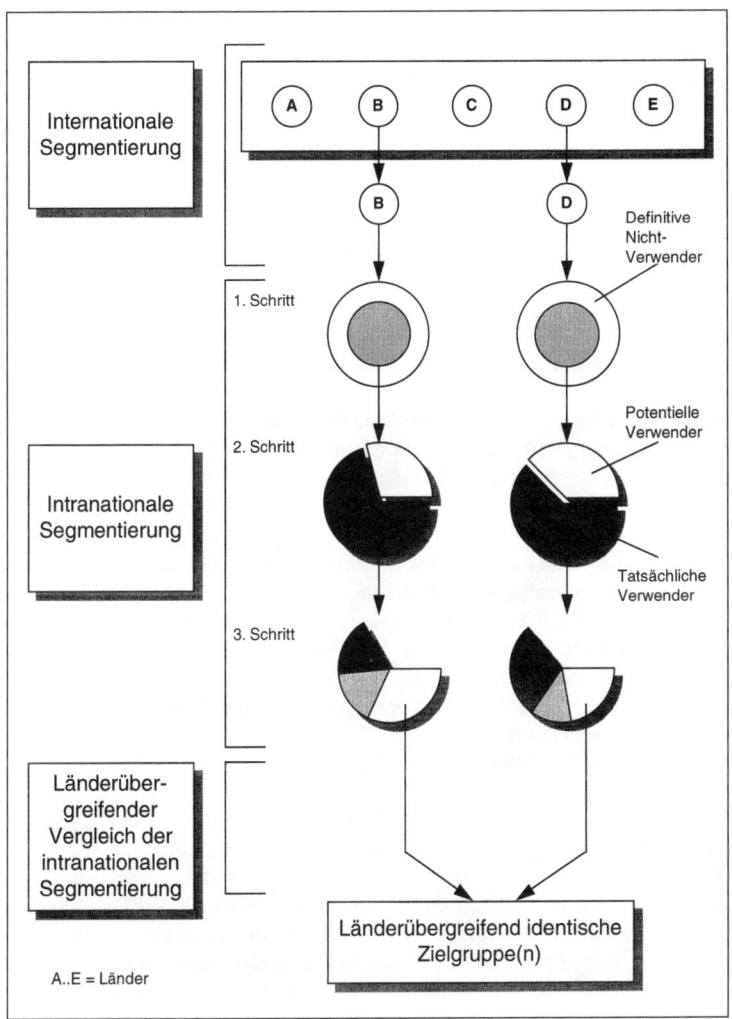

Abb. 36: Prozeß der integralen Segmentierung
Quelle: Stegmüller 1995 b, S. 376

117

schlossenen Entscheidungsproblemen aus. Aufgrund dieser Eigenschaften sind die analytischen Verfahren insbesondere für die Feinauswahl der zu bearbeitenden Marktsegmente im Anschluß an die zweite Segmentierungsstufe geeignet.

Eine systematische Gegenüberstellung der einzelnen Stufen der Marktsegmentierung und der auf diese jeweils anzuwendenden Auswahlverfahren zeigt Abbildung 37.

Im folgenden sollen die einzelnen Verfahren – den Stufen der Marktsegmentierung folgend – kurz dargestellt und einer kritischen Bewertung unterzogen werden.

3.231 Heuristische Verfahren zur Grobauswahl

Aus der Gesamtheit der entscheidungsrelevanten Umweltmerkmale sind zur Feststellung »attraktiver« Ländermärkte vor allem solche Schlüsselvariablen auszuwählen, die es erlauben, eine relativ kleine Anzahl »attraktiver« Länder für die Feinanalyse zu selektieren, ohne tatsächlich erfolgversprechende Auslandsmärkte vorzeitig zu verwerfen. Außerdem sollten die entsprechenden Informationen in dieser Vorauswahlstufe relativ leicht und kostengünstig (also möglichst durch Sekundärforschung) beschaffbar sein. Übereinstimmung herrscht dabei in der Literatur im Hinblick auf die Wichtigkeit der Variablen »Marktpotential«, »Risikoaspekte« und »Kostenbelastung«. Geeignete Verfahren hierzu sind das Checklist-Verfahren, das Punktbewertungsverfahren sowie sequentielle Bewertungsverfahren.

Das **Checklist-Verfahren** stellt ein erstes Instrument zur Aussonderung der für die engere Marktauswahl nicht in Frage kommenden Länder dar. Sein Zweck besteht darin, die detaillierte Analyse auf eine überschaubare Zahl relevanter Länder zu beschränken und so den unnötigen Einsatz von Ressourcen für aufwendige Marktforschungsmaßnahmen zu vermeiden. Seine primären Eigenschaften sind damit Schnelligkeit, Einfachheit und geringe Kosten. Als Mittel zur Handhabung informationsarmer Entscheidungen beschränkt sich das Checklist-Verfahren darauf, die Länder im Hinblick auf einige grundsätzliche Anforderungen zu überprüfen. Diese betreffen insbesondere die Umweltfaktoren des ausländischen Marktes, die Import- und Absatzbedingungen sowie die Angebots- und Nachfragesituation.

Differenzierter als mit dem Checklist-Verfahren läßt sich das Problem der Grobauswahl mit Hilfe von **Punktbewertungsverfahren** handhaben. Hierbei werden anhand geeigneter Beurteilungskriterien (Leistungs- und Risikoprofile), die in ähnlicher Form in der Arbeits- und Neuproduktbewertung Anwendung finden, die einzelnen Länder beurteilt, verglichen und ausgewählt.

Segmentierungs-ansatz	Stufe / Verfahren	heuristisch		analytisch
inter-nationale Segmentierung	**Grobauswahl:** 1. Analyse der generellen Kaufvoraus-setzungen 2. Analyse der politischen Risiken	• Checklist-Verfahren • Punktbewertungs-verfahren (Risiko- u. Leistungsprofile) • sequentielles Bewertungs-verfahren • Risiko-Punktbe-wertungsverfahren (Beri-Index) • Portfolio-Analyse		• klassische Entschei-dungsregeln • Investitions-theoretische Verfahren
	Feinauswahl: 1. Analyse der länderspezifischen Erfolgschancen			
intra-nationale Segmentierung	2. Analyse der segmentspezifi-schen Erfolgs-chancen			• Entscheidungs-baumverfahren

Abb. 37: Verfahren der Marktsegmentierung und -auswahl
Quelle: Meffert und Althans 1982, S. 72

119

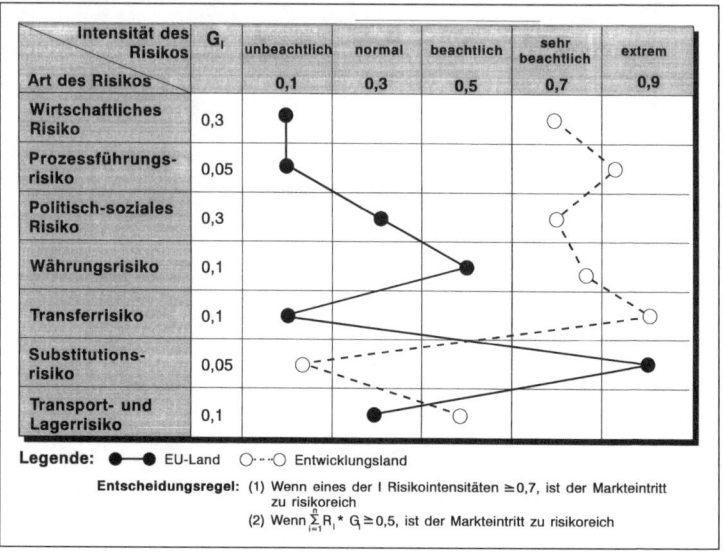

Intensität des Risikos / Art des Risikos	G_i	unbeachtlich 0,1	normal 0,3	beachtlich 0,5	sehr beachtlich 0,7	extrem 0,9
Wirtschaftliches Risiko	0,3	●			○	
Prozessführungs- risiko	0,05	●				○
Politisch-soziales Risiko	0,3			●	○	
Währungsrisiko	0,1				● ○	
Transferrisiko	0,1	●				○
Substitutions- risiko	0,05	○				●
Transport- und Lagerrisiko	0,1		●	○		

Legende: ●—● EU-Land   ○--○ Entwicklungsland

Entscheidungsregel: (1) Wenn eines der I Risikointensitäten ≥ 0,7, ist der Markteintritt zu risikoreich
(2) Wenn $\sum_{i=1}^{I} R_i * G_i \geq 0,5$, ist der Markteintritt zu risikoreich

Abb. 38: Analyse der Markteintrittsattraktivität

Im Rahmen einer Analyse der Attraktivität von Ländermärkten spielen grundsätzlich alle genannten Marktsegmentierungskriterien eine gewisse, in ihrer Bedeutung teilweise jedoch stark divergierende Rolle. Entsprechend können **Gewichtungen** vorgenommen und für die einzelnen Kriterien Werte vorgegeben werden, die von den zu beurteilenden Ländern mindestens erreicht werden müssen. Mit Hilfe dieser Punktbewertungsverfahren lassen sich für die Länder schließlich **Gesamtpunktwerte** berechnen, anhand derer dann die Auswahl erfolgt.

Abbildung 38 zeigt ein derartiges Vorgehen am Beispiel der Analyse der Markteintrittsattraktivität in einem EU-Land und einem Entwicklungsland.

Der großen Zahl möglicher Auslandsmärkte und der Problematik ihrer Eingrenzung trägt in besonderem Maße das **sequentielle Bewertungsverfahren** Rechnung. Es unterteilt die Punktbewertung der einzelnen Länder in mehrere **Unterstufen.** Am Ende der einzelnen Stufen entscheidet sich, ob das beurteilte Land aus der weiteren Betrachtung ausscheidet. Dabei wird für die Bewertung der Kriterienkatalog schrittweise erweitert. Zunehmend detaillierte Informationen müssen zur Verfügung stehen.

Wichtig bei diesem Verfahren ist es,

– nicht zu viele Kriterien einzubeziehen, da sie die Entscheidungsqualität erfahrungsgemäß nicht wesentlich verbessern und das Verfahren unhandlich werden lassen,

- daß die Auswahlkriterien einen engen Bezug zu dem anzubietenden Produkt haben (z.b.»Wohnungsbedarf« bei Fußbodenbelägen),
- daß die Kriterien möglichst sekundärstatistisch erfaßbar sind (z.b. Bruttosozialprodukt, Bevölkerungszahl).

3.232 Analytische Verfahren zur Feinauswahl

Die Feinauswahl hat zum Ziel, aus der Zahl der in der Grobauswahl selektierten Länder jene zu isolieren, in denen sich aufgrund **ökonomischer Kriterien** ein Markteintritt lohnt. Hierbei sind zum einen die Länder, zum anderen – falls die gegebenen Informationen eine tiefere Segmentierung erlauben – die Abnehmersegmente zu ermitteln, die auf dem Weltmarkt die höchsten **Zielbeiträge** (Umsatz-, Gewinnmaximierung, Risikominimierung) erbringen.

Für die Feinauswahl steht eine Reihe von Verfahren aus dem Bereich der **Investitionsrechnung** zur Verfügung. Dabei ist zwischen solchen Verfahren zu unterscheiden, die von sicheren Erwartungen ausgehen, und solchen, die explizit unsichere Erwartungen über die zukünftigen Umweltbedingungen in das Kalkül einbeziehen.

Im Bereich der von **sicheren Erwartungen** ausgehenden Verfahren bieten sich für die Ermittlung der vorteilhaftesten Länderalternative das Kapitalwertverfahren, das Pay-off-Verfahren, die Interne-Zinsfuß-Methode, die Annuitäten-Methode sowie das Endwertverfahren an. Stellvertretend für die übrigen soll die Anwendung der zwei erstgenannten Methoden kurz dargestellt werden.

Bei der Anwendung des **Pay-off-Verfahrens** wird das Land als das vorteilhafteste bestimmt, in dem die Amortisationsdauer, also der Zeitraum, innerhalb dessen die Periodenüberschüsse die Anfangsausgaben verdient haben, minimal ist. Demgegenüber ermittelt das **Kapitalwertverfahren** das Land als das vorteilhafteste, in dem der Absatz des Produktes den höchsten Kapitalwert erbringt. Hierbei ist der Kapitalwert definiert als die Differenz der Barwerte der Einzahlungen und Auszahlungen.

Die wichtigsten Verfahren unter Berücksichtigung von Unsicherheit sind das Zuschlagsverfahren, die Sensitivitätsanalyse, das Entscheidungsbaumverfahren sowie die Risikoanalyse. Darüber hinaus existieren sog. **Entscheidungsregeln** unter Unsicherheit, die in Verbindung mit den oben dargestellten Investitionsrechenverfahren unter Sicherheit angewendet werden können. Dabei wird zunächst z.B. der Kapitalwert einer Auslandsinvestition für jeweils drei verschiedene Umweltsituationen und drei alternativ für einen Markteintritt selektierte Ländermärkte ermittelt (3 x 3-Matrix). Mittels der gewählten Entscheidungsregel wird dann der Ländermarkt ausgewählt, der unter Berücksichtigung der unsicheren Erwartungen den höchsten Zielbeitrag leistet.

Je nach angewendeter **Entscheidungsregel** können dabei unterschiedliche Alternativen als vorteilhaft ermittelt werden, wie der nachfolgende Überblick über ausgewählte Entscheidungsregeln verdeutlicht:

- Nach der **Minimax-Regel** ist der Ländermarkt vorteilhaft, der in der jeweils ungünstigsten Situation den höchsten Kapitalwert liefert.
- Nach der **Maximax-Regel** ist dagegen das Land vorteilhaft, das unter Zugrundelegung der jeweils günstigsten Situation den höchsten Kapitalwert verspricht.
- Nach der **Laplace-Regel** wird die Investition in dem Land durchgeführt, welches das höchste arithmetische Mittel der situationsspezifischen Kapitalwerte aufweist.
- Nach dem **Erwartungswert-Prinzip** schließlich ist die Ländermarktalternative vorteilhaft, die unter Zugrundelegung bestimmter Eintrittswahrscheinlichkeiten für die alternativen Umweltsituationen den höchsten Erwartungswert für den Kapitalwert besitzt.

Welche Regel der Entscheidungsträger im einzelnen anwenden wird, hängt weitgehend von seiner **Risikoeinstellung** ab. Als risikoscheuer Entscheider wird er die Minimax-Regel bevorzugen. Risikoneutral verhält er sich bei Anwendung der Laplace-Regel, und die relativ objektivste Entscheidung wird er dank der zusätzlich gegebenen Wahrscheinlichkeiten unter Anwendung des Erwartungswertprinzips treffen.

Eine exaktere Ermittlung der vorteilhaftesten Länder- bzw. Investitionsalternativen erlaubt das **Entscheidungsbaumverfahren**. Bei expliziter Berücksichtigung alternativer Umweltzustände und unter der Voraussetzung, daß für diese Situationen subjektive Eintrittswahrscheinlichkeiten geschätzt werden können, lassen sich Erwartungswerte für die länderspezifischen Kapitalwerte (C_{0i}) ermitteln. Dabei liegt der besondere Vorteil dieses Verfahrens in der Berücksichtigung von **mehrperiodigen Entscheidungsfolgen**, für die jeweils ein individueller Zielwert – zumeist in Form des Kapitalwertes – ermittelt wird.

3.24 Strategien der internationalen Marktabdeckung

Das Ergebnis der Marktwahl findet seinen Niederschlag in den Strategien der Marktabdeckung. Hierbei kann zwischen Gesamtmarkt- und Nischenstrategien unterschieden werden. Die Frage, ob eine Unternehmung als weltweiter Marktführer auftritt oder ihre Aktivitäten auf eine international unbesetzte Nische beschränkt, hängt entscheidend von den verfügbaren Ressourcen ab. Die Vergangenheit hat gezeigt, daß sich häufig auch mittelständische Unternehmen im Zuge einer Spezialisierung auf bestimmte internationale Abnehmergruppen eine attraktive Position sichern konnten (z.B. das Segment der »professionellen Nutzer« beim Maschinenhersteller Stihl). Die wettbewerbsstrategische Positionierung kann sowohl kosten- als auch differenzierungsorientiert erfolgen. Entscheidend ist in diesem Zusammenhang, länderübergreifend eine weitgehend übereinstimmende Wettbewerbsprofilierung zu realisieren, da eine länderübergreifend einheitliche Innovations- und Qualitätsorientierung den Erfolg der internationalen Marktbearbeitung positiv beeinflußt (Bolz 1992).

Internationale Nischenstrategien wurden insbesondere von japanischen Automobil- und Audio/Video-Herstellern verfolgt. Diese konzentrierten sich zu Beginn ihrer Auslandstätigkeit ausschließlich auf die kosten- bzw. preissensitiven Segmente der Auslandsmärkte und boten einfache Standardprodukte an (Kotler et al. 1985, S. 86ff.; Henzler und Rall 1985, S. 168). Nachdem viele japanische Unternehmen ihre Aktivitäten auf mehrere Segmente ausgedehnt haben und nicht mehr über den Preis konkurrieren, versuchen heute vor allem die südostasiatischen Schwellenländer, diese offensichtlich sehr erfolgreiche Strategie zu kopieren (Voß 1989, S. 210).

Die Vorzüge internationaler Nischenstrategien liegen zum einen in der Realisierung von Kostendegressionseffekten. Darüber hinaus ermöglicht die Begrenzung der Aktivitäten auf wenige Segmente in der Regel auch eine Ressourcenkonzentration und eine intensivere Beschäftigung mit den spezifischen Bedürfnissen und Anforderungen der jeweiligen Abnehmergruppen. Dies vereinfacht wiederum eine Integration und Koordination der länderübergreifenden Aktivitäten. Problematisch erscheinen derartige Segmentstrategien allerdings angesichts der vielfach zu beobachtenden Bestrebungen internationaler Marktführer, in die bislang nicht bearbeiteten Teile ihres Marktes einzudringen, wie dies beispielsweise in Teilsegmenten der internationalen Automobil- und Motorradbranche durch japanische Anbieter geschehen ist (Hout et al. 1982, S. 103; Kotler et al. 1985, S. 105; Voß 1989, S. 213).

Eine Strategie der internationalen Gesamtmarktabdeckung kann zumeist nur von den größten Unternehmen einer Branche verfolgt werden, wobei sich zahlreiche Ansätze zur Realisierung von Economies-of-Scope-Effekten ergeben, die durch die Nutzung gemeinsamer Ressourcen, beispielsweise bei mehreren Produktlinien, entstehen. Diese Effekte konnte IBM nach der Ausdehnung der Produktlinien von Großrechnern auf mittlere Systeme und PCs in erheblichem Umfang nutzen. Zweifellos erfordert dabei eine dezentrale Entwicklung und Fertigung verschiedener Produkte im Rahmen des Leistungsprogramms eine verstärkte Koordination der länderübergreifenden Aktivitäten.

3.3 Strategien des Markteintritts

3.31 Formen des Markteintritts und der Marktbearbeitung

Die verschiedenen Arten internationaler Aktivitäten sind im Kern durch ihren grenzüberschreitenden Charakter gekennzeichnet. In der Literatur existieren in diesem Zusammenhang zahlreiche Versuche, die **Form des Auslandsengagements** – im folgenden als Markteintrittsstrategie verstanden – zu systematisieren. Dabei stehen vor allem die folgenden Systematisierungskriterien zur Abgrenzung im Vordergrund:

- Kapitaleinsatz im Ausland
- Kontrollmöglichkeiten der Auslandsaktivitäten
- Kooperationsabhängigkeit
- Institutionelle Ansiedlung der Aktivitäten

(Meissner 1995, S. 52f.; Kumar 1989, Sp. 924ff.; Steinmann 1989, Sp. 1514ff.; Stahr 1993, S. 53ff.; Dülfer 1996, S. 141ff.; Kutschker 1992, S. 500ff.; Walldorf 1987, S. 460ff.; Pues 1994, S. 58ff.). Das Ausmaß des **Kapitaleinsatzes** beschreibt die Höhe der spezifischen Investitionen für das betrachtete Marktsegment. Diese sind bei Direktinvestitionen (z.B. Vertriebs- oder Produktionsgesellschaft) im Ausland erheblich höher als bei einer reinen Exporttätigkeit. Die Möglichkeiten der **Kontrolle von Auslandsaktivitäten** umfaßt demgegenüber die Kontrollspanne bei den Auslandsaktivitäten. Geht man davon aus, daß Unternehmen Kontrolle über ihre Auslandsaktivitäten anstreben, um unternehmensspezifische Wettbewerbsvorteile nutzen zu können, ist anzunehmen, daß diese Unternehmen grundsätzlich die vollständige Kontrolle über ihre Auslandsaktivitäten bevorzugen. Es stellt sich daher die Frage, unter welchen Bedingungen welche Markteintrittsform die effizienteste Kontrollösung darstellt. In Abhängigkeit von dem Ausmaß des Kapitaleinsatzes ist zwischen Eigentumskontrolle und vertraglicher Kontrolle zu wählen, während die Kooperationsabhängigkeit die Wahlentscheidung zwischen alleiniger und gemeinsamer Kontrolle aufwirft (Hildebrandt und Weiss 1997, S. 5). Daher weisen **Kooperationen** im Auslandsgeschäft regelmäßig geringere Kontrollmöglichkeiten auf. Aus diesem Grund werden Markteintrittsstrategien in der Literatur auch oftmals nach der Kooperationsabhängigkeit klassifiziert (Kutschker 1992, S. 500). Die **institutionelle Ansiedlung** der Auslandsaktivitäten beschreibt schließlich, inwieweit die personellen oder sachlichen Ressourcen bzw. Potentiale im Stammland oder im Auslandsmarkt implementiert werden.

Es wird deutlich, daß die einzelnen Klassifizierungsdimensionen Überschneidungen aufweisen. Dennoch – und dies bestätigt die Literatur – reichen ein oder zwei der genannten Kriterien nicht aus, um das Markteintrittsproblem hinreichend genau zu charakterisieren. Abbildung 39 kennzeichnet in einer Übersicht die wichtigsten Formen des Marktengagements, die im folgenden näher beschrieben werden.

3.311 Markteintritt ohne Kapitaleinsatz im Ausland

Den Ausgangspunkt der Internationalisierung von Unternehmen bildet oftmals der Export, wobei der **indirekte Export** dessen einfachste Form verkörpert. Der inländische Produzent überträgt hierbei einem unabhängigen inländischen Absatzorgan sämtliche Funktionen, Kosten und Risiken, die aus dem Auslandsgeschäft resultieren. Obgleich die Kontakte zum Auslandsmarkt hierbei sehr gering sind, lassen die speziellen Länder- und Branchenkenntnisse den Einsatz von Exporteuren auch für größere Unternehmen überlegenswert erscheinen, vor allem bei einem relativ geringen Absatzpotential des Auslandsmarktes. Als potentielle Absatzorgane für den indirekten Export lassen sich nennen:
– Inländischer Exporteur
– Internationale Handelsgesellschaft
– Einkaufsniederlassung eines ausländischen Unternehmens

	Kapital-einsatz	Kontrolle	Kooperations-abhängigkeit	Institutionelle Ansiedlung
Export - direkt - indirekt	gering sehr gering	hoch gering	gering gering	Inland Inland
Vertriebs-niederlassung	mittel - hoch	hoch	gering	Ausland
Lizensierung	gering	gering	mittel	Inland
Auslands-produktion	hoch	hoch	gering	Ausland
Joint Venture	mittel - hoch	mittel	hoch	Ausland
Tochter-gesellschaften	hoch	hoch	gering	Ausland

Abb. 39: Beschreibung der wichtigsten Markteintrittsformen

- Unternehmenseigenes Handelshaus
- Exportkommissionär
- Gemeinschaftsexportunternehmen.

Beliefert der nationale Hersteller unter Ausschluß inländischer Export-
zwischenhändler Wiederverkäufer und/oder Endverbraucher, so handelt
es sich um einen **direkten Export**. Dieser kann im Falle des indirekten
Vertriebs durch
- Importhandelsunternehmen
- Großhandelsunternehmen
- Einkaufszentralen
- Vertriebsgemeinschaften
- Exklusivvertreter
- Vertragshändler

erfolgen.
Soll die Marktbearbeitung im Rahmen des Exports intensiviert werden,
so kann eine **eigene Vertriebsorganisation** für den Auslandsabsatz etabliert werden. Neben dem Vertrieb kann diese Organisation auch die ggf.
notwendige technische Beratung sowie den Kundendienst übernehmen.
Dies wäre eine Form des direkten Exports mit direktem Vertrieb (vgl.
Kapitel 4.4: Distributionspolitik im internationalen Marketing).

Eine intensivere Form der Internationalisierung stellt die **Lizenzvergabe**
dar. Ein inländischer Hersteller stellt einem ausländischen Produktions-
oder Dienstleistungsunternehmen Rechte an
- Erfindungen bzw. Schutzrechten für Erfindungen
- Gebrauchsmustern oder deren Anmeldung
- Warenzeichen
- Copyrights
- Technischem Know-how
- Management Know-how

zeitlich befristet und gegen eine Lizenzgebühr zur Verfügung. Hinsicht-
lich der **Lizenzobjekte** wird auch nach
- Produktlizenzen
- Markenlizenzen
- Vertriebslizenzen
- Produktions-/Verfahrenslizenzen

unterschieden (Walldorf 1992, S. 454).
Diese Form des Auslandsengagements ist insofern bedeutsam, als sie die
Verlagerung des Ortes der Leistungserstellung vom Inland zum Ausland
– jedoch ohne Vermögenstransfer – beinhaltet. Damit entfallen alle Probleme im Zusammenhang mit dem Transport und der Grenzüberschrei-

tung der Waren. Ebenso können mit der Lizenzvergabe staatliche Reglementierungen wie Import- oder Exportrestriktionen sowie administrative und finanzielle Hemmnisse wie z.B. Kontingente, Zölle etc. umgangen werden. Ein Nachteil ergibt sich durch die Möglichkeit, daß die lizensierten Produkte und Leistungen in das Land des Lizenzgebers exportiert werden und somit eine Konkurrenz für die eigenen Aktivitäten des Lizenzgebers erwächst. Dies kann jedoch gegebenenfalls durch entsprechende vertragliche Vereinbarungen unterbunden werden.

Eine besondere Form des Know-how-Transfers ist das **Franchising** (Schneider 1992, S. 744). In der Regel sind Franchiseverträge so ausgestaltet, daß der nationale Franchisegeber ausländischen Franchisenehmern gegen Bezahlung einer Franchisegebühr eine Lizenz zur selbständigen Führung eines Betriebes, allerdings unter dem Zeichen des Franchisegebers, gewährt. Beispiele hierfür sind McDonald's, Coca-Cola oder Benetton. Diese Betätigungsform bietet sich an, wenn dem Lizenzgeber an dem Aufbau eines international einheitlichen Images, verbunden mit intensiven Einflußmöglichkeiten auf die Unternehmenspolitik des Franchisenehmers, gelegen ist.

Das Franchising soll aus der Sicht des Franchisegebers die Nutzung der Marktnähe und des Kapitals des Franchisenehmers ermöglichen. Es wird das Risiko eines alleinigen Markteintritts gesenkt. Des weiteren ermöglicht das Franchising für den Franchisegeber den raschen Markteintritt. Im Hinblick auf die Konkurrenz soll eine sichere Marktstellung in kurzer Zeit ohne große finanzielle Risiken ermöglicht werden.

In der **Vertragsfertigung** (contract manufacturing) erfolgt im Gegensatz zur Lizenzvergabe die Produktion unter genaueren Anweisungen und Vorstellungen des Auftraggebers. Darüber hinaus übernimmt der Auftraggeber in der Regel Abnahmegarantien und den Vertrieb der Produkte. Diese Form der Auslandsbetätigung ist insbesondere dort bedeutsam, wo mit einem Partner zusammengearbeitet wird, der über strategisch wichtige Faktoren, wie z.B. Zugang zu Rohstoffen oder kostengünstige Einsatzfaktoren, verfügt (Walldorf 1992, S. 455; Pues 1994, S. 75ff.).

Unter einem **Managementvertrag** wird eine Form der Zusammenarbeit verstanden, in welcher ein Kapitalgeber die Errichtung und/oder Führung einer Unternehmung vergibt (Walldorf 1992, S. 454). Der Kapitalgeber kann dabei eine staatliche Unternehmung sein, so insbesondere dort, wo aus rechtlichen Gründen kapitalmäßige Beteiligungen nicht möglich sind, oder eine private Unternehmung. Bei der rein vertraglichen Form dieser Zusammenarbeit erfolgt somit keine kapitalmäßige Beteiligung der Unternehmung, die die Managementleistung erbringt. Ihre Tätigkeit wird vom Kapitalgeber vergütet (z.B. Erfolgsbeteiligung).

Die Kontrolle über die laufende Geschäftsführung kommt hier einer Unternehmung allein zu. Die Partnerschaftsunternehmung stellt lediglich ausführendes Personal sowie die erforderlichen Einrichtungen. Häufig anzutreffen sind Managementverträge im Dienstleistungsbereich. Beispielhaft sei das internationale Management der Hilton-Hotels erwähnt.

Eine Bedeutung im Rahmen des internationalen Wettbewerbs erhalten Managementverträge dadurch, daß sie die Teilnahme an eventuell risikoreichen, aber durchaus attraktiven Vorhaben ermöglichen. Das fehlende finanzielle Risiko ermöglicht den Zugang zu Märkten, die ansonsten nicht bearbeitet würden.

3.312 Markteintritt mit Kapitaleinsatz im Ausland

Mit dem Übergang von Lizenzverträgen, Franchising und Managementverträgen zu einem Engagement im Ausland ist in jedem Fall eine **Direktinvestition im Ausland** verbunden (Kutschker 1992, S. 499ff.). Wenn ein Auslandsmarkt über ein hinreichend großes Marktpotential und gute Gewinnchancen verfügt, aber eine 100 %ige Kapitalbeteiligung aufgrund der ausländischen Gesetzgebung, administrativer Restriktionen oder innerbetrieblicher Ressourcenknappheit nicht realisierbar ist, kommt zunächst die Errichtung von **Joint Ventures** in Betracht.

Hierbei gründen ein ausländischer Investor und eine private oder staatliche Institution ein Partnerschaftsunternehmen. Wie stark der Einfluß des ausländischen Unternehmens auf die Geschäftspolitik des Joint Ventures ist, hängt maßgeblich von der Höhe der Kapitalbeteiligung ab. Die **Vorteile von Joint Ventures** liegen in der Partizipation an den Marktkenntnissen und dem Know-how des einheimischen Partners, der Risikoreduzierung durch partielle Kapitalbeteiligung sowie in der größeren politischen Akzeptanz seitens der Gastgeberregierungen, die sich bis hin zu Subventionen ausweiten kann. In einer Reihe von Entwicklungsländern (z.B. Indien) ist der Markteintritt für ausländische Unternehmen nur mittels Joint Ventures möglich, weil die Regierungen auf einem Technologie-Transfer bestehen.

Joint Ventures zeichnen sich durch eine Reihe von Eigenschaften aus. Diese sind:
- **Geteilte Verantwortung**
  Das Hauptziel von Joint Ventures ist die Aufteilung von Risiko und Gewinn unter den Partnern. Eine solche Aufteilung ist jedoch nur realisierbar, wenn auch Entscheidungen gemeinsam getroffen werden. Daher ist die geteilte Verantwortung für das Management ein konstitutives Merkmal von Joint Ventures.
- **Beibehaltung der individuellen Unternehmensidentitäten**
  Joint Ventures sind dadurch gekennzeichnet, daß diese nur einen Teil der Aktivitäten der Partner ausmachen. Die beteiligten Unternehmen behalten dadurch ihre individuelle Identität und betätigen sich weiter in anderen Bereichen, die mit der Kooperation keine Gemeinsamkeiten aufweisen. Es ist daher wichtig, daß die Kooperation von anderen Aktivitäten getrennt durchgeführt wird, da andernfalls die Gefahr eines ungewollten Know-how-Transfers zwischen verschiedenen Projekten bestünde.

– **Kontinuierlicher Ressourcen-Transfer**
 Ein weiteres konstitutives Merkmal ist der ständige und langfristige Austausch
 von Inputs (Geld, Know-how, Personal) zwischen den Partnern. Durch diesen
 kontinuierlichen Ressourcen-Transfer ergibt sich daher die Notwendigkeit des
 ununterbrochenen Dialogs über Fragen der Ressourcenbeschaffung und des
 -verbrauchs sowie der zu teilenden Kosten.
– **Unteilbarkeit des Projektes**
 Das letzte Merkmal von Joint Ventures ist schließlich, daß das Projekt nicht in
 unabhängige Subprojekte unterteilt werden kann. Alle das Projekt betreffende
 Tätigkeiten sind höchst interdependent, und der Fortschritt im Rahmen einer
 Projektaktivität beeinflußt alle anderen Aktivitäten. Vor diesem Hintergrund ist
 zu verstehen, daß Quantität und Qualität der Kommunikation unter den Partnern
 für das Gelingen des Joint Ventures von höchster Bedeutung sind.

Das intensivste Engagement der Internationalisierung findet seinen Ausdruck in der Gründung einer eigenen **Tochtergesellschaft.** In der einfach-
sten Form handelt es sich bei den Töchtern um »maßstabsgetreue Verklei-
nerungen« der Zentrale hinsichtlich Unternehmensstruktur und Lei-
stungsprozeß. Die Güterexporte der Muttergesellschaft werden durch die
Produktion und Marktbearbeitung im jeweiligen Ausland seitens der
Töchter substituiert. Diese idealisierende Vorstellung entspricht jedoch
häufig nicht den realen Gegebenheiten. Die Art der Koordination und
Führung der Tochtergesellschaften (Steuerung durch Gewinnvorgabe
oder Investitionsbudgets), die strukturelle Aufbauorganisation des Konzerns (zentral oder dezentral), der Umfang des Leitungsprogramms sowie weltweiter Wettbewerbsdruck können dazu führen, daß sich jede ausländische Einheit im Sinne einer internationalen Arbeitsteilung spezialisiert. Ziel ist die weltweit kostengünstigere Produktion im Rahmen des
gesamten Leistungsprogramms.
Charakteristisch für ein Auslandsengagement mit eigenen Tochtergesellschaften ist die vollständige Entscheidungsfreiheit der Zentrale bezüglich
der gesamten Unternehmenspolitik. Die Strategien aller Unternehmensbereiche (F&E, Finanzierung, Produktion, Beschaffung, Marketing, Personal) können durch das Stammhaus zur Erreichung der Gesamtunter-
nehmenszielsetzung formuliert und realisiert werden. Damit bietet diese
intensivste Stufe der Internationalisierung zweifellos die größten Chancen zur Unternehmensexpansion und Existenzsicherung. Sie ist allerdings auch mit dem größten Risiko verbunden, welches im internationalen Bereich auftreten kann: dem Risiko der Enteignung und dem damit
verbundenen Verlust von Unternehmenssubstanz (vgl. Kapitel 2.24: Risikoanalyse im internationalen Marketing).

3.313 Strategische Allianzen als Form des internationalen Marktengagements

Unter der Maxime »collaborate with your competitors – and win« (Hamel, Doz und Prahalad 1989, S. 133 ff.) gingen Unternehmungen in den 80er Jahren verstärkt Kooperationen mit ihren Wettbewerbern ein. Motiv für dieses paradoxe Wettbewerbsverhalten war vor allem die Erschließung strategischer Erfolgspotentiale durch die Vereinigung von Stärken bzw. die Kompensation von Schwächen in Zusammenarbeit mit anderen Unternehmungen. Spektakuläre Partnerschaften wie diejenigen von AT&T und Olivetti oder General Motors und Toyota hielten unter der Bezeichnung **»strategische Allianz«** Einzug in die wissenschaftliche und populärwissenschaftliche Literatur und lösten angesichts vielversprechender Vorteile, die jedoch zumeist nur auf dem Papier bestanden, eine regelrechte »Allianz-Euphorie« unter den Unternehmen aus (vgl. z.B. Gerlach 1987; Harrigan 1987; Taucher 1988; Weiss 1987).

Die Phase der Euphorie mußte einer Phase der Ernüchterung weichen, die sich angesichts der hohen Mißerfolgsquote strategischer Allianzen einzustellen begann (vgl. z.B. Taucher 1988, S. 87–90; Perlmutter und Heenan 1986). Als zentrale Gründe für das Scheitern wurden vor allem ein unzureichend gewahrtes Anreiz-Beitrags-Gleichgewicht der Allianzpartner sowie eine unterschätzte Komplexität derartiger Partnerschaften identifiziert. Die in eine Allianz involvierten Unternehmen behalten ihre rechtliche Selbständigkeit, geben jedoch im Bereich der Zusammenarbeit ihre wirtschaftliche Autonomie teilweise auf. Als Resultat entstehen **netzwerkartige Strukturen** (vgl. Abbildung 40), die angesichts der z.T. hohen strukturellen und kulturellen Heterogenität der beteiligten Allianzpartner verstärkte Anforderungen an ein integratives Management stellen (Meffert und Netzer 1997a).

Wenn auch die **Mißerfolgsquoten** strategischer Allianzen nach wie vor als verhältnismäßig hoch zu bezeichnen sind – eine Analyse der »Überlebensrate" rein vertraglich ausgestalteter strategischer Allianzen im Luftverkehr ergab den Wert von 23% für den Zeitraum von 1992–1995 (vgl. Lindquist 1995) –, treten die durch Allianzen entstandenen Netzwerke derzeit vergleichsweise in eine »konsolidierende Wachstumsphase" ein, die durch das Vorhandensein von Erfahrungswissen, gegenseitiges Lernen und die Möglichkeiten moderner Informations- und Kommunikationstechnologien geprägt ist.

Neben dem direkten ökonomischen Nutzen, der aus der gemeinsamen Ausführung von Aufgaben resultiert (z.B. Realisierung von Economies of Scale bei Gemeinschaftsproduktion), steht die **Internalisierung** und Nutzbarmachung von **Kernkompetenzen** des Partners im Mittelpunkt strategischer Allianzen (vgl. Hamel 1991, S.100). Nach Rasche (1994) sichern Kernkompetenzen die langfristige Überlebensfähigkeit von Unternehmen im Wettbewerb, so daß die wettbewerbsbezogene Relevanz strategi-

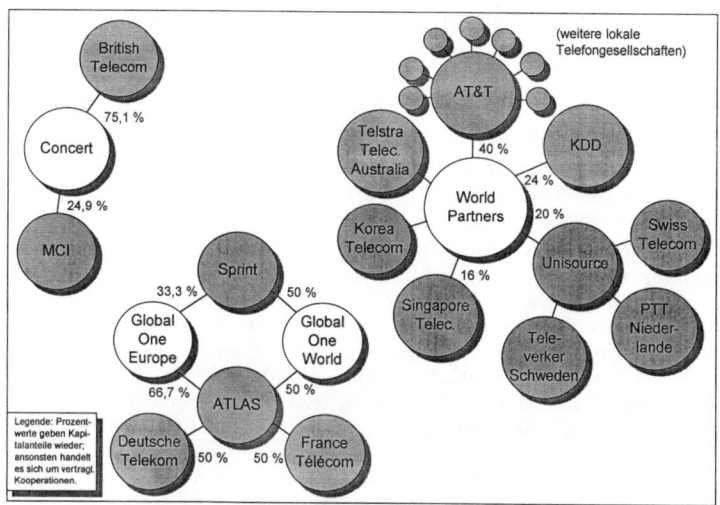

Abb. 40: Netzwerkstrukturen in der Telekommunikationsbranche
Quelle: Roland Berger 1997, Backhaus und Voeth 1995

scher Allianzen als potentielle Quelle »neuer« Kernkompetenzen ersicht-
lich wird.

Es ist festzustellen, daß eine gemeinhin akzeptierte Definition strategischer Allianzen in der Literatur bisher nicht vorliegt. Je nach dem Ziel der
Untersuchung werden unterschiedliche Definitionsmerkmale herangezogen, um strategische Allianzen gegenüber anderen möglichen Kooperationsformen abzugrenzen. Folgende Merkmale erhellen demnach das
Wesen strategischer Allianzen:

– Es handelt sich um eine Zusammenarbeit zwischen rechtlich selbständi-
gen Unternehmen, die im Bereich der Kooperation ihre wirtschaftliche
Selbständigkeit teilweise aufgeben.
– Im Zuge der Zusammenarbeit werden materielle, immaterielle oder in-
formationsbezogene Leistungen ausgetauscht bzw. gemeinsam genutzt.
– Die Allianzpartner gewähren sich gegenseitig Zugang zu wettbewerbs-
relevantem Know-how und damit strategischen Erfolgspotentialen
(Gahl 1991).
– Im Mittelpunkt strategischer Allianzen steht die Realisierung eines gemeinsamen Wettbewerbsvorteils gegenüber anderen Unternehmen
bzw. Allianzen.

Aufbauend auf diesen Merkmalen lassen sich zweckbezogen weitere
Merkmale heranziehen, um die Ausgestaltung strategischer Allianzen zu
erfassen. Je nach **Wertschöpfungsbeziehung** der beteiligten Partner lassen

131

sich horizontale, vertikale oder laterale strategische Allianzen unterscheiden. Weiterhin sind Formen mit und ohne **Kapitalausstattung** denkbar. In diesem Zusammenhang sind beispielsweise Joint Ventures zu nennen, die eine mit dem Kapital der Allianzpartner ausgestattete Unternehmensneugründung darstellen. Im Gegensatz hierzu stehen rein vertragliche oder auf Absprachen basierende strategische Allianzen, die z.B. im Luftverkehr anzutreffen sind.

Im Passagegeschäft der Fluggesellschaften stehen sich weltweit vier strategische Allianznetzwerke im Wettbewerb gegenüber. Durch die gezielte Auswahl der Partnerunternehmungen wird i.d.R. von den größten bzw. mächtigsten Unternehmen – sog. hub firms – die Erreichung möglichst hoher Marktanteile auf den von der Allianz betroffenen Strecken angestrebt. Durch die Belegung entsprechender Start- und Landerechte versuchen die Allianzpartner, Markteintrittsbarrieren gegenüber den konkurrierenden strategischen Allianznetzwerken aufzubauen. Beispielhaft sei die kooperative Nutzung des Frankfurter Flughafens durch Lufthansa und United Airlines für Flüge zwischen Europa und den USA genannt, während das konkurrierende strategische Allianznetzwerk British Airways und American Airlines den Londoner Flughafen Heathrow zu diesen Zwecken gegenüber den Wettbewerbern abschotten will (vgl. Meffert und Netzer 1997b).

Da strategische Allianzen aufgrund ihrer Ausrichtung an Wettbewerbsvorteilen oftmals geschäftsfeldbezogen gebildet werden, führt dies dazu, daß Unternehmen derselben Branche in einzelnen Geschäftsfeldern Kooperationspartner, in anderen dagegen Konkurrenten sind.

Dies läßt sich am Beispiel General Electric / Daimler Benz verdeutlichen. General Electric hatte im April 1990 eine Schadensersatzklage in Höhe von fast 2 Mrd. DM gegen den Daimler Benz Konzern eingereicht, weil eine Tochter des Daimler Benz Konzerns, MTU, mit dem General Electric Konkurrenten, dem US-Triebwerkhersteller Pratt & Whitney, eine enge Zusammenarbeit im Triebwerkbau vereinbart hatte. General Electric warf Daimler und MTU Vertrags- und Vertrauensbruch vor, weil es bereits eine Allianz zwischen General Electric und MTU bei bestimmten anderen Triebwerkprogrammen gab. Später haben sich Daimler und General Electric jedoch außergerichtlich geeinigt.

Je nach Ausmaß der **partnerschaftlichen Interaktion** im Rahmen einer Allianz einerseits und je nach Ausmaß des **Konfliktpotentials** andererseits, das sich aus den aufgezeigten Beziehungen ergeben kann, lassen sich 4 Typen von strategischen Allianzen unterscheiden, die in Abbildung 41 dargestellt sind (Srinivasa Rangan und Yoshino 1996, S. 8). Das erstgenannte Merkmal beschreibt die Intensität der Interaktion, die Anzahl der einbezogenen Funktionsbereiche, die Ebene der Zusammenarbeit und die Art der ausgetauschten Information. Demgegenüber gibt das Ausmaß an Konfliktpotential Auskunft über das Vorliegen von Konfliktursachen wie beispielsweise Verteilungsregeln oder Rivalitäten auf unterschiedlichen Märkten.

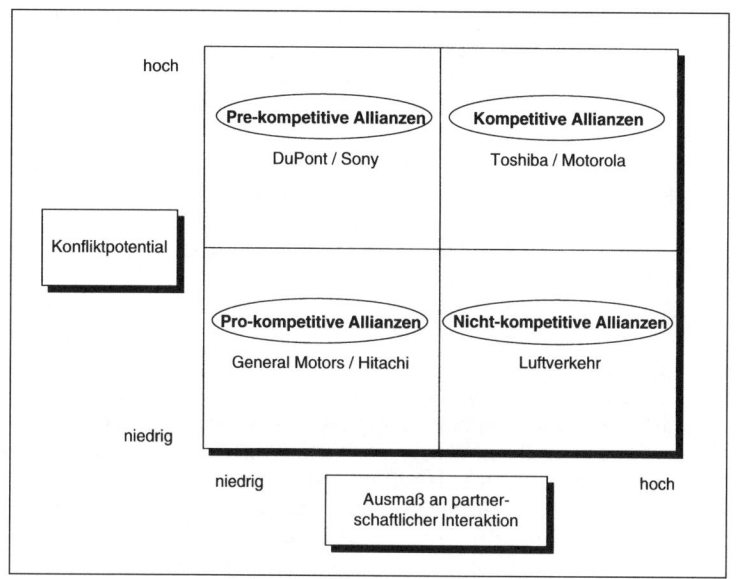

hoch

Pre-kompetitive Allianzen
DuPont / Sony

Kompetitive Allianzen
Toshiba / Motorola

Konfliktpotential

Pro-kompetitive Allianzen
General Motors / Hitachi

Nicht-kompetitive Allianzen
Luftverkehr

niedrig

niedrig

Ausmaß an partner-
schaftlicher Interaktion

hoch

Abb. 41: Typen strategischer Allianzen
Quelle: Srinivasa Rangan und Yoshino 1996, S. 8

Pro-kompetitive Allianzen bilden sich i.d.R. zwischen Unternehmen, die in einer vertikalen Wertschöpfungsbeziehung zueinander stehen. Beispiel ist die Entwicklungsallianz zwischen General Motors und Hitachi bei elektronischen Bauteilen für Automobile. **Nicht-kompetitive Allianzen** spannen sich zwischen Unternehmen einer Branche auf, deren Zusammenarbeit ein hohes Maß an Interaktion erfordert, ohne daß in wesentlichem Umfang wettbewerbskritische Beziehungen bestehen. Beispiel wäre die Allianz zwischen Luftverkehrsgesellschaften, deren Streckennetz sich nicht überschneidet. **Kompetitive Allianzen** schließen Allianzen zwischen aktuellen Wettbewerbern ein, wie dies bei der gemeinsamen Entwicklung von Mikrochips durch Toshiba und Motorola in Japan der Fall ist. **Pre-kompetitive Allianzen** schließlich entstehen i.d.R. zwischen Unternehmen, die in lateraler Beziehung zueinander stehen. Bei optischen Speichermedien (z.B. CD-ROM) ergänzen sich DuPont und Sony bei der Produktentwicklung – keines der Unternehmen besitzt die gesamte Fertigungstechnologie –, produzieren und vermarkten das Ergebnis der Zusammenarbeit jedoch unabhängig voneinander.

Strategische Allianzen werden auch diskutiert, weil die dynamische Entwicklung der High-Tech-Märkte, vor allem geprägt durch die rasanten Entwicklungen im Bereich der Mikroelektronik, zu verändertem Markt-

133

verhalten zwingt. Der internationale Innovationswettbewerb konfrontiert viele europäische Unternehmen zunehmend mit der Herausforderung, daß die notwendigen F & E-Leistungen nicht mehr allein erbracht werden können, die erforderlich sind, um in den für sie wesentlichen Technologiegebieten mithalten zu können.

Im Bereich der Informations- und Kommunikationstechnologien ist darüber hinaus auf eine deutliche Tendenz zur **Systemintegration** hinzuweisen, bei der einzelne lokale technische Lösungen zu einem in sich funktionsfähigen System integriert werden. Diese Tendenz zu Systemtechnologien findet in Schlagworten wie »Büro oder Fabrik der Zukunft« ihren Niederschlag. Kennzeichen des Trends zu integrierten Systemtechnologien ist eine Veränderung des Wettbewerbs. Durch das Zusammenwachsen der Technologien kann nur das Unternehmen längerfristig Marktchancen nutzen, das über das Gesamtsystem-Know-how verfügt. Vorrangiges Problem ist in diesem Zusammenhang, daß der notwendige Aufwand zur Entwicklung neuer Technologien auch von großen und kapitalkräftigen Firmen nicht mehr allein zu bewältigen ist.

Die Entwicklung umfassender Systemtechnologien, wie z.B. kompletter Verkehrs-, Fertigungs- und Bürokommunikationssysteme, erfordert erhebliche Entwicklungsausgaben, die aufgrund kürzer werdender Lebenszyklen und Preiserosionen in immer kürzeren Zeiten zu amortisieren sind. Dies ist ohne das Eingehen von strategischen Allianzen wirtschaftlich nicht mehr tragbar.

Der wachsende **internationale Wettbewerbsdruck** insbesondere durch ostasiatische Unternehmen stellt eine weitere zentrale Herausforderung für international tätige Unternehmen dar. Bis Mitte der 70er Jahre teilten europäische und US-amerikanische Wettbewerber den Weltmarkt unter sich auf. In vielen Branchen hatten sich oligopolähnliche Verhältnisse entwickelt. In ihrem Bestreben, dieser neuen Konkurrenz zu begegnen, sahen viele Unternehmen die Möglichkeiten einer Akquisition oder Verschmelzung als naheliegenden Weg, um auf dem Weltmarkt zu bestehen. Da jedoch wirtschaftlicher Nationalismus oder der Wunsch, die eigene Unabhängigkeit zu bewahren, viele Unternehmen von internationalen Fusionen abhielt, boten sich Allianzen als »glücklicher Kompromiß« (Taucher 1988) zwischen Alleingang und Akquisition bzw. Fusion an.

Weitere Gründe für die Tendenz, die Unternehmensziele nicht im Alleingang, sondern zusammen mit einem Partner zu erreichen, liegen in der Veränderung der wirtschaftlichen Rahmenbedingungen. Kürzere Produktlebenszyklen führen zu einem intensivierten **Zeitwettbewerb** und zur Notwendigkeit schnellerer Formen der Vermarktung. Ein verschärfter Technologiewettbewerb und die Entwicklung hin zu neuen Anforderungen an die Produktion (Lean Production, Total Quality Management) bedingen z.T. umfangreiche Investitionen in Produktion und F & E sowie die »Akquisition« von Know-how. Die hieraus folgenden Risiken und der Kostendruck sind gemeinschaftlich eher zu bewältigen als im Alleingang.

	Allianzen in Forschung & Entwicklung	Allianzen in Produktion und Logistik	Allianzen in Marketing
Motive	• Hoher Kapital-/ Investitionsbedarf • Steigende Entwicklungskosten (z.B. PKW: 1 Mrd $; Flugzeugturbinen: 2 Mrd $) • Technologiezugang • Risikoreduzierung • Größere Zahl von Innovationen • Gemeinsames technologisches Aufholen	• Minimum Efficient Scale nur gemeinsam sinnvoll realisierbar • Größenvorteile • Zugang zu Fertigungs-Know-How • Staatlicher Druck	• Räumlich gebundene Aktivitäten • Anpassung an nationale Gegebenheiten • Politisch-rechtliche Komplexität (z.B. Japan) • Beeinflussung des Wettbewerbs • Etablierung von Marktstandards

Abb. 42: Motive funktionsspezifischer Allianzen

Strategische Allianzen sind oftmals durch ihren funktionsspezifischen Charakter gekennzeichnet. Derartige funktionsspezifische Allianzen haben besondere Bedeutung erlangt und zeichnen sich dadurch aus, daß die Zusammenarbeit innerhalb einer oder mehrerer funktionaler Bereiche von Unternehmen erfolgt, insbesondere in:
- Forschung & Entwicklung 38 %
- Produktion 23 %
- Marketing 8 %.

Funktionsspezifische Allianzen werden zumeist in High-Tech-Bereichen wie der Computer- und Telekommunikationsbranche, der Luft- und Raumfahrttechnik sowie der Automobilindustrie realisiert.
Je nachdem, ob die Zusammenarbeit innerhalb einer oder mehrerer Funktionen stattfindet, unterscheidet man zwischen sog. »Y«- oder »X«-Allianzen. Bei »Y-Allianzen« betreiben die Partner eine Aktivität gemeinsam, wobei zuerst die Realisierung von Größenvorteilen und einer »kritischen Masse« im Vordergrund steht. Im Rahmen von »X-Allianzen« teilen sich die Partner die Durchführung der Wertaktivitäten, so daß auch von komplementären Kooperationen gesprochen werden kann (Porter und Fuller 1989).
Abbildung 42 kennzeichnet in einer Übersicht die Motive beim Eingang funktionsspezifischer Allianzen.

3.314 Nutzung von Telekommunikationsnetzen als neue Form des Markteintritts

Durch die Möglichkeiten moderner Informations- und Kommunikationstechnologien ergeben sich auch für den internationalen Markteintritt von Unternehmen umfangreiche Nutzungspotentiale. Beispielhaft ist das Internet zu nennen, das derzeit aus weltweit ca. 7 Millionen Rechnern besteht, die Knotenpunkte zwischen Telekommunikationsnetzen bilden. Über Telefonleitungen oder eigens für diesen Zweck angelegte Leitungen haben alle Personen Zugang zu diesem globalen **Kommunikationsnetzwerk**, die mit einem Personal Computer ausgestattet sind und eine eigene Nutzerkennung besitzen. Im Rahmen dieses Netzwerkes bieten Serviceanbieter wie beispielsweise CompuServe, America Online oder T-Online Raum für Informationen, Dienstleistungen oder Produkte von Unternehmungen bzw. Privatpersonen. Darstellungsform im Internet ist die sogenannte **Web Site**, die den Umfang eingespeister Informationen kennzeichnet und mit einem virtuellen Unternehmensstandort zu vergleichen ist.

Unternehmen, die ihr Produktprogramm oder ihre Dienstleistungen über eine Web Site im Internet anbieten, sind durch die weltweite Reichweite des Netzes folglich international tätig und haben quasi einen »virtuellen" Markteintritt in andere Länder vollzogen. Damit ergeben sich auch unterschiedliche Implikationen für die Markteintrittsstrategie. Quelch und Klein (1996) unterscheiden vereinfachend zwei unterschiedliche Pfade, die von Unternehmen im Internet beschritten werden: zum einen der sog. **Informationspfad** und zum anderen der sog. **Transaktionspfad**. Letzterer umfaßt den gesamten Prozeß einer Geschäftsabwicklung von der Information, Vertragsanbahnung, Vertragsabschluß und Zahlung bis hin zur Lieferung eines Produktes oder einer Dienstleistung. Bereits etablierte Unternehmungen beginnen die Aufnahme von Internet-Aktivitäten mit dem Angebot von Informationen, während Transaktionen noch nicht vorgesehen sind (Informationspfad). 3M beispielsweise bot zunächst lediglich Informationen über einige ausgewählte seiner insgesamt 60. 000 Produkte an, ging dann zu einer Einspeisung von Informationen über Produktionsstandorte in das Internet über und bietet nun auch einzelne Produkte zum Verkauf an.

Einen anderen Pfad beschreiten neu gegründete Unternehmungen, deren Aktivitäten direkt von Anfang an über das Internet ablaufen. In diesem Fall ist zu beobachten, daß die angebotenen Produkte oder Dienstleistungen sofort von den Internet-Nutzern erworben werden können (**Transaktionspfad**). Das Unternehmen Software.net beispielsweise bietet Software an, die nach erfolgter Zahlungstransaktion direkt aus dem Internet auf den Personal Computer des Käufers heruntergeladen werden kann. Erst nach einer geglückten Markteinführung im Internet begin-

nen derartige Unternehmungen, zusätzliche Informationen bereitzustellen und einen After-Sales-Service zu implementieren.
Bei dem Markteintritt über das Internet sind gegenüber den zuvor dargestellten Formen des Marktengagements Besonderheiten wie die begrenzte Geeignetheit des anzubietenden Produktprogramms, Größe und Eigenschaften der Zielgruppe der Internet-Nutzer sowie derzeit noch bestehende Rechts- und Sicherheitsrisiken zu beachten.

3.32 Timing des Markteintritts

Neben der Entscheidung über die Eintrittsform ist die Festlegung des Markteintrittszeitpunktes für die Ableitung von Eintrittsstrategien von größter Bedeutung.
Unter **Timing** wird dabei die Planung und Realisation der Markteintrittszeitpunkte verstanden. Die Bedeutung des Markteintrittszeitpunktes resultiert vor allem aus der Struktur insbesondere junger Märkte, für die ein Markteintritt angestrebt wird. Es gilt hier das Phänomen der sog. »Zeitfalle«. Denn die Präsenz der Produkte am Markt ist zumeist mit hohen Investitionen und längeren Entwicklungszeiten bei meist gleichzeitig rapidem Preisverfall verbunden. Unter Berücksichtigung der Bedeutung des Faktors Zeit als eine strategische »Ressource sui generis« werden in der Literatur vor allem Typen von länderspezifischen Timing-Strategien abgeleitet, die im Spannungsfeld zwischen Pionier- und Folgerstrategie liegen (vgl. Remmerbach 1988, S. 40ff.; Meffert und Pues 1997, S. 259 ff.).
Da die Wahl des länderspezifischen **Markteintrittszeitpunktes** sich vor allem aus der wettbewerbsstrategischen Dimension der Innovationsorientierung ableiten läßt, soll diese Frage im Zuge der abnehmergerichteten Wettbewerbsstrategie behandelt werden. Im folgenden soll der zweite Aspekt des Timing im Vordergrund stehen, der sich vor allem aus der Besonderheit des internationalen Marketing ergibt. Hierbei handelt es sich um die **ländermäßige Abfolge der Markteintritte** bzw. der Neuprodukteinführungen. Grundsätzlich kann in diesem Zusammenhang zwischen einem simultanen oder einem sequentiellen Markteintritt unterschieden werden (»Sprinkler-« vs. »Wasserfallstrategie«) (Ayal und Zif 1985, S. 265ff.; Kreutzer 1989a, S. 238ff.) (vgl. Abbildung 43).
Demnach wird eine **Sprinkler- oder Diversifikationsstrategie**, in der simultan oder in kurzer Zeit möglichst viele Märkte erschlossen werden sollen, langfristig zu einer Reduzierung der Auslandsmärkte führen. Die rasche Markterschließung dieser Strategie bedingt bei gegebenem Budget darüber hinaus, daß die Informationsaktivitäten eingeschränkt und die Marktbearbeitungsintensität auf einem niedrigen Niveau belassen werden, eventuelle Fehlinvestitionen von vornherein einkalkuliert und

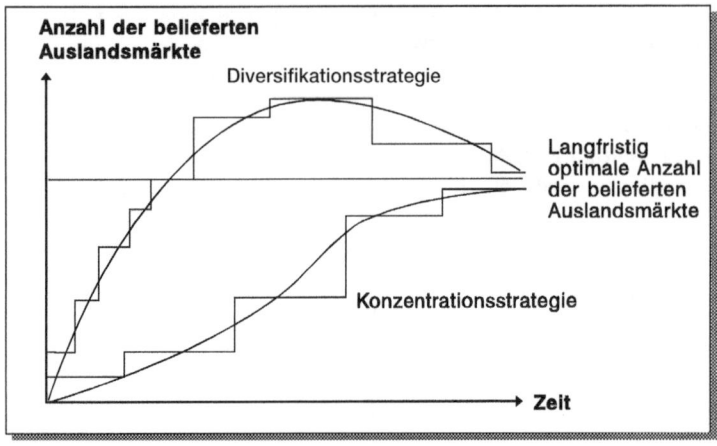

Abb. 43: Länderübergreifende Timingstrategien im internationalen Marketing
Quelle: Ayal und Zif 1979, S. 86

dementsprechend erschlossene, aber erfolglose Märkte auch wieder aufgegeben werden. Die rasche Folge von Markterschließungen im Rahmen der Diversifikationsstrategie verlangt – zumindest in der Markteintrittsphase – eine weitgehend standardisierte Marktbearbeitung.

Demgegenüber werden bei der **Wasserfall- oder Konzentrationsstrategie** neue ausländische Märkte langsamer und erst nach ausgiebiger Informationssuche erschlossen. Es stehen mehr Mittel für ein weitergehendes Engagement im anvisierten Auslandsmarkt zur Verfügung. Das Ergebnis der umfangreichen Markterkundungsbemühungen wird eine kundenspezifische Marktbearbeitungsstrategie sein, die allerdings zumeist eine Differenzierung eines vorhandenen nationalen Marketingkonzepts erfordert. Die Gefahr dieser Strategie liegt vor allem in der Vernachlässigung weiterer Märkte begründet, zu denen gegebenenfalls – durch zwischenzeitliche Markterschließungsaktivitäten der Konkurrenz – zu einem späteren Zeitpunkt nur noch schwer ein Zutritt geschaffen werden kann. Für die Analyse der **Erfolgsvoraussetzungen** länderübergreifender Timingstrategien bei der Erschließung ausländischer Märkte sind in der Literatur unterschiedliche konzeptionelle Ansatzpunkte zu finden. Attiyeh und Wenner analysieren das Kriterium der **»kritischen Masse«** als zentralen Einflußfaktor einer sukzessiven versus simultanen Vorgehensweise zur erfolgreichen Erschließung ausländischer Märkte (Attiyeh/Wenner 1981, S. 77 f.). Sind zur Realisierung der jeweiligen Ländermarktziele sehr umfangreiche Investitionen bzw. Ressourcentransfers zur Realisierung von Größen- und Effizienzzielen notwendig, ist in der Tendenz eine sukzessive Timingstrategie vorzuziehen. Ayal und Zif stellen demgegenüber heraus, daß bei einer hohen Wettbewerbsintensität bzw. geringen Marktwachstumsraten in den verschiedenen Zielmärkten eine simultane Vorgehensweise zu empfehlen ist (Ayal/Zif 1979, S. 89). Dies wird damit begründet, daß Unternehmen durch eine Präsenz auf verschiedenen Märkten insgesamt **überdurchschnittliche Wachstumsraten** erzielen können. Eine sukzessive Vorgehensweise ist nach Ayal und Zif dann vorzuziehen, wenn in den jeweiligen Zielländern unzureichende Vertriebs- und Handelsstrukturen bestehen und die hierfür notwendigen Aufbauleistungen nur über umfangreiche Investitionen und Ressourcentransfers zu realisieren sind (Ayal/Zif 1979, S. 90).

3.33 Bestimmungsfaktoren der Markteintrittsstrategie

Die verschiedenen Alternativen internationaler Markteintrittsstrategien sind im Kern durch ihren grenzüberschreitenden Charakter gekennzeichnet. In welcher Form dies geschieht, hängt von verschiedenen situativen Rahmenbedingungen ab. Hierbei lassen sich externe und interne Einflußgrößen unterscheiden. Darüber hinaus kann zwischen Faktoren differenziert werden, die eine bestimmte Markteintrittsstrategiealternative von vornherein begrenzen bzw. ausschließen und Größen, welche die Vorteilhaftigkeit einzelner Alternativen kennzeichnen (Kutschker 1992, S. 507 ff.). Dies sei beispielhaft in Abbildung 44 erläutert.

Bestimmungsfaktoren, die bestimmte Markteintrittsstrategien ausschließen oder begrenzen, werden in der Literatur auch unter dem Aspekt der **Markteintrittsbarrieren** (vgl. Abbildung 45) im internationalen Marketing diskutiert (Meffert 1986b; Simon 1989; Dahringer 1991). Hierbei bietet es sich an, markteintrittsstrategiespezifische von generellen Markteintrittsbarrieren abzugrenzen, da letztere schon bei der Auswahl von Ländermärkten berücksichtigt werden müssen (vgl. Kapitel 3.2). Ist die Entscheidung für einen bestimmten Ländermarkt erst einmal gefallen, spielen sie bei der Auswahl der Eintrittsstrategie keine weitere Rolle, denn sie sind bei jeder Form des Marktengagements zu berücksichtigen.

Interne Begrenzungsfaktoren, die die Wahl zwischen verschiedenen Eintrittsstrategien einengen, sind vor allem im Normensystem der Unternehmung zu suchen. So könnten Unternehmen grundsätzlich nur Marktengagements zulassen, die eine hohe Kontrollierbarkeit der Auslandsaktivitäten gewährleisten. Damit wären beispielsweise Minderheitsbeteiligungen oder 50:50-Joint Ventures als Markteintrittsform ausgeschlossen.
Externe Begrenzungsfaktoren lassen sich vor allem im politisch-rechtlichen Bereich der Unternehmung identifizieren. So können Direktinvestitionen zum Erwerb oder Aufbau einer Tochtergesellschaft im Auslands-

	Externe Einflußfaktoren	Interne Einflußfaktoren
Begrenzungsfaktoren	Rechtliche Beschränkungen ■ Import-/Exportvorschriften ■ Subventionen ■ Zölle und Steuern ■ Beteiligungsvorschriften ■ Verfügbarkeit von Kooperationspartnern	Normensysteme und Internationalisierungsphilosophie des Unternehmens, z.B. ■ nur Mehrheitsbeteiligungen ■ nur hoch kontrollierbare Auslandsaktivitäten
Vorteilhaftigkeitsfaktoren	■ Marktpotential ■ Wettbewerbsintensität ■ Faktorkosten ■ Ländereigenarten	■ Kosteneffekte ■ Zeitvorteile ■ Kontrollierbarkeit ■ Interpretationsfähigkeit ■ Art der Produkte

Abb. 44: Bestimmungsfaktoren der internationalen Markteintrittsstrategie

markt durch ein Verbot der Unternehmensgründung für Ausländer verhindert werden. Vielfach werden auch nur Joint Ventures als Direktinvestitionsform zugelassen, wobei z. T. Beteiligungsverhältnisse zwischen in- und ausländischen Partnern vorgeschrieben werden.

Oftmals scheitern jedoch Joint Venture-Pläne, weil kein geeigneter Kooperationspartner gefunden werden kann. Dies trifft z.b. auch für japanische Unternehmen zu, deren Belegschaften einen Mehrheitsverkauf als »Verrat« wahrnehmen würden.

Insbesondere potentielle **Enteignungs- und Dispositionsrisiken** müssen bei der Durchführung von Direktinvestitionen berücksichtigt werden. Zum Aufbau und Betrieb einer Auslandsgesellschaft sind oft die notwendigen personellen Ressourcen im Auslandsmarkt nicht verfügbar. Insbesondere sind Arbeitskräfte aus dem Zielland nicht ausreichend qualifiziert oder schwer zu finden. So ist es in Japan wegen der festen Bindung von Mitarbeitern an ihre Betriebe nahezu unmöglich, geeignete Mitarbeiter abzuwerben (Vaubel 1986, S. 82).

Bei Lizenzgeschäften sehen staatliche Ausfuhrbedingungen oft Beschränkungen für spezifisches Know-how und Technologien vor. So fällt z.B. in Deutschland die Ausfuhr von Konstruktionszeichnungen und Fertigungsunterlagen zur Herstellung von Kriegsgerät unter die Beschränkungen des Außenwirtschaftsgesetzes (Dülfer 1991, S. 145).

Sogenannte »**Local Content**«-**Vorschriften**, die Unternehmen zu einem bestimmten Anteil lokaler Wertschöpfung zwingen, führen dazu, daß

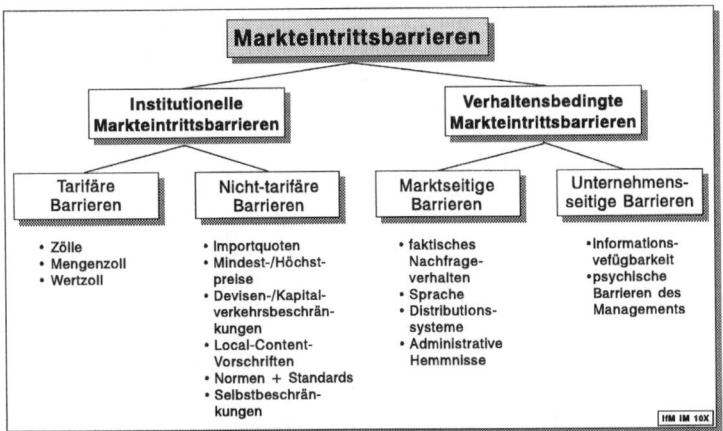

Abb. 45: Markteintrittsbarrieren im internationalen Marketing

Unternehmen einen Großteil der Fertigungsaktivitäten im Auslandsmarkt durchführen (z.B. Nissan in Großbritannien). Einen ähnlichen Effekt üben Vorschriften zur Beschäftigung Einheimischer bei der Produktion oder Subventionen an ansässige Unternehmen aus, so daß Direktinvestitionen wirtschaftlich geboten sind.

Vorschriften zur Begrenzung des Gewinntransfers aus dem Auslandsmarkt in das Heimatland oder zur Gestaltung von Transferpreisen lassen
demgegenüber Direktinvestitionen oftmals unattraktiv erscheinen.

Externe Einflußfaktoren, die vorrangig die **relative Vorteilhaftigkeit** bestimmter Markteintrittsstrategien bestimmen, liegen insbesondere im
Marktpotential, den Ländereigenarten, der Wettbewerbsintensität sowie
der Faktorkostenstruktur. So sind kapital- und risikointensive Eintrittsstrategien für Märkte mit hoher Wettbewerbsintensität oder nur geringen
Marktpotentialen durch eine relative Nachteiligkeit gegenüber Export-
strategien gekennzeichnet. Insbesondere niedrige Faktorkosten (z.B.
Löhne, Kapital) lassen Direktinvestitionen hingegen attraktiv erscheinen. Auch die Berücksichtigung spezifischer Länderbesonderheiten im
Leistungsangebot oder bei der Marktbearbeitung machen oftmals ein in-
tensives Engagement vor Ort notwendig.

Unsichere **Wechselkursverhältnisse** resultieren oftmals in Exportproble-
men, insbesondere wenn in der ausländischen Währung fakturiert wird.
Schließlich kann die **räumliche Entfernung** zwischen Herstellungs- und
Zielland im Rahmen des Exports die relative Vorteilhaftigkeit beeinflussen, da mit zunehmender Entfernung die Transportrisiken und -kosten
steigen.

Neben den externen sind unternehmensinterne Bestimmungsfaktoren zu berücksichtigen, welche die **relative Vorteilhaftigkeit der jeweiligen Eintrittsformen** determinieren. Unter Kostenaspekten lassen sich vor allem Betriebsgrößen- und Synergieeffekte anführen, die durch die Ausgliederung und gemeinsame Durchführung von F & E-, Produktions- und Vertriebsaktivitäten realisiert werden können. Gegenüber dem Aufbau eigener Tochtergesellschaften und dem Export zeichnen sich Joint Ventures darüber hinaus durch eine schnelle Markterschließungsmöglichkeit aus (Simon). Demgegenüber ist davon auszugehen, daß Kooperationen in der Regel sowohl größere Integrations- als auch Kontrollprobleme mit sich bringen. Dies gilt insbesondere für die 50:50-Joint Ventures.

Je technologie- und serviceintensiver ein Produkt ist, desto eher bietet es sich an, unternehmenseigene Formen des Auslandsengagements anzustreben.

Bei der Entscheidung zwischen verschiedenen Markteintrittsformen kann auf die Erkenntnisse der **Transaktionskostentheorie** (Williamson 1975; Teece 1986) zurückgegriffen werden. Danach hängt die Entscheidung zwischen »Markt und Hierarchie« (z.B. zwischen Export vs. Joint Venture vs. 100 %ige Tochtergesellschaft) von der Art der Transaktion und den damit verbundenen Transaktionskosten ab. Transaktionen werden dabei hinsichtlich ihrer Häufigkeit, Unsicherheit und der Spezifität der für die Transaktionen notwendigen Investitionen unterschieden. Die nach der Transaktionskostentheorie vorteilhaften Markteintrittsformen gehen aus der Abbildung 46 hervor.

Eigentumsstrategie ist …			
… vorteilhaft wenn	100% Tochter	Joint Venture	Markt
Faktorspezifität der Investition	hoch und	hoch und	gering
Häufigkeit	hoch	niedrig	hoch
Unsicherheit (Umwelt, Rechsrahmen)	hoch	mittel	
Verhaltensrisiko	kaum beherrschbar	beherrschbar	gering
Komplementarität der Fähigkeiten	einseitige Abhängigkeit	wechselseitige Abhängigkeit	unproblematisch

Abb. 46: Transaktionskostenspezifische Vorteilsanalyse der Markteintrittsformen
Quelle: Kutschker 1992, S. 512

In einer aktuellen empirischen Untersuchung wurde überprüft, inwieweit die Entscheidung für eine bestimmte Markteintrittsform von den Transaktionskosten abhängig ist. Am Beispiel des Transfers von Marketing- und technologischem Know-how in der Maschinenbauindustrie konnte nachgewiesen werden, daß strategisch relevante Werbe- und Vertriebsinvestitionen, die im Bereich der Marken- und Distributionspolitik getätigt wurden, mit hoher Wahrscheinlichkeit zu Markteintrittsformen mit geringer Kooperationsabhängigkeit und hohem Kapitaleinsatz führen. Der Transfer von technologischem Know-how weist dagegen einen geringeren Einfluß auf die Wahl der Markteintrittsform auf. Zudem konnte ein Einfluß des Länderrisikos und der Unternehmensgröße auf die Wahl der Markteintrittsform nachgewiesen werden. Kooperative Formen des Markteintritts wurden präferiert, wenn von den Unternehmen ein hohes Länderrisiko wahrgenommen wurde. Eine zunehmende Unternehmensgröße erhöhte demgegenüber die Wahrscheinlichkeit zugunsten einer kapitalintensiven Markteintrittsform (Hildebrandt und Weiss 1997, S. 21 f.).

Abbildung 47 stellt die genannten Bestimmungsfaktoren tabellarisch zusammen.

Unternehmensbezogene Faktoren		Produktbezogene Faktoren	Marktbezogene Faktoren				
Strategie	Kostensituation		Rechtliche Situation	Ökonom. Situation	Wettbewerbssituation	Handelssituation	Konsumentensituation
• Internationalisierungsstrategie • zu bearbeitende Marktsegment • Wettbewerbsstrategie • Realisierte Marktstellung (Bekanntheitsgrad, Image etc.)	• Technologie • Standorte • Faktorkosten • Produktivität • Skalen- und Erfahrungskurveneffekte • Vertriebskosten • Kapazitätsauslastung	• Produktart • Phase im IPLZ • Neuigkeitsgrad • Ausmaß der Produktdifferenzierung	• Ex- und Importbeschränkungen • Dumpingbestimmungen • Steuern • Preiskontrollen • Local-Content-Vorschriften	• Marktvolumen • Marktstruktur • Wechselkurse • Inflation	• Anzahl und Wettbewerbsstärke der Konkurrenten • Substitutionsgüter	• Anzahl und Machtposition der Absatzmittler • Konditionenstruktur	• Einkommen • Preiselastizitäten • Nachfrageverhalten • Markttransparenz

Abb. 47: Übersicht der Bestimmungsfaktoren der Markteintrittsstrategie
Quelle: Kutschker 1992, S. 512

3.4 Abnehmergerichtete Wettbewerbsstrategien im internationalen Marketing

Im sechsten Schritt der Phase der strategischen Planung (vgl. Abbildung 8) ist zu entscheiden, mit welchen Wettbewerbsvorteilen sich das international tätige Unternehmen in der Wahrnehmung der Nachfrager gegenüber der internationalen Konkurrenz abgrenzt. Eine abnehmergerichtete Wettbewerbsstrategie im internationalen Marketing kann daher als ein langfristiger Verhaltensplan definiert werden, der die Realisierung eines oder mehrerer Wettbewerbsvorteile in dem jeweiligen internationalen strategischen Geschäftsfeld zum Inhalt hat (Meffert 1994, S 127).

Folgende Dimensionen dieser Strategie sind dabei von besonderem Interesse (Bolz 1992, S. 130ff.):
- Innovationsorientierung
- Qualitätsorientierung
- Kostenorientierung.

In diesem Zusammenhang wird deutlich, daß die ersten zwei Dimensionen des Wettbewerbsvorteils mit einer präferenzorientierten bzw. Differenzierungsstrategie (Becker 1993; Porter 1992) korrespondieren, während sich die Kostenorientierung auf die Kosten- bzw. Preis-Mengen-Strategie bezieht. Von einem **Wettbewerbsvorteil** kann man allerdings erst dann sprechen, wenn der Vorteil
- ein für den Kunden wichtiges Leistungsmerkmal betrifft,
- vom Kunden wahrgenommen wird und
- von der Konkurrenz kurzfristig nicht einholbar ist (Simon 1988, S. 4; Ghemawat 1986, S. 53ff.).

3.41 Innovationsorientierung

Eine ausgeprägte Innovationsorientierung ist vor allem durch die in Relation zum Umsatz hohen Forschungs- und Entwicklungsbudgets, durch einen hohen Anteil neuer Produkte am Produktprogramm sowie durch eine Pionierposition am Markt gekennzeichnet. Sie konnte in der Mehrzahl der empirischen Untersuchungen als eine – vor allem im Vergleich zur Qualität – eigenständige Differenzierungsdimension nachgewiesen werden (Miller 1988, S. 298; Douglas und Rhee 1989, S. 446; Bolz 1992, S. 36).
Gerade im internationalen Wettbewerb wird dabei seit einiger Zeit der Innovationsorientierung ein besonderer Stellenwert zugewiesen (Bart-

lett und Ghoshal 1990 b, S. 216; Franko 1989, S. 459ff.). Grundlage dieser Einschätzung ist die Überzeugung, daß Unternehmen vielfach mit anderen weltweit tätigen Konkurrenten konfrontiert werden, die ein vergleichbares Niveau hinsichtlich Größe und geographischer Ausbreitung aufweisen. In solchen Fällen reicht es nicht, eine Wettbewerbsposition anzustreben, die auf globalen Economies-of-scale, internationalem Ressourcenzugang und weltweiter Marktpräsenz aufbaut. Vielmehr gewinnt eine ausgeprägte Innovationsorientierung in der Marketingstrategie eine außerordentliche Bedeutung bei der Sicherung und beim Ausbau der internationalen Wettbewerbsposition (Segler 1986, S. 238ff.).

Steigende Kosten für Neuproduktentwicklungen – Schätzungen zufolge liegen diese bei ca. einer Mrd. US-$ für Automobile und ca. zwei Mrd. US-$ für Flugzeugturbinen (Kreutzer 1989a, S. 231) – lassen bei der Innovationsstrategie vor allem ein integriertes und einheitliches Vorgehen geboten erscheinen (Meffert 1991a, S. 409). So werden zahlreiche Produktinnovationen direkt für den weltweiten Einsatz geplant (z.B. Kameras von Canon oder der Toyota Corolla).

Die Innovationskraft japanischer Unternehmen hat vielfach die Frage nach der Ursache ihres Erfolgs aufgeworfen. Stalk identifiziert **drei wesentliche Unterschiede** zwischen japanischen und westlichen Unternehmen (Stalk 1996, S. 60):

– Japanische Unternehmen streben kurze Durchlaufzeiten sowie kleine Losgrößen an und führen Neuerungen in kleinen, häufigen Schritten durch. Im Westen dagegen haben Innovationen »umwälzend« zu sein und ereignen sich weit seltener.
– Die Produktentwicklung erfolgt bei japanischen Unternehmen oft durch fabriknahe, multifunktionale Arbeitsgruppen, während im Westen funktionsorientierte Entwicklungszentren dominieren.
– Japanische Unternehmen streben eine dezentralisierte Produktionsplanung und -entwicklung an. Im Westen wird dagegen oft mit schwerfälligen, zentralisierten Planungs-, Evaluations- und Forschungsverfahren operiert.

In jüngster Zeit wird in diesem Zusammenhang verstärkt die Rolle der Zeit als strategischer Wettbewerbsvorteil herausgestellt. Neben einer schnelleren Befriedigung aktueller Kundenwünsche (»Turbomarketing«; Stalk und Hout 1990) werden Zeitvorteile unter Gesichtspunkten des frühzeitigen Markteintritts diskutiert (sog. Pioniervorteile).

Als wesentlicher Vorteil einer **Pionierorientierung** im Rahmen der Marktbearbeitungsstrategie ist die Möglichkeit der frühzeitigen Entwicklung von Markt-Know-How und des Aufbaus eines progressiven technologischen Images zu werten, wie dies vielfach den japanischen Automobil- und Hifi-Unternehmen zugeschrieben wird.

Dies hängt zweifellos mit der japanischen Innovationsphilosophie zusammen. Im Gegensatz zu europäischen oder amerikanischen Unternehmen, die über einen relativ langen Zeitraum Neuprodukte bis zur Marktreife entwickeln, bringen japanische Unternehmen frühzeitig mehrere Neuproduktvarianten auf den Markt und lassen dann den Nachfrager entscheiden, welche Variante langfristig weiterentwickelt und -geführt werden soll (Bolz 1992, S. 138).

Es ist davon auszugehen, daß Erfahrungs- und Degressionsvorteile in erster Linie Marktpionieren, weniger aber Folgern zugute kommen. Diese Wirkung verstärkt sich, wenn es gelingt, **Industriestandards** zu setzen. In diesem Zusammenhang konnte gezeigt werden, daß innovationsorientierte Unternehmen durch ein hohes Maß an Produktstandardisierung bei ihren internationalen Aktivitäten gekennzeichnet sind (Bolz 1992, S. 143). So sind z.B. bei Beiersdorf Forschung und Entwicklung sowie die Neuproduktplanung vergleichsweise stark zentralisiert, um eine gezielte und schnelle Produktadaption länderübergreifend sicherzustellen. In anderen Branchen führt dies oftmals zu sog. de-facto-Standards innerhalb einzelner Industrien und sichert so die einmal gewonnene Pionierposition ab (z.B. in der Computer- oder Unterhaltungselektronikbranche).

3.42 Qualitätsorientierung

Die wettbewerbsstrategische Dimension der **Qualitätsorientierung** ist durch die Schaffung von Leistungsvorteilen gekennzeichnet, die den differenzierten Ansprüchen der Konsumenten gerecht werden sollen. Als zentrale Voraussetzung dieser strategischen Grundorientierung sind eine hohe Produktqualität und eine entsprechend starke Imageposition anzusehen, welche die Preissensitivität der Nachfrager verringern.
Während die Kostenführung ausschließlich auf den internen betriebswirtschaftlichen Kostenvorteil abstellt, setzt die Qualitätsführung stärker auf der Ebene der Abnehmerpräferenzen an. Dabei ist zwischen zwei Qualitätsauffassungen zu unterscheiden. Bei der **objektiven, anbieterbezogenen Qualität** sind Aspekte der Qualitätskontrolle, Übereinstimmung mit den Spezifikationen und Ausschußquoten relevant. Demgegenüber steht die externe Qualitätsauffassung, die sich auf die vom Konsumenten wahrgenommene relative Qualität bezieht.
Um einen bestimmten Qualitätsstandard anzustreben, muß das Unternehmen vor allem wissen, welche Teileigenschaften die relative, wahrgenommene Qualität umfaßt. Diese bilden dann mögliche **Komponenten einer Qualitätsorientierung** im Sinne eines strategischen Wettbewerbsvorteils. Dabei kann zwischen den folgenden **Qualitätsdimensionen** unterschieden werden (Garvin 1988, S. 66ff.):

- Mit dem **Gebrauchsnutzen** werden die wichtigsten Funktionsmerkmale eines Produktes beschrieben. In der Automobilindustrie handelt es sich hierbei z.b. um Eigenschaften wie Beschleunigungsvermögen, Fahrverhalten und Komfort. Weil diese Qualitätsdimension meßbare Kennzeichen aufweist, lassen sich die Produkte in eine objektive Rangordnung überführen.
- Die **Haltbarkeit** ist ein Maß für die Lebensdauer eines Produktes. Unter technischen Aspekten bedeutet die Produkthaltbarkeit vor allem die Häufigkeit des Gebrauchs bis zu dem Zeitpunkt, wo es seine Funktionstüchtigkeit verliert.
- Die **Zuverlässigkeit** eines Produktes bezieht sich auf die Wahrscheinlichkeit, nach der es zu einem bestimmten Zeitpunkt versagt. Meist wird dabei die Zeit bis zur ersten Störung gemessen, dann die Zeitabstände zwischen den weiteren Pannen. Die Zuverlässigkeit gewinnt eine um so höhere Bedeutung, je teurer sich Ausfall- und Wartungszeiten auswirken.

Tandy Computer entwickelte daher ein Konzept mehrerer Computer, die im »Tandem« arbeiten, so daß beim Ausfall eines Gerätes lediglich die weniger wichtigen Aufgaben verlangsamt werden. Tandy hatte damit ein einzigartiges Produkt, vor allem weil z.b. IBM auf ein Betriebssystem eingestellt war, das keine Adaptionen auf das Tandem-Konzept zuließ. Tandys Marktbearbeitung konzentrierte sich daher auf Großanwender, für die ein Systemstillstand besonders unangenehm wäre, wie z.B. on-line arbeitende Banken, Börsen oder Einzelhandelsunternehmen.

- Die **Ausstattung** wird oft als ein Sekundäraspekt der Qualitätsdimension »Gebrauchsnutzen« angesehen. Ausstattung umfaßt all jene Aspekte, die den Grundnutzen um bestimmte Zusatzvorzüge ergänzen (z.B. kostenlose Getränke bei Flugreisen etc.).
- Die **Normgerechtigkeit** betrifft die Frage, inwieweit Konstruktion und Gebrauchseigenschaften mit etablierten Gütenormen (z.B. ISO- oder DIN-Normen) übereinstimmen. Diese Dimension entspricht traditionellen Vorstellungen der Qualitätssicherung.
- Eine weitere Qualitätsdimension, **Ästhetik**, umfaßt vor allem das Styling und Produktdesign und betrifft einen sehr subjektiv zu beurteilenden Qualitätsaspekt. So ist die Ästhetik des Produktaussehens, -geschmacks oder -geruchs eindeutig von persönlichen Einstellungen und Vorlieben geprägt. Dennoch zeichnen sich auch hier einige Muster ab, wie Abnehmer Produkte nach ihrem persönlichen Geschmack beurteilen.

Hinsichtlich der einzelnen Qualitätsmerkmale zeigt eine Studie von Waltermann über die europäische Automobilindustrie, daß die Wahrnehmungen und relative Bedeutung dieser (insbesondere der stärker subjektiven) Merkmale erheblich divergieren (Waltermann 1989, S. 78).

Insbesondere bei Produkten, die aus Abnehmersicht im Wettbewerbsumfeld durch eine vergleichsweise starke Homogenität (z.b. commodity goods) gekennzeichnet sind, kommt es darauf an, eine Qualitätswirkung über die **Markierung** bzw. über das **Image** zu realisieren. Auch in Fällen, in denen Nachfrager nicht hinreichend über das Produkt informiert sind, kann eine derartige »**psychologische Differenzierung**« Kaufpräferenzen zugunsten des eigenen Unternehmens beeinflussen.

Daß eine derartige psychologische Differenzierung mittlerweile auch für weniger homogene Güter angestrebt wird, zeigt das Beispiel des Hausgeräteherstellers Krups. Dieser positioniert sich als »zeitgemäße, erlebnisorientierte Qualitätsmarke« mit den Profilierungsdimensionen »Qualität«, »Design« und »Lifestyle« (Tiemann 1991, S. 106).

Wenn sich mehr objektive Kriterien zur Bewertung von Produkten nicht nachvollziehen lassen, müssen andere Attribute bzw. das Produkt-, Marken- oder Firmenimage herangezogen werden. Ein derartiges Image hat dabei drei zentrale Anforderungen zu erfüllen. Es muß zunächst eine **einmalige Botschaft** über die Eigenschaften des Produktes zum Ausdruck bringen. Diese Botschaft muß auf unverwechselbare Art vermittelt werden und eine emotionale Unterstützung für den Nachfrager liefern. Schließlich muß dieses Image kommunikativ intensiv umgesetzt sowie durch andere flankierende Maßnahmen (angepaßte Distribution und Preispolitik, z.B. durch Selektivvertrieb und eine Hochpreisstrategie) unterstützt werden.

Die **Qualität von Serviceleistungen** bzw. des Kundendienstes stellt eine weitere zentrale Qualitätsdimension dar. Die Besonderheiten von Serviceleistungen, die sich aus den Spezifika von Dienstleistungen ergeben (Immaterialität der Leistung, Bereitstellung von Leistungsfähigkeiten und Integration des externen Faktors) resultieren darin, daß die Qualität von Kundendienstleistungen anhand spezifischer Kriterien erfaßt werden muß (z.B. Verläßlichkeit, Glaubwürdigkeit, Flexibilität etc.).

Als besonders bedeutsam hat sich die **Zeitkomponente** vor allem bei der Ausführung von Kundendienstaktivitäten erwiesen. So interessiert oftmals nicht allein die Schadensanfälligkeit eines Produktes, sondern auch der Aufwand und die Zeit zur Behebung des Schadens, ob z.B. Kundendiensttermine eingehalten werden, das Verhalten des Servicepersonals angemessen erscheint etc.

Der amerikanische Maschinenhersteller Caterpillar war in der Lage, durch einen weltweiten 24-Stunden-Ersatzteilservice einen deutlichen Qualitätsvorteil gegenüber seinen Konkurrenten zu realisieren.

Angesichts der Unterscheidung zwischen technischer und wahrgenommener Qualität lassen sich unter dynamischen Gesichtspunkten verschiedene **Strategien der Qualitätsorientierung** identifizieren. Im Rahmen von

Qualitätsverbesserungsstrategien werden die aus Konsumentensicht wichtigsten Qualitätsdimensionen technisch und wirtschaftlich verbessert. Darüber hinaus kann versucht werden, über eine **Veränderung des Qualitätsbewußtseins** die Wahrnehmung und Wichtigkeit von Leistungsmerkmalen zu beeinflussen. Eine »dynamische Qualität« ist schließlich der Kern von sog. **expansiven Qualitätsstrategien.**

Expansive Qualitätsstrategien werden oftmals als der Schlüsselfaktor für den Erfolg japanischer Unternehmen auf dem amerikanischen und europäischen Markt angesehen (sog. upgrading). Diese realisierten zunächst den Marktzugang durch das Angebot preiswerter Standardware mit geringem Qualitätsniveau und erweiterten ihre Aktivitäten nach und nach auf die höherpreisigen Segmente, in denen die Europäer oder Amerikaner tätig waren. Wurde erst einmal ein derartiger »Brückenkopf« aufgebaut, folgte die zweite oder dritte Produktgeneration mit einer erheblich besseren Qualität (Kotler et al. 1985, S. 107).

In Wissenschaft und Praxis besteht Einigkeit darüber, daß Qualitätsstrategien durch die Etablierung eines **Total Quality Management** (TQM) umgesetzt werden müssen. Grundüberlegung des Total Quality Management ist, in allen Bereichen der Unternehmung ein hohes Qualitätsbewußtsein zu entwickeln und umzusetzen. Gerade in den »traditionellen internen Verwaltungsbereichen« der Unternehmung bestehen zahlreiche Möglichkeiten der Qualitätsbeeinflussung. So entscheiden z.B. die Abteilungen Einkauf, Auftragsbearbeitung, Produktionsplanung oder interne Logistik in erheblichem Maße nicht nur über die Durchlaufzeit, in der ein Auftrag erfüllt wird – und damit über die Zufriedenheit und den Nutzen des Abnehmers –, sondern auch über die für die Auftragsentwicklung notwendige Kapitalbindung.

Wesentlicher Bestandteil einer globalen Qualitätsführung ist ein weltweit ausgerichtetes **Qualitätssicherungssystem.** Neben der Kontrolle des Rohmaterials, der Halb- und Fertigfabrikate steht die Kontrolle der Fertigungsvorgänge im Mittelpunkt von Qualitätssicherungssystemen. Um eine weltweit einheitliche Qualität sicherzustellen, ist neben einem Qualitätscontrolling auch von Bedeutung, daß den Landesgesellschaften Prozeduren vorgegeben werden, die auf bestimmte Qualitätsspezifikationen abstellen. McDonald's beispielsweise erlaubt nur geringe Abweichungen von seiner Kernformel für die Ausstattung von Restaurants, den Service und zentrale Menübestandteile. Bei der Eröffnung der Moskauer Restaurants wurden große Anstrengungen unternommen, um die Standardformel bis zum Lächeln des Bedienungspersonals umzusetzen (Yip 1996, S. 110). Insgesamt ist davon auszugehen, daß eine globale Qualitätsführung durch ein hohes Maß an prozessualer Standardisierung und Koordination gekennzeichnet ist.

Insbesondere die Unternehmen **Polaroid** und **Hewlett Packard** nutzen explizit TQM-Bewertungsmaßstäbe zur Erfassung mangelhafter Qualitäten, um ihren Mitarbeitern die Zusammenhänge zwischen Qualität, Produktivität und Rentabilität zu verdeutlichen. In den 80er Jahren fielen nach der Einführung eines TQM-Konzeptes bei der Herstellung und dem Vertrieb von Bildröhren bei **Philips** die Qualitätskosten um mehr als die Hälfte des Ausgangswertes (von 22 % auf 9,5 % des Produktionswertes), wobei der größte Rückgang bei den internen Fehlerkosten zu verzeichnen war (Scharrer 1991, S. 706).

Hinsichtlich einer Ausgestaltung und Umsetzung einer globalen Qualitätsstrategie bietet sich im Gegensatz zu einer Kostenführung eine dezentrale Organisationsstruktur kleiner und mittelgroßer Unternehmenseinheiten an, die jederzeit flexibel auf veränderte Nachfragerentwicklungen reagieren können (Görgen und van Kerkom 1991, S. 16). Zudem kann die Präsenz in sog. »Leader-Countries« durch die Auseinandersetzung mit anspruchsvollen Nachfragern und Wettbewerbern zu einer Verbesserung der Produktqualität beitragen (Yip 1996, S. 96). Eine starke interfunktionale Kooperation zwischen F & E, Produktion und Marketing sollte zudem durch eine teamorientierte, mehrdimensionale Koordination und Kommunikation gefördert werden. Dies unterstreicht die Bedeutung einer länderübergreifenden Koordination bei dezentralisierter Führung für qualitätsorientierte Strategien.

3.43 Kostenorientierung

Im Rahmen einer **kostenorientierten Marketingstrategie** wird versucht, mittels produktivitätssteigernder Verfahrensinnovationen die Stückkosten unter das Niveau anderer international agierender Anbieter zu senken. Um ein Angebot kostengünstig hergestellter Standardprodukte sicherzustellen, sind dabei gerade im Rahmen internationaler Kostenstrategien mengen- und integrationsbezogene **Kosteneffekte** zu nutzen. Mengeneffekte umfassen dabei vor allem Degressions- und Lerneffekte. **Economies-of-Scale-Effekte** geben die mit einer größeren Ausbringungsmenge verbundene Effizienz wieder, während es sich bei **Lerneffekten** um dynamische Größenvorteile handelt, bei denen die Durchschnittskosten aufgrund angesammelter Erfahrung im Zeitablauf sinken. **Integrationsbezogene Kosteneffekte** resultieren schließlich aus einer Interdependenz des Kostenverhaltens zweier Geschäftsaktivitäten, die bei entsprechender Integration eine Optimierung ermöglicht.

Beispiele für die Skalensensitivität verschiedener Prozesse bei der Automobilproduktion gibt die Abbildung 48 wieder. Es zeigt sich, daß insbesondere die Herstellung von Bodengruppen und Motoren besonders hohe Degressionspotentiale aufweist. Konsequenterweise wird gerade in der Automobilindustrie versucht, z.B. im Rahmen von Joint Ventures oder Abkommen über den Tausch bzw. die Teilung von

Produktionsprozesse	Kosten (in % der variablen Kosten)	Skalen- sensitivität
Motoren	15 %	- 15 %
Kupplung	7 %	- 15 %
Achsen	10 %	- 10 %
Andere mechanische Teile	12 %	- 12 %
Karosseriepresse	8 %	- 30 %
Karosseriemontage	10 %	- 5 %
Ausstattung und Sitze	11 %	0 %
Gesamtmontage und Lackierung	27 %	0 %

Abb. 48: Skalensensitivität ausgewählter Prozesse bei der Automobilproduktion
Quelle: Bolz 1992, S. 117

Komponenten und Technologien die ansonsten nicht realisierbaren Größenvorteile zu erreichen. So verwenden beispielsweise Renault und Volvo identische Sechszylinderaggregate (»Euro-Motor«), und die Mittelklasse-Automobile Alfa 164, Fiat Croma, Lancia Thema und Saab 9000 sind mit einer gemeinsamen Bodengruppe ausgestattet (Bolz 1992, S. 116).

Die Ausgestaltung einer kostenorientierten Strategie setzt an verschiedenen Funktionsbereichen der Unternehmung an. Von besonderer Relevanz sind dabei die Aktivitäten bei der Beschaffung, Produktion und im Marketing, wobei die aufgezeigten Kosteneffekte im Rahmen einer internationalen Kostenstrategie möglichst in jeder Funktion zu realisieren sind.

Insbesondere für globale Unternehmen ergeben sich bei einem hohen Anteil der Kosten zugekaufter Inputs an den Gesamtkosten zahlreiche Ansatzpunkte für länderübergreifend integrierte und koordinierte Beschaffungsaktivitäten (»global sourcing«). Die Senkung der Stückkosten stellt aber keineswegs den einzigen in diesem Zusammenhang zu berücksichtigenden Faktor dar. Die Reduzierung der Fertigungstiefe im Rahmen einer »globalen Rationalisierung« (Welge 1990, S. 3) führt vielmehr bei zahlreichen Unternehmen dazu, daß von den Zulieferern zusätzliche Leistungspotentiale abgefordert werden. Von besonderer Bedeutung sind dabei vor allem Just-In-Time-Konzepte, die Abstimmung der Fertigungssteuerung mit den Leistungsprozessen der Zulieferer sowie eine produktbezogene Systemfähigkeit und fertigungsablaufbezogene Integrationsfähigkeit durch Zulieferung vollständiger Baugruppen und Aggregate (Arnold 1990, S. 61). Hier erweisen sich Koordinations- und Integrationsmechanismen zur Abstimmung von Landesgesellschaften, Unternehmenszentrale und Zulieferunternehmen als kritischer Erfolgsfaktor.

Die besondere Bedeutung solcher Koordinations- und Integrationskonzepte zeigt sich dabei in der Automobilindustrie. Der von den Japanern gehaltene Kostenvorteil beruht nicht zuletzt auf dem hohen Zulieferanteil von 71 %, während dieser Anteil bei europäischen Herstellern nur bei 40 – 50 % und bei amerikanischen Produzenten noch darunter liegt (Arnold 1990, S. 64). Eine erfolgreiche Umsetzung dieses Kostenvorteils gelang den Japanern insbesondere aufgrund der ausgeprägten internationalen Verflechtungen in Beschaffung, Produktion und Vertrieb.

Kostenvorteile werden in der Literatur klassischerweise mit einer international integrierten und koordinierten Produktion verbunden. Dennoch mehren sich in jüngster Zeit Stimmen, die darauf verweisen, daß aufgrund flexiblerer Produktionstechnologien (CIM, CAM) Produktmodifikationen möglich sind und daher Economies-of-Scale-Potentiale aufgrund geringerer Losgrößenzwänge reduziert werden (Meffert 1989, S. 448). Weiterhin ist gerade im Rahmen einer Globalstrategie von einem »Trade-Off« zwischen Degressionsvorteilen und erhöhten Transport-, Gemein- und Koordinationskosten auszugehen (Douglas und Wind 1987, S. 22). Dies trifft insbesondere bei großvolumigen Produkten zu. Darüber hinaus wird argumentiert, daß in zahlreichen Produktkategorien die reinen Materialkosten einen immer geringeren Teil der Gesamtkosten ausmachen, so daß Skaleneffekte nur beschränkt zum Tragen kommen können.

So wird angeführt, daß selbst in der sehr skalensensitiven Fernsehindustrie sich Kostenvorteile in der Fertigung erheblich weniger stabil gezeigt haben als Wettbewerbsvorteile durch global integrierte Logistik- und Vertriebssysteme (z.B. bei Philips) (vgl. Hamel und Prahalad 1986, S. 94).

Toshiba und Hitachi haben die Erfahrung machen müssen, daß gerade in Niedriglohnländern die Kostenvorteile aufgrund notwendiger Ausbildungsmaßnahmen geringer ausfallen als erwartet und mit steigendem Ausbildungsniveau das Lohnkostenniveau nicht zu halten ist (Ohmae 1985, S. 17).

Zur Umsetzung einer internationalen Kostenstrategie bedarf es eines strikten Kostenmanagement. Neben einer regelmäßigen operativen Kostenkontrolle in den einzelnen Landesgesellschaften verlangt dies ein zentral gesteuertes Controlling. Dieses muß durch länderübergreifend standardisierte und formalisierte Planungs- und Controllsysteme unterstützt werden (Meissner 1988a, S. 218). Parallel dazu ist es notwendig, die unternehmensspezifischen Anreiz- und Sanktionssysteme (z.B. Leistungsbewertung) auf die kostenorientierte Strategie auszurichten. Insgesamt erfordert eine derartige Strategie hochstandardisierte Prozesse zur Sicherstellung einer weltweiten Koordination. Darüber hinaus ist es sinnvoll, die länderübergreifenden Aktivitäten nach funktions- und produktbezogenen Kriterien zu strukturieren, um eine eindeutige Zuordnung von Kosten und Erlösen zu gewährleisten. Erfolgreiche Kostenstrategien sind daher von hierarchischen und eindimensionalen Strukturen gekennzeichnet (Görgen und van Kerkom 1991, S. 51).

4. Maßnahmenplanung im internationalen Marketing

4.1 Standardisierung und Differenzierung als zentrales Problem der internationalen Maßnahmenplanung

Die Besonderheit des internationalen Marketing, daß Entscheidungen über die Marktbearbeitung nicht ländermäßig isoliert, sondern im **Gesamtzusammenhang** des weltweiten Geschehens zu treffen sind, determiniert die Auswahl der Strategie im internationalen Marketing. Die Forderung, daß mehrere Märkte gleichzeitig bearbeitet werden müssen, rückt dabei nahezu zwangsläufig das Entscheidungsproblem »Standardisierung oder Differenzierung« in den Mittelpunkt der Strategieplanung.

In der Literatur bestehen vielfach unterschiedliche Auffassungen über das Entscheidungsfeld der Standardisierung. Die bereits von Buzzell 1968 geprägte Definition, daß Standardisierung »... the offering of identical product lines at identical prices through identical distribution systems supported by identical promotional programs, in several countries ...« (Buzzell 1968, S. 103) bedeute, hat zwar weite Zustimmung gefunden, wurde aber im Laufe der Zeit explizit erweitert. So wurde dieser »Aktionsaspekt« noch durch den »Methodenaspekt« der Marketingstandardisierung ergänzt. Die hiermit angesprochene Prozeßstandardisierung stellt dabei auf eine Vereinheitlichung von Planungs-, Informations- und Kontrollprozessen zur Koordination von Marketingentscheidungen ab.

Die Marketingstandardisierung umfaßt die Vereinheitlichung von Marketing-Inhalten und -Prozessen. Dabei kennzeichnet die inhaltliche Standardisierung das Ausmaß, mit dem einzelne Marketing-Mix-Elemente, Rahmenkonzepte oder Marketingstrategien für einen länderübergreifenden Einsatz vereinheitlicht werden können. Demgegenüber beinhaltet die Prozeßstandardisierung die einheitliche Strukturierung und ablauforganisatorische Vereinheitlichung von Marketingentscheidungen (Bolz 1992).

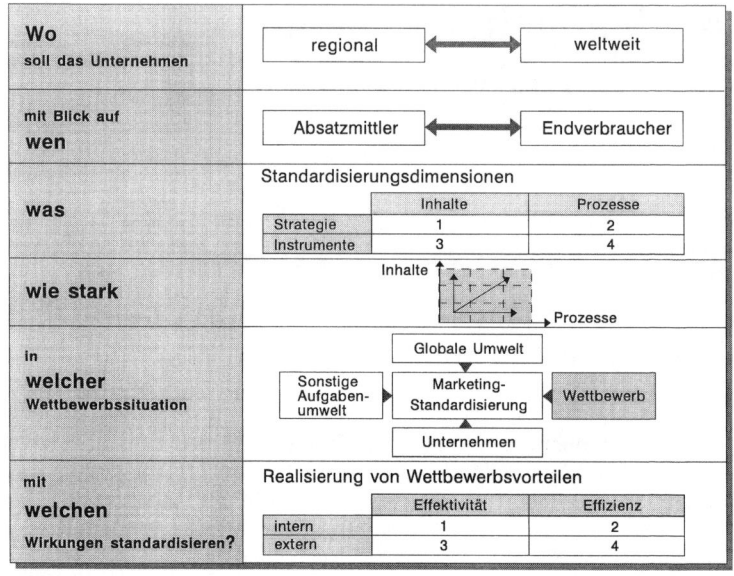

Abb. 49: Paradigma der Marketingstandardisierung
Quelle: Bolz 1992, S. 5

Die einzelnen Entscheidungstatbestände der Marketingstandardisierung hat Bolz in einem Paradigma zusammengestellt (vgl. Abbildung 49) (Bolz 1992, S. 5).

Zunächst ist zu entscheiden, **für welche Länder oder Regionen** Marketinginhalte und -methoden vereinheitlicht werden sollen. Obwohl die Standardisierungsdebatte zumeist vor dem Hintergrund des »Global Marketing« geführt wird (Levitt 1987, S. 19ff.), zeigt sich vor allem in empirischen Studien eine Beschränkung der Analyse auf einzelne, zumeist entwickelte westeuropäische Länder. Somit kann bei den meisten Untersuchungen nicht von einem »geozentrischen«, sondern bestenfalls von einer »regiozentrischen« Perspektive der Standardisierung gesprochen werden. Vielfach wird sogar angenommen, daß eine weitergehende Standardisierung des Marketing überhaupt nur in den sog. Triade-Märkten (Nordamerika, Südostasien, Europa) erfolgversprechend sei (Ohmae 1985, S. 143ff.).

Mit Blick auf das **Objekt der Marketingstandardisierung** wird deutlich, daß zunächst zwischen Marketing-Inhalten und Marketing-Prozessen zu unterscheiden ist. Stellt man dieser Einteilung die Überlegung gegenüber, daß zwischen der Vereinheitlichung von Marketingstrategien und -instrumenten differenziert werden kann, ergeben sich die in Abbil-

	Strategie-Ebene	Instrumente-Ebene
Inhalte	• Marketingstrategie	• Physisches Produkt • Markenpolitik • Kommunikationspolitik • Distributionspolitik • Produktpolitik
Prozesse	• Informationssysteme • Segmentierungsmodelle • Controllingsysteme • Personalsysteme	• Produktplanung • Werbeplanung • Vertriebsplanung

Abb. 50: Gegenstandsbereiche der Marketingstandadisierung
Quelle: Bolz 1992, S. 10

dung 50 dargestellten Gegenstandsbereiche der Marketingstandardisierung.

Wenn auch **Konsumenten** immer wieder als »Zielgruppe« im standardisierten Marketing genannt werden, darf dennoch nicht unberücksichtigt bleiben, daß mindestens zwei weitere Gruppen von ihr betroffen sind. Da standardisierte Produkte in der Regel zunächst die zwischengeschalteten Stufen der Absatzkanäle durchlaufen, sind daher auch **Absatzmittler** zu den Zielgruppen der Standardisierung zu zählen. Angesichts der Internationalisierung des Handels und einer zunehmenden Zahl von Einkaufskooperationen (z.B. in Europa) ist es vielfach sogar zwingend erforderlich, daß Produkte und Programme länderübergreifend einheitlich gestaltet werden.

Unter Steuerungs- und Koordinationsgesichtspunkten können schließlich auch die einzelnen **Ländergesellschaften** des Unternehmens als Zielgruppe i. w. S. betrachtet werden (vgl. Kap. 5: Implementierung des internationalen Marketing). Denn mit der Vorgabe bestimmter Konzepte oder Prozeduren werden dem lokalen Management Freiheitsgrade bei der Gestaltung ihres nationalen Geschäfts genommen. Dies führt im Idealfall zu einer verbesserten Abstimmung aller Unternehmenseinheiten.

Die Frage nach der **Standardisierungsintensität** befaßt sich mit dem Ausmaß, mit dem Marketinginstrumente und -prozesse vereinheitlicht werden können. Zumeist wird davon ausgegangen, daß Rahmenkonzepte stärker standardisiert werden können als spezifische Instrumente (Meffert 1988c, S. 280). Hinsichtlich der Rahmenkonzepte wird vor allem bei sog. Dachkampagnen für die länderübergreifende Werbung ein hohes

157

Standardisierungspotential konstatiert. Innerhalb des Marketing-Mix werden wiederum der Produktpolitik die größten Vereinheitlichungsmöglichkeiten zugesprochen.

Insgesamt wird vor allem die Ansicht vertreten, daß eine weitgehende Standardisierung aller Elemente des Marketing-Mix kaum denkbar ist, die zugrundeliegenden intellektuellen Prozesse aber sehr wohl länderübergreifend standardisiert werden können und für den Erfolg international tätiger Unternehmen die Prozeßstandardisierung somit wichtiger sei als die Programmstandardisierung. Oftmals wird auch davon ausgegangen, daß die Prozeßstandardisierung gar eine »Katalysatorfunktion« für die Internationalisierung des Marketing ausübt (Meffert 1989, S. 454).

Ausgangspunkt der Auseinandersetzung mit den **Einflußfaktoren einer Marketingstandardisierung** bildet die Überlegung, daß der »richtige« Standardisierungsgrad von bestimmten situativen Gegebenheiten determiniert wird. Die Kontextabhängigkeit der Marketingstandardisierung gewinnt dabei schon deshalb an erheblicher Bedeutung, da mit der Zahl der bearbeiteten Ländermärkte die Zahl der relevanten Situationsfaktoren rapide ansteigt.

Vor allem **externe Einflußfaktoren** standen in der Vergangenheit im Mittelpunkt der Standardisierungsdebatte, wobei der Schwerpunkt der Analysen zumeist auf der länderübergreifenden Homogenität dieser Faktoren lag. So wird einerseits argumentiert, daß vor allem in den sog. Triade-Märkten aufgrund einer sich **angleichenden wirtschaftlichen Entwicklung** das Nachfragerverhalten homogener und damit ein hohes Maß an Vereinheitlichung möglich wird. Andererseits sind derartige Tendenzen bei einer näheren Analyse makroökonomischer Daten jedoch zu relativieren, wie die Ausführungen in Kapitel 2.221 zeigen konnten. Zudem mehren sich gerade in jüngerer Zeit Stimmen, die darauf hinweisen, daß mit steigender Bildung und zunehmendem Wohlstand das Kaufverhalten immer heterogener wird (Levitt 1983, S. 94; Huszagh et al. 1986, S. 42; Ohmae 1985, S. 147; Reichel 1989, S. 62).

Zahlreiche **politisch-rechtliche** Faktoren begrenzen zudem die Möglichkeiten eines standardisierten Vorgehens, wobei dies insbesondere für die Vereinheitlichung preis- und kommunikationspolitischer Aktivitäten (z.B. Richtpreise, Werbeverbote etc.) und die Zentralisierung von Entscheidungskompetenzen (z.B. Einbindung des lokalen Management oder Reglementierung von Transferpreisen) gilt (Prahalad und Doz 1987, S. 67).

Verschiedene Entwicklungen in der **technologischen** Umwelt können u. U. zu einer Relativierung vermeintlicher Standardisierungsvorteile führen. So erfordern flexible Produktionstechnologien (CIM, CAM) bekanntlich geringere Losgrößen zur Realisierung von Kostenvorteilen. Andererseits verbessern neue Kommunikations- und Informationstechnologien in erheblichem Umfang die Potentiale zur länderübergreifenden Integration von Informations-, Planungs- und Kontrollsystemen.

Kulturelle und kaufverhaltensbezogene Einflußfaktoren stellen die stärksten Hemmnisse einer Marketingstandardisierung dar. So erschweren unterschiedliche affektive und kognitive Einstellungen ebenso die Vereinheitlichungsbestrebungen wie länderspezifisch differenzierende Produktwahrnehmungen. Besondere Bedeu-

Effektivität	Effizienz

	Effektivität	Effizienz
Intern	• Vereinfachung von Koordination und Informationsaustausch • Erleichterung der länderübergreifenden Planung • Verbesserung der Planungsqualität	• Konzeptionsentwicklungskosten • Entwicklungszeit • Synergienutzung • Lernkurveneffekte
extern	• Schnellere Diffusion neuer Konzepte am Markt • Wettbewerbsprofilierung • Spill-over-Effekte • Harmonisierung des Marktauftritts • Standardbildung	• Erhöhung der Kommunikationseffizienz • Reduzierung der Distributionskosten • Reduzierung der Produktionsstückkosten

Abb. 51: Wirkungs- und Effizienzziele der Marketingstandardisierung
Quelle: Kux und Rall 1990, S. 79

tung kommt darüber hinaus den Sprachbarrieren zu (Schiffmann et al. 1981, S. 137; Friedmann 1986, S. 97; Ricks 1986, S. 107).

Absatzmittlerbezogene Faktoren werden insbesondere vor dem Hintergrund des europäischen Binnenmarktes immer wieder als Begrenzung eines integrierten und standardisierten Vorgehens genannt. Eine insgesamt heterogene Handelsstruktur mit fehlenden bzw. nicht ausreichend ausgebauten Absatzwegen, differierenden Konditionenstrukturen innerhalb der Vertriebswege und dem Verbot des Aufbaus eigener Distributionskanäle (z.B. für Pharmaprodukte) setzen Vereinheitlichungsbestrebungen relativ enge Grenzen.

Hinsichtlich der mit einer Marketingstandardisierung verfolgten **Ziele** kann zwischen Wirkungs- bzw. Effektivitätszielen einerseits und Effizienzzielen andererseits unterschieden werden (Kux und Rall 1990, S. 78 ff.) (vgl. Abbildung 51). **Wirkungsziele** liegen dabei u.a. in einer standardisierungsbedingten Erhöhung des Kundennutzens. Diese Erhöhung kann zum einen durch die Nutzung von Ausstrahlungseffekten durch das Produkt- bzw. Firmenimage, eine einheitlich hohe Produktqualität sowie eine schnelle Diffusion neuer Produkte realisiert werden. Zum anderen können durch die Standardisierung erfolgreiche Marketingkonzepte länderübergreifend eingesetzt werden. Durch die Konzentration von Ressourcen auf Spezialisten, deren Know-how länderübergreifend genutzt werden kann, wird schließlich die Planungsqualität verbessert. Unter Effizienzgesichtspunkten lassen sich vor allem die Realisierung von Lern-

159

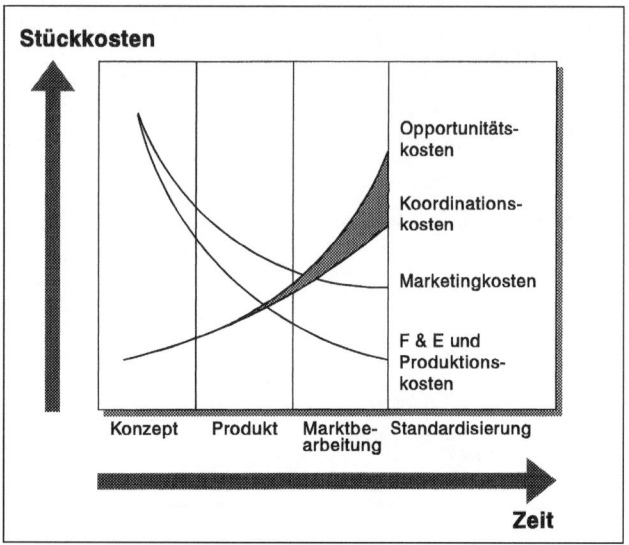

Abb. 52: Kostenwirkungen der Standardisierung

und Erfahrungseffekten sowie die Kostendegression bei aufwendigen Konzepten und Instrumentarien aufführen (vgl. Abbildung 52).
Im folgenden soll auf die einzelnen Entscheidungen in den Marketing-Instrumenten und ihren Standardisierungspotentialen näher eingegangen werden.

4.2 Produkt- und Markenpolitik

Die Produkt- und Markenpolitik im internationalen Marketing umfaßt alle Entscheidungstatbestände, welche sich auf die marktgerechte Gestaltung der Absatzleistung des Unternehmens beziehen. Die Produktpolitik nimmt deshalb eine Sonderstellung unter den übrigen Marketinginstrumenten ein, weil alle übrigen Aktionsparameter grundsätzlich produkt- bzw. markenbezogen sind (Meffert 1986a, S. 361).

160

Die Auseinandersetzung mit produktpolitischen Entscheidungen macht es zunächst einmal notwendig, die **relevanten Eigenschaften von Produkten** zu identifizieren. Erst diese Erkenntnis ermöglicht es dem Unternehmen zu entscheiden, ob ein auf dem nationalen Markt eingeführtes Produkt mit allen seinen Eigenschaften auch erfolgreich internationalisiert werden kann bzw. bei welchen Produkteigenschaften landestypische Besonderheiten berücksichtigt werden müssen.

Den Kern eines jeden Produktes stellt seine **Grundfunktion** dar. Die Grundfunktion bezieht sich darauf, welcher Basisnutzen des Abnehmers befriedigt wird. Dazu kann beispielsweise »Befördern« (Pkw), »Gesundheit erhalten« (Gymnastikgerät) oder »Leuchten« (Glühbirne) gehören.

Die Internationalisierung von Produkten verdeutlicht in diesem Zusammenhang, daß identische Produkte in verschiedenen Märkten nicht die gleichen Grundnutzen erfüllen müssen. So dient etwa ein Fahrrad in vielen nicht-westlichen Ländern primär der Fortbewegung, während es in westlichen Industrieländern oftmals nur noch zur sportlichen Betätigung verwendet wird (Keegan 1989, S. 369).

Technische und funktionale Eigenschaften geben wieder, wie der Grundnutzen physisch erfüllt wird. Im Vordergrund stehen hier die Art der verwendeten Materialien, die technische Konstruktion und objektivierbare Qualitätsmerkmale wie Leistungsfähigkeit und Haltbarkeit.

Vielfach stehen klimatische Bedingungen einer Übertragung technisch-funktionaler Eigenschaften in andere Länder entgegen: So mußten die italienischen Pkw-Hersteller feststellen, daß ihre auf die südeuropäischen Gegebenheiten ausgerichteten Autos für die extreme Kälte in Nordamerika vielfach ungeeignet waren.

Zu den technisch-funktionalen Eigenschaften gehören auch technische Dimensionen wie Größe, Gewicht oder Leistung. So erfordern andere Einkaufsgewohnheiten in den USA andere Packungsgrößen bei Lebensmitteln, die zudem nicht nach dem metrischen System gewogen werden. In diesem Zusammenhang spielen gesetzlich geregelte Normen (DIN-Norm in Deutschland) eine große Rolle. Dies führt beispielsweise zu unterschiedlichen Abmessungen von Briefpapier in Europa und den USA. Weiterhin ist es oftmals notwendig, Leistungsmerkmale, beispielsweise bei Pkw, abzuändern, um steuerlichen Gesichtspunkten (leistungsabhängige Kfz-Steuer, Luxussteuern etc.) Rechnung zu tragen.

Ästhetische Produkteigenschaften sind unter anderem Design, Farb- und Formgebung (soweit nicht technisch-funktional vorbestimmt). Sie werden wie kaum andere Elemente des Produktes von modischen Gesichtspunkten bestimmt, sind relativ kurzlebig und erfordern oftmals Anpassungen an unterschiedliche kulturelle Gegebenheiten.

Zu den **symbolischen Produkteigenschaften** zählen insbesondere die Markierung bzw. der Markenname (vgl. insbesondere Kap. 4.22) sowie vom Unternehmen intendierte oder ungewollte Produktassoziationen.

Besonderes Interesse hat im Zusammenhang mit Produktassoziationen in Wissenschaft und Praxis der sog. »**Made-In-Image**« oder »Country-of-Origin-Effekt« gefunden (vgl. Abbildung 53). Dieser beschreibt die Tatsache, daß in manchen Ländern positive oder negative Einstellungen hinsichtlich ausländischer Erzeugnisse existieren (Han und Terpstra 1988; Papadopoulos 1993). So wird in den meisten Ländern insbesondere einem »Made-in-Germany« ein besonders hohes akquisitorisches Potential zugeschrieben. Demgegenüber werden Güter aus Frankreich und England eher negativ beurteilt (Cattin et al. 1982, S. 131ff.; Keegan 1989, S. 425). Aktuelle Untersuchungen belegen das sinkende Profilierungspotential der deutschen Herkunftsbezeichnung, so daß insbesondere bedeutende international tätige Markenartikelunternehmen zur Herkunftsbezeichnung »Made by...« übergehen (o. V. 1994, S. 15; Rueß 1995, S. 58 ff.; o. V. 1996a, S. 1 ff.). Zu den Produktassoziationen kann i. w. S. auch der symbolische Zusatznutzen gezählt werden, der sich z.B. in Prestigeaspekten ausdrücken kann. So erfüllen langlebige Konsumgüter (Audio-Video, Weiße Ware) insbesondere in Entwicklungsländern Bedürfnisse nach sozialer Anerkennung.

Markennamen und Warenzeichen sind gerade im internationalen Geschäft ein wertvolles »Kapital« des Unternehmens. Sie müssen insbesondere in der Kommunikation so genutzt werden, daß das Unternehmen seine Rechte nicht verliert. So verwenden mittlerweile viele Hersteller die Bezeichnung »Corn Flakes« für ihre Frühstücksprodukte; eine Folge der nicht sachgemäßen Verwendung eines einmal eingetragenen Warenzeichens. Die U.S. Trademark Association (1990) hat dabei für die Verwendung von Markennamen folgende, im wesentlichen international gültige, Richtlinien formuliert:
- Gleichzeitige Nennung von Markennamen und Produktkategorie (z.B. »Tempo«-Taschentücher).
- Da Markennamen und Warenzeichen keine Substantive sind, dürfen sie nicht im Plural verwendet werden.
- Markennamen dürfen nicht als Verb verwendet werden (z.B. nicht die in den USA bekannte Aufforderung »Xerox the report«).

Zusatzleistungen umfassen vor allem den Kundendienst, der in Abhängigkeit von der Kaufprozeßphase oder technischen bzw. kaufmännischen Aspekten folgende Elemente umfaßt:
- Beratung
- Voranschläge
- Montage
- Wartung und Reparatur
- Zustellung
- Umtausch
- Schulung etc.

Zweifellos hängt der Umfang dieser Wirkung in erster Linie vom Produkt bzw. seiner Komplexität ab. Dennoch gibt es im internationalen Bereich zahlreiche Besonderheiten einzelner Ländermärkte, die bei der Kundendienstgestaltung berücksich-

Studie	Branche	Länder	zentrale Ergebnisse
Lintas (1989)	mehrere Branchen (Nahrungsmittel, Uhren, Finanzdienstleistungen, PKW etc.)	Schweiz, Österreich, Italien, Spanien, Frankreich, Niederlande, Japan, GB, Schweden, BRD	■ "Made in Germany" hat erheblichen Vertrauensvorschuß. ■ Zur Differenzierung gegenüber anderen Anbietern reicht Herstellung von "Made in Germany" allein nicht aus.
Chao (1989)	Unterhaltungselektronik	Korea	■ Amerikanische Markierung transferiert höhere Akzeptanz bei gleichem Preis und Distributionskanal. ■ Niedriger Preis und Wahl eines höherwertigen Absatzkanals können Akzeptanz koreanischer Produkte erhöhen.
Hong und Wyer (1989)	Computer, Videorecorder	Mexiko, BRD, Japan, Südkorea	■ Made-in-Image verstärkt die Wahrnehmung anderer Produktattribute.
Han und Terpstra (1988)	Fernsehgeräte, Automobile	Bundesrepublik, Japan, Korea, USA	■ Herkunftsland hat starken Einfluß auf Kaufentscheidungen. ■ Produktimage kann von Herkunftslandimage abweichen.
Khama (1986)	Investitionsgüter	Südkorea, Taiwan, Indien, Japan	■ Made-in-Image hauptsächlich relevant bei Suche nach neuen Vertragspartner. ■ Indische Unternehmen kompensieren schlechtes Image mit niedrigen Preisen. ■ Länderimages ähneln sich in den untersuchten Märkten.
Johansson, Douglas, Noualza (1985)	Automobile	USA, Japan, Bundesrepublik	■ Made-in-Images sind produktspezifisch, länderspezifisch und personenspezifisch. ■ Mehrdimensional angelegte Einstellungsuntersuchungen erlauben differenzierte Betrachtung von made-in-Images. ■ Made-in-Images verlieren an Bedeutung bei zunehmender Erfahrung mit ausländischen Produkten.
Yavas, Tuncalp (1985)	verschiedene	Bundesrepublik	■ Konsumenten beurteilen Kauf von deutschen Produkten als relativ risikolos.
Johansson und Thorelli (1984)	Automobile	Bundesrepublik, Japan, USA	■ Wettbewerbsvorteil eines Produktes wird durch Image des Herkunftslandes beeinflußt. Dieses kann über Variation des Preises manipuliert werden. ■ Stärke, Intensität und Auswirkungen von made-in-Images sind von Land zu Land verschieden und ändern sich im Zeitablauf. Produktimage kann von Herkunftslandimage abweichen.

Abb. 53: Übersicht über Untersuchungen zum Made-In-Image

tigt werden müssen (z.B. gesetzlich festgelegte Mindestanforderungen (Umtauschrechte) oder Konsumentenerwartungen (Verpackdienste bei Lebensmittelhändlern in den USA)).

Im folgenden soll auf die einzelnen Entscheidungstatbestände der Produktpolitik eingegangen werden. Dabei steht zunächst das Produkt i. e. S. mit seiner Grundfunktion und seinen technisch-funktionalen Eigenschaf-

163

ten im Vordergrund. Im Anschluß daran werden ästhetisch-symbolische Produkteigenschaften im Zusammenhang mit der internationalen Markenpolitik diskutiert.

4.21 Produktpolitische Entscheidungen

> **Produktinnovation, Produktvariation und Produkteliminierung** sind die zentralen produktpolitischen Entscheidungstatbestände im nationalen wie im internationalen Marketing. Besondere Bedeutung kommt im internationalen Marketing dabei der Produktpolitik auf der Basis **internationaler Lebenszyklen** zu. Alle diese Aktivitäten zielen darauf ab, das Produktprogramm des Unternehmens auf allen bearbeiteten Auslandsmärkten optimal zu gestalten (Meffert 1986a, S. 364ff.).

4.211 Produktinnovation

Die **Produktinnovation** nimmt im Produktmix eine besondere Stellung ein, da sie wesentlich zur Steigerung des Wachstums der Unternehmung und zur Sicherung des Erfolgspotentials beiträgt. Vor dem Hintergrund gesättigter Märkte, Überkapazitäten im Fertigungsbereich, der Kostenentwicklung bei Rohstoffen sowie rechtlicher Restriktionen (Umweltschutzbestimmungen) müssen die Unternehmen eine verstärkte Umorientierung ihrer Ressourcen auf zukunftsträchtige Produkte vornehmen, um ihr Überleben langfristig zu sichern.

In vielen Branchen lassen sich Marktanteils- und Gewinnschwächen nur noch mit neuen Produkten überwinden. So wurde ermittelt, daß in der BRD Umsatzzuwächse zu 90 % durch neue Produkte erzielt werden. In anderen Untersuchungen werden Umsatzanteile von Produkten, die nicht älter als 5 Jahre sind, von 46 % bis 50 % nachgewiesen (Hinterhuber 1975; Cooper 1985). Empirische Untersuchungen belegen zudem den positiven Zusammenhang zwischen Innovationstätigkeit und Unternehmenswert. Demnach steigen sowohl Umsatz als auch Gewinn mit zunehmendem F & E-Engagement (Ebner und Walti 1996, S. 17 f.).

Allerdings steht der großen Bedeutung von Produktinnovationen das **Risiko des Mißerfolgs** gegenüber. Untersuchungen in den USA ergaben, daß sich von 58 Produktideen lediglich eine als erfolgreiche nationale Neueinführung bewährte (Booz Allen Hamilton 1966). Andere Untersuchungen berichten von einer 70 %igen Versagerquote bei Marken auf Testmärkten, wobei diese Quote noch zu niedrig gegriffen ist, da sich einige Produkte trotz erfolgreicher Markttests als Flop erwiesen haben (Davidson 1982, 46ff.). Im Lebensmittelbereich wurde sogar eine durch-

schnittliche Floprate von 85 % ermittelt (Hunsinger 1985). Die Versager-
quoten gehen tendenziell zurück, wenn es sich nicht um Weltinnovatio-
nen, sondern nur um nationale, branchen- oder unternehmensbezogene
Innovationen handelt (Wind 1982).
Internationale Produktinnovationen können anhand verschiedener Dimensionen erfaßt werden:

1. **Subjektdimension** (Für wen neu?)
Hier ist zwischen Produkten zu unterscheiden, die für die Konsumenten
oder die Produzenten (»Unternehmensneuheit«) neu sind.

2. **Intensitätsdimension** (In welchem Umfang neu?)
In diesem Zusammenhang sind unterschiedliche Ausprägungen der
technischen bzw. marktbezogenen Neuheit anzuführen. Diese Ausprägungen geben auch die unterschiedlichen Stoßrichtungen internationaler Produktinnovationen wieder. Sie können sich auf einzelne oder alle
Eigenschaften des Produktes beziehen.

3. **Zeitdimension** (Für wie lange neu?)
Das Konzept des internationalen Produktlebenszyklus verdeutlicht,
daß insbesondere unter Berücksichtigung der einzelnen Ländermärkte
der Zeitraum der Neuheit von Land zu Land variieren kann. Darüber
hinaus sind die Unterschiede zwischen den Produktbereichen sehr
groß. Ein komplexes Produkt (z.B. Flugzeug) gilt über eine erheblich
längere Periode als neu als z.B. Haushaltsgeräte.

4. **Raumdimension** (Wo neu?)
Ein bereits im Heimatmarkt verkauftes Produkt kann für ein anderes
Gebiet eine Neuheit darstellen (z.B. Marktneuheit auf einem Auslands-
markt).

Internationale Unternehmen können damit unterschiedliche Wege zu
neuen Produkten in ihren Absatzmärkten beschreiten (Keegan 1989,
S. 385ff.):
(1) Völlig neues Produkt für Unternehmen und Markt,
(2) Differenzierung eines bestehenden Produktes,
(3) Produkt neu für die Unternehmung, nicht jedoch für den Markt,
(4) Produkt nicht neu für die Unternehmung, jedoch neu für den Markt.

Im Rahmen des internationalen Marketing ist die vierte Variante der häu-
figste Fall, da in den meisten Fällen ein national erfolgreiches Produkt
Anlaß für die Internationalisierung der Geschäftätigkeit von Unternehmen ist. So zeigt eine aktuelle Studie, daß über 60 % der im Ausland ver-
triebenen Produkte U.S.-amerikanischer Konsumgüterunternehmen nationalen Ursprungs sind (Hill und James 1991). Hier kann das Marketing-
mangement bereits auf Erfahrungen mit dem Produkt zurückgreifen, und
es steht nunmehr vor der Frage, wie diese auf einen neuen ausländischen
Markt übertragen werden können. Zunächst steht jedoch die Frage der
Neuprodukteinführung im Vordergrund.

Im Rahmen der **internationalen Neuprodukteinführung** ist grundsätzlich zwischen zwei verschiedenen Strategien zu unterscheiden (vgl. auch Kapitel 3.32):

- **Sprinkler- bzw. Diversifikationsstrategie**: Gleichzeitige Einführung der Neuprodukte auf allen Auslandsmärkten. Diese Vorgehensweise wird vor allem von geozentrisch orientierten Unternehmen gewählt, die sich durch ein eher risikofreudiges Verhalten charakterisieren lassen. Relevante Bestimmungsfaktoren sind:
  - hohe Produktionskapazitäten
  - ausreichende finanzielle und Human-Ressourcen, Auslandserfahrung
  - vergleichbarer Entwicklungsstand in den Auslandsmärkten
  - niedrige Markteintrittskosten
  - ausgeprägtes Neuheitenbedürfnis und geringe Diffusionszeiten in den Auslandsmärkten
- **Wasserfall- bzw. Konzentrationsstrategie**: Zeitlich gestaffelte Neuprodukteinführung auf den Auslandsmärkten. Vorrangig wird diese Verhaltensweise von risikoaversen Unternehmen mit einer ausgeprägten polyzentrischen bzw. Ländermarktorientierung gewählt. Zentrale Bestimmungsfaktoren dieser Alternative sind:
  - geringe Produktionskapazitäten
  - eher geringe Auslandserfahrung; beschränkte Ressourcenausstattung
  - unterschiedlicher Entwicklungsstand in den Auslandsmärkten
  - s-förmige Nachfragefunktion
  - hohe Wachstumsraten in einzelnen Ländern
  - hohe Komplexität und Erklärungsbedürftigkeit an Produkten.

Dem Konzept der zeitlich gestaffelten Neuprodukteinführung liegt die dem **Konzept des internationalen Produktlebenszkylus** entlehnte Annahme zugrunde, daß die einzelnen Volkswirtschaften eine ähnliche, jedoch zeitlich verschobene Entwicklung durchmachen. Demnach erscheint eine Produkteinführung in einem neuen Markt dann sinnvoll, wenn dieser Markt den Entwicklungsstand erreicht hat, der zum Zeitpunkt der Einführung des Produktes im Ursprungsmarkt herrschte (Keegan 1989, S. 335f.; Meissner 1995, S. 125 ff.).
Abbildung 53 zeigt die Situation eines Produktes in verschiedenen Auslandsmärkten. Zu einem bestimmten Zeitpunkt kann sich das Produkt im nationalen Markt in der Verfallphase befinden, während es sich in Land A in der Wachstumsphase und in Land B in der Einführungsphase befindet. In Land C ist das Produkt noch gar nicht eingeführt und daher unbekannt. Das letzte Diagramm zeigt den Abstand auf der Lebenszykluskurve zwischen Land B und dem nationalen Markt als die extremste Ausprägung dieser Situationsbetrachtung.

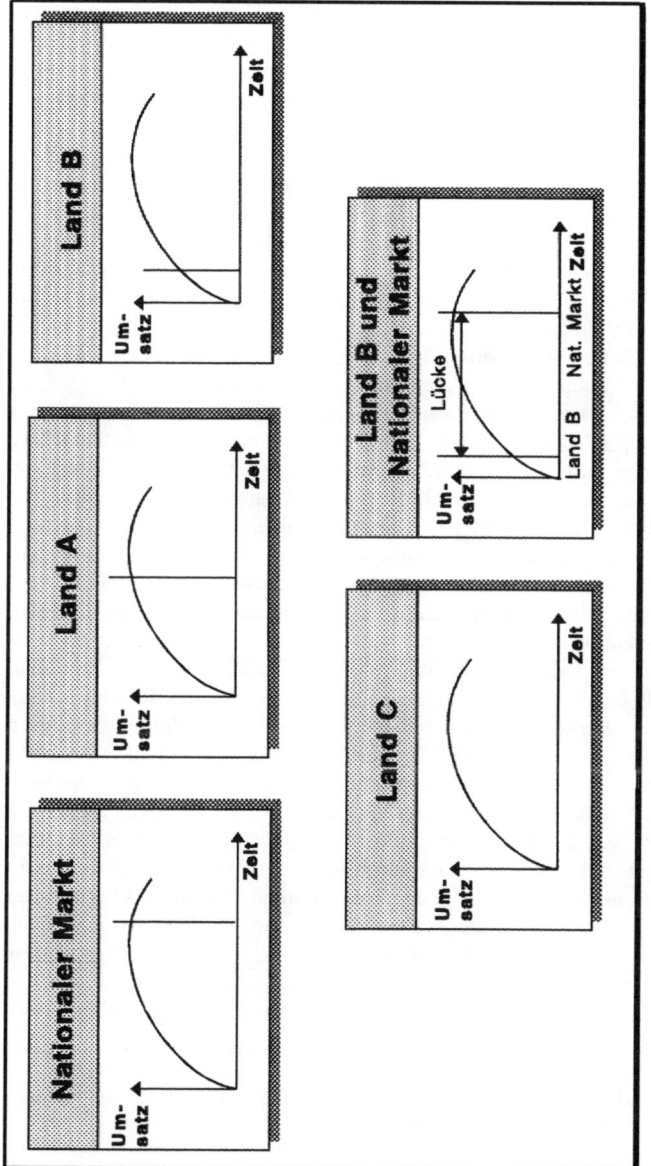

Abb. 54: Produktlebenszyklusstadien in verschiedenen Auslandsmärkten
Quelle: Meffert und Althans 1982, S. 124

Ein empirischer Nachweis für Gültigkeit und Anwendbarkeit des Produktlebenszykluskonzepts bei der Maßnahmenplanung im internationalen Marketing allgemein als auch speziell für das »Timing« der Produkteinführung auf mehreren Auslandsmärkten wurde bisher nur ansatzweise geführt.

Die **praktischen Einsatzmöglichkeiten** einer Produktpolitik auf der Basis des Lebenszyklusmodells müssen kritisch gesehen werden. Wie in der Kritik am allgemeinen Produktlebenszykluskonzept (Abgrenzung der Phasen, Gesetzmäßigkeit, Veränderbarkeit durch Marketing-Maßnahmen), so ist auch hier an der Allgemeingültigkeit des Konzepts zu zweifeln (Meffert 1988a, S. 33ff.). Beispielsweise wird angemerkt, daß im Inland aktuelle Produkte den ausländischen Abnehmern kaum vorenthalten werden können, wenn dieser Markt als noch nicht »reif« eingestuft wird, der Bedarf aber bereits erkennbar ist (Berekoven 1985, S. 153ff.). Eine mechanische Anwendung dieser zeitlichen Differenzierung in dem Sinne, daß man ein Produkt auf dem Inlandsmarkt veralten läßt und danach einen neuen Aufschwung durch Auslandsmarkteinführung initiiert, erscheint nur vereinzelt möglich. Bessere **Informationsmöglichkeiten** der Konsumenten und erhöhter **Wettbewerbsdruck** verwischen die Konturen länderspezifischer Produktlebenszyklen. Jedoch erscheint unter **organisatorischen** und **finanziellen** Aspekten eine zeitliche Staffelung der Neueinführung sinnvoll (kostspielige, risikoreiche und arbeitsintensive Produktinnovation).

Das internationale Unternehmen verfügt im Rahmen der Produktinnovationen über wesentlich günstigere Voraussetzungen bei der **Gewinnung von Neuproduktideen**, da es sich Zugang zu einem bedeutend größeren Potential von brauchbaren Informationsquellen und -kanälen verschaffen kann. Um aber eine systematische Sichtung und Sammlung der Vielzahl von Produktideen und Informationen, die die internationale Unternehmung von Forschungsabteilungen, Mitarbeitern, Kunden, Lieferanten, Konkurrenten etc. erhält, hinsichtlich ihrer Brauchbarkeit durchführen zu können, ist es sinnvoll, eine **internationale Neuprodukt-Abteilung** innerhalb des Unternehmens zu installieren. Ihre Aufgabe ist es, eine erste Selektion der Anregungen vorzunehmen und die genauere Überprüfung der verbleibenden Produktideen zu koordinieren (Ghoshal 1988, S. 365ff.; Jeannet und Hennessey 1992, S. 366; Toyne und Walters 1993, S. 397ff.).

Japanische Unternehmen zeichnen sich im Gegensatz zu amerikanischen und europäischen Herstellern durch eine eigenständige Art der Neuproduktentwicklung aus. Im Vergleich zu diesen Unternehmen, die über einen relativ langen Zeitraum Neuprodukte bis zur Marktreife entwickeln, bringen japanische Unternehmen frühzeitig mehrere Neuproduktvarianten auf den Markt und lassen dann die Nachfrager entscheiden, welche Variante langfristig weiterentwickelt und weitergeführt werden soll (Bolz 1992, S. 138; Czinkota und Kotabe 1990, S. 31ff.).

Die Besonderheit des **Neuproduktplanungsprozesses** im internationalen Marketing illustriert Abbildung 55.

Aufgaben der Neuproduktplanung	Phase des Neuprodukt-planungs-prozesses	Besonderheiten und Implikationen für die Produktpolitik
• Förderung der Kreativität • Einrichtung von Gremien zur Ideen-Produktion und Stellen zur Ideensammlung	**Ideen-gewinnung**	• Aufforderungen zur Ideensammlung an alle Auslandsnieder-lassungen und Tochtergesellschaften • Koordination der Sammlung und Weiterleitung von Produktideen zur Neuproduktabteilung
• Formulierung spezifischer produktpolitischer Ziele, Abstimmung mit Unternehmensziel • Entwicklung von Produkt-Punkt-bewertungen	**Vorauswahl der Produktideen (screening)**	• Länderspezifische Anpassung globaler Produkt- und Unternehmensziele • Erweiterung der Produktbewertungs-modelle um Inter-nationale Kriterien, insb. Standardi-sierungsmöglichkeiten
• Break-Even-Analyse oder andere Wirtschaftlich-keitsrechnungen	**Wirtschaft-lichkeits-analyse**	• Break-Even-Analyse in ausgewählten (repräsentativen) Auslandsmärkten, Kumulierung der Break-Even-Analysen
• Entwicklung des Produkts, Ent-scheidungen über Design, Verpackung, Markierung • Markt- und Produkttest	**Ideen-verwirklichung**	• Überprüfen, ob Produkt-eigenschaften, Ver-packung, Markierung mit Gesetzen in Ziel-märkten konform gehen • Markt- und Produkt-tests in ausgewählten Märkten • Austausch von Er-fahrungen zwischen Tochtergesellschaften und Muttergesell-schaften

Abb. 55: Prozeß der Neuproduktplanung im internationalen Marketing

4.212 Produktvariation

Die Darstellung des Produktinnovationsprozesses verdeutlicht die Komplexität und den zeitlichen und technischen Umfang einer Neuproduktentscheidung. Ein einfacheres und weniger einschneidendes Instrument der Produktpolitik ist die **Produktvariation.**

Die technische Entwicklung und der starke Wettbewerbsdruck auf den Weltmärkten haben zu einer erheblichen Verkürzung der Produktlebenszyklen und zu einer Angleichung von Produktqualität, -leistung, -design und -preis geführt. Dieser Entwicklung steht eine stärkere Individualisierungstendenz der Konsumentenbedürfnisse, insbesondere in westlichen Industriestaaten, gegenüber. Produktvariationen bilden den Ansatzpunkt, um die Produkte den sich wandelnden Verbraucherbedürfnissen anzupassen und gegenüber den Konkurrenzprodukten zu differenzieren. Sie können wesentlich zur Verlängerung des Produktlebenszyklus beitragen (Koppelmann 1997, S. 580f.).

Die Produktvariationsentscheidung befaßt sich mit der Veränderung von Produkten, die sich bereits im Produktprogramm befinden und im Auslandsmarkt eingeführt sind. Die Grundfunktion des Produktes bleibt erhalten, es werden lediglich ästhetische, physikalische, funktionale und/ oder symbolische Eigenschaften verändert. Weiterhin kann eine Produktvariation durch das Angebot neuer oder veränderter Zusatzleistungen erfolgen (Walldorf 1987, S. 491).

Die **Produktdifferenzierung durch Werbung** ist demgegenüber nicht zu den Entscheidungstatbeständen der Produktvariation zu zählen, weil hier gleiche Produkte durch den differenzierten Einsatz von kommunikationspolitischen Instrumenten vom Konsumenten unterschiedlich wahrgenommen werden sollen.

Die Definition der Produktvariation als die »Anpassung von Produkten auf den Auslandsmärkten« macht die Überschneidung zum Tatbestand einer länderübergreifend unterschiedlichen Produktpolitik deutlich. Im folgenden soll daher unter Produktvariation die Veränderung des Produktprogramms bzw. einzelner Produkte auf allen Auslandsmärkten verstanden werden. Daher sind internationale Produktvariationsstrategien nicht segmentgerichtet, sondern das Unternehmen bearbeitet mit mehreren Produktvarianten den Gesamtmarkt. Der dadurch bedingte Wettbewerb zwischen den eigenen Produkten wird bewußt in Kauf genommen. Diese Strategie wird auch als »Multibrand-Marketing« bezeichnet. Werden Produkte demgegenüber nur für einzelne Ländermärkte angepaßt, handelt es sich um den Fall der differenzierten Produktpolitik (vgl. Kapitel 4.23).

Ein bekanntes Beispiel für ein Multi-Brand-Marketing liefert der japanische Uhrenhersteller Seiko mit den auf bestimmte Preissegmente ausgerichteten Marken Lassale, Credor, Seiko, Pulsar und Lorus (Barwise und Robertson 1992, S. 281).

Die **Ziele einer Produktvariation** sind Wachstum, Anpassung an Verbraucherwünsche, Spezialisierung, Kapazitätsauslastung und Rationalisierung der Fertigung. Zum anderen kann sich die Notwendigkeit einer Produktvariation aus einer differenzierten Marketingstrategie der anderen Instrumente ergeben. So läßt sich z.b. eine Preisdifferenzierung innerhalb der Ländermärkte oftmals nur kombiniert mit einer Produktvariation durchsetzen, unabhängig davon, ob die Auslandsmärkte insgesamt standardisiert oder differenziert bearbeitet werden.

Grundsätzlich sind zwei Arten der Produktvariation zu unterscheiden:

Ein **Produkt-Relaunch** besteht in der Veränderung wesentlicher Produkteigenschaften eines alten Produktes. Dabei wird das ursprüngliche Produkt aus den Auslandsmärkten genommen, so daß sich die Gesamtzahl der angebotenen Produkte nicht verändert.

Oftmals steht jedoch einem Relaunch die Markenhistorie entgegen. So entwickelte Unilever 1983 in den USA ein innovatives Produktkonzept für Waschmittel: Neben dem sichtbaren Schmutz wird der unsichtbare »Geruchsschmutz« entfernt. Dieses für das Waschmittel »Surf« in den USA erfolgreiche Konzept wurde nach 1985 mit unterschiedlichem Erfolg nach Europa übertragen (vgl. Abbildung 56). So zeigte sich immer dann ein unterdurchschnittlicher Erfolg, wenn ein Relaunch einer aktiven Marke versucht wurde: Der negative Trend konnte nicht aufgehalten werden. Demgegenüber war Lever mit einem Einsatz des »Geruchsschmutz«-Konzeptes bei neuen bzw. inaktiven Marken erfolgreicher.

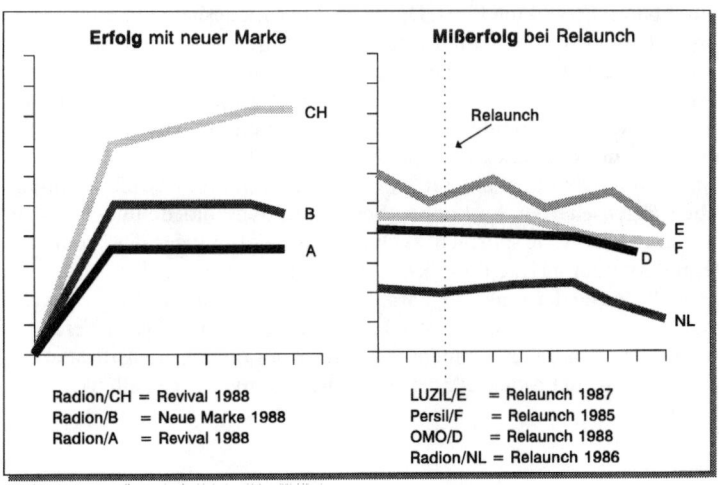

Abb. 56: Übertragung des »Geruchsschmutz«-Konzeptes auf europäische Märkte bei Lever

171

Bei einer **Produktmodifikation** wird ein bestehendes Produkt durch bestimmte Veränderungen einzelner Elemente verändert und zusätzlich zum bestehenden Programm angeboten. Die Zahl der angebotenen Produkte wächst, das Absatzprogramm wird erweitert.

Die Produktvariation beinhaltet verschiedene Ansatzpunkte für Veränderungen, die sich entsprechend der Elemente des Produktes unterscheiden lassen. Die Grundfunktion (Produktfunktion wie »leuchten«, »transportieren«, »heizen«) kann dabei nicht Gegenstand einer Variationsentscheidung sein, da sie durch das bestehende Produkt fest vorgegeben ist. Bei den **physischen und funktionalen Eigenschaften** sind Veränderungen des Materials, der technischen Konstruktion, der Art und Weise der Funktionserbringung sowie der Einbau zusätzlicher Eigenschaften möglich, die den Gebrauchsnutzen erhöhen bzw. einen Zusatznutzen des Produktes bieten. Ein in den letzten Jahren immer stärker verbreitetes Verfahren zur individuelleren Anpassung besonderer funktionaler Produkteigenschaften stellt die Entwicklung von **Baukastensystemen** dar (Toyne und Walters 1993, S. 433f.). Basismodelle in der Pkw-Branche werden dabei z.b. mit Sonderausstattungen und »Länderausrüstungspaketen« so kombiniert, daß sich darauf ein weltmarktfähiges und zugleich kostengünstiges Produktionsprogramm aufbauen läßt.

Weiterhin können die **ästhetischen Eigenschaften** den sich wandelnden Konsumentenwünschen und Umweltbedingungen angepaßt werden. Hierbei kommt auch der Gestaltung der Verpackung eine wachsende Bedeutung zu. Es ist zu berücksichtigen, daß die Ausrichtung der Produktgestaltung an funktionalen Kriterien zu einer Uniformität und austauschbaren Produkten führt. Die Produkte sind deshalb mit erlebnisbetonten Design-Komponenten auszugestalten, die den Konsumenten emotionale Eindrücke wie Frische, Geborgenheit, Jugendlichkeit, Erotik, Alternativsein usw. vermitteln (Kroeber-Riel 1992a). So versucht z.B. die Firma Rowenta mit Hilfe eines erlebnisbetonten Designs einen Toaster als »Teil eines Frühstückserlebnisses« darzustellen.

Ein weiterer Ansatzpunkt für eine Produktvariation sind die **symbolischen Eigenschaften**. So können bestimmte Symbolbedeutungen eines Produktes (modern, sportlich, exklusiv) das Gesamtimage des Produktes verändern oder auf die Produktvarianten übertragen werden.

Auch die **Zusatzleistung** wie Garantie, laufende Beratung, Lieferservice, Kundendienst etc. gehören zu den Eigenschaften des Produktes. Veränderungen des Produktes können somit auch bei diesen Dienstleistungen ansetzen, um ein Produkt für den Kunden attraktiver zu gestalten (Meinig 1984).

4.213 Produkteliminierung

Neben der bereits erwähnten Schaffung neuer Produkte oder Veränderung bestehender Produkte ist die Elimination einzelner Produkte aus dem Programm der Unternehmung ein weiterer wichtiger Entscheidungstatbestand im Rahmen der Produktpolitik. Die Eliminierung ganzer Produktgruppen führt demgegenüber zu einer Redefinition strategischer Geschäftsfelder und wird an dieser Stelle nicht weiter behandelt.

Ein wesentlicher Grund für die **Produkteliminierung** liegt in der Konkurrenz um knappe Ressourcen wie Produktionskapazitäten, Marketingbudgets und Personal. Diese Ressourcen werden von neuen oder veränderten Produkten gleichfalls beansprucht. Es ist somit notwendig, eine objektiv fundierte Entscheidung über die Beibehaltung oder Herausnahme einzelner Produkte aus dem Programm der Unternehmung zu treffen.

Die erste Stufe des **Eliminierungsprozesses** besteht in einer ständigen Kontrolle des bestehenden Programms, um durch das rechtzeitige Erkennen von Engpässen die Eliminierungsüberlegung in Gang setzen zu können. Diese Anregungsinformationen lassen sich aus unterschiedlichen Quellen gewinnnen. Die systematische **Programmüberwachung** setzt zum einen an einer ständigen Kontrolle der Zielerreichungsgrade (Gewinn, Marktanteil) des bestehenden Programms an. Die Position der Produkte im Produktlebenszyklus in den verschiedenen Ländermärkten und die Auswertung von Programmstrukturanalysen geben weitere Hinweise für die Notwendigkeit einer Produkteliminierungsentscheidung.

Zusätzlich sind Informationen über die **Kapazitätsauslastung** in der Produktion und über den Lagerbestand in diese Überlegungen einzubeziehen. Diese internen Informationen geben also wertvolle Hinweise darüber, ob bestimmte Produkte nicht mehr mit den Zielen der Unternehmung übereinstimmen und im Vergleich mit anderen Erzeugnissen ungünstiger erscheinen.

Darüber hinaus müssen auch **externe Anregungsinformationen** in den Prozeß der Produkteliminierung einbezogen werden. Dabei sind Informationen über die **Verknappung notwendiger Ressourcen** (Rohstoffe, Energie) oder technologische **Entwicklungen** im Bereich des entsprechenden Produktes zu berücksichtigen. Weiterhin kann auch durch **gesetzliche Regelungen oder Änderungen** in der Wirtschafts-, Handels- und Währungspolitik (Zölle, Inflation) die Notwendigkeit solcher Eliminierungsentscheidungen gegeben sein. Schließlich müssen auch **ökonomische Entwicklungen** wie Rezession oder Verschiebung der Kaufkraftstruktur in einzelnen Ländern in die Überlegungen miteinbezogen werden.

Um eine objektive und systematische Entscheidung über die Aussonderung von Produkten aus dem Programm zu ermöglichen, ist es notwendig, Kriterien festzulegen, die als Maßstab für eine Eliminierung dienen. Da-

bei sind sowohl quantitative als auch qualitative Größen heranzuziehen. Als **quantitative Maßstäbe** werden zahlenmäßig erfaßbare Daten benutzt, die die entsprechenden Zielausprägungen des Unternehmens widerspiegeln:
- sinkender Umsatz
- sinkender Marktanteil
- geringer Umsatzanteil
- sinkende Deckungsbeiträge
- sinkender Kapitalumschlag
- sinkende Rentabilität
- ungünstige Umsatz/Kosten-Relation
- hohe Beanspruchung knapper Ressourcen.

Als Beispiele **qualitativer Eliminierungskriterien** sind zu nennen:
- Störungen im Produktionsablauf
- Einführung von Konkurrenzprodukten
- Negativer Einfluß auf das Firmenimage
- Änderungen der Bedarfsstruktur
- Änderung gesetzlicher Vorschriften
- technologische Veralterung.

Insbesondere im internationalen Marketing müssen zahlreiche weitere Gesichtspunkte betrachtet werden, die über die Leistungsfähigkeit der Produkte oder Programmteile hinausgehen. Dies sind
- notwendige local content-Anteile im Produktprogramm
- Beeinträchtigung der Versorgung der lokalen Bevölkerung durch eine Eliminierung
- Arbeitsplatzsicherung
- Umweltbelastungen.

Die einzelnen Entscheidungen der Innovation, Variation und Eliminierung von Produkten können nicht isoliert getroffen werden. Sie sind stets im Gesamtzusammenhang der betrieblichen **Programmpolitik** zu sehen. Das Produktprogramm einer Unternehmung muß sich ständig ändernden Umweltbedingungen anpassen, damit es das Zielsystem optimal erfüllen kann. Bei einer konsequenten Umweltorientierung wird sich das Gesamtsortiment des internationalen Unternehmens aus Produkten zusammensetzen, von denen nur wenige auf allen Märkten angeboten werden.
Eine Sonderstellung im Rahmen der Programmplanung nehmen **Diversifikationsentscheidungen** ein. Eine Diversifikation liegt immer dann vor, wenn das Unternehmen zusätzliche Produkte aufnimmt, die auf neuen Märkten angeboten werden. Die Diversifikation ist somit ein Spezialfall der Innovation. Sie dient als Mittel zur Wachstumssicherung und insbesondere zur Risikostreuung und hat somit grundsätzlich strategischen Charakter. Eine Diversifikation kann durch eigene Forschungsarbeit

oder aber durch Akquisition anderer Unternehmen oder Beteiligungen erfolgen.

Horizontale Diversifikation bezeichnet den »Anbau« von Erzeugnissen an ein bestehendes Programm, die mit diesen noch in einem Zusammenhang stehen (z.b. gleiche Werkstoffe, ähnliche Technik, verwandter Teilmarkt, gleiches Abnehmersegment, bestehendes Vertriebssystem).

Vertikale Diversifikation bedeutet die Erweiterung der Unternehmensaktivitäten sowohl in Richtung Absatz (z.b. eigener Vertriebsweg) als auch in Richtung Rohstoffe oder Vorprodukte.

Laterale Diversifikation ist durch vollständig neue Produkte gekennzeichnet, die keinerlei Zusammenhang zum bestehenden Programm aufweisen.

4.22 Markenpolitische Entscheidungen

Neben der Produkt- und Programmpolitik nimmt auch die markenpolitische Gestaltung einen breiten Raum in der Realisierung des internationalen Marketing ein. Versteht man unter der Markenpolitik alle Maßnahmen, die mit der Markierung von Produkten (Name, Symbole, Zeichen) verbunden sind, so ergeben sich als Hauptaufgaben der Markenpolitik vor allem Entscheidungen hinsichtlich des Markennamens, der Verpackung und des Produktdesigns. Ihre Ziele sind wie folgt:

– Durch die Marke sollen beim Konsumenten **Präferenzen** geschaffen werden. Es wird angestrebt, durch die Markierung, ausgehend vom Produktnutzen, einen Zusatznutzen, z.B. in Form eines Prestigevorteils, zu erreichen.

– Bei den Konsumenten soll ebenso **Markentreue** aufgebaut werden. Das so erreichte Stammkundenpotential dient der Stabilisierung des Absatzes.

– Das **akquisitorische Potential** des eigenen Sortiments soll erhöht werden. Die Marke dient der **Profilierung** gegenüber Konkurrenzprodukten bzw. den konkurrierenden Unternehmen. Ebenso soll mit einer unterschiedlichen Markierung der Produkte dem Unternehmen die Möglichkeit einer **differenzierten Marktbearbeitung** gegeben werden.

– Bekannte Marken können Grundlage eines **Firmenimages** sein. Eine Marke ist für das Unternehmen ein geeignetes Kommunikationsmittel, das aufgrund seines hohen Bekanntheitsgrades und seines Images zum Aufbau einer **Corporate Identity** beiträgt.

– Der Markenartikel soll aufgrund seiner eigenständigen Stellung am Markt dem Unternehmen einen **preispolitischen Spielraum** verschaffen.

Die Markierung eines Produktes ist damit wohl das wichtigste Mittel der **Produktidentifikation**. Weltmarken weisen i. d. R. folgende Eigenschaften auf (Quelch 1996, S. 13):
– geographisch ausgeglichene Verkaufszahlen
– einheitliche Positionierung über Markenkern
– weltweit ähnliche Nachfragersegmente
– einfach auszusprechender Markenname
– starke Heimatmarktposition als Hintergrund.

Die Einhaltung aller dieser Anforderungen ist nicht immer zu verwirklichen. Die ausländische Rechtsprechung, die oft einheimische Unternehmen bevorzugt, sowie andere länderspezifische Eigenschaften machen Anpassungsmaßnahmen erforderlich. So gibt es Produkte, die nur in wenigen Ländern unter der gleichen Marke vertrieben werden.
Ein besonderes Problem liegt in der Frage, inwieweit ein Produkt, das unter einem einheitlichen Markennamen angeboten wird, in den einzelnen Ländern in unterschiedlicher Qualität angeboten werden darf. Notwendige Änderungen z.b. geschmacklicher Art, können der Identifikationsfunktion der Marke widersprechen, wenn ein Reisender im Ausland »seine« Marke erwirbt. Auch hier muß das internationale Unternehmen zwischen den Bedürfnissen der länderspezifischen Zielgruppen und den Vorstellungen der »internationalen« Zielgruppe abwägen.
Innerhalb der EU besteht die Möglichkeit, den Markennamen als »**Euro-Marke**« für alle Mitgliedsländer gleichzeitig schützen zu lassen. In einem Markenamt sollen alle Marken aus europäischen Ländern archiviert werden. Bei Neuanmeldungen kann geprüft werden, ob verwechselbare Markennamen bereits vorliegen.
Internationale Markenstrategien beinhalten zwei zentrale Entscheidungtatbestände. Zum einen muß festgelegt werden, für welche geographischen Märkte die Markenpolitik geplant werden soll. Zum anderen steht die Frage nach der »horizontalen« Markenstrategie, also nach der Entscheidung, wieviele Produkte unter einer Marke geführt werden sollen, im Vordergrund.
In Abhängigkeit vom Ausmaß der Anpassung an nationale Gegebenheiten lassen sich prinzipiell zwei **Grundformen der internationalen Markenpolitik** unterscheiden. Ausgehend von einer geozentrischen Orientierung des Management basieren Weltmarken (**global brands**) auf einem länderübergreifend einheitlichen Markenauftritt, wie dies z.B. bei Coca-Cola, Marlboro oder Pampers der Fall ist. Eine Weltmarke ist in ihrer idealen Ausprägung ein weltweit einheitliches Produkt hinsichtlich Markierung, Qualität sowie Verpackung im Rahmen eines integrierten, einheitlichen Preis-, Werbe- und Distributionskonzeptes (Keegan 1989, S. 370). Demgegenüber werden **lokale Marken** im Hinblick auf einzelne Länder konzipiert, wie dies z.B. Nestlé mit den Marken Sarotti, Alete oder Thomy praktiziert (Rüschen 1984, S. 47).

Eine vorrangige Frage ist in diesem Zusammenhang, inwieweit bei globalen oder regionalen Marken Anpassungen etwa in der Qualität oder in Ausstattungsmerkmalen vorgenommen werden können, ohne daß das Markenartikelkonzept gefährdet wird und bei international mobilen Verbrauchern neue Irritationen auftreten.

Bei Coca-Cola gehen beispielsweise regelmäßig Konsumentennachfragen ein, warum in den Getränken Fanta oder Coca-Cola in einigen Ländern Europas (Deutschland, Spanien, Italien, Großbritannien) – lebensmittelrechtlich bedingte – Unterschiede hinsichtlich Farbe und Geschmack bestehen (Kreutzer 1989b, S. 569).

Die Möglichkeiten zur Umsetzung einer globalen Markenpolitik bzw. die Notwendigkeit im Sinne einer angepaßten lokalen Vorgehensweise hängen dabei in besonderem Maße von der verfolgten (horizontalen) Markenstrategie ab.

Die Frage, ob eine oder mehrere Produktkategorien unter einer oder mehreren Marken geführt werden sollen, gehört in diesem Zusammenhang zu den zentralen Problemen bei der Festlegung von Markenstrategien (vgl. Abbildung 57). Dabei kann zwischen der Einzelmarken-, Mehrmarken-, Markenfamilien- und Dachmarkenstrategie im internationalen Marketing unterschieden werden (Meffert 1992, S. 129ff.).

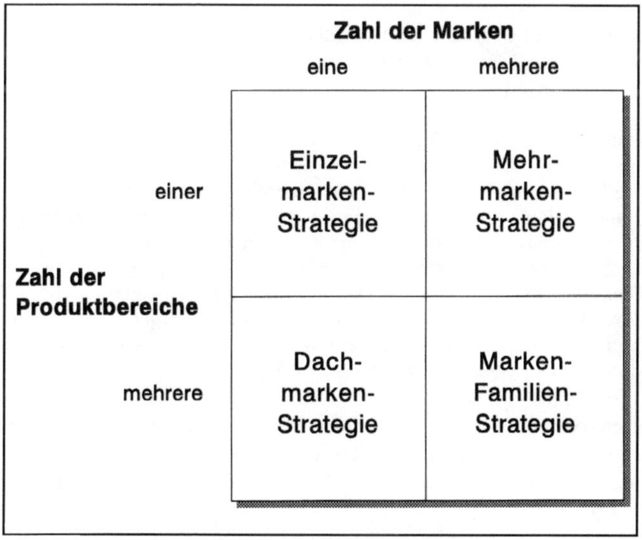

	Zahl der Marken	
	eine	mehrere
Zahl der Produktbereiche einer	Einzel-marken-Strategie	Mehr-marken-Strategie
mehrere	Dach-marken-Strategie	Marken-Familien-Strategie

Abb. 57: Markenstrategien im internationalen Marketing

Bei der **Einzelmarkenstrategie** wird für jeden Produktbereich eine eigene Marke konzipiert, die jeweils nur ein Marktsegment besetzt.

Procter & Gamble und Lever sind z.b. Vertreter dieser Kategorie, deren Identität sich hinter Markennamen wie Ariel, Meister Proper, Pampers (Procter & Gamble) und Sunil, Coral (Lever) verbirgt.

Demgegenüber werden bei der **Mehrmarkenstrategie** in einem Produktbereich mindestens zwei Marken parallel geführt, die jeweils nicht ein spezielles Segment ansprechen, sondern auf den Gesamtmarkt ausgerichtet sind. Die einzelnen Marken sind durch Variationen in den Produkteigenschaften, im Preis oder kommunikativen Auftritt gekennzeichnet.

Henkel stellt sowohl im Reinigungsmittelmarkt (»Dor«, »Der General«) als auch im Waschmittelbereich (»Persil«, »Weißer Riese«, »Spee«, »Fakt«) ein Beispiel für diese Strategie dar.

Bei der **Markenfamilienstrategie** werden unter einer Marke mehrere Produktkategorien geführt.

Hinter der Marke Nivea von Beiersdorf stehen Produkte wie Allzweckcreme, Körpermilch, Sonnencreme, Haarshampoo, Duschgel, Rasiercreme und After Shave. Bei der Markenfamilienstrategie können innerhalb eines Unternehmens auch mehrere Familien in einem speziellen Sortimentsbereich oder in verschiedenen ähnlichen Sortimenten nebeneinander laufen.

Eine solche Markenstrategie setzt voraus, daß für die Produkte der Markenfamilie ähnliche Marketingmixstrategien und ein gleichwertiges Qualitätsniveau vorliegen.

Deshalb wurden für die unter der Markenfamilie Nivea zusammengefaßten Produkte konkrete Grundsätze für die internationale Markenführung festgelegt. So soll in den jeweiligen Teilmärkten eine Qualitätsführerschaft angestrebt und die Produkte bei einer breiten Distribution zu einem guten Preis-Leistungs-Verhältnis verkauft werden. Die Produkte dürfen dabei in den einzelnen Teilmärkten zwar eine eigene Markenpersönlichkeit aufbauen, müssen jedoch alle das gleiche Nutzenversprechen der Pflege und Milde erfüllen. Dies führte zu einer Verjüngung des Images der Muttermarke und zur Stärkung aller unter der Marke Nivea geführten Produkte. Gleichzeitig führte die kontinuierliche Marktausweitung zur Gewinnung von neuen Konsumentengruppen (Prick 1988, S. 92 ff.).

Die **Dachmarkenstrategie** faßt sämtliche Produkte eines Unternehmens unter einer Marke zusammen. Bei Unternehmen mit Gütern des täglichen Bedarfs und vor allem bei Dienstleistungen und Investitionsgütern ist diese Strategie häufig zu finden.

Neben BMW, Citroen, Renault, Volvo im Automobilbereich und Apple, IBM, Epson, Microsoft im Computerbereich bilden Xerox (Kopiergeräte), Kodak (Photo) und Pfanni (Nahrungsmittel) Dachmarken, deren Firmenname zur Marke geworden ist. Daneben kann sich der Name des Firmeninhabers auch zur Dachmarke entwickeln, z.b. bei Rodenstock (Brillen) oder Hennessy (Cognac). Die Tatsache, daß nahezu 80 % der angemeldeten Dienstleistungsmarken Dachmarken sind, verdeutlich die Bedeutung dieser Markenstrategie für den Dienstleistungsmarkt. Marken wie Allianz (Versicherung), American Express (Kreditkarten), McKinsey (Beratung), Swissair (Luftverkehr) und TUI (Tourismus) stellen nur einige Beispiele dar.

Die Abbildungen 58a und 58b zeigen in einer Übersicht die Vor- und Nachteile der einzelnen markenstrategischen Optionen.

Unter Wachstumsaspekten können weiterhin Strategien der **Line-Extension** und der **Brand Extension** unterschieden werden. Eine »Line Extension« liegt dann vor, wenn neue Produkte im Rahmen einer existierenden Produktkategorie eingeführt werden (z.b. die Einführung von »Ariel Ultra« in den europäischen Märkten). Von einer »Brand Extension« wird dann gesprochen, wenn es sich um neue Produkte mit gleichem Markennamen in einer weiteren Produktkategorie handelt (z.b. Persil Geschirrspülmittel in Großbritannien von Lever).

Eine zentrale Voraussetzung für die Brand Extension, insbesondere bei wenig verwandten Produktkategorien, stellt der erfolgreiche **Markentransfer** dar. Denn stagnierende Märkte und das hohe Investitionsrisiko bei der Suche nach neuen Wachstumsmöglichkeiten veranlassen eine Vielzahl von Unternehmen, das Erfolgspotential bereits im Markt etablierter Marken durch einen Markentransfer auszunutzen. Dieser ist hierbei primär als eine Unternehmensaktivität zu verstehen, bei der unter Zuhilfenahme eines gemeinsamen Markennamens positive Imagekomponenten von einer Hauptmarke eines bestehenden Produktebereiches auf ein Transferprodukt einer neuen Produktkategorie übertragen werden (Aaker 1990, S. 47; Meffert, Heinemann 1989, S. 6).

Auf diese Weise dehnte Dunhill seine Produktpalette ausgehend vom klassischen Bereich der Tabak-, Zigaretten- und Pfeifenmarken erfolgreich aus und bietet heute u.a. Herrenbekleidung, Herrenkosmetik, Schreibartikel und Uhren an, die mittlerweile ca. 90 % des Gesamtumsatzes ausmachen. Im Dienstleistungsbereich hat z.B. das Reiseunternehmen Club Mediterranée einen Markentransfer auf Konsumgüter wie Freizeit-, Kosmetikartikel, Uhren, Brillen und Fahrräder vorgenommen (Hätty 1989, S. 247).

Neue Herausforderungen an die internationale Markenpolitik ergeben sich durch strategische Allianzen, deren Partner gemeinsam am Markt auftreten. In diesem Fall werden drei zentrale Anforderungen an die Marke gestellt:
1. Schaffung einer gemeinsamen Identität in den Augen der Nachfrager.
2. Differenzierung gegenüber Weltbewerbern.
3. Gewährung eines Gestaltungsspielraums für die Identität der einzelnen Partner (Meffert und Netzer 1997a, S. 29 f.).

	Vorteile	Nachteile
Einzelmarken-strategie	• Spezifische Positionierung • Potential für eine globale/regionale Marke • wenig Ausstrahlungseffekte auf andere Marken • Geringer Koordinationsbedarf zwischen Marken • Marktanteils- und Kosten-degressionseffekte	• Markenkosten trägt ein Produkt • Hoher Abstimmungsbedarf zwischen Ländern • Geringe Flexibilität bei länder-spezifisch verschiedenen Produkt-lebenszyklen • Amortisationsproblematik bei kurzen Lebenszyklen
Dachmarken-strategie	• Ansprache neuer Zielgruppen durch Marktausweitung • Möglichkeiten der teilweisen länderspezifischen Differenzierung durch verschiedene "Markentiefe" • Verringerung des Floprisikos • Hohe Akzeptanz im Handel • Produkte tragen Markenaufwand gemeinsam	• Eindeutige Markenprofilierung wird erschwert • Negative Ausstrahlungseffekte zwischen Marken/Ländermärkten • Hoher markenspezifischer Koordinationsbedarf • Gefahr von Substitutions-beziehungen • Gefahr der länderüber-greifenden "Aufblähung" des Dachmarkensortiments

Abb. 58a: Vor- und Nachteile unterschiedlicher Markenstrategien im internationalen Marketing

Vorteile	Nachteile
Mehrmarken-strategie	
• Hohe Marktausschöpfung	• Gefahr der Übersegmentierung
• Halten von Markenwechslern	• Kannibalisierungseffekte
• Breite Regalplatzabdeckung im Handel	• Geringe Marktanteils- und Kostendegressionseffekte
• Geringe negative Ausstrahlungseffekte	
• Möglichkeiten der länderübergreifenden Differenzierung	
• Schutz der übrigen Produkte durch Einführung von "Kampfmarken"	
Markenfamilien-strategie	
• Hohe Markenausschöpfung	• Gefahr negativer Ausstrahlungseffekte bei unterschiedlichen Marketingmixstrategien
• Verringerung des Floprisikos	• Hoher Abstimmungsbedarf
• Hohe Handelsakzeptanz	• vgl. auch Nachteile Dachmarkenstrategie
• Goodwill-Übertragung	
• vgl. auch Vorteile Dachmarkenstrategie	

Abb. 58b: Vor- und Nachteile unterschiedlicher Markenstrategien im internationalen Marketing

181

4.23 Standardisierung der Produkt- und Markenpolitik

Oftmals ist es nicht möglich, Produkte und Marken für den länderübergreifenden Einsatz identisch zu gestalten. Mit Blick auf die einzelnen Elemente von Produkten lassen sich folgende Ursachen anführen:
Eine **Anpassung ästhetischer Produkteigenschaften** wie z.b. Form oder Farbe machen drei Haupteinflußgrößen notwendig:
– Ge- und Verbrauchsbedingungen: Die Form von Bekleidungsstücken muß z.b. den klimatischen Verhältnissen angepaßt werden;
– Ge- und Verbrauchsgewohnheiten: Unterschiedliche Haushaltsgrößen erfordern z.b. Variationen in der Packungsgröße;
– Maßgrößen: Unterschiedliche Maß-, Gewichts- und Normensysteme machen Differenzierungen nach Form und/oder Größe notwendig.

Für die **physikalischen Eigenschaften** eines Produktes sind folgende Einflußgrößen hinsichtlich der Produktdifferenzierung besonders wichtig:
– Ge- und Verbrauchsbedingungen: Z.B. kann tropisches Klima eine stoffliche Differenzierung von Lebensmitteln aus Gründen der Haltbarkeit mit sich bringen;
– Ge- und Verbrauchsgewohnheiten: Präferenzunterschiede der Konsumenten bezüglich geschmacklicher Eigenschaften von Konsumgütern machen die Variation der physikalisch-chemischen Elemente eines Produktes notwendig;
– Gesetzliche Bestimmungen: nationale Lebens- und Arzneimittelgesetze, Vorschriften über Nikotin- und Alkoholhöchstgehalt, Umweltschutz- und Sicherheitsvorschriften.

Insbesondere im Investitionsgüterbereich kommt der Differenzierung **funktionaler Eigenschaften** der Produkte große Bedeutung zu. Zwei Haupteinflußgrößen sind erkennbar:
– Ge- und Verbrauchsbedingungen: Anpassungen an unterschiedliche Stromstärken oder an die fachliche Qualifikation des Bedienungspersonals;
– Staatliche Einflüsse: Umweltschutz- und Sicherheitsvorschriften.

Notwendige Differenzierungsmaßnahmen hinsichtlich **symbolischer Eigenschaften** eines Produktes wie Markenname und Verpackung können sich durch folgende Einflußgrößen ergeben:
– Ge- und Verbrauchsgewohnheiten: In manchen Ländern ist die Möglichkeit der Weiterverwendung der Verpackung nach Ge- oder Verbrauch des Produktes eine kaufbestimmende Einflußgröße;
– Ge- und Verbrauchsbedingungen: Verständlichkeit und Einprägsamkeit des Markennamens – linguistisches Problem;

Kultur-abhängigkeit	Rang	Branche
culture-free high-tech	1.	Computer Hardware
	2.	Luftfahrtgesellschaften
	3.	Photografische Ausrüstungen
	4.	Schwermaschinen
	5.	Werkzeugmaschinen
	6.	Verbraucherelektronik
	7.	Computer Software
high-touch high-interest	8.	Langlebige Haushaltsgüter
	9.	Eisenwaren
	10.	Weine und Spirituosen
	11.	Soft Drinks
	12.	Tabakwaren
	13.	Papierwaren
	14.	Kosmetika
	15.	Bier
	16.	Haushaltsreinigungsmittel
	17.	Toilettenartikel
	18.	Verlagsprodukte
	19.	Food-Produkte
	20.	Süßigkeiten, Konfekt
	21.	Textilien

Abb. 59: Standardisierbarkeit verschiedener Produktkategorien

– Unternehmensziele: Differenzierung der werblichen Elemente der Verpackung zur Absatzsteigerung.

Generell hängt die Standardisierbarkeit von der **Produktart** ab. So wird Investitionsgütern generell ein hohes Standardisierungspotential zugesprochen, gefolgt von langlebigen Konsumgütern, während die Mehrzahl der kurzlebigen Konsumgüter und ein Großteil der Dienstleistungen häufig länderspezifisch angepaßt wird (Boddewyn et al. 1986, S. 71).

Über diese Güterkategorien hinaus wird gelegentlich eine Hierarchisierung von Produkten und Dienstleistungen nach ihrer Standardisierbarkeit vorgeschlagen. Dementsprechend weisen Culture-Free-Produkte (z.B. Flugzeuge, Uhren), High-Tech-Produkte (z.B. Computer, Fernseh- und Videogeräte), Life-Style-Produkte (z.B. Coca-Cola, Jeans) und Prestige-Produkte (z.B. Haute Couture, Parfums) ein hohes Standardisierungspotential auf, während technische Produkte mit Design-Komponenten (z.B. Haushaltsgeräte), Produkte mit nationaler Identität (z.B. Wein) ein mittleres und Verlagsprodukte sowie Grundnahrungsmittel ein relativ geringes Standardisierungspotential aufweisen (vgl. Abbildung 59).

Die Problematik der Produktvereinheitlichung verdeutlichen auch die Ergebnisse einer aktuellen GfK-Studie (Anders 1990, S. 4). So weichen

	D	F	E	GB	I
Marke	27 %	36 %	56 %	36 %	8 %
Garantie	20 %	22 %	35 %	31 %	15 %
Preis	44 %	47 %	41 %	40 %	27 %
Qualität	72 %	58 %	72 %	49 %	55 %
Verpackung	4 %	6 %	6 %	6 %	3 %

Abb. 60: Wichtigkeit von Kaufkriterien in fünf europäischen Ländern
Quelle: Anders 1991, S. 4

die Wichtigkeiten einzelner Produktmerkmale für die Kaufentscheidung
in den europäischen Kernmärkten deutlich voneinander ab, wie die Abbildung 60 verdeutlicht.

Vor diesem Hintergrund soll im folgenden aufgezeigt werden, welche
Standardisierungspotentiale sich für einzelne Aktivitäten in der Produkt-
und Markenpolitik ergeben.

Instrumentebezogene Bemühungen um eine Standardisierung des Marketing richteten sich in der Vergangenheit vor allem auf die Produktpolitik, die sich im Vergleich zu anderen Marketinginstrumenten durch die
höchste Skalensensitivität auszeichnet (Jain 1989, S. 71). In diesem Zusammenhang sind die **Vereinheitlichung des Produktkerns** und die **Standardisierung markenpolitischer Aktivitäten** von Bedeutung.

Mit Blick auf die physischen Eigenschaften eines Produktes kann zwischen uniformen, modifizierten und angepaßten Produkten unterschieden werden. Eine **vollständige Standardisierung des physischen Produktes** kann dabei sowohl durch die Ausweitung der nationalen Produktlinie
auf andere Märkte als auch durch die Entwicklung eines Produktes erfolgen, das auf länderübergreifend ähnliche Nachfragersegmente zuge-
schnitten ist (z.B. Luxusartikel im Parfum- oder Kleidungszubehörbe-
reich). Die weitestgehende Standardisierung des Produktes liegt dann
vor, wenn ganze Produkte weltweit in identischer Form vermarktet werden, wie dies beispielsweise bei Uhren oder Produkten aus dem Audio/
Video-Bereich der Fall ist. Eine **Produktmodifizierung** erfolgt hingegen
zumeist über ein modulares Vorgehen innerhalb der Produktpolitik
(»**modulares Design**«). Eine Reihe von Produktkomponenten wird hier-

bei in großen Stückzahlen produziert und in verschiedenen Konfigurationen zusammengesetzt. Durch diese Vorgehensweise können sowohl die Vorteile der Massenproduktion genutzt als auch länderspezifische Besonderheiten berücksichtigt werden. Bei der Umsetzung einer »**built-in-flexibility**« wird schließlich das Produkt von vornherein auf verschiedene Einsatzmöglichkeiten ausgelegt (z.B. verschiedene Stromspannungen bei Haushaltskleingeräten).

Im einzelnen lassen sich für die markenpolitischen Instrumente folgende Standardisierungspotentiale aufzeigen:

Ein **einheitlicher Markenname** und **identische Markenzeichen** bilden als zentrale Elemente einer internationalen Markenidentität den Kern der markenpolitischen Standardisierung. Als Voraussetzung für eine einheitliche Markierung sind die leichte Aussprechbarkeit eines kurzen, einfach zu erlernenden Markennamens sowie dessen internationaler rechtlicher Schutz anzuführen.

Diese Kriterien mußten bei der Neuordnung der Markenstrategie von Melitta 1987 die zu entwickelnden Markennamen erfüllen. Die geschaffenen Dachmarken »Toppits«, »Swirl« und »aclimat« wurden sofort in über 100 Ländern geschützt, auch wenn Melitta nicht sofort in jedem dieser Länder aktiv war. Dabei betrugen die Kosten je registrierter Marke etwa 90.000 DM (Raithel 1987, S. 67).

Sofern im Markennamen ein Bezug zur Produktleistung hergestellt wird, erweist sich seine Standardisierung zumeist als nicht möglich. Daher heißt das Wollwaschmittel »Perwoll« in Spanien »Perlan« und in Italien »Perlana« (Lan, Lana = Wolle). Konsequenterweise werden für neue, international einheitliche Markennamen Kunstworte herangezogen, welche überall eine gleichartige (und ggf. nichtssagende) Bedeutung aufweisen (z.B. der Pkw »Acura«).

Eine Alternative zum Wechsel des Markennamens im Rahmen einer standardisierten Markenstrategie stellt die Doppelmarke mit einem langsamen Abtausch dar. Hierbei wird die ablösende Marke zunächst klein, dann immer prominenter in das Markenbild integriert. Dieser Abtausch wurde z.B. von Effem vorgenommen, als die nationale Marke PAL zur internationalen Marke Pedigree überführt wurde.

Hinsichtlich des **Produktdesigns** und der **Verpackungsgestaltung** kann für die Praxis kein einheitlicher Standardisierungsgrad festgestellt werden. Ohne Zweifel trägt aber eine einheitliche Verpackung in erheblichem Maße zu einer länderübergreifenden Markenidentität bei. Dies gilt insbesondere für Marken, die auf einer originellen Designidee beruhen. Hier ist eine Verpackungsstandardisierung zur Umsetzung der angestrebten wettbewerblichen Profilierung oft unumgänglich. Andererseits sind auch bei der Verpackung Landesbesonderheiten zu beachten (z.B. zylindrische Verpackung von Bettwäsche in Frankreich) (Whitelock 1987, S. 40).

185

Häufig wird auch die Bedeutung der Farbgebung bei der internationalen Markenvereinheitlichung unterschätzt. So machte Henkel in Österreich die Erfahrung, daß die Umstellung der vormals orangenfarbenen »Pril«-Spülmittelflasche auf das einheitliche blaue Design zu einem Marktanteilsverlust von drei Punkten führte.

Eine **einheitliche Markenpositionierung** bildet eine weitere wesentliche Voraussetzung für die Markenstandardisierung (Waltermann 1989, S. 66). Ein für alle Märkte geltender Positionierungsansatz kann auch bei den **regional brands** sicherstellen, daß der für jedes Land erfolgreiche produktpolitische Adaptionsgrad ohne Gefahr für das Kernimage festgelegt werden kann. Eine länderübergreifende Positionierung kann dabei grundsätzlich auf einer oder mehreren der folgenden Positionierungsdimensionen beruhen:
– spezifischer Produktnutzen
– bestimmte Produktmerkmale
– besondere Gebrauchsbedingungen
– bestimmte Verwenderkategorien.

Erfahrungen in der Praxis zeigen jedoch, daß hinsichtlich dieser Dimensionen sogar innerhalb der EU noch erhebliche Unterschiede bestehen, welche die Möglichkeiten einer standardisierten Positionierung limitieren. Konsequenterweise richtet sich die Aufmerksamkeit zunehmend auf Mischformen der Positionierung, die ihren Ausdruck in sog. **modularen Positionierungsstrategien** oder einer Strategie der **konzeptionellen Bündelung** finden (Waltermann 1989, S. 73ff.), wie die Abbildung 61 verdeutlicht.
Bei geringen Länderunterschieden wird mit der modularen Markenstrategie der länderübergreifend tragfähige Kernnutzen einer Marke in den einzelnen Auslandsmärkten um zusätzliche länderspezifische Nutzenelemente ergänzt und das Markenkonzept nur leicht modifiziert. Die Auswahl von Kern- und Zusatznutzen erfolgt über eine Analyse der Präferenzwirkung konkreter Produkteigenschaften auf die Markenwahl.

Untersuchungen in der Automobilbranche haben beispielsweise gezeigt, daß in einer Pkw-Modellklasse das Merkmal »Langlebigkeit« in Deutschland, Frankreich und Großbritannien die gleiche Kaufverhaltensrelevanz aufweist, während dies für »fortschrittliche Technologie« nur bedingt und »Wagengröße« gar nicht zutrifft (Waltermann 1989, S. 78). Demnach können die Langlebigkeit einer Automarke als gemeinsamer Kernnutzen länderübergreifend und die beiden anderen Dimensionen länderspezifisch herausgestellt werden.

Demgegenüber erweist sich die konzeptionell gebündelte Markenstrategie als sinnvoll, wenn in den internationalen Märkten zwar deutliche Einstellungs- und Verhaltensunterschiede bestehen, sich aber bestimmte Märkte zu homogenen Länderclustern zusammenfassen lassen. Die Marken werden hierbei in den einzelnen Länderclustern identisch positioniert und mit einem einheitlichen Markenkonzept versehen.

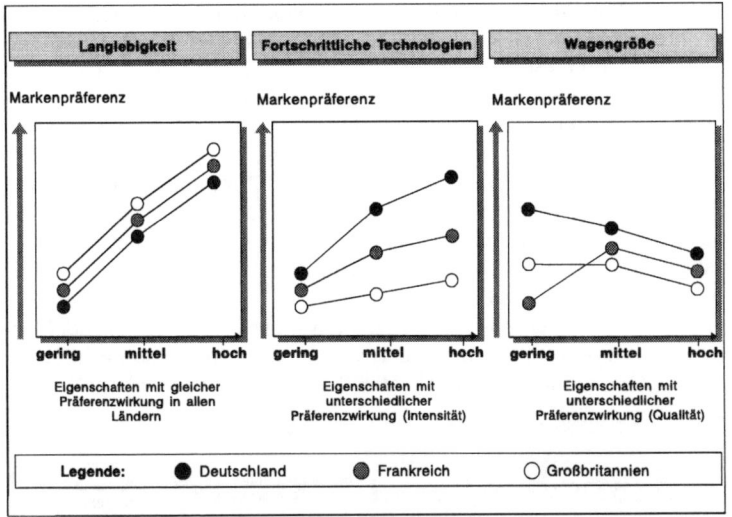

Abb. 61: Strategie der konzeptionellen Bündelung
Quelle: Waltermann 1989, S. 79

Diese Strategie wählte z.B. Henkel beim Relaunch des Handwaschmittels **Wipp Express**. Durch den Trend zum Vollwaschen in Deutschland bei niedrigen Temperaturen war der Absatz erheblich zurückgegangen. Die modifizierte Marke **Wipp Express Plus** wurde deshalb in Deutschland als Maschinenwaschmittel bis 40 Grad neu positioniert. Von einem einheitlichen Relaunch wurde in Spanien und Frankreich Abstand genommen, weil in beiden Ländern die Marke überwiegend für die Handwäsche benutzt wird.

Als Vorteile von Weltmarken werden vor allem standardisierungsbedingte Kosten- und Imagevorteile hervorgehoben (Quelch 1996, S. 15 f.):
– geringere Kosten für die Markierung
– geringere Markteintrittskosten
– Vermittlung von Historie und Kontinuität
– Signalwirkung für Mitarbeiterakquisition.

Diese Vorteile sind jedoch wiederum im Hinblick auf länder- und produktspezifische Einflußgrößen zu differenzieren. Die Markentradition nimmt beim Automobilkauf in Deutschland beispielsweise einen hohen Stellenwert ein, während ihr in Großbritannien eine geringe Relevanz zukommt. Zudem lassen sich markenspezifische Unterschiede belegen, wie Abbildung 62 zeigt (vgl. Meffert und Burmann 1996, S. 34).

187

Wenn auch Weltmarken für das Unternehmen zahlreiche Vorteile bieten, liegt doch ein zentraler Nachteil in der internationalen Präsenz von Marken. Dies trifft insbesondere für teure und prestigeträchtige Güter zu, wie etwa im Uhrenbereich (Rolex, Cartier), bei hochwertiger Bekleidung (Lacoste, Boss) und bei Parfums. Je intensiver Marken international vertreten sind, desto größer ist die Gefahr, durch Markenpiraterie Umsatz- und Gewinneinbußen zu erleiden. In diesem Zusammenhang zeichnen sich jedoch Bestrebungen ab, internationalen Druck auf Markenpiraten auszuüben. Zudem werden kopierende Unternehmen oftmals in Kooperationen mit dem Markenhersteller eingebunden (z.B. Lacoste in Thailand) (Globerman 1988).

Hinsichtlich der Vereinheitlichung der physischen Produkte und der Markenpolitik lassen sich in der Praxis verschiedene Kombinationen beobachten. Dies verdeutlicht abschließend die Abbildung 63.

Bedeutung der Tradition beim Automobilkauf in ...	%-Anteil [1] wichtig/ sehr wichtig	Wichtigkeit der Tradition beim Kauf der Marke [2] ...	%-Anteil [1] wichtig/ sehr wichtig
- Deutschland	44,8	- Mercedes Benz	48,5
- Frankreich	34,9	- VW	45,3
- Belgien	34,7	- Peugeot	39,7
- Österreich	29,7	- Audi	33,0
- Italien	28,3	- Ford	32,0
- Schweiz	21,6	- BMW	29,5
- Niederlande	21,2	- Opel	29,1
- USA	20,5	- Mazda	22,4
- Großbritannien	11,0	- Volvo	19,4
		- Toyota	18,1
		- Honda	14,9

Abb. 62: Bedeutung der Markenhistorie für die Markenidentität
bei Automobilen
Quelle: BMW 1993 (N=6.632)
1) 6er Rating-Skala
2) In Europa (N=6.100)

188

Produkt	Markenname	
	differenziert	standardisiert
differenziert	insb. Nahrungsmittel, etwa von Unilever	Coca-Cola; Pepsi-Cola; Camel; Produkte von Kraft
standardisiert	Snuggle/Mimosin/ Kuschelweich; Silkience/Soyance/ Sientel	Kodak-Filme; Rado-, Seiko-Uhren; Minolta-, Canon- Kameras

Abb. 63: Vereinheitlichung von physischen Produkten und der Markenpolitik in der Praxis

4.3 Kommunikationspolitik im internationalen Marketing

4.31 Kommunikationspolitische Entscheidungen

Die Kommunikationspolitik beschäftigt sich mit der bewußten Gestaltung der auf die in- und ausländischen Absatzmärkte gerichteten Informationen eines Unternehmens zum Zweck einer Verhaltenssteuerung aktueller und potentieller Käufer. Klassische Werbung, Verkaufsförderung, persönlicher Verkauf, Public Relations und Spezialinstrumente (z.B. Messen und Ausstellungen) dienen der Übermittlung von Informationen und Steuerung des Kaufverhaltens des Konsumenten (in Anlehnung an Meffert 1986a, S. 443).

Der Prozeß der Kommunikationsplanung im internationalen Marketing umfaßt eine Reihe von Entscheidungstatbeständen, durch die der Kommunikationskreislauf zwischen Sender und Empfänger, die sich jeweils im In- und/oder Auslandsmarkt befinden können, in Gang gesetzt wird. Abbildung 64 zeigt die Entscheidungsprobleme im **Regelkreis der Marktkommunikation**.

189

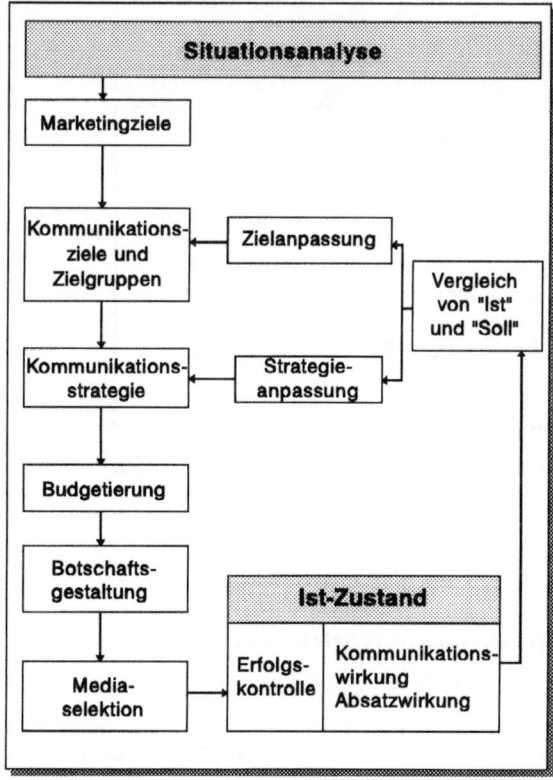

Abb. 64: Entscheidungsprobleme im Regelkreis der Marktkommunikation

Eine umfassende **Situationsanalyse**, die neben den unternehmensbezogenen Situationsfaktoren (Art der angebotenen Leistung, Größe, Finanzkraft) die Erfassung umweltbezogener Situationsfaktoren beinhalten muß, ist daher speziell für die Planung des Kommunikations-Mix erforderlich. Für die internationale Kommunikationsarbeit interessieren dabei insbesondere:

– Größe und Struktur des Auslandsmarktes
– Kulturelle und sprachliche Gegebenheiten
– Media-Szene (Art und Verfügbarkeit von Medien)
– Verfügbarkeit von Marktforschungs- und Werbeagenturen.

Die besondere Bedeutung von **Kommunikationszielen** resultiert vor allem aus ihren drei zentralen Funktionen:

190

– **Koordinationsfunktion:** Abstimmung der ländermäßig vielfältigen Instrumente der Kommunikation
– **Kontrollfunktion:** Feststellung der Zielerreichungsgrade in den Ländermärkten
– **Anreizfunktion:** Motivation des lokalen Management.

Neben ihrer eindeutigen Beschreibung und Operationalisierung hinsichtlich Ausmaß, Zeit- und Segmentbezug steht vor allem die inhaltliche Ausgestaltung von Kommunikationszielen im Vordergrund. Hierbei kann zwischen ökonomischen und psychographischen Kommunikationszielen differenziert werden.

Zu den **ökonomischen Kommunikationszielen** zählen solche Zielinhalte, die monetäre Größen wie den Gewinn, seine Bestandteile wie Umsätze und Kosten sowie Marktanteile beinhalten. Im Hinblick auf praktische Problemstellungen kommt dabei die größte Bedeutung der Beeinflussung der Umsatzhöhe und Marktanteile zu.

Liegt der besondere Vorteil ökonomischer Kommunikationsziele zwar in ihrer relativ problemlosen Operationalisierbarkeit und Standardisierbarkeit über mehrere Ländermärkte hinweg, so lassen sie sich jedoch nicht aus eindeutigen Wirkungszusammenhängen ableiten. Für die Wirkungen auf Absatzmenge, Umsatz und Gewinn ist letztlich der kombinierte Einsatz aller Marketinginstrumente verantwortlich. Daher stehen auch aufgrund der Funktionen der Marktkommunikation die **psychographischen Ziele** im Vordergrund der Kommunikationspolitik.

Die **Wirkung der Kommunikationspolitik** schlägt sich in mentalen Prozessen der Nachfrager nieder. Daher greift man auch zur Abgrenzung psychographischer Ziele auf die drei Bereiche der kognitiven, affektiven und konativen Reaktionen zurück (Meffert 1992, S. 56). Diese Reaktionen auf Stimuli der Marktkommunikation stellen den Ausgangspunkt der Zielformulierung auf den Stufen

– Marken- und Firmenbekanntheit,
– Einstellungen und Image,
– Kaufabsicht bzw. Kaufentscheidung dar.

Der Aufbau einer hohen **Marken- und Firmenbekanntheit** ist als Kommunikationsziel in der Praxis von grundsätzlicher Bedeutung. Dabei läßt sich zwischen der aktiven und passiven Bekanntheit unterscheiden. Ihre vornehmliche Beziehung zum (Kauf-) Verhalten macht neben der Marken- und Firmenbekanntheit vor allem **Einstellungen** und **Images** als Gegenstand von Kommunikationszielen interessant. Insbesondere Einstellungen werden als zentrale Determinante zur Erklärung und Prognose des Kaufverhaltens herangezogen.

Als **verhaltensorientierte Zielinhalte** der Kommunikationspolitik können genannt werden:

- Erzeugung und Ausbau von Markentreue
- Intensivierung des Informationsverhaltens von Meinungsführern
- Ausbau und Verbesserung der Plazierung von Produkten am Point of Sale
- Verstärkung der Kooperationsbereitschaft des Handels etc.

Insbesondere bei der Diskussion verhaltensorientierter Zielinhalte werden die engen Interdependenzen von psychographischen und ökonomischen Kommunikationszielen deutlich, da sich erstere unmittelbar in ökonomischen Zielgrößen niederschlagen.

Insgesamt wird davon ausgegangen, daß psychographische Kommunikationsziele länderübergreifend eher differenziert formuliert werden müssen. Darüber hinaus sind sie mit den Marketingzielen, den länderspezifischen Zielvorstellungen des lokalen Management und den allgemeinen Unternehmenszielen in Einklang zu bringen.

In enger Beziehung zu den Werbezielen steht die Abgrenzung der mit den Kommunikationsinstrumenten anzusprechenden **Zielgruppen**. Die weitere Verflechtung der kommunikativen Entscheidungstatbestände wird dadurch deutlich, daß die Entscheidung über die anzusprechenden Zielgruppen in den Auslandsmärkten auch für die Medienauswahl und -belegung von Bedeutung ist. Ebenso wie die abzusetzenden Güter und Dienstleistungen bestimmte Käuferschichten ansprechen, richten sich auch die Medien in den einzelnen Ländern an unterschiedlich strukturierte Leser-, Seher- und Hörerschaften.

Grundsätzlich lassen sich die Zielgruppen für kommunikative Ziele und Maßnahmen nach der
- vertikalen Zielung (Konsumenten, Einzelhandel, Großhandel etc.),
- horizontalen Zielung (z.B. Käufer, Verwender, Meinungsführer),
- personalen Zielung (z.B. Hausfrauen zwischen 20 und 40 Jahren, Personen, die die Einkaufsentscheidungen in Familien / Unternehmungen treffen etc.) differenzieren.

Eine wirkungsvolle Ansprache derart abgegrenzter Zielgruppen erfordert zugleich detaillierte Zielgruppenbeschreibungen anhand relevanter Merkmale. Zu diesen zählen z.B.
- sozio-ökonomische Merkmale (Alter, Geschlecht, Einkommen, Beruf etc.)
- geographische Merkmale (z.B. Ortsgröße, Bundesland / Kanton / Departement etc., Nielsen-Gebiet)
- Besitz- und Konsummerkmale (z.B. Einkaufsstättenwahl)
- Merkmale der Kaufbeeinflussung Dritter (Meinungsführerschaft)
- psychologische Merkmale (z.B. Einstellungen, Motive, Werte).

Nicht zuletzt ist die Relevanz der Beschreibungsmerkmale von Art und Ausmaß ihrer Beziehung zum Käuferverhalten und Informationsverhalten abhängig. Die Merkmalsausprägungen der unterschiedlichen Zielgruppen geben konkrete Hinweise für die weitere Planung der Kommunikationsaktivitäten (z.B. der Botschaftsgestaltung, der Mediaselektion etc.). Sie bilden zugleich den Ausgangspunkt zur Formulierung von Kommunikationsstrategien.

Einen wesentlichen Bestandteil der Kommunikationsstrategie bildet die **Gestaltungsstrategie**, die beschreibt, **was** der Zielgruppe **wie** im Rahmen einzelner Kommunikationsinstrumente gesagt werden soll. Dieser Teil der Konzeption stellt die gedankliche Vorstufe zur Verbalisierung und Visualisierung der kommunikativen Botschaft, nicht aber die umfassende Beschreibung der Botschaft selbst dar.

Grundsätzlich setzt sich die – ursprünglich aus der Werbeplanung (»Copy Strategie«) stammende – Gestaltungsstrategie aus drei Komponenten zusammen:

– dem kommunikativen Versprechen,
– der Begründung des Versprechens und
– der Gestaltungslinie.

Bei der Entwicklung des kommunikativen Versprechens steht die Konzipierung eines objektspezifischen U.S.P. (»**Unique Selling Proposition**«) im Vordergrund (Reeves und Woodward 1970, 48ff.). Das Basisversprechen hängt dabei direkt von der Positionierung in den jeweiligen Ländermärkten ab.

Im Rahmen der Argumentationsrichtung sollte weiterhin eine Begründung des Versprechens (»**Reason Why**«) entwickelt werden, die im Idealfall den Beweis führt, daß die Zielgruppe mit der Produktpräferenz auch tatsächlich den versprochenen Nutzen realisiert.

Mit der **Gestaltungslinie** (»Wie«) sind bestimmte Anforderungen an den Stil und Charakter der Kommunikationsbotschaft als Rahmenbedingungen verbunden. Im Rahmen der klassischen Werbung sind dies z.B.:

– Bedeutung der rationalen und emotionalen Komponenten
– Text-Bild-Verhältnis
– Anspracheniveau für Text und Bild
– Werbekonstanten wie z.B. Signet, Slogan, Hausfarbe
– Aufbau und Anordnung der Gestaltungselemente (Layout)
– Atmosphäre oder Stimmung (Tonality).

Letztlich ist durch die Gestaltungslinie ein werbemittelspezifisches U.A.P. (»**Unique Advertising Proposition**«) zu konzipieren, das eine herausragende Positionierung im werblichen Umfeld ermöglicht.

4.32 Gestaltung ausgewählter Kommunikations-instrumente im internationalen Marketing

4.321 Werbepolitische Entscheidungen im internationalen Marketing

Werbung umfaßt die absatzpolitischen Zwecken dienende, absichtliche und zwangfreie Kundenbeeinflussung mit Hilfe spezieller (Massen-) Kommunikationsmittel. Im Rahmen des internationalen Marketing spielt eine das Produkt- und Leistungsangebot, die Preis- und Konditionenfestlegung sowie die Gestaltung der Absatzwege flankierende und ergänzende Werbepolitik eine überragende Rolle. Im folgenden sollen die Botschaftsgestaltung sowie die »klassischen« Medien im Mittelpunkt der Analyse der internationalen Werbung stehen.

4.3211 Botschaftsgestaltung in der internationalen Werbung

Im Mittelpunkt der **inhaltlichen Gestaltung von Werbebotschaften** steht die unmittelbare Aussage zum Werbeobjekt. In diesem Rahmen gewinnt die Auswahl der Tonalität, in der die Botschaft übermittelt wird, eine besondere Bedeutung. Hierbei lassen sich Gestaltungsdimensionen wie Humor, Erotik, Furcht, Emotion und Personendarstellungen unterscheiden, deren Einsatzmöglichkeiten im internationalen Marketing untersucht werden müssen (Bruhn 1992, S. 720).

Beobachtungen, daß neuartige und komplexe Verhaltensweisen effizient durch Nachahmung des Verhaltens von anderen **Personen** im Sinne von Imitation gelernt werden können, finden in der Botschaftsgestaltung durch die Verwendung von sog. Testimonials Berücksichtigung. Bei den Zielpersonen der Werbung sollen so Prozesse ausgelöst werden, die eine Identifikation mit den handelnden Personen der Werbung und deren Aussagen zu dem beworbenen Produkt ermöglichen. Bei den handelnden Personen wird hierzu insbesondere zwischen Stars, Experten und typischen Konsumenten unterschieden (vgl. Mayer 1985, S. 312ff.; Mayer und Frey 1988, S. 95ff.). Während durch Stars vor allem die Möglichkeit eines Bekanntheits- und Imagetransfers auf das Produkt genutzt werden soll, sind Experten durch ihre hohe wahrgenommene Objektivität geeignet, die Glaubwürdigkeit der Botschaft zu unterstreichen. Das Auftreten von typischen Konsumenten, die als zur Zielpopulation zugehörig angesehen werden, kann zu ähnlichen Prozessen führen.

Hinsichtlich des Einsatzes von prominenten Testimonials ist zu bedenken, daß der Erfolg der Werbung wesentlich von dem Star bzw. Experten und dessen Bild in der Öffentlichkeit abhängt. Der Vorwurf des Mißbrauchs von Kindern führte beispielsweise zur Auflösung des Werbevertrags zwischen Michael Jackson und Pepsi-Cola, während die Negativ-Schlagzeilen wegen Steuerhinterziehung Auswirkungen auf Steffi Grafs Vertrag mit Opel hatten.

Im Rahmen einer Content-Analyse wurde ermittelt, daß US-amerikanische viel intensiver als japanische Werbung personenbezogene Aspekte einbezieht. Demgegenüber ist die japanische Werbung sehr häufig statusbetont (Belk und Pollay 1985, S. 38ff.).

Erotischen Motiven wird zwar bei der Werbegestaltung eine hohe Bedeutung eingeräumt (Kroeber-Riel 1992a, S. 112), sie sind aber im Rahmen der internationalen Werbung nur begrenzt einsetzbar. Unterschiedliche religiöse oder Moralvorstellungen führen zu teilweise stark eingeschränkten Einsatzbedingungen (Pitts et al. 1991, S. 57ff.).

Während die Moralvorstellungen hinsichtlich Nacktheit und erotischer Szenen in Nordeuropa als relativ gelockert anzusehen sind, trifft dies beispielsweise nicht für die USA zu. In arabischen Ländern ist es sogar verboten, Frauen mit unbekleideten Armen oder etwa nackte Babies in der Werbung zu zeigen.

Humor in der Werbung wird oft mit Witz, Wortspiel, Ironie, Übertreibung etc. assoziiert. Die Erregung von Aufmerksamkeit ist für jede Werbung die erste zu überwindende Barriere, um überhaupt die Chance einer nachfolgenden Verarbeitung zu erhalten. Es wird kaum bestritten, daß Humor universal willkommen und gesucht ist und damit bevorzugt wahrgenommen wird und leicht das Interesse der Menschen gewinnen kann. Demgegenüber werden die Effekte des Humors auf die Seriosität und Glaubwürdigkeit des Werbetreibenden oft als nachteilig eingeschätzt. Insgesamt stellt die Verwendung von Humor ein erfolgversprechendes, aber auch empfindliches Instrument dar, das einen relativ hohen kreativen und konzeptionellen Aufwand erfordert. Die inhaltliche und formale Umsetzung des Humors sollte sich dabei insbesondere an den Voraussetzungen und dem Geschmack der Zielgruppe orientieren. In diesem Zusammenhang ist gerade hierbei davon auszugehen, daß die Auffassung von Humor länder- und kulturspezifisch stark divergiert.

So wird der amerikanische Humor von manchen Kulturen als banal empfunden, der britische Humor als sarkastisch, während der ostasiatische Humor vielfach als kindisch angesehen wird (Bruhn 1992, S. 721; Ubleis 1976, S. 84).

Alden et al. (1993, S. 64ff.) haben am Beispiel von Deutschland, den USA, Thailand und Korea die Verwendung von Humor in der TV-Werbung untersucht. Dabei zeigte sich, daß die humoristische Gemeinsamkeit in der Darstellung von Kontrastsituationen (u.a. erwartet vs. unerwartet und möglich vs. unmöglich) liegt. Darüber hinaus wird deutlich, daß Humor in individualistischen Kulturen (USA, Deutschland) mit weniger dargestellten Personen auskommt als in kollektivistischen Kulturen (Thailand, Korea). Humoristische Werbung in Kulturen mit hoher Machtdistanz beinhaltet zumeist Personen mit einer unterschiedlichen sozialen Stellung (Alden, Hoyer, Lee 1993, S. 64ff.).

England:		Deutschland:	
Prestige	20%	Soziales Glück	21%
Tradition	16%	Prestige	16%
Humor	13%	Frische	9%
sensualer Genuß	13%	Natürlichkeit	7%
Frankreich:		Italien:	
Tradition	29%	Frische	29%
Prestige	19%	Prestige	15%
Natürlichkeit	19%	sensualer Genuß	15%
Erotik	10%	Natürlichkeit	10%

Anmerkung: Prozentsätze der in ganzseitigen Anzeigen führender Illustrierter Zeitschriften 1989 ermittelten dominanten emotionalen Appelle.

Abb. 65: Emotionale Erlebniswerte in der europäischen Werbung für alkoholische Getränke
Quelle: Kroeber-Riel 1992b, S. 265

Zunehmend werden **emotionale Erlebniswerte** als Form der kommunikativen Ansprache diskutiert (vgl. Kroeber-Riel 1992 b, S. 264f.). Dabei versteht man unter einem emotionalen Erlebniswert den subjektiv erlebten, durch das Produkt vermittelten Beitrag zur Lebensqualität des Konsumenten. Zu möglichen inhaltlichen Erlebniswerten von Botschaften können Liebe, Glück, Geborgenheit, Frische, Natur, Entspannung u.a. gezählt werden. Wenn auch hierbei von gewissen »cultural universals« ausgegangen werden kann, ist es möglich, daß die Ursachen für diese Emotionen in verschiedenen Kulturen unterschiedlich sind.

Eine Studie von Houg et al. (1987, S. 55ff.) ergab, daß japanische Printwerbung erheblich stärkere emotionale Aspekte nutzt und weniger auf vergleichende Aspekte eingeht. Japanische Werbung erwies sich darüber hinaus als erheblich umfangreicher in bezug auf die Anzeigengröße.

Contentanalytische Untersuchungen haben gezeigt, daß in den verschiedenen europäischen Ländern sehr unterschiedliche emotionale Erlebniswerte in der Werbung angesprochen werden (Kroeber-Riel 1992b, S. 265). So spielt in der Werbung für alkoholische Getränke lediglich der Prestige-Aspekt eine über alle Länder hinweg wichtige Rolle (vgl. Abbildung 65).
Von besonderer Bedeutung ist darüber hinaus auch das Phänomen der »silent language« (vgl. Hall 1960, S. 87ff.). Darunter versteht man Kommunikationssignale, die sich ganz allgemein im non-verbalen Bereich abspielen und nicht auf sprachlicher Ausdrucksweise beruhen. Hier geht es

z.B. um den Stellenwert von Familie, Freundschaft, Freizeit usw. und darum, wie diese Dinge »erlebt« und »ausgelebt« werden. Die Erfassung dieser aus dem kulturellen Vermächtnis eines Landes entstandenen **Verhaltensmuster** sind für den Werbungtreibenden besonders wichtig, da seine Botschaft sonst nicht verstanden wird. Die Bierwerbung in Deutschland beispielsweise zeigt häufig ein gemütliches Lokal, in dem im Kreise von Freunden und Bekannten gefeiert wird. Diese Darstellung ist für andere Länder, in denen Feiern und Feste überwiegend im Freien stattfinden, nicht anwendbar (vgl. auch Hite und Fraser 1988, S. 14). Gelingt es also nicht, die Werbung so originell zu gestalten, daß sie weltweit bzw. in bestimmten Kulturkreisen einheitlich empfunden wird, muß auf diese speziellen Verhaltensmuster Rücksicht genommen werden.

Slogans, Texte, Bilder prägen die **Formalgestaltung** von Werbemitteln wie Anzeigen oder Werbespots. Dabei hängt die Wirkung von Werbemitteln unmittelbar von den Ausprägungen dieser formalen Elemente ab. Gestaltungsmöglichkeiten betreffen formale Komponenten wie die

– Sprache
– Farbe
– Größe / Länge
– Verwendung von Bildern
– Verwendung von Musik in Werbemitteln.

Bei der **sprachlichen Gestaltung** von Werbebotschaften geht es um die Verständlichkeit von Aussagen. Unterscheidet man zwischen text- und empfängerspezifischen Einflußfaktoren der sprachlichen Gestaltung, so wird deutlich, daß die Sprache eine der problematischsten formalen Gestaltungselemente ist. So erweist sich die für den länderübergreifenden Einsatz oftmals notwendige Übersetzung textlicher Inhalte als schwierig, da durch die Übersetzung die beabsichtigte Aussage häufig nicht erhalten bleibt, sondern verzerrt oder sinnentstellend vermittelt wird.

Der Pepsi-Cola-Spot »Come alive with Pepsi« wurde beispielsweise in Asien mit »Hole Deine Vorfahren von den Toten zurück mit Pepsi« übersetzt (Ricks 1988, S. 96).

Die sprachliche Gestaltung ist schon deshalb problematisch, weil mit bestimmten Begriffen länderübergreifend nicht dieselben Assoziationen verbunden werden (Kroeber-Riel 1992b, S. 266). So zeigte eine Studie mit deutschen und französischen Studenten, daß von dem Betriff »frisch« noch relativ ähnliche Vorstellungen herrschen. Demgegenüber weichen die Assoziationen mit »ruhig« deutlich voneinander ab (vgl. Abbildung 66).

Hinsichtlich **empfängerspezifischer Einflußfaktoren auf eine formale Gestaltung** (soziale Schicht, Bildungsniveau etc.) ist insbesondere in Län-

Zu „frisch", „frais" (Überlappungskoeffizient 0,41)				
Rang	deutsche Studenten		französische Studenten	
1	Früchte	44	Früchte	29
2	Dusche	43	Getränk	25
3	Wasser	33	frischer Wind	23
4	frischer Wind	29	Eis	20
5	Gemüse	27	Wasser	18
6	Getränk	26	Gemüse	13
7	Bad	26	kaltes Wetter	11
8	Eis	23	Kühlschrank	10
9	Milch	16	Schnee	10
10	Kleidung	13	Yoghurt	10

Zu „ruhig", „tranquil" (Überlappungskoeffizient 0,17)				
Rang	deutsche Studenten		französische Studenten	
1	Wald	41	Land	13
2	schlafen	35	Wald	11
3	Kirche	20	Natur	10
4	Nacht	19	Haus	9
5	Wasser	17	See	9
6	lesen	14	Zimmer	8
7	Friedhof	13	Bücherei	5
8	Natur	9	Landschaft	5
9	Bett	8	einsam	5
10	See	8	Pensionär	5

Anmerkung: Prozentsatz aller bildlichen Assoziationen von Rang 1 bis 10. Überlappungskoeffizient (addierte relative Häufigkeiten der gemeinsamen deutschen und französischen Assoziationen, berechnet von allen Assoziationen = > 5%) für frisch = 0,41, für ruhig = 0,165, n = 95 (deutsch) und 210 (frz.).

Abb. 66: Assoziationen deutscher und französicher Studenten mit den Begriffen »frisch« und »ruhig«
Quelle: Kroeber-Riel 1992b, S. 264

dern mit hohem Analphabetentum auf eine umfangreiche textliche Gestaltung zu verzichten. Hier ist ein größerer Anteil an Bildern, Symbolen etc. anzustreben.
Vor dem Hintergrund der schwierigen Übertragbarkeit von Werbetexten sowie einer zunehmenden Informationsüberlastung und der damit einhergehenden selektiveren und flüchtigeren Informationsaufnahme gilt der Verwendung von Bildern als Gestaltungselement daher besondere Aufmerksamkeit bei der internationalen Werbegestaltung (Cundiff und

Hilger 1988, S. 416 ff.). Bildinformationen sind Textinformationen oft weit überlegen und können eine bessere Werbewirkung erzielen. Dennoch muß berücksichtigt werden, daß bestimmte Bilder und Symbole international unterschiedliche Bedeutungen haben. Dies gilt insbesondere für Tierdarstellungen, die oftmals religiösen Charakter aufweisen.

So gelten Hunde und Schweine in einigen Ländern als »unrein«, Kühe und weiße Elefanten sind dagegen »heilig«. Und während der Tiger bei uns ein Symbol für Stärke darstellt, gilt er in Asien als Gefahr. Daher ist es nicht verwunderlich, daß der bekannte »Pack den Tiger in den Tank«-Spot von Esso in Indien nicht auf die gewünschte Resonanz stieß (Keegan 1989, S. 498).

Auch die **Farbgestaltung** spielt bei der kommunikativen Botschaft eine wichtige Rolle. Neben der Aufmerksamkeitsweckung und einer realitätsnahen Darstellung wird der Farbe in Werbemitteln insbesondere eine Identifizierungshilfe zugesprochen. Dabei ist jedoch zu berücksichtigen, daß Farben in einzelnen Ländern unterschiedliche **Assoziationen** hervorrufen. Internationale Werbekampagnen sollten daher keine Farben enthalten, die in bestimmten Ländermärkten auf Abneigung stoßen oder mit einer negativen Anmutung belegt sind (vgl. Kapitel 2.211).

Während schwarz in Deutschland für Trauer steht, gilt dies in vielen asiatischen Ländern für weiß. Grün bedeutet zwar oft Hoffnung (Deutschland, Österreich), wird in Ländern wie Italien oder Schweiz aber mit negativen Assoziationen belegt und hat demgegenüber in islamischen Ländern eine starke religiöse Bedeutung.

Schätzungen zufolge verwenden 70 bis 80 % aller im Hörfunk und Fernsehen ausgestrahlten Werbespots **Musik zur gestalterischen Umsetzung der Botschaft**. Auch im Rahmen der Gestaltung von Einkaufsstätten wird Musik häufig zur atmosphärischen Unterstützung des Kaufprozesses genutzt. Grundsätzlich ist dabei zwischen gesungener und instrumentaler Musik zu unterscheiden. Hierbei ist es erforderlich, einen zielgerichteten Einsatz der Musik in Abstimmung mit den inhaltlichen Aussagen der Werbebotschaft zu gewährleisten. Eine Musik, die nicht zur Unterstreichung der Botschaft dient, sondern lediglich als Hintergrundmusik hinzugefügt wird, kann sich eher ablenkend auswirken (vgl. Haley et al. 1984, S. 11ff.).

Bei international ausgestrahlten Werbespots steht aufgrund sprachlicher Probleme die Musik immer häufiger im Vordergrund. Beispiele hierfür sind die globalen Kampagnen von Coca-Cola oder Levi Strauss.

Auch **technische Aspekte** müssen bei der Anzeigen- und Botschaftsgestaltung im internationalen Rahmen geprüft werden. So ist z.B. in manchen Ländern die Druckqualität mangelhaft, die Medien haben verschiedene Formate in verschiedenen Ländern, oder bei der Übersetzung von Werbetexten wird mehr Raum benötigt. So sind Übersetzungen aus dem Englischen in die deutsche oder französische Sprache meist 20 bis 50 % länger als der Originaltext (Kreutzer 1989a, S. 236).

4.3212 Mediaselektion im internationalen Marketing

Eine weitere zentrale Entscheidung der internationalen Werbepolitik stellt die Mediaselektion dar. Dabei sollen im folgenden die klassischen Medien im Vordergrund der Betrachtung stehen.

> Unter dem Oberbegriff Mediaselektion werden die Einzelentscheidungen Wahl des Basismediums, Wahl des Zusatzmediums und Streuplanung zusammengefaßt. Ganz allgemein geht es dabei um die Bestimmung von Art und Umfang der in einem Streuplan zusammenzufassenden Werbeträger. Die einzelnen Werbeträger – z.B. Zeitschriften, TV, Zeitungen, Plakatwände usw. – bzw. die alternativen Streupläne sind dazu bezüglich ihrer Wirkung im Hinblick auf ein vorgegebenes Werbeziel untereinander zu vergleichen.

Zeitungen als einer der ältesten Werbeträger lassen sich zum einen nach der Erscheinungshäufigkeit (Tages- und Wochenzeitungen), zum anderen nach ihrem regionalen Bezug (regionale und überregionale Zeitungen) und ihrer Vertriebsart (Abonnement- und Kaufzeitungen) differenzieren.

Publikumszeitschriften umfassen eine Vielzahl von Zeitschriften, die in unterschiedlicher Aufmachung periodisch erscheinen und den Lesern meist ein spezifisches Informationsangebot unterbreiten. Dabei steht die Unterhaltung (z.B. Illustrierte) meist in Verbindung mit Informationen (Programmzeitschriften) im Vordergrund. Für z. T. abgegrenzte Leserschaften konzipierte Titel sind inhaltlich auf bestimmte Themenbereiche wie z.B. Mode, Freizeit, Essen u.a. ausgerichtet.

Fachzeitschriften umfassen zahlreiche periodisch erscheinende Zeitschriften, die sich an einen begrenzten Leserkreis mit spezifischen Themenbereichen wenden. Inhaltliche Schwerpunkte liegen dabei auf Entwicklungen und Ereignissen in einem spezifischen Gebiet. Die Fachzeitschrift stellt daher ein geeignetes Medium zur Ansprache einer abgegrenzten und qualifizierten Leserschaft dar.

Allein der **Zeitungsmarkt weist dabei international erhebliche Unterschiede auf.** In Frankreich, Holland und England wird die überregionale Werbung weitgehend in den großen, überregionalen Zeitungen geschaltet, während es derartige Zeitungen in der Bundesrepublik Deutschland kaum gibt.

In anderen Ländern existiert eine derartige Vielfalt von Zeitungen, daß es äußerst schwierig ist, eine befriedigende Reichweite zu erzielen. Im Libanon mit nur ca. 1,5 Mio. Einwohnern und rund 200.000 Haushalten gab es vor dem Bürgerkrieg rund 210 Tages- und Wochenzeitungen, von denen nur vier eine Auflage von über 10.000 aufwiesen. Die durchschnittliche Auflage betrug rund 3.500 Exemplare. Das andere Extrem stellt Japan dar: drei Tageszeitungen, Asahi Shinbun, Yomiuri Shinbun und Mainichi Shinbun weisen eine tägliche Auflagenhöhe von jeweils mehr als 7,5 Mio. Exemplaren auf. Allein Asahi Shinbun hat eine tägliche Auflage von ca. 10 Mio. Exemplaren.

Die **Außenwerbung** umfaßt die Werbung, die im öffentlichen Raum und aus dem öffentlichen Raum heraus auf jedermann einwirkt (vgl. Korff 1988, S. 14). Hinsichtlich des unterschiedlichen Mobilitätsgrades der Außenwerbeträger bietet sich eine Unterscheidung vor allem zwischen stationärer und mobiler Außenwerbung an.

Die **stationäre Außenwerbung** ist an einen festen Standort gebunden. Neben dem klassischen Plakatanschlag wird die Lichtwerbung an Gebäudefassaden und anderen Bauwerken sowie Telefonzellen und Leuchtkä-

Land	Bevöl-kerung in Mio.	TV - HH in Mio.	Kabel - HH		Satelliten-HH	
			in Mio.	in %	in Mio.	in %
Belgien	10,050	3,700	3,400	89,47	0,010	0,27
Niederlande	14,787	6,100	5,000	81,96	0,120	1,97
Schweiz	6,752	2,400	1,851	77,12	0,015	0,63
Luxemburg	0,371	0,130	0,100	76,63	0,002	1,54
Schweden	8,443	3,310	1,727	52,14	0,240	7,25
Dänemark	5,142	2,200	1,100	50,00	0,065	2,95
Finnland	4,962	1,893	0,709	37,40	0,008	0,42
Irland	3,546	1,000	0,350	35,00	0,020	2,00
Norwegen	4,198	1,550	0,500	32,26	0,090	5,81
Deutschland	79,671	34,800	10,000	28,74	1,800	5,17
Österreich	7,577	2,778	0,700	25,20	0,200	7,20
Ungarn	10,530	3,001	0,500	17,00	0,050	1,67
Spanien	39,900	14,000	2,000	14,28	0,060	0,43
Jugoslawien	23,500	3,974	0,380	9,56	0,040	1,01
Frankreich	55,998	20,250	6,730	3,32	0,090	0,44
Großbritannien	57,187	21,901	0,430	1,96	2,043	9,33
Polen	39,000	10,500	0,200	1,90	0,250	2,38
Island	0,253	0,079	0,001	1,30	0,001	1,27
CSFR	15,700	5,700	0,000	0,35	0,100	1,75
Türkei	56,473	11,841	0,013	0,11	0,050	0,42
Griechenland	10,040	2,880	-	0,02	0,001	0,03
Italien	57,466	19,500	0,002	0,01	0,060	0,31
Bulgarien	8,485	2,000	0,000	0,00	0,003	0,15
Rumänien	23,200	3,500	0,000	0,00	0,005	0,14
Portugal	10,230	3,185	0,000	0,00	0,025	0,78
Europa	553,961	182,172	29,636	16,27	5,348	2,94

Abb. 67: Europäische Kabel- und Satellitenempfängerdichte nach Ländern
Quelle: in Anlehnung an Koschnik 1992, S. 17

sten häufig genutzt, um eine Reaktualisierung bereits aufgebauter Werbeinhalte zu schaffen und die Bekanntheit eines Produktes oder Unternehmens zu erhöhen.

Die **mobile Außenwerbung** umfaßt die Werbeaufschriften vor allem an Rumpfflächen von öffentlichen Verkehrsmitteln, Taxen, Lastkraftwagen und privaten Pkw. Eine weitere Möglichkeit bietet die Werbung auf Tragetaschen und -tüten.

In den USA hat die Außenwerbung – aufgrund weniger weitreichenden rechtlichen Beschränkungen – eine weitaus größere Bedeutung als in der Bundesrepublik. Insbesondere lokal ansässige Unternehmen und der Handel nutzen – vor allem an Durchgangsstraßen – diese Art von Werbeträger.

Die werbliche Ansprache im **Fernsehen** mit einer Kombination von Text, Bild und Ton ermöglicht intensiv wirkende und vielfältige Gestaltungsmöglichkeiten. Im Vergleich zu anderen Medien ist der Fernsehspot geeignet, neben argumentierender Werbung vor allem emotionale Anspracheformen des Zuschauers umzusetzen. Zudem eignet sich das Medium bevorzugt zur Demonstration erklärungsbedürftiger Produkte.

Neben den öffentlich-rechtlichen treten gerade in Europa in jüngerer Zeit auch private Anbieter, die Kabel- oder Satellitenprogramme ausstrahlen und sich vornehmlich aus Werbeeinnahmen finanzieren. Im Vergleich zur Entwicklung in Europa (hohe Verkabelungsdichten in Belgien, der Schweiz und den Niederlanden) und den USA (Kabeldichte von über 40 %) befindet sich das Kabelfernsehen in der Bundesrepublik jedoch eher noch in der Einführungsphase (vgl. Abbildung 67).

Insbesondere das Fernsehen ist von zahlreichen **rechtlichen Restriktionen** in den einzelnen Ländermärkten betroffen. Beim staatlichen bzw. öffentlich-rechtlichen Fernsehen sind dies insbesondere Plazierungsvorgaben und Zeitrestriktionen pro Spot sowie die Gesamtwerbezeit pro Tag. Darüber hinaus existieren zahlreiche Werbeeinschränkungen für bestimmte Produktkategorien (Abbildung 68).

So liegen diese Restriktionen in der Bundesrepublik bei 30 Sekunden pro Spot bzw. bei 20 Minuten je Tag. In der Schweiz sind maximal zwei Fernsehspots pro Woche und Produkt erlaubt, und in Finnland darf grundsätzlich nur an bestimmten Wochentagen geworben werden (Bruhn 1992, S. 717).

Funk- und Kinowerbung haben vor allem in Ländern mit niedrigerem Entwicklungsstand eine relativ hohe Bedeutung (vgl. Abbildung 69). So sind diese Medien in Ländern, in denen ein niedriger Ausstattungsgrad mit Fernsehgeräten (z.B. Israel und Türkei) besteht, oftmals die einzigen Werbeträger für komplexere Botschaften (vgl. Media Perspektiven 1992, S. 287).

Insgesamt zeigt sich, daß die **Anteile einzelner Medien am gesamten Werbebudget** international stark differieren. Dies gilt selbst für Europa, wie aus der Abbildung 70 hervorgeht.

	Spirituosen	Wein	Bier	Tabak	Arznei-mittel	Sanpro
Österreich	●			●	○	●
Belgien				●	●	
Dänemark	●	●	○	●	○	
Frankreich	●	●	●	●	○	
Finnland	●	●	○	●	○	○
Deutschland	○	○	○	●	○	
Griechenland				●	○	
Irland	●	○	○	●	○	●
Italien	○	○	○	●	○	○
Niederlande				●	○	
Norwegen	○	○	○	●	○	○
Portugal	○	○	○	○	○	
Spanien	●	○	○	○	○	○
Schweden	○	○	○	●	○	○
Schweiz	●	●	●	●	●	
Türkei	●	●	●	●	●	
Großbritannien	●	○	○	●	○	○

● verboten ○ streng reguliert

Abb. 68: Werbebeschränkungen in Europa

Ein weiterer wesentlicher Aspekt in der internationalen Mediaselektion ist das **Overlapping** bestimmter nationaler Medien auf andere Länder. Dieser Effekt ergibt sich dadurch, daß bestimmte Medien – beabsichtigt oder nicht – in mehreren Ländern verkauft und/oder genutzt werden. Bei den internationalen Medien (Time, Newsweek etc.) sind die Reichweiten in den verschiedenen Ländern bekannt (vgl. Abbildung 71); durch Tourismus o. ä. ergeben sich nur schwer kalkulierbare Auslandsreichweiten. In den meisten Fällen sind Overlapping-Effekte durch organisch gewachsene Vertriebsstrukturen entstanden bzw. rein technisch (z.B. Überreichweiten von TV-Sendern in Grenznähe) bedingt (vgl. Abbildung 72). Das international tätige Unternehmen kann sich die Wirkung solcher »kostenloser« Kontakte zunutze machen und diese Märkte verstärkt bearbeiten.

	Genehmigungen pro 100 Einwohner	
	Fernsehen	Hörfunk
Ägypten	6,69	26,00
Algerien	6,04	20,77
Belgien	33,11	23,36
Deutschland	39,50	44,93
Dänemark	40,09	44,21
Finnland	37,75	98,48
Frankreich	35,11	87,38
Griechenland	22,77	40,45
Großbritannien	34,71	121,74
Irland	25,95	59,97
Island	30,97	32,52
Israel	15,65	24,60
Italien	26,10	26,29
Jordanien	8,33	23,33
Jugoslawien	14,31	15,89
Libanon	24,84	63,72

	Genehmigungen pro 100 Einwohner	
	Fernsehen	Hörfunk
Libyen	6,50	22,30
Luxemburg	26,39	33,33
Malta	41,06	30,59
Marokko	5,76	18,59
Monaco	57,95	36,42
Niederlande	34,64	35,53
Norwegen	34,70	77,28
Österreich	32,00	34,50
Portugal	24,56	29,48
Schweden	38,54	84,12
Schweiz	38,72	42,27
Spanien	42,93	30,31
Türkei	10,29	11,12
Tunesien	7,85	20,52
Zypern	12,59	37,82

Abb. 69: Statistik der Rundfunkgenehmigungen in den Ländern der europäischen Rundfunkunion (Stand: 31.12.91)
Quelle: EBU; NDR-Finanzverwaltung; Stat. Bundesamt; eigene Berechnungen

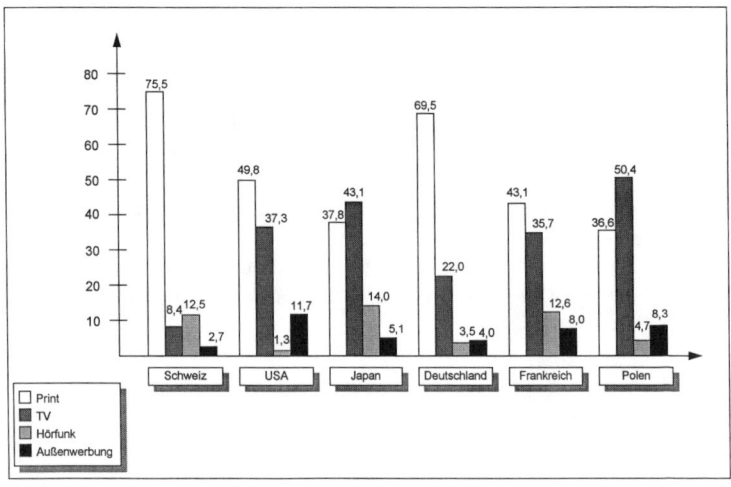

Abb. 70: Anteile einzelner Medien am nationalen Werbeaufkommen 1995 (in Prozent)
Quelle: Handelsblatt vom 10. 09. 1996, S. 14

Fernsehen	Reichweite* in %	Reichweite* absolut (in Mio.)	Zeitschriften	Reichweite** in %	Reichweite** absolut (in Tsd.)	Zeitungen	Reichweite** in % Tsd.	Reichweite** absolut
Children's Channel	n.v.	n.v.	Time	4,9	261	International Herald Tribune	4,0	11
CNN	1,1	0,59	Newsweek	3,3	177	Wall Street Journal	-4,0	11
Discovery Channel	n.v.	n.v.	The Economist	3,9	210	Financial Times	20,0	49
Eurosport	13,3	7,14	Business Week	1,8	99	USA Today	2,0	4
Kindernet	n.v.	n.v.	L'Express	5,7	305	The European	n.v.	n.v.
Lifestyle	n.v.	n.v.	Le Point	4,0	215			
MTV Europe	7,4	3,98	Fortune	1,9	102			
Screensport	3,3	1,77	International Management	2,7	144			
Super Channel	4,8	2,58	Euromoney	1,4	177			
TV 3	6,5	3,49	Institutional Investor	1,1	158			
			Scientific American	4,2	226			
			National Geographic	8,6	462			
			Departures	1,8	94			
			Harvard Business Review	2,3	124			

* Personen ab 4 Jahre, verkabelte Haushalte   ** Basis: Leitende Angestellte und Manager   n.v. = nicht verfügbar

Abb. 71: Reichweite ausgewählter internationaler Medien in vier europäischen Schlüsselmärkten
Quelle: Bolz 1992, S. 57

TV aus dem Land ...	TV genutzt in den Ländern ... (in % der TV-Haushalte pro Land)								
	Niederl.	Belgien	Luxemb.	Frankreich	BRD	Schweiz	Österreich	Italien	Dänemark
Niederlande	*	37 *	–	–	1,5	–	–	–	–
Belgien	17	*	65	5,1	–	–	–	–	–
Luxemburg	–	46	*	1,3	<0,01	–	–	–	–
Frankreich	–	27	19	*	0,12	22	–	–	–
Bundesrep. Deutschland	25,5[1]	11	65	1,8	*	62[2]	3,5[3]	–	11
Schweiz	–	–	–	<0,1	2,3	*	1	1,7	–
Österreich	–	–	–	–	7,3	36[4]	*	–	–
Italien	–	–	–	0,2	–	–	*	*	–
Dänemark	–	–	–	–	0,18	–	–	–	*

1) 27% ARD, 24% ZDF   2) 64% ARD, 60% ZDF   3) 4% ARD, 3% ZDF   4) 40% FS1, 32% FS2

Abb. 72: Media-Overspill von TV-Programmen
Quelle: Kreutzer 1989a, S. 333

4.3213 Werbebudgetierung im internationalen Marketing

Gegenstand der Werbebudgetierung im internationalen Marketing ist die Festlegung der zur Erreichung der werblichen Ziele in den einzelnen Auslandsmärkten erforderlichen Mittel. Aufgrund der Komplexität des Entscheidungsproblems haben dabei die sog. **operationalen Methoden** auf der Basis von Erfahrungsregeln (z. B. Prozent-vom-Umsatz-Methode, Ausrichtung am Wettbewerber usw.) im internationaen Rahmen weitaus größere Bedeutung erlangt als die **theoretisch exakten Methoden**, die auf marginalanalytischen Ansätzen aufbauen (Landwehr 1988, S. 141 ff.). Ähnlich wie in divisionalisierten Unternehmen ist die Budgetfestlegung häufig das Ergebnis von **Verhandlungsprozessen** zwischen den Unternehmensteilen im In- und Ausland. Dies wirft die zentrale Frage nach den **Schlüsselgrößen** auf, nach denen sich die **Höhe** und die **ländermäßige Verteilung** des Budgets ergibt.

Eine empirische Studie (Meffert et al. 1986) lieferte auf die Frage nach dem verwendeten Verteilungskriterium das in Abbildung 73 dargestellte Ergebnis.

Es erscheint bemerkenswert, daß auch im internationalen Rahmen das Kriterium des **Umsatzes** (im jeweiligen Land) das wichtigste Kriterium bei der Budgetbemessung und -aufteilung ist, wodurch deutlich wird, daß anderen Bestimmungsfaktoren wie z.B. Phase im Produktlebenszyklus, Sättigungsgrad usw., nur eine untergeordnete Bedeutung beigemessen wird. Andererseits zeugen die ebenfalls hohen Nennungen für die Marketing- und Werbeziele im jeweiligen Land von dem Bemühen, die Budget-

Verwendetes Verteilungskriterium	Angabe in %
Prozent vom Planumsatz	55,2 %
Zielmethode	44,8 %
Konkurrenzorientierte Methode	37,9 %
Prozent vom Gewinn	17,2 %
"Was man sich erlauben kann"	13,8 %
Werbeaufwand je Stück	10,3 %
Prozent vom Vorjahresumsatz	3,9 %

Abb. 73: Verwendetes Verteilungskriterium bei der Werbebudgetierung
Quelle: Meffert et. al. 1986

bemessung und -aufteilung marktgerecht vorzunehmen. Hieran wird deutlich, daß die Auslandstochter bzw. -niederlassung bei den Budgetverhandlungen der verteilenden Muttergesellschaft die jeweils herrschende Werbesituation deutlich machen muß, da davon letztlich der Werbe- und Markterfolg abhängt.

4.322 Verkaufsförderung im internationalen Marketing

Die Verkaufsförderung beinhaltet jene kommunikativen Maßnahmen, die der Unterstützung und Erhöhung der Effizienz der eigenen Absatzorgane, der Marketingtätigkeit der Absatzmittler und der Beeinflussung der Verwender bei der Beschaffung und der Benutzung der Produkte dienen (vgl. Meffert 1986a, S. 490). Aufgrund gewisser Sättigungserscheinungen in der Wirkung werblicher Maßnahmen gewinnt die Verkaufsförderung vornehmlich in den Industrienationen zunehmend an Bedeutung.

Unter Berücksichtigung, daß die internationale Verkaufsförderung verkaufspersonal-, handels- und endverbrauchergerichtet sein kann, läßt sich eine Vielzahl von Maßnahmen ableiten. Konsumentenorientierte Verkaufsförderungsmaßnahmen lassen sich dabei in preisorientierte Promotions (»price deals«) und in nicht-preisorientierte Promotions (»nonprice deals«) unterteilen (Boddewyn und Leardi 1989, S. 363ff.).

Zentrale Determinanten der auf den Handel ausgerichteten Verkaufsförderungsaktionen stellen die Merkmale der Einkaufsstätte, das Zielsystem des Händlers und des Herstellers, das Sortiment des Händlers und die Art der angebotenen Leistung dar. Um Überschneidungen mit kontrahierungspolitischen Maßnahmen zu vermeiden, sind verkaufsfördernde Maßnahmen lediglich kurzfristiger Natur.

Da Verkaufsaktivitäten durch wachsende Marktsättigung und zunehmenden Konkurrenzkampf u. ä. in steigendem Maße erschwert sind, stellen die systematische Unterstützung und Beeinflussung des Außendienstes durch Verkaufsförderungsmaßnahmen einen weiteren Schwerpunkt der Aktivitäten dar. Sie zielen sowohl auf eine Steigerung von Leistungswillen und -fähigkeit als auch auf eine Mobilisierung von Leistungsreserven der Verkäufer ab und sind speziell auf deren individuelle Fähigkeiten und Bedürfnisse abzustimmen.

Abbildung 74 gibt einen Überblick über mögliche Verkaufsförderungsmaßnahmen für die jeweiligen Verkaufsförderungsformen. Die Durchführbarkeit der einzelnen Maßnahmen wird dabei maßgeblich von den nationalen Handelsstrukturen sowie von wettbewerbsrechtlichen Bestimmungen (z.B. Verbot von Coupons in Deutschland) determiniert. Die Abbildungen 75 a und b stellen diese zusammenfassend dar.

Funktion / Zielgruppe	Informations-funktion	Motivationsfunktion	Schulungs-/Trainingsfunktion	Verkaufsfunktion
Verkaufsorganisation	Verkäuferbriefe Verkäuferinformationen Verkäuferzeitungen Verkaufbriefe Anzeigen/Beilagen	Entlohnungs- und Prämiensysteme Wettbewerbe/Preisausschreiben Gadgets Sonderkonditionen	Tonbildschauen Filme/Videobänder Ausbildung zum Verkaufsberater Handelsseminare	Sales folder Argumentationshilfen Testergebnisse Hostessen/Dekorateure Verkaufshandbücher
Absatzmittler	Handelsmessen/Fachausstellungen Info-Zentrale Handzettel Prospekte	Partneraktionen Preisausschreiben Gewinnspiel Sonderaktionen (Shows)	Lehrveranstaltungen	Sonder-/Zweitplazierungen Displays Sonderaktionen
Konsumenten	Verbraucherzeitungen Bedienungsanleitung Werksbesichtigungen Verbraucher-ausstellungen	Muster/Warenproben		Rabatte/Sonderkonditionen Zugaben/Gutscheine Self-Liquidating-Offers Produkte mit Zusatznutzen

Abb. 74: Maßnahmen der Verkaufsförderung im internationalen Marketing differenziert nach ihren relevanten Funktionen

	Austria	Australia	Belgium	Brazil	Canada	Switzerland	Germany	Spain	Ireland	France
Top 3 sales promotion techniques	Reduced price in store	Reduced price in store	Reduced price in store	Gift Banded pack	Reduced price in store	Reduced price in store	Reduced price in store	Coupons	Reduced price in store	Reduced price in store
	Open competitions	Trade discounts	Trade discounts	Extra product free	Trade discounts	Trade discounts	Displays	Free goods	Trade discounts	Trade discounts
	Trade discounts	Promotional pack sizes with extra free product	Extra product free	Reduced price in store	Coupons	Merchandising contribution by manufacturers to trade	Trade discounts	Reduced price in store	Extra product free	Free samples
Restrictions on sales promotion techniques	No coupons, restrictions for on-pack deals	Individual state coupons restrictions. Promotions and trade support must be available for all stores. Lotteries and games of chance subject to government authorization.	No free draws. No sweepstakes.	Distribution of prizes via vouchers, contests, etc. is subject to government authorization. Ethical products, alcoholic beverages, cigarettes, cigars, not permitted any type of sales promotion.	Promotions must be offered to all stores. No promotions of pharmaceuticals except as samples to doctors. Competitions require skill testing questions	Laws against unfair competition exist. No competitions. No free draws, sweepstakes, money-off vouchers, or money-off next purchase.	No coupons. Free goods restricted to value of about 0.10 DM. No in-pack premiums. No cross product offers. No free draws. No money-off vouchers.		Below cost selling. License required for competitions which must inspire a degree of skill.	Games of chance are usually forbidden. Premiums and gifts are limited to 5% of product value and no more than 1% off.

Abb. 75 a: Rechtliche Restriktionen in der internationalen Verkaufsförderung
Quelle: Jeannett und Hennessy 1992, S. 492f.

	Great Britain	Greece	Italy	Japan	Mexico	Netherlands	New Zealand	Portugal	Argentina	Sweden	United States	South Africa
Top 3 sales promotion techniques	Reduced price in store	Trade discounts	Reduced price in store	Reduced price in store	Reduced price in store	Trade discounts	Reduced price in store	Trade discounts	Reduced price in store	Co-op advertising and money-off	Coupons	Reduced price in store
	Trade discounts	Special offers	Banded packs	Trade discounts	Bonus packs	Reduced price in store	Banded packs	Reduced price in store	Trade discounts	Local activities	Refund offers	Trade discounts
	Coupons	Reduced price in store	Coupons	Premiums	On-pack premiums	Display promotions, premiums	Coupons	Competitions	In-store displays, promotions	Coupons	Cents-off label, factory packs, bonus packs	In-store displays, promotions
Restrictions on sales promotion techniques	Legislation on bargain offers, lotteries, sweepstakes. Competitions must include a degree of skill. No price promotion on categories like pharmaceuticals.	No coupons. Gifts limited to 5% of product value.	No coupons on butter, oil, coffee. No self-liquidating offer or contest or gifts. Gifts limited to 8% of product value.	Some regulations regarding lotteries. Some regulations on excessive gifts or premiums.	Government authorization required. No promotions based on collecting a series of labels etc. No promotions of alcohol, tobacco products.	Legislation on gift schemes, pharmaceuticals, tobacco, games of chance.	No pyramid selling. No trading stamps. Coupons redeemable for cash only. Competitions require a degree of skill. Legislation on Christmas Club funds.	Some rules regarding lotteries and sweepstakes.	Rules regarding lotteries, special prizes. Products like pharmaceuticals cannot be promoted through prices.	No premium redemption plans. Competitions must include a degree of skill. Mixed offers are restricted. Cross-coupons "in-" or "on-pack" not allowed.	All promotion & trade support must be equally available to all retailers. Restrictions on frequency of use of "cents-off" and special packs. Numerous voluntary industry standards.	No lotteries of games of chance. Restrictions on coupons, especially no conditional purchase. No comparative advertising.

Source: From William J. Hawkes' Presentation to the International Marketing Workshp AMA/MSI, March 1983, of A.C. Nielsen Company material. Updated December 1990.

Abb. 75 b: Rechtliche Restriktionen in der internationalen Verkaufsförderung

Quelle: Jeannett und Hennessy 1992, S. 492f.

4.323 Public Relations im internationalen Marketing

> Public Relations können als planvolle und effektive Gestaltung der Beziehungen zwischen der Unternehmung und der nach Gruppen gegliederten Öffentlichkeit (z.B. Kunden, Aktionäre, Lieferanten, Arbeitnehmer, Institutionen, Staat) bezeichnet werden, die das Ziel verfolgen, bei diesen Teilöffentlichkeiten Vertrauen und Verständnis zu gewinnen bzw. auszubauen (vgl. Meffert 1986, S. 493).

Gravierende Veränderungen im sozio-kulturellen und politischen Umfeld äußern sich u.a. in veränderten Erwartungen der Umwelt an die Aufgaben eines Unternehmens im sozialen Gefüge. Unternehmen stehen heute im Blickpunkt einer breiten Öffentlichkeit, die in ihnen einen Hauptverursacher gesellschaftlicher Probleme sieht (vgl. Raffée und Wiedmann 1985, S. 229). Dadurch sehen sich Unternehmen zum einen der Verschlechterung ihres Images in der Öffentlichkeit gegenüber, während zum anderen gleichzeitig die gesellschaftlichen Erwartungshaltungen gegenüber den Unternehmen gestiegen sind. Dabei richtet sich das Augenmerk in zunehmendem Maße auf solche Entwicklungen, die nicht unmittelbar marktbezogen sind. Unternehmen sehen sich heute mehr als je zuvor gezwungen, das gesellschaftliche Umfeld in ihr Verhalten mit einzubeziehen.

Die Diskussion um die Versenkung der Erdöllager-Plattform »Brent Spar« durch Shell hat gezeigt, welche Auswirkungen gesellschaftlich relevante Themen auf die internationale Unternehmensführung haben. Interessanterweise ergaben sich ländermäßig große Unterschiede in der Wahrnehmung der Anspruchsgruppen. Während deutsche Verbraucher zum Boykott von Shell-Tankstellen aufriefen und Umweltschutzverbände den Dialog mit dem Unternehmen suchten, reagierten Großbritannien und Frankreich eher gelassen und zeigten kaum Verständnis für die Befürchtungen der Deutschen. Im Ergebnis verzichtete Shell auf die »Entsorgung« der Erdöllager-Plattform im Ozean (Meffert und Kirchgeorg 1995, S. 154 ff.).

Ausgehend vom Stellenwert der internationalen Public Relations lassen sich ihre zentralen Funktionen ableiten:
- **Informationsfunktion**: Vermittlung von Informationen über das Unternehmen an die nationalen Öffentlichkeiten
- **Kontaktfunktion**: Herstellung guter Kontakte zu den Regierungsstellen etc.
- **Sozialfunktion**: Identifikation mit und Realisierung der Interessen des Gastlandes; Respektierung kultureller und sozialer Eigenheiten; Beitrag zur Entwicklung des Gastlandes
- **Imagefunktion**: Selbstdarstellung der Unternehmung; Pflege des Erscheinungsbildes
- **Absatzförderungsfunktion**: Anerkennung in den Öffentlichkeiten fördert den Verkauf

Beziehungen zwischen Unternehmen und relevante Zielgruppe	persönlich	nichtpersönlich
intern	• Interne Information • Beratung • Veranstaltungen/Vorträge • Aktionärsbetreuung/ Hauptversammlung • Betriebsversammlung	• Mitarbeiterzeitung • Bildungseinrichtungen • Sporteinrichtungen
extern	• Veranstaltungen/Vorträge • Aktionen ("Haus der offenen Tür") • Werksführung • Pressekonferenz • Lobbying	• Controversy Advertising • Publikationen • Geschäftsberichte • Sozialbilanzen und Umweltbilanzen • Presseinformationen • Unternehmensfilme und -anzeigen

Abb. 76: Formen der internationalen PR-Arbeit

– **Eigenständigkeitsfunktion**: Unterstreichung der Unabhängigkeit von der Zentrale.

Die Public Relations richten sich dabei an eine unternehmensinterne und eine externe Öffentlichkeit. Zu der typischen **internen Zielgruppe** gehören z.B. Mitarbeiter, Aktionäre, der Betriebsrat und Außendienst und vor allem aus Sicht der Niederlassung die Zentrale. Als **externe Zielgruppe** lassen sich z.B. neben der Gesamtbevölkerung der Handel, Wettbewerber und potentielle Kunden sowie die Presse, Behörden, Fachwelt, Opinion Leader, Ausbilder, Verbände bezeichnen. In Abhängigkeit von der Ausgangssituation des Unternehmens kommt speziellen Zielgruppen im internen und externen Aktionsbereich gegebenenfalls besondere Bedeutung zu. Auf der Grundlage der festgelegten PR-Ziele und -Zielgruppen ist das geeignete Maßnahmen-Mix der Öffentlichkeitsarbeit zusammenzustellen. Unterscheidet man zwischen persönlichen und nicht-persönlichen Kommunikationsbeziehungen, dann lassen sich die in Abbildung 76 wiedergegebenen Maßnahmen der PR-Arbeit identifizieren.

213

4.324 Sponsoring im internationalen Marketing

> Kommerzielles Sponsoring beinhaltet die Bereitstellung finanzieller oder sonstiger Unterstützung durch eine Unternehmung (Sponsor) an eine Person, Gruppe oder Institution zur Erreichung der mit der Unterstützung verfolgten unternehmerischen Zielsetzungen.

Mit dem Engagement des Sponsors in Form von Geld, Sachzuwendungen oder Dienstleistungen sind Erwartungen hinsichtlich festgelegter Gegenleistungen des Gesponsorten verknüpft, um so bestimmte, meist kommunikative Ziele zu erreichen (Drees 1992, S. 18).

Internationale Sponsoring-Aktivitäten im Bereich **Sport** können sich in der Finanzierung und Namensgebung von Sportereignissen niederschlagen, bei denen der Sport als Trägermedium für die kommunikative Botschaft des Sponsors dient. Von besonderem Interesse sind demzufolge Ereignisse mit hoher internationaler Reichweite wie z. B. Tennis- und Fußballturniere.

Im Bereich der **Kultursponsoringmaßnahmen** stellen die Förderung von Ausstellungen, die Einrichtung eigener Museen und die Unterstützung von Konzerten und Tourneen (Hermanns und Püttmann 1989, S. 277ff.) wichtige Maßnahmen dar (vgl. Hermanns und Drees 1987, S. 6ff.). Im Bereich des Sponsorings von Filmen wird in jüngster Zeit das Instrument des Product Placement intensiv diskutiert (vgl. Kalweit 1988, S. 111ff.). Product Placement umfaßt dabei die gezielte Plazierung von Markenprodukten als reale Requisite in der Handlung eines Spielfilms. Bei der Plazierung von Produkten in der Spielfilmhandlung werden Geld oder Sachzuwendungen geleistet. Hierbei wird auch die Abgrenzung zur in vielen Ländern verbotenen Schleichwerbung deutlich, die eine unentgeltliche Nutzung eines Massenmediums für werbliche Zwecke ohne Vorliegen einer entsprechenden Genehmigung umfaßt. Einer derartigen Genehmigung sind jedoch enge rechtliche Grenzen gesetzt, die Product Placement fast ausschließlich im Bereich von Kinospielfilmen zulassen (vgl. Sack 1987, S. 196ff.). In den USA sind diese Bestimmungen wesentlich weniger restriktiv. Im Fall des Kommunikations-Bartering werden sogar komplett fertiggestellte TV-Programme gegen Werbezeiten getauscht.

Beispiel hierfür ist die Musiksendung »The Eurocharts Top 50«, die von Coca-Cola produziert und von Super Channel im Jahre 1990 ausgestrahlt wurde (vgl. Berndt, Fantapié Altobelli und Sander 1995, S. 216).

Aktivitäten des Sponsoring im **sozialen Bereich** umfassen die Unterstützung gemeinnütziger und wohltätiger Institutionen, die Bereitstellung von Ausbildungsplätzen oder -zentren sowie die Unterstützung anderer gesellschaftlicher Bereiche wie z.B. Umweltschutz und Wissenschaft. Hierbei wird dem Sponsor Gelegenheit gegeben, die gesellschafts- und sozialpolitische Verantwortung des Unternehmens in der Öffentlichkeit zu demonstrieren.

Der Jeanshersteller Levi Strauss beispielsweise hat die Übernahme sozialer Verantwortung in seinen Unternehmensleitsätzen festgeschrieben und engagiert sich u. a. für die Ausbildung mittelloser Jugendlicher sowie für die AIDS-Problematik (Preece, Fleisher und Toccacelli 1995, S. 91 u. 94).

4.325 Direktkommunikation im internationalen Marketing

Vor dem Hintergrund eines in vielen Märkten vorherrschenden Verdrängungswettbewerbs sowie einer durch zunehmende Informationsüberlastung der Konsumenten ausgelösten Erosion der Wirkung der klassischen Massenkommunikation nimmt die einzelgezielte Direktkommunikation in zahlreichen Unternehmen eine immer bedeutendere Stellung ein. Im internationalen Marketing stehen dabei der persönliche Verkauf und die Direktwerbung im Vordergrund.

Als Direktkommunikation werden solche kommunikativen Maßnahmen bezeichnet, die entweder eine gezielte individuelle Ansprache vorsehen oder dem Angesprochenen eine Reaktionsmöglichkeit mit dem Ziel einräumen, einen direkten persönlichen Kontakt herzustellen.

Der **persönliche Verkauf** umfaßt die mündliche Präsentation von Argumenten in einem Gespräch mit einem oder mehreren potentiellen Käufern zum Zwecke eines Kaufabschlusses. Dabei steht nicht der Routineverkauf, das sog. Massengeschäft, im Vordergrund, sondern insbesondere der kreative Verkauf oder Systemverkauf mit der Erarbeitung konkreter Problemlösungen für den Kunden. Insbesondere beim Angebot erklärungsbedürftiger Produkte nimmt der persönliche Verkauf eine zentrale Stellung ein. Das Kaufverhalten wird hier in besonderem Maße von Beratungs- und Überzeugungsleistungen der Verkäufer beeinflußt. Die große Bedeutung des persönlichen Verkaufs im internationalen Marketing liegt einerseits in gesetzlichen Restriktionen und der begrenzten Verfügbarkeit geeigneter Medien für klassische Werbung sowie andererseits in den geringeren Personalkosten in zahlreichen Ländern begründet. Allerdings ist es auch hier sinnvoll, die Entscheidungskompetenzen hinsichtlich des persönlichen Verkaufs auf das nationale Management zu übertragen, da der persönliche Verkauf eng mit kulturellen und anderen spezifischen Eigenschaften eines nationalen Marktes verbunden ist.

Hier sind besonders die Aspekte der »**silent language**« von Bedeutung. Kenntnis der Kommunikationssignale, die nicht auf sprachlicher Ausdrucksweise, sondern etwa auf räumlichen (z.b. Größe eines Büros als Symbol der betrieblichen Hierarchieposition, Diensträume des Top Managements in bestimmten Stockwerken des Verwaltungsgebäudes) und zeitlichen Gegebenheiten beruhen (z.b. die Verhaltensweise in bestimmten Ländern, Entscheidungen höchster Priorität zurückzuhalten, um dadurch die Bedeutung der Entscheidung und des Entscheiders herauszustellen; grundsätzliche Nichteinhaltung von Gesprächsterminen in Lateinamerika), ist unbedingt notwendig. Ein Verstoß gegen die Implikationen der »silent language« wird im Regelfall zu unbefriedigenden Gesprächs- und Verhandlungsergebnissen führen. Daher muß bei der Ausbildung des Verkaufspersonals darauf hingewirkt werden, daß dies die Bedeutung **kultureller Normen, Wertsysteme, Sitten und Gebräuche** erkennt und bereit ist, sich bei Verhandlungen mit Angehörigen des Gastlandes darauf einzustellen (Kongruenz von Sender und Empfänger). Dieser Sachverhalt verweist auf den besonderen Vorteil des Einsatzes von Verkaufspersonal, das in dem betreffenden Auslandsmarkt beheimatet ist.

Trotzdem kann das **internationale Management** einige Aufgaben im Rahmen des persönlichen Verkaufs übernehmen. Aufgrund seiner Erfahrungen und besonderen Informationen kann es das nationale Management bei der Gewinnung qualifizierten Personals, beim Verkäufertraining, bei der Entwicklung eines Systems monetärer und nicht monetärer Anreize für den Außendienst sowie bei der Kontrolle unterstützen. Diese Hilfestellungen können aber immer nur **generellen Charakter** annehmen; spezifische Maßnahmen müssen unter Berücksichtigung der Markt- und Umweltsituationen von dem nationalen Unternehmen entschieden werden. Insofern unterscheiden sich die Probleme des persönlichen Verkaufs im internationalen Marketing nicht wesentlich von denen im nationalen Marketing. Lediglich im Bereich von hochpreisigen und hochentwickelten Produkten (industrielle Güter) kommt dem internationalen Management größere Bedeutung zu. Denn Kaufentscheidungen im Investitionsgüterbereich weisen im internationalen Bereich wesentlich größere Gemeinsamkeiten auf als im Konsumgüterbereich, so daß z.B. eine **zentrale Verkäuferschulung** – von Experten durchgeführt – sinnvoll erscheint.

Als spezielle Form des persönlichen Verkaufs gewinnen **internationale Messen und Ausstellungen** eine wachsende Bedeutung. Dies gilt insbesondere für die Investitionsgüterindustrie, in der der prozentuale Anteil der Ausgaben für Messebeteiligungen am Kommunikationsetat einzelner Branchen deutlich zugenommen hat (Bello und Barksdale 1988).

Messen sind Veranstaltungen mit Marktcharakter, die ein umfassendes Angebot eines oder mehrerer Wirtschaftszweige bieten. Sie finden im allgemeinen in regelmäßigem Turnus statt. Auslandsmessen und -ausstellungen sind nicht nur ein für die ausstellende Exportwirtschaft relevantes

Verkaufs- und Präsentationsinstrument. Sie stellen darüber hinaus ganz generell ein wichtiges **Orientierungs-, Informations-** und **Kontaktforum** dar, und zwar nicht nur für im Messegeschäft engagierte Exportfirmen, sondern auch für die nicht auf Auslandsmessen vertretenen Ausfuhrunternehmen und für ausschließlich im Inlandsgeschäft tätige Firmen. Von den deutschen Unternehmen, die sich direkt oder indirekt an Auslandsmessen beteiligen, besuchen rund 75 % von ihnen nicht selbst beschickte Veranstaltungen. Eine aktuelle Untersuchung des Instituts für Marketing hat im einzelnen folgende Ziele deutscher Messebeteiligungen im Ausland ergeben:

– Verkaufsanbahnung
– Pflege aktueller Kundenkontakte
– Kontaktaufnahme zu potentiellen Kunden
– Erhöhung des Bekanntheitsgrades
– Darstellung der Produkt- und Leistungskompetenz.

Die befragten Unternehmen maßen dem Kennenlernen neuer Märkte eine zunehmende Bedeutung bei dem Eingehen von Auslandsmessebeteiligungen bei (Institut für Marketing 1996, S. 86).

Rummel (1989, Sp. 86) berichtet, daß 52 % aller deutschen Industrieunternehmen generell auf Auslandsmessen vertreten sind, wobei Investitionsgüterhersteller überproportional an ihnen teilnehmen (vgl. Abbildung 77).
Angesichts der Fülle von internationalen Messen und Ausstellungen, die zur Teilnahme auffordern, muß eine sorgfältige Auswahl getroffen werden. Dabei ist vor allem das Potential des lokalen Marktes in Rechnung zu stellen, aber auch der Nutzen der betreffenden Veranstaltung im Vergleich zu anderen dort zur Verfügung stehenden Werbeträgern. Schließlich ist zu beachten, daß eine einmalige Beteiligung an einer Messe wenig sinnvoll ist. Absatzförderung über das Mittel der Messebeteiligung muß mittel- bis langfristig erfolgen, wenn sie Erfolg haben soll.

Im Unterschied zu Europa und den USA sind japanische Messen keine Ordermessen, auch wenn sich zufällig ein direkter Geschäftsabschluß ergeben kann. Für japanische Geschäftsleute sind Messen in erster Linie Informationsveranstaltungen, die von Zeit zu Zeit interessierten Käufern und Verkäufern Gelegenheit geben, die eigenen Kenntnisse über Marktlage und Technologiefortschritt auf den neuesten Stand zu bringen, sich eingehend mit Warenmustern zu beschäftigen und Möglichkeiten neuer Geschäftsverbindungen zu erkunden.
Darüber hinaus erfüllen Messeveranstaltungen eine für Japaner besonders wichtige, eher »gesellschaftliche« Funktion, z.B. in regelmäßigen Abständen ein großes Forum für den Austausch zwischen allen Beteiligten einer Branche zu bieten. Dies ist ein Teil der im japanischen Geschäftsleben so überaus wichtigen Pflege guter persönlicher Beziehungen als Grundlage stabiler Geschäftsverbindungen. Somit sind Großabschlüsse auf derartigen Veranstaltungen ausgesprochen selten, sofern

Bereich	Anteil der Unternehmen mit					
	Exportgeschäft	Auslandsmessebeteiligung		davon mit		
				in % der exportierenden Unternehmen		
	in % aller Unternehmen	in % der exportierenden Unternehmen	in % aller Unternehmen	ausschließlich direkter Beteiligung	direkter und indirekter Beteiligung	ausschließlich indirekter Beteiligung
Grundstoff- und Produktionsgüterindustrie	78	54	40	10	20	24
Investitionsgüterindustrie	95	73	69	11	33	29
Verbrauchsgüterindustrie	80	52	43	13	15	24
Insgesamt	86	60	52	11	23	26

Abb. 77: Umfang der Auslandsmessebeteiligung nach Branchen
Quelle: Rummel 1989, Sp. 86

sie überhaupt vorkommen, während es aber durchaus zu Probeabschlüssen auf Basis von Mustern und Informationsmaterial kommen kann – selbst dies jedoch in aller Regel erst nach mehreren intensiven Kontaktgesprächen (BfAi 1991).

Die **internationale Direktwerbung** hat insbesondere angesichts der verbesserten Möglichkeiten im Bereich der elektronischen Medien in der jüngsten Zeit eine gestiegene Bedeutung erfahren (Ritsema und Piest 1990, S. 63ff.). So nutzen mittlerweile zahlreiche Unternehmen die Möglichkeiten des Teleshopping im Rahmen von international empfangbaren Fernsehsendern. Neue Möglichkeiten einer internationalen, interaktiven Werbung bieten zudem die Angebote von sog. Online-Diensten im Internet, bei denen sich Benutzer im Dialogverfahren über Produkte und Dienstleistungen informieren und diese auch bestellen können.

4.33 Standardisierung der Kommunikationspolitik

Standardisierungsüberlegungen in der **Kommunikationspolitik** beziehen sich auf die länderübergreifende Vereinheitlichung der Kommunikationsinstrumente. So können durch eine **Vereinheitlichung der klassischen Werbung** Synergievorteile genutzt werden, etwa durch das Overlapping internationaler Medien.

Durch die Produktion weltweit einsetzbarer Werbespots kalkuliert Coca-Cola Einsparungen in Höhe von jährlich 15 Millionen Dollar. Levi Strauss realisiert durch die

---

1 The cowboy is the hero; he controls the world around him.
2 The cowboy must be credible; the authenticity of every detail must be never questioned.
3 Marlboro pictures are candid; they should never be artificial or mannered.
4 Marlboro advertisements must be executed to the highest standards to ensure optimum impact.
5 There must be a great variety in Marlboro advertisements with regard to both subject and layout; there still is so much to discover in »Marlboro country«.
6 Marlboro country is grand; the beauty of its scenery and its impressive size should always be emphasized.
The application of these standards has resulted in advertising that is never boring but that always explores new angles, thereby maintaining its freshness and originality.

Abb. 78: Kernelemente des weltweiten Markenauftritts von Marlboro
Quelle: Rijkens 1994, S. 115

Standardisierung seiner Werbung in sieben Ländern Einsparungen von jährlich 4 Milliarden Dollar (Riesenbeck 1994, S. 329).

Auch der Aufbau eines länderübergreifenden Images ist mit einer Standardisierung der Werbung realisierbar. Dies führt in erster Linie zu einer länderübergreifend konsistenten Produkt- bzw. Unternehmensprofilierung und zu einer einheitlichen Abgrenzung gegenüber Wettbewerbern. Philipp Morris beispielsweise hat für das Rahmenkonzept der Marke Marlboro weltweit einheitliche Kriterien definiert, die in Abbildung 78 wiedergegeben sind (Rijkens 1994, S. 115).

Allerdings wird die Werbestandardisierung häufig durch rechtliche Regelungen limitiert: Um die nationale Sprache frei von ausländischen Einflüssen zu halten, wird z.B. in Frankreich die Verwendung ausländischer Sprachen in der Werbung beschränkt. Darüber hinaus finden sich Einschränkungen hinsichtlich des kreativen Gestaltungsspielraums. So ist die vergleichende Werbung in der Bundesrepublik verboten, und in einigen Ländern dürfen keine »... besser als ...«-Aussagen gemacht werden. Neben dem grundsätzlichen Werbeverbot für verschiedene Produktgruppen (z.B. Zigaretten und Alkohol) haben einige Länder Werbemittel-Importverbote erlassen, so z.B. Australien für im Ausland erstellte Werbekampagnen (Kreutzer 1989a, S. 311). Schließlich müssen die Verfügbarkeit und der Stellenwert einzelner Medien in den verschiedenen Ländern als äußerst unterschiedlich angesehen werden, so daß die Werbeträgerwahl im Vergleich zur Botschaftsgestaltung als noch weniger standardisierbar eingeschätzt werden muß.

Die **länderübergreifende Public Relations** richtet sich an eine Vielzahl unternehmensinterner und -externer Zielgruppen, die sich in der Regel durch ein hohes Maß an Heterogenität auszeichnen (Jefkins 1992, S. 210). Diese Heterogenität ist vor allem auf die unterschiedlichen Ausprägungen sozio-kultureller, gesellschaftlicher und vor allem auch politischer Faktoren zurückzuführen, durch die die PR-Arbeit in besonders starkem Maße beeinflußt wird. Die Chancen einer länderübergreifend einheitlichen Gestaltung von PR-Aktivitäten sind daher als eher gering zu bezeichnen (Meffert et al. 1986, S. 14).

Die internationale Herausforderung an die **Verkaufsförderung** liegt in den länderspezifisch unterschiedlichen Möglichkeiten und Einstellungen des Handels zur kooperativen Förderung des Abverkaufs. Die Durchführbarkeit der einzelnen Maßnahmen wird dabei maßgeblich von den nationalen Handelsstrukturen sowie von wettbewerbsrechtlichen Bestimmungen in den Auslandsmärkten (z.B. Verbot von Coupons in Deutschland) determiniert. Im Zusammenhang mit dem zumeist kurzfristigen Charakter der Verkaufsförderungsmaßnahmen ist eine Standardisierung nur in seltenen Fällen möglich und sinnvoll. Aufgrund der starken Abhängigkeit der Verkaufsförderung von der Art der Distributionskanäle erscheint eine Standardisierung am ehesten bei internationalen Unternehmen mit einem eigenen, vollständig kontrollierbaren Distributionssystem denkbar (z.b. McDonald's).

Länderübergreifend standardisierte Kommunikationskonzepte werden vor diesem Hintergrund – zumindest auf weltweiter Ebene – eher die Ausnahme bleiben. Eine Berücksichtigung nationaler oder lokaler Besonderheiten resultiert vielmehr in **Dachkampagnen** zur Schaffung oder zum Ausbau von Markenbekanntheit, welche ihrerseits durch länderspezifische Profilierungsmaßnahmen ergänzt bzw. flankiert werden können (z.B. Hoechst AG).

4.4 Distributionspolitik im internationalen Marketing

> Die Distributionspolitik bezieht sich auf alle Entscheidungen, die im Zusammenhang mit dem Weg eines Produktes oder einer Dienstleistung zum Endkäufer stehen. Sie umfaßt sowohl die Wahl der Absatzkanäle als auch die physische Distribution der Produkte.

Neben den generellen Marketingzielen, wie z.B. Umsatz oder Marktanteil, können distributionspolitische Ziele folgende spezifische Zielsetzungen umfassen (Ahlert 1981, S. 46f.; Specht 1992, S. 144; Ahlert 1996, S. 174):
- Vertriebskosten bzw. Handelsspanne
- Distributionsgrad
- Image des Absatzkanals
- Kooperationsbereitschaft
- Aufbaudauer und Flexibilität
- Beeinflußbarkeit und Kontrollierbarkeit des Absatzkanals

4.41 Absatzkanalentscheidungen im internationalen Marketing

Mit der Wahl der Distributionsstrategie wird der grundlegende Absatzweg der Unternehmung festgelegt. Sie setzt eine Beurteilung der zu vergleichenden Alternativen voraus. Die hierzu notwendige Systematisierung relevanter Alternativen hat zu einer Vielzahl von Lösungsvorschlä-

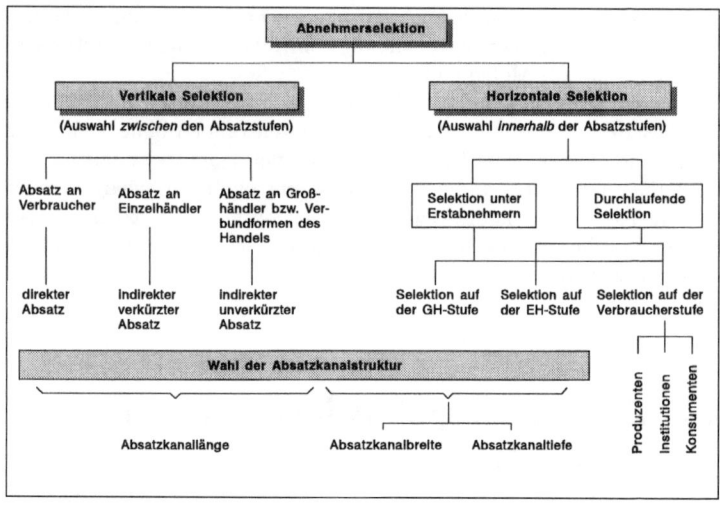

Abb. 79: Vertikale und horizontale Absatzkanalentscheidungen

gen geführt (Gutenberg 1976; Nieschlag et al. 1994, S. 429f.; Kotler und Bliemel 1995, S. 806 ff.). Als grundlegendes Strukturierungsmerkmal von Absatzkanälen ist zweckmäßigerweise zwischen der **vertikalen** und der **horizontalen Absatzkanalstruktur** zu unterscheiden (Ahlert 1981, S. 49 ff.; Ahlert 1996, S. 153ff.). Abbildung 79 veranschaulicht die dabei abzugrenzenden Absatzwege und Vertriebsformen im Überblick.

Bei der Festlegung der vertikalen Absatzkanalstruktur trifft der Hersteller eine **Auswahl zwischen den Absatzstufen**. Art und Zahl dieser Stufen bestimmen die Länge des Absatzweges zwischen Hersteller und Endabnehmer. Die Auswahl der Absatzstufen ist insbesondere mit der Entscheidung verbunden, ob die Produkte direkt oder indirekt an die Endabnehmer geliefert werden sollen.

Indirekter Vertrieb liegt dann vor, wenn Einzel- und/oder Großhändler in den Absatzweg eingeschaltet sind. Dabei kann es sich entweder um eigene oder fremde Verkaufsorgane handeln. Zu den eigenen Verkaufsorganen zählen beispielsweise Filialbetriebe. Bei fremden Absatzmittlern können die wechselseitigen Beziehungen entweder frei, d.h. ohne Vereinbarungen, oder gebunden sein. Die vertraglichen Bindungen gewährleisten eine bessere Durchsetzbarkeit der gesamten Marketingpolitik. Aus ihnen ergeben sich unterschiedliche **vertragliche Vertriebssysteme**, die eingehend bei der Realisation von Vertriebssystemen untersucht werden.

222

Die Entscheidung zwischen direktem oder indirektem Vertrieb hängt dabei von der Art des Auslandsengagements ab (z.B. Export oder Direktinvestition). Ist das Engagement in einem betreffenden Ländermarkt begrenzt, so daß ein Gütertransfer stattfindet, wird die Vertriebsentscheidung von der Wahl zwischen direktem oder indirektem Export vorgeprägt (Schneider 1992, S. 738f.). Abbildung 80 verdeutlicht diese Alternativen. Grundsätzlich sollte aber in der internationalen Distributionspolitik zwischen dem Markteintritt und der Absatzwegewahl unterschieden werden, um die Komplexität des Entscheidungsproblems zu reduzieren.

Mit der Entscheidung für den indirekten Vertrieb stellt sich die Frage, wie viele Zwischenstufen in den Vertriebsweg eingeschaltet werden sollen (Länge des Absatzkanals). Hier stehen die Alternativen des **ein- und mehrstufigen Vertriebs** im Vordergrund. Damit verbunden ist die Entscheidung, ob die Auslandsmärkte nur über einen oder über mehrere verschiedene Vertriebswege bearbeitet werden sollen (**eingleisiger vs. mehrgleisiger Vertrieb**). Abbildung 80 verdeutlicht diese Zusammenhänge.

Allgemein gilt auch hier, daß, je direkter (kürzer) der Absatzweg ist, um so höhere Kosten anfallen und um so stärkere Einflußnahmen und Kontrollen möglich sind. Dies ist im internationalen Marketing wegen der oft großen **Entfernungen zwischen den Märkten** ein wesentliches Auswahlkriterium. Das auslösende Moment für den Aufbau eines eigenen Distri-

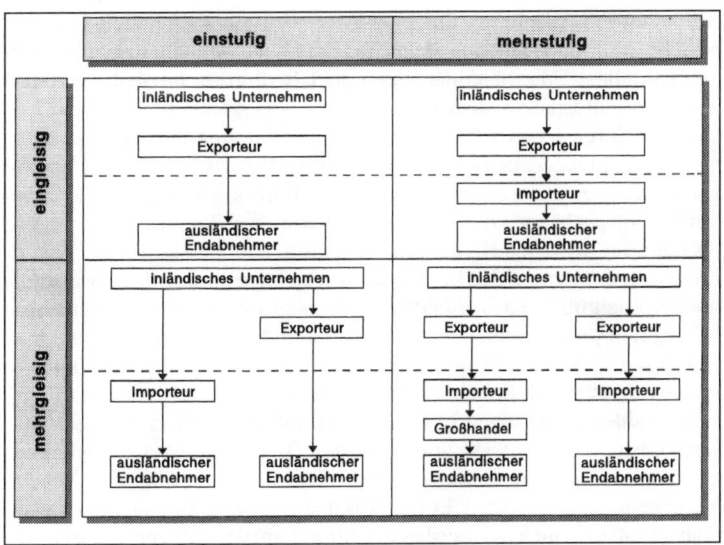

Abb. 80: Alternative Absatzwege im internationalen Marketing

butionssystems bzw. eines möglichst direkten Absatzweges ist häufig die mangelnde **Leistungsbereitschaft** seitens der lokalen Absatzmittler, die sich in einer passiven Einstellung zum Produkt, in der Unfähigkeit zur Erbringung von Beratungs-, Service- und Kundendienstleistungen oder ganz einfach in der Bereitschaft, nur einzelne, besonders erfolgreiche Produkte aus dem Programm des Herstellers zu führen, äußert. Aufgeblähte Kosten und Spannen bzw. durch die Konkurrenz **blockierte Absatzkanäle** sind weitere mögliche Gründe, die ein Unternehmen zum Aufbau eines eigenen Distributionssystems veranlassen oder sogar zwingen können, wenn es den Markt nicht verlieren will. Der meist stufenweise Aufbau eines solchen Systems (Auslandsniederlassung – regionale Verkaufsbüros – eigene Produktionsstätte) eröffnet dem internationalen Unternehmen zahlreiche Möglichkeiten zur Durchsetzung seiner Marketingstrategien und stellt auch eine wesentliche Hilfe für die Standardisierung der Absatzpolitik dar.

Jedoch können **hohe Kosten, geringes Marktpotential** und unsichere **Zukunftsaussichten** dazu führen, daß die bestehenden mangelhaften Distributionsorgane eines Landes dem Aufbau eines eigenen Absatzapparates dennoch vorgezogen werden. Je nach Güterkategorie und ländermäßigen Gegebenheiten käme als Kompromiß auch der Einsatz von Handelsvertretern (für einen Direktvertrieb) in Frage.

Entscheidungen über die horizontale Struktur eines Absatzkanals betreffen die **Auswahl der Absatzmittler innerhalb der Absatzstufen**. Dabei werden Breite und Tiefe der Absatzwege festgelegt. Während sich die **Breite** auf die **Anzahl** der auf einer Absatzstufe eingeschalteten Mittler bezieht, stellt die **Tiefe** auf deren **Art** (z.B. nach Branchen, Betriebsformen) ab. Diese Entscheidungen über die **Distributionsintensität** verdeutlichen drei alternative Distributionsstrategien (Ahlert 1996, S. 157ff.):

1. Bei der **intensiven Distribution** wird ein hoher Distributionsgrad angestrebt (Universalvertrieb). Hier sollen die Produkte möglichst überall erhältlich sein; eine Beschränkung auf seiten der Absatzmittler ist dabei nicht vorgesehen. Diese Art der Distribution kennzeichnet primär Güter des täglichen Bedarfs (z.B. Zigaretten).

2. Demgegenüber werden bei der **selektiven Distribution** die Absatzmittler vornehmlich nach qualitativen Gesichtspunkten ausgewählt. Als Kriterien werden dabei neben bestimmten Anforderungen an die Ausstattung (z.B. Geschäftsgröße, Kundendiensteinrichtungen, Geschäftslage) vor allem Merkmale der Marketingaktivitäten als Maßstab für die Auswahl herangezogen (z.B. Kooperationsbereitschaft, Preisaktivitäten). Nicht zuletzt wird in der Praxis häufig die Abnahmemenge als Selektionskriterium herangezogen.

3. Einen Sonderfall der selektiven Absatzmittlerauswahl bildet die **exklusive Distribution**. Hier werden die Absatzmittler zusätzlich hinsichtlich ihrer Quantität beschränkt. Dies führt im Extremfall zu gebietsbezogenen Exklusiv-Verträgen (z.B. bei Kosmetika, hochwertiger Bekleidung

und Möbeln). Durch diese Art der Distribution erwartet der Hersteller häufig aggressivere Verkaufsbemühungen sowie eine bessere Kontrollmöglichkeit über Preise und Serviceleistungen.

Neben der Zahl der Absatzmittler je Vertriebsstufe steht die Frage nach deren Vertriebsart im Vordergrund. Dabei ist es sinnvoll, in Abhängigkeit von der Unternehmenszugehörigkeit zwischen betriebseigenen und betriebsfremden Distributionsorganen zu unterscheiden (Scheuch 1989, S. 349). Zu den **betriebseigenen Distributionsorganen zählen**:
- Verkaufs-/Exportabteilungen
- Auslandsreisende
- Niederlassungen im Ausland.

Betriebsfremde Distributionsorgane sind alle rechtlich und wirtschaftlich selbständigen Unternehmen oder Personen, die Vertriebsaufgaben übernehmen. Dies sind:
- Handelsbetriebe (inländische Exporthäuser, ausländische Importhändler, ausländischer Groß- und Einzelhandel)
- Absatzmittler (Handelsvertreter, Kommissionäre, Handelsmakler u.a.).

Im Hinblick auf eine durchgängige **Kontrolle der Distributionsorgane** forcieren viele internationale Unternehmen die Einrichtung von vertraglichen Vertriebssystemen. Beim Franchise-System wird an selbständige Absatzmittler gegen Entgelt ein spezifisches Know-how an Dienstleistungen oder Technologien übertragen. Die Franchisenehmer bleiben selbständige Unternehmer, verpflichten sich jedoch, nach außen ein durchgängig einheitliches Erscheinungsbild zu wahren (Sortiment, Markenname und -zeichen etc.). Sie müssen sich einem einheitlichen Managementund Marketing-System unterwerfen; um deren Einhaltung zu überwachen, sichert sich der Franchisegeber umfangreiche **Kontrollrechte** bei seinen Franchisenehmern. Man findet diese Form von Vertragsvertrieb im internationalen Rahmen bei Erfrischungsgetränkeherstellern (z.B. Coca-Cola), Restaurantketten (z.B. McDonald's, Wienerwald) und einer Reihe von Dienstleistern.

Eine nicht so strikte Form der vertraglichen Bindung, bei der vor allem keine Lizenzgebühr an den Franchisegeber zu zahlen ist, findet man vor allem bei der internationalen Distribution von Kraftfahrzeugen. Dieser im deutschen Sprach- und Wirtschaftsraum als **Vertragshändlerschaft** bezeichnete Vertragsvertrieb verpflichtet den Absatzmittler ebenfalls zur Einhaltung bestimmter Qualitätsstandards (vor allem Serviceniveau, Bereitstellung von Ersatzteilen) und zu einheitlichem Auftreten, jedoch tritt der selbständige Kaufmann, Händler bzw. Techniker stärker in den Vordergrund. Die Vertragsgestaltung zwischen Hersteller- oder Dienstleistungsunternehmen und Absatzmittlern (Vertragshändlern) wird naturgemäß von Land zu Land unterschiedlich sein – sei es, daß die herrschenden Gesetze vertragliche Bindungen in bestimmter Form nicht zulassen, oder daß die Einhaltung eines international einheitlichen Qualitätsniveaus aufgrund der unterschiedlichen Qualifikation der potentiellen Vertragshändler nicht erreicht werden kann.

Generell bieten die Formen des Vertragsvertriebs dem Hersteller den Vorteil einer durchgängigen Kontrolle des Absatzweges unter gleichzeitiger Vermeidung größerer Investitionsrisiken in dem Distributionssystem. Bei Aufnahme ungeeigneter Franchisenehmer und Vertragshändler in das Distributionssystem kann es jedoch zu Imageverlusten kommen.

Verbunden mit der Entscheidung über Zahl und Art der einzuschaltenden Absatzstufen ist die Bestimmung von **Zahl und Art der Absatzmittler**. Unterschiede zwischen den Absatzmittlern in verschiedenen Ländern, hinsichtlich ihrer Größe auf den einzelnen Stufen, ihrer Fähigkeit und ihres Willens zur Wahrnehmung von Handelsfunktionen usw. machen eine Differenzierung der Distributionsstrukturen mehrerer Länder erforderlich. Differenzierte Strukturen aber bedürfen eines differenzierten Vorgehens; daher verlangt die Distributionspolitik internationaler Unternehmen weitgehende **Flexibilität und Anpassung** (vgl. auch die Übersicht über nationale Einzelhandelsstrukturen in Abb. 15, Kap. 2.222).

Bei der Auswahl von Vertriebssystemalternativen sind zunächst die **Begrenzungsfaktoren** als relevantes Entscheidungskriterium zu beachten. Diese beziehen sich sowohl auf unternehmensexterne als auch auf unternehmensinterne Bereiche. Hier sind insbesondere die folgenden Einflußfaktoren aus dem Produkt- und Programmbereich, Merkmale der Käufer und Konkurrenten, unternehmensdemographische und absatzmittlerbezogene Faktoren sowie soziale und rechtliche Begrenzungsfaktoren von Bedeutung (Schneider 1992, S. 745ff.; Specht 1992, S. 167 ff.; Ahlert 1996, S. 178):

1. Produktbezogene Faktoren
– Erklärungsbedürftigkeit
– Bedarfshäufigkeit
– Lagerfähigkeit
– Transportfähigkeit (Größe, Gewicht, Empfindlichkeit)

2. Konsumentenbezogene Faktoren
– Marktvolumen insgesamt
– Geographische Verteilung (z.B. Stadt – Land)
– Kaufgewohnheiten
– Aufgeschlossenheit gegenüber Vertriebsmethoden

3. Konkurrenzbezogene Faktoren
– Anzahl der Konkurrenten
– Art der Konkurrenzprodukte
– Vertriebswege der Konkurrenten

- Wettbewerbsdruck im bisherigen Vertriebsweg
- Wettbewerbsdruck durch andere Vertriebswege

4. Unternehmensbezogene Faktoren
- Größe
- Finanzkraft
- Art der Produkte
- Internationalisierungsphilosophie
- Strategische Ausrichtung
- Strategische Bedeutung des betreffenden Ländermarktes

5. Absatzmittlerbezogene Faktoren
- Art und Anzahl der Absatzmittler
- Standort und Verfügbarkeit der Handelsbetriebe
- Art und Umfang des durch die Handelsbetriebe erreichten Marktes
- Fähigkeit zur Übernahme der erforderlichen Handelsfunktionen
- Vertriebskosten

6. Soziale und rechtliche Faktoren
- Öffentliche Meinung; Wertvorstellungen bzw. -änderungen
- Bestehende Vertriebsbindungen
- Vertriebsvorbehalte bestimmter Geschäftsformen (z.B. Apotheken in Deutschland)
- Diskriminierungs- bzw. Boykottverbot.

Es wird deutlich, daß hier insbesondere die **Verfügbarkeit** bestimmter Absatzmittlertypen und Handelsbetriebsformen das entscheidende Auswahlkriterium ist. Anzahl und Art hängen im wesentlichen vom Grad der wirtschaftlichen Entwicklung sowie von sozialen und kulturellen Umwelteinflüssen (z.B. in weniger entwickelten Ländern der Dorfmarkt oder Basar als »Kommunikations-Börse«) in dem betreffenden Land ab. Generell lassen sich folgende Feststellungen machen:
- Je entwickelter ein Land ist, desto mehr Stufen der Distribution und desto unterschiedlichere Institutionen und Handelsbetriebsformen weist es auf den einzelnen Stufen auf.
- Der Einfluß ausländischer Importeure nimmt mit fortschreitender wirtschaftlicher Entwicklung ab.
- Mit zunehmender wirtschaftlicher Entwicklung werden die Funktionen von Hersteller, Groß- und Einzelhandel entflochten.
- Die Anzahl kleiner Geschäfte nimmt im Laufe der wirtschaftlichen Entwicklung ab, während die Durchschnittsgröße pro Geschäft zunimmt.

In einer empirischen Untersuchung über die Einflußfaktoren der Wahl zwischen betriebseigenen vs. betriebsfremden Distributionsorganen (Anderson und Coughlan 1987) stellten die Transaktionsspezifität, das Ausmaß der Differenziertheit von Produkten (geringe Substituierbarkeit) sowie ein bestehendes eigenes Vertriebssystem die stärksten Einflußfaktoren für die Wahl eines betriebseigenen Distributionssystems dar. Demgegenüber führte der Absatz in japanischen und südostasiatischen Absatzmärkten zur Nutzung betriebsfremder Vertriebsorgane.

4.42 Internationale Marketinglogistik

Das internationale logistische System befaßt sich mit der physischen Bewegung der Produkte zwischen Hersteller und Endkäufer in einem bzw. verschiedenen Auslandsmärkten (Arnold 1989). Aufgabe der **Marketinglogistik** ist es, dafür zu sorgen, daß das **richtige Produkt** zur **gewünschten Zeit** in den **richtigen Mengen** in den **richtigen**, d.h. **gewünschten Absatzmarkt gelangt**. Die zentralen Entscheidungsprobleme der Marketinglogistik umfassen Fragen über Lagerhaltung, Transport, Warenumschlag, Verpackung und Auftragsabwicklung.

Damit besteht die wesentliche Aufgabe der Marketinglogistik darin, die Produkte auf effektive und effiziente Art durch die Absatzkanäle »durchzuschleusen«. Die Erfüllung dieser Aufgabe hängt dabei vor allem von der Ausgestaltung der Absatzkanäle ab.

Entscheidungen in der internationalen Distributionslogistik sind insbesondere auch mit Blick auf den Nachfrager und eine entsprechende wettbewerbliche Profilierung von größter Relevanz. So beeinflußt die Ausgestaltung der Marketinglogistik Lieferzeiten, Individualisierungsmöglichkeiten bei Serienfertigung, die akquisitorische Wirkung der Warenpräsenz und Lieferbereitschaft sowie die Sicherung auf dem Transport- und Lagerweg als Qualitätskomponente (Scheuch 1989, Sp. 358 f.). Die Besonderheiten der internationalen Marketinglogistik resultieren insbesondere aus längeren Transportwegen, heterogenen Infrastrukturbedingungen sowie klimatischen Unterschieden.

Neben der Kostenreduktion verfolgt die Marketinglogistik vor allem das Ziel der Erreichung eines bestimmten **Liefer-Service-Niveaus**. Der Lieferservice wird seinerseits von folgenden vier Parametern bestimmt:

– Lieferzeit
– Lieferzuverlässigkeit
– Lieferungsbeschaffenheit
– Lieferflexibilität

1. Lieferzeit

Die Lieferzeit umfaßt die Zeitspanne zwischen der Auftragserteilung durch den Kunden bis zum Warenerhalt. Diese Zeitspanne umfaßt, je nachdem, ob es sich um Fertigerzeugnisse oder Auftragsfertigung handelt, folgende Lieferzeitsegmente:

– Auftragswartezeit
– technische Vorlaufzeit
– Beschaffungszeit
– Teillieferungszeit
– Montage- und Testzeit
– Verkaufswaren – Lagerzeit
– Vertriebszeit.

2. Lieferzuverlässigkeit

Die Lieferzuverlässigkeit kennzeichnet die Wahrscheinlichkeit, mit der die Lieferzeit eingehalten wird. Wesentliche Einflußgrößen sind hier die Zuverlässigkeit im gesamten Arbeitsablauf sowie die Bevorratung der Läger (Lieferbereitschaft). Die Lieferzuverlässigkeit kann z.b. als Prozentsatz aller Aufträge formuliert werden, die innerhalb einer vorgegebenen Sollzeit angeliefert werden. Insbesondere bei produktionssynchronen Liefervereinbarungen (Just-in-Time-Konzepten) spielt die Lieferzuverlässigkeit eine entscheidende Rolle.

3. Lieferungsbeschaffenheit

Die Lieferungsbeschaffenheit umschreibt Art und Weise der Auftragserfüllung in quantitativer und qualitativer Hinsicht (richtige Produkte und Mengen bzw. Zustand der Waren).

4. Lieferflexibilität

Hier geht es um das Ausmaß möglicher Anpassungen an spezielle Kundenforderungen und damit um die Modalitäten der Auftragsebene und -bearbeitung (Zeitpunkte, Mindestmengen, Versandart usw.).

4.43 Standardisierung der Distributionspolitik

Die **Standardisierung der Distributionspolitik** betrifft in erster Linie die einheitliche Wahl und Ausgestaltung der Absatzkanäle und identische Maßnahmen der physischen Distribution.

Die größten Potentiale zur Umsetzung standardisierter Marketingkonzepte bestehen – wegen der Steuerungs- und Kontrollmöglichkeiten – beim direkten Vertrieb bzw. beim indirekten Vertrieb mit eigenen Verkaufsorganen (z.B. Filialen).

Bei einem Vorliegen fremder Vertriebsorgane bieten sich für eine Durchsetzung standardisierter Konzepte vor allem **vertragliche Vertriebssysteme** an. Neben Vertragshändlersystemen (z.B. in der Automobilbranche) spielt dabei das Franchising eine große Rolle, da es dem Hersteller eine risikoverminderte länderübergreifende Distribution ermöglicht. **Franchiseverträge** stellen ein länderübergreifend einheitliches Erscheinungsbild sowie eine (zumindest im Kern) standardisierte Produkt- und Preispolitik sicher. Deshalb nehmen sie als Standardisierungsinstrument im internationalen Marketing einen hohen Stellenwert ein (Kriependorf 1989, Sp. 714).

Der Vorteil des Franchisesystems besteht vor allem in der **Flexibilität**, ein standardisiertes Marketingkonzept mit länderspezifisch adaptierten Komponenten des gesamten Distributionssystems zu vereinbaren.

So ist die Wahl eines einheitlichen Vertriebsweges für eine integrierte Markenpolitik bei Coca-Cola durch die Rahmenstandardisierung des Franchisesystems nicht mehr als notwendige Voraussetzung eines standardisierten Marketing zu sehen (Quelch und Hoff 1986). Um die Einhaltung der Franchiseabsprachen zu überwachen, sichern sich Franchisegeber wie Coca-Cola und McDonald's allerdings in der Regel umfangreiche Kontrollrechte bei den ansonsten selbständigen Franchisenehmern.

Im Gegensatz zur vertikalen Struktur bieten sich bei Entscheidungen über die **horizontale Absatzkanalstruktur** weitergehende Standardisierungsmöglichkeiten. Dabei sind die Entscheidungen über die Tiefe und Breite der Absatzkanalstruktur auf das engste verknüpft. Insbesondere bei der Wahl der Einzelhandels-Betriebsformen können Vereinheitlichungsbemühungen eine Rolle spielen, um einen **standardisierten Marktauftritt** des Unternehmens im Rahmen seiner abgestimmten Marketingpolitik auch beim indirekten Vertrieb zu gewährleisten. So kann z.B. festgelegt werden, daß in allen Ländern nur Fachgeschäfte und -märkte beliefert werden, um ein standardisiertes Markenkonzept auch vertriebspolitisch zu stützen. Dies setzt an einem einheitlichen Kriterienset an, welches die in Betracht kommenden Absatzmittler hinsichtlich Erscheinungsbild, Image und Leistungserbringung etc. erfüllen müssen. Eng verknüpft ist damit die Frage nach einer Vereinheitlichung der Selektionsstrategie, d.h. ob länderübergreifend eine intensive, selektive oder exklusive Distribution verfolgt werden soll.

Die (programmbezogene) Standardisierungskomponente der **Distributionslogistik** bezieht sich auf die Vereinheitlichung des **Lieferservice-Niveaus** (Stock und Labert 1988, S. 279). Der Lieferservice wird von vier Parametern bestimmt, über die im einzelnen Entscheidungen hinsichtlich der länderübergreifenden Vereinheitlichung zu treffen sind. Neben der Lieferzeit sind dies vor allem die Lieferbereitschaft, die Lieferqualität und die Lieferflexibilität.

Der United Parcel Service beispielsweise bietet einen fast weltweiten 24-Stunden-Service an, der mit einem kombinierten Einsatz unterschiedlicher Transportmittel erreicht wird (vgl. Meffert und Bruhn 1997, S. 714).

4.5 Kontrahierungspolitik im internationalen Marketing

4.51 Preispolitische Entscheidungen

Neben den Marketingzielen können bei der Festlegung der internationalen Preispolitik drei Gruppen von Bestimmungsfaktoren diskutiert werden. Dies sind unternehmens-, produkt- und auslandsmarktbezogene Faktoren (Walters 1989, S. 97ff.; Diller 1992a, S. 687ff.). Unternehmensbezogene Bestimmungsfaktoren umfassen vor allem die festgelegte Marketingstrategie sowie Aspekte der internen Kostensituation. Produktbezogene Größen beziehen sich auf den Neuheitsgrad, damit verbunden das Stadium im internationalen Produktlebenszyklus, das Ausmaß der Produktdifferenzierung sowie die Art des Produkts (kurz- vs. langlebiges Konsumgut, Investitionsgut oder Dienstleistung). Die Marktverhältnisse im jeweiligen Auslandsmarkt geben schließlich die wenig beeinflußbaren Rahmenbedingungen der internationalen Preispolitik wieder.

Die **Einflußfaktoren der internationalen Preispolitik** wirken auf die Methoden der Preisbestimmung ein. Hierunter sind die

– kostenorientierte,

– nachfragerorientierte und die

– konkurrenzorientierte Preisbildung zu unterscheiden.

Die für die internationale Preispolitik relevanten **Kosten** können aufgrund der Verflechtungen internationaler Konzerne an verschiedenen Stellen anfallen. Hier bestehen Probleme der **Erfassung** und **Bewertung**, wenn z.B. Einzelteile des Endprodukts aus Tochterunternehmen in verschiedenen Ländern hergestellt werden. Gleiches trifft für Transport- und Marketingkosten zu. Die unterschiedlichen Kostenarten können in ihrer Höhe von Land zu Land stark differieren und so bei gleichem Kalkulationsschema unterschiedliche Kostenniveaus für identische Komponenten oder Fertigprodukte determinieren. Lohn- und Materialkosten, aber auch Streiks, Produktionssteigerungen und Arbeitszeiten sind Einflußgrößen, die die Produktions- und Marketingkosten beeinflussen.

So betrug die Zahl der 1990 durch Streiks verlorengegangenen Arbeitstage in Italien 305 und in Irland 275 je 1000 abhängig Beschäftigte. In der Bundesrepublik Deutschland dagegen gingen nur 15 Tage und in Österreich und der Schweiz weniger als 3 Tage je 1000 abhängig Beschäftigte verloren (IDW 1992).

Auch bei den Lohnkosten finden sich große Unterschiede. Während die **Lohnkosten** (incl. Lohnnebenkosten) je Arbeitsstunde im Jahre 1995 in der Bundesrepublik Deutschland bei ca. 46,– DM lagen, betrugen sie in den USA 25,– DM und in Portugal 9,– DM (Roland Berger 1997).

Von besonderer Bedeutung im internationalen Marketing sind die **Inflationsraten** für die Preispolitik. Unternehmen in fast jedem Land sind mit diesem Problem konfrontiert, und insbesondere Inflationsraten von z. T. über 100 % in einigen südamerikanischen Ländern erschweren die Preisbestimmung in hohem Maße. Die besondere Gefahr liegt darin, daß die Kosten schneller als die Preise steigen und das Unternehmen somit in die Verlustzone gerät. Die Einbußen durch die Inflation müssen antizipiert werden.

Einen Kaufkraftvergleich für verschiedene Länder bietet der sog. Big Mac-Preisindex. Setzt man diesen in das Verhältnis zum Wechselkurs, lassen sich Kaufkraftparitäten ableiten (vgl. Abbildung 81).

Big Mac-Paradies Hongkong		
Verhältnisse der Preise für einen Big Mac zwischen den USA und anderen Ländern im Verhältnis zum Wechselkurs		
in Prozent		
Land	1988	1992
Deuschland	− 3	−20
Frankreich	− 22	−33
Großbritannien	+ 8	−28
Japan	− 20	−24
Kanada	+ 44	− 6
Hongkong	+145	+91
Singapur	+ 71	−24

Minus: Unterbewertung des US-Dollar gegenüber nationaler Währung (weniger Big Mac pro Dollar im Ausland als in den USA): Plus: Überbewertung des US-Dollar gegenüber nationaler Währung (mehr Big Mac pro Dollar im Ausland als in den USA)

Abb. 81: Internationale Preisunterschiede am Beispiel des Big Mac-Preisindex
Quelle: iwd, 28.5.92, S. 7

Im Fall einer **kostenorientierten Preisbestimmung** sind bei einer exportorientierten Sichtweise folgende Kostenkomponenten zusätzlich zu berücksichtigen (Diller 1992, S. 692):

- Auslandsspezifische Herstellkosten, z.B. für Spezialausführungen
- Exportsonderkosten, z.B. für Verpackungen, Versanddokumente, Fracht- und Versicherungskosten, Vertriebsprovisionen, Zölle und Gebühren
- Verwaltungsgemeinkosten für den Exportvertrieb, z.B. Gehälter und Nebenkosten des Exportpersonals, Mieten, Telefon, Porti
- Länderspezifische Kosten der Marktbearbeitung, z.B. Vorleistungskosten der Markterschließung.

Da eine rein kostenorientierte Preisbildung dem Vorwurf einer fehlenden Marktorientierung ausgesetzt ist, sollte sie lediglich Hinweise auf Preisuntergrenzen geben oder bei internationalen öffentlichen Aufträgen angewendet werden.

Bei der **nachfragerorientierten Preisbestimmung** richtet sich die Preispolitik an Marktdaten bzw. Nachfrageverhältnissen aus. Es geht um die Beantwortung der Fragen, wie der Verbraucher das Produkt einschätzt bzw. welchen Preis der Käufer in dem jeweiligen Land bereit ist zu bezahlen (»what the traffic will bear«-Politik). Die Antworten bilden zusammen die Wertvorstellung des Konsumenten und spiegeln damit das Ausmaß der Bedürfnisbefriedigung durch dieses Produkt wider. Ist diese Bedürfnisbefriedigung hoch, so nimmt das betroffene Produkt in der Rangordnung des Konsumenten einen hohen Stellenwert ein, was sich wiederum – so wird unterstellt – in einer hohen Nachfrage äußert. Die Preisfestsetzung korrespondiert nun mit der Nachfrage. Gerade im internationalen Marketing variieren die Produktnutzen- und Wertvorstellungen der Verbraucher in verschiedenen Ländern sehr stark. Daraus folgt für die nachfrageorientierte Preisbestimmung ein erhöhter Informationsbedarf, weil für jedes Land eine entsprechende Nachfragekurve ermittelt werden muß. Die Anzahl der potentiellen Käufer, deren Einkommen und Kaufkraft und Konkurrenzprodukte gehen ebenfalls in eine solche **Nachfragesituationsanalyse** ein.

Das **länderspezifische Preisoptimum** in einer nachfragerorientierten Preisbestimmung bestimmt sich dabei aus der Preiselastizität der Nachfrage und den Grenzkosten (Simon 1989):

$$\text{Optimaler Preis} = \frac{\text{Preiselastizität}}{\text{Preiselastizität} + 1} \times \text{Grenzkosten}$$

Die verstärkte Wettbewerbsorientierung vieler Unternehmen führt oftmals zu einer rein **konkurrenzorientierten Preisbestimmung**. Je nachdem, ob das Unternehmen eine Marktsicherungs- oder Markterschließungsstrategie verfolgt, variiert auch das Ausmaß, mit dem die Preispolitik aktiv als absatzpolitisches Instrument eingesetzt wird. Bei defensiverem Verhalten paßt man sich an die Preise der bereits etablierten Konkurrenz an;

bei aggressiven Markterschließungsstrategien werden die Preise z. T. deutlich unterboten, was bis hin zu offensichtlichem »Dumping« führt.

Die Deutsche British Airways, an der die britische Fluggesellschaft British Airways zu 49 % beteiligt ist, verfolgt auf dem deutschen Luftverkehrsmarkt eine aggressive Preisstrategie. Die Preise liegen stets unter denjenigen des Marktführers Lufthansa, obwohl damit Verluste erwirtschaftet werden. Ziel ist die Gewinnung weiterer Marktanteile, um den Hauptwettbewerber Lufthansa auf dessen Heimatmarkt zu schwächen.

Entsprechend ihrer preispolitischen Zielrichtung kann eine Unternehmung unterschiedliche Preisstrategien verfolgen. Zunächst ist dabei zu entscheiden, welche grundsätzliche **Preispositionierung** anzustreben ist (Hoch- vs. Niedrigpreispolitik). Im Anschluß daran ist die Preisstrategie in zeitlicher und räumlicher Sicht festzulegen.

Hinsichtlich der **Preisabfolgen im Zeitablauf** kann zwischen der Skimming- und der Penetrationspreisstrategie unterschieden werden. Die eher nutzenorientierte **Skimmingstrategie** geht von einem relativ hohen Ausgangspreis aus, der schrittweise gesenkt wird. Immer häufiger anzutreffen sind jedoch **globale Penetrationspreisstrategien**, deren niedrige Anfangspreise die schnelle Realisierung von Degressions- und Erfahrungseffekten zuläßt.

Durch die unterschiedliche Bedeutung preispolitischer Einflußgrößen kommen Unternehmen nahezu »automatisch« zu einer Preisdifferenzierungsstrategie nach **abnehmerbezogenen, räumlichen** oder **zeitlichen** Kriterien, wobei der räumlichen Preisdifferenzierung die größte Bedeutung zukommt. Der Erfolg einer solchen Strategie hängt vor allem von der Verhinderung grauer Märkte ab, d.h. daß Absatzmittler oder auch Endabnehmer in Ländern mit niedrigem Produktpreis Exporte in Länder mit höheren Produktpreisen durchführen und so in Konkurrenz zu der dortigen Tochtergesellschaft treten (vgl. Übleis 1976, S. 62). Die Gefahr grauer Märkte ist besonders groß, wenn zwischen den Ländern mit differenzierten Preisen enge Kommunikationsbeziehungen bestehen, wie etwa zwischen den EU-Ländern. Daher sollten Unternehmen Preiskorridore höchstens bis zu den Arbitragekosten (Kosten der Reimporte) zulassen, um Parallelimporte zu reduzieren (Simon und Kucher 1992, S. 141; Backhaus, Büschken und Voeth 1996, S. 168 ff.).

Abbildung 82 gibt einen Überblick über die einzelnen Stufen der internationalen Preisbildung bei Kodak (Cavusgil 1996, S. 72). Die Struktur spiegelt die verschiedenen Distributionsstufen wider, auf denen in Abhängigkeit von marktbezogenen Bestimmungsfaktoren unterschiedliche Preisabschläge gewährt werden.

Key Steps in Price Setting

Manufacturer's Transfer Price
x
Discount Factor

=

Factory Billing Price
x

Distributor Gross Margin
+

Local Costs
x

Exchange Rate Adjustment

=

Distributor's Exit Price
(List Price)
+

Value Added Tax
+

Retailer's Mark-up
+

Value Added Tax

=

Retail Price

Relevant Considerations

Source of supply; costs; availability; tax rates; repatriation of earnings difficulties

Relative importance of market; size of customer; nature of customer (distributor vs. subsidiary); negotiations; product-line considerations; competitive considerations; marketing strategy (e.g., consumer pull vs. distributor push; skimming vs. market-oriented pricing); gray market considerations; exchange rates

Competitive considerations; volume and share objectives; pricing strategy (e. g., profit taking vs. penetration); aggressiveness; support and incentives provided to retailers

Freight, insuance, customs, duty, taxes, etc.

Inflation rate; balance of payments; debt; government policy

Type of product; gonernment policy

Going rate; competitive intensity; incentrives and support provided by distributor; aggressiveness; product-line considerations (e. g., loss leader pricing)

Type of product; government policy

Abb. 82: Internationale Preisbildung bei Kodak
Quelle: Cavusgil 1996, S. 72

4.52 Konditionen- und kreditpolitische Entscheidungen

Konditionen umfassen alle finanziellen Vergünstigungen, die der Hersteller dem Handel gewährt und die letztlich zu einer Verringerung des Brutto- bzw. Listenpreises eines Produktes führen. Angesichts einer steigenden Nachfragemacht des Handels, verbunden mit einer schwieriger gewordenen Ertragslage im Handel ist die Zahl der einzelnen Konditionenbestandteile sprunghaft in die Höhe geschnellt.

Wichtige Konditionenbestandteile sind:
- Zahlungszeitpunkt (z. B. 30, 60, 90 oder 120 Tage)
- Skonto (für Barzahlung bzw. Zahlung innerhalb eines bestimmten kurzen Zeitraums)
- Gewährung eines Kreditrahmens
- Rabatte (in Abhängigkeit von Bestellmenge, Umsatz, Umsatzwachstum etc.)
- Vergütung für übernommene Leistungen
- Werbekostenzuschüsse.

Die Absatzkreditpolitik umfaßt alle Maßnahmen eines Unternehmens, potentielle Kunden mittels der Gewährung oder Vermittlung von Absatzkrediten zum Kauf ihrer Produkte zu veranlassen (Meffert 1986a, S. 349). Ziel der Gewährung eines Absatzkredits ist dabei eine Erhöhung des Absatzvolumens durch die Gewinnung neuer Kunden, die Erhöhung der Kaufintensität bisheriger Abnehmer, eine Beeinflussung der zeitlichen Absatzstruktur sowie die Sicherung eines bestimmten Absatzes in der Zukunft. Die verschiedenen Instrumente sprechen insbesondere Kunden an, die zwar zum Zeitpunkt der Geschäftsabwicklung nur bedingt zahlungsfähig, aber dennoch kaufbereit sind.

Im Rahmen der internationalen Geschäftstätigkeit sind in diesem Zusammenhang eine Vielzahl von Instrumenten entwickelt worden. Im folgenden werden zunächst die Instrumente der kurzfristigen Absatzkreditpolitik auf Besonderheiten bei internationaler Geschäftstätigkeit hin untersucht, die insbesondere bei der Finanzierung von Konsumgüterexporten Anwendung finden (Meissner 1989, Sp. 528). Hierauf aufbauend wird das Leistungsspektrum langfristiger Exportkredite in der Bundesrepublik Deutschland vorgestellt. Diese Formen der Absatzkreditinstrumente sind vornehmlich für Investitionsgüter und Anlageexporte relevant, bei denen zumeist längere Kreditlaufzeiten erforderlich sind. Den Abschluß bildet eine Analyse der Besonderheiten von Kreditsubstituten und Kompensationsgeschäften im internationalen Marketing.

4.521 Instrumente der kurzfristigen Absatzkreditpolitik

Die verschiedenen Instrumente der kurzfristigen Absatzkreditpolitik im internationalen Marketing finden vornehmlich im Bereich von Exportgeschäften Anwendung, wobei Kontokorrent-, Wechsel- und Lieferantenkredite eine weite Verbreitung finden (Dülfer 1991, S. 159).

Kontokorrentkredite stellen im nationalen wie im internationalen Geschäftsverkehr eine Kreditform dar, den eine Bank dem Kreditnehmer bis zu einem bestimmten Höchstbetrag zusagt und der vom Kreditnehmer bis zum Kreditlimit in Anspruch genommen werden kann (Perridon und Steiner 1995, S. 380f.). Der besondere Vorteil eines Kontokorrentkredits gegenüber anderen Absatzkrediten besteht in der hohen Flexibilität im Hinblick auf die in Anspruch genommene Höhe sowie die Möglichkeit der jederzeitigen Tilgung. Demgegenüber stellen die vergleichsweise hohen Zinssätze eine verhältnismäßig hohe Kostenbelastung dar. Falls die produzierten bzw. gehandelten Waren als Sicherheiten bei der Bank anzugeben sind, wird der Kontokorrentkredit auch als **Zessionskredit** bezeichnet.

Exporteure finanzieren häufig den Versand ihrer Waren, das Inkasso der Dokumente und kurzfristige Zahlungsziele, die sie dem Importeur gewähren, über einen Kontokorrentkredit. Importeure können ebenfalls den Warentransport und die Zeit bis zum Weiterverkauf der Ware über einen Kontokorrentkredit finanzieren. Besondere Bedeutung haben Kontokorrentkredite als sog. Postlaufkredite zur Abwicklung des internationalen Zahlungsverkehrs und der Devisenhandelsgeschäfte zwischen Banken.

Durch die Funktionen, die ein **Wechsel** erfüllt, eignet er sich in besonderem Maße zur Zahlungsabwicklung, -sicherung und Finanzierung von internationalen Außenhandelsgeschäften (Stössel 1984, S. 357ff.). Über die **Finanzierungsfunktion** ist bei internationaler Geschäftstätigkeit insbesondere die **Zahlungsmittelfunktion** sowie die **Sicherungsfunktion** von besonderer Bedeutung.

Die erhöhte Sicherheit von Wechselforderungen gegenüber Warenforderungen besteht darin, daß die Wechselforderung abstrakt, d.h. vom Grundgeschäft losgelöst ist und Einwendungen des Importeurs gegen das Grundgeschäft nicht gegen die Wechselforderung als solche geltend gemacht werden können (Perridon und Steiner 1995, S. 382). Bei einer Nichtzahlung des Bezogenen lassen sich Wechselansprüche schneller und problemloser durchsetzen als Ansprüche aus Warenlieferungen.

Der **Lieferantenkredit** beruht auf einer meist im Rahmen des Liefervertrages getroffenen Vereinbarung, wonach der nach Leistung gewisser Anzahlungen verbleibende Restkaufpreis vom Exporteur gestundet wird. Die Vereinbarung muß, um vollständig zu sein, den Tilgungsmodus – Anzahl, Höhe, Fälligkeit und Häufigkeit der Tilgungsraten – und die Höhe der Verzinsung des jeweiligen Kreditsaldos regeln. Die internationale Praxis hat, nicht zuletzt unter dem Einfluß der in der »Berner Union« zusammengeschlossenen Exportkreditversicherer dazu geführt, daß die Tilgungsmodalitäten standardisiert wurden:

- Tilgungsbeginn: sechs Monate nach dem gewichteten mittleren Liefertermin, wenn es sich um ein reines Liefergeschäft handelt, oder sechs Monate nach Betriebsbereitschaft, wenn es sich um ein Anlagengeschäft handelt,
- Häufigkeit: sechsmonatige Fälligkeiten,
- Höhe der Raten: gleich hohe Raten,
- Tilgungsdauer oder Kreditlaufzeit: je nach Art und Größe des Geschäfts und Bestellerlandes.

4.522 Langfristige Exportkredite in der Bundesrepublik Deutschland

Langfristige Exportkredite werden in der Bundesrepublik Deutschland von drei Instituten bzw. Institutsgruppen angeboten: der AKA/Gefi, der Kreditanstalt für Wiederaufbau (KfW) und den Geschäftsbanken. Während die AKA Ausfuhrkreditanstalt mbH und die Gesellschaft zur Finanzierung von Industrieanlagen GmbH (Gefi) ausschließlich im Bereich der Exportfinanzierung aktiv sind, ist die Exportfinanzierung bei der Kreditanstalt für Wiederaufbau nur eine von vier Haupttätigkeitsbereichen.

Die **AKA Ausfuhrkredit-Anstalt mbH (AKA)** wurde 1952 durch ein deutsches Bankenkonsortium als Aktiengesellschaft gegründet und 1966 in eine Gesellschaft mit beschränkter Haftung umgewandelt. Ihre Aufgabe ist es, deutschen Exporteuren mittel- und langfristige Kredite zur Finanzierung von Exportgeschäften (Lieferantenkredite) zur Verfügung zu stellen und ausländischen Bestellern Kredite zur Finanzierung von Importen (Bestellerkredite) aus Deutschland zu gewähren (Jahrmann 1995, S. 434 ff.).

Über die Einzelkreditvergabe bei der AKA entscheidet ein Kreditausschuß, der auch die Kreditrichtlinien aufstellt, nach deren Grundsätzen die Kreditgewährung erfolgt. Als Grundlage für die Berechnung des Kreditbedarfs ist vom Exporteur ein Finanzierungsplan einzureichen. Bei Krediten mit einer Laufzeit von mehr als zwei Jahren wird eine Bundesbürgschaft oder -garantie (Hermes-Deckung) notwendig (Meissner 1989, Sp. 529). Zur zusätzlichen Sicherung der Kredite sind der AKA die finanzierten Exportforderungen und die Ansprüche aus der abgeschlossenen Kreditversicherung abzutreten. Die AKA-Kredite sind zweckgebunden und müssen aus den Exporterlösen getilgt werden. Zur Finanzierung deutscher Exportgeschäfte stehen der AKA drei Plafonds (A, B und C) zur Verfügung (Perridon und Steiner 1995, S. 371f.; Stössel 1984, S. 351).

Plafond A ist eine Rediskontlinie der AKA und ist von Exporteuren über eine Konsortialbank zu beantragen. Der Kredit kann in Höhe der abgesicherten Exportforderung abzüglich einer 10- bis 15prozentigen Selbstfinanzierungsquote mit einer den

Zahlungsbedingungen entsprechenden Laufzeit, mindestens aber zwölf Monaten, gewährt werden.

Plafond B ist eine Rediskontlinie der AKA bei der Deutschen Bundesbank, die vornehmlich von Exporteuren für die Finanzierung von Exporten in Entwicklungsländer über alle im Bundesgebiet ansässigen Banken in Anspruch genommen werden kann. Die Kreditlaufzeit liegt zwischen 12 und 48 Monaten.

Die Mittel des **Plafonds C** werden vorrangig auf Rechnung des Bestellers an den Exporteur für Exportgeschäfte vergeben, die von der AKA durch Plafond A oder B vorfinanziert sind. Den Antrag hierzu stellt der Exporteur über eine AKA-Konsortialbank.

Die **Kreditanstalt für Wiederaufbau (KfW)** wurde 1948 durch Gesetz als Anstalt des öffentlichen Rechts gegründet. Am Grundkapital sind der Bund mit 80 Prozent und die Bundesländer mit 20 Prozent beteiligt. Die KfW vergibt Lieferanten- und Bestellerkredite vornehmlich für Exporte von Investitionsgütern und die damit verbundenen Dienstleistungen in Entwicklungsländer. Voraussetzung ist ein fest abgeschlossener Liefervertrag sowie eine Hermes-Deckung (Dülfer 1991, S. 166).

Neben den traditionellen langfristigen nationalen Finanzierungen gewinnen in den letzten Jahren langfristige **Euromarktkredite** eine wachsende Bedeutung für die Außenhandelsfinanzierung. Euromarktkredite sind in verschiedenen Währungen verfügbar, werden den Kreditnehmern langfristig zugesagt und vom Kreditgeber, bei größeren Krediten von einem Konsortium, in der Regel halbjährlich refinanziert. Die Zinsspanne des Kreditgebers wird bei Kreditvertragsabschluß individuell ausgehandelt. Im allgemeinen sind die Euromarktzinssätze für den Kreditnehmer günstiger als vergleichbare nationale Absatzkredite.

4.523 Kreditsubstitute im internationalen Marketing

Im Rahmen von **Factoring-Vereinbarungen** tritt ein Lieferant seine Forderung aus einem Exportgeschäft aus Warenlieferungen und Dienstleistungen an einen gewerblichen Abnehmer (Factor) ab. Neben der Vermeidung von Verlusten aus Insolvenzen der Abnehmer bietet das Factoring aus der Sicht des Exporteurs den Vorteil der Kosteneinsparungen bei der Debitorenbuchhaltung, Kreditprüfung, Mahnwesen und der Rechtsverfolgung im Ausland (Adelberger 1989, Sp. 683). Darüber hinaus führt die Kapitalfreisetzung durch Abbau von Außenständen zu einer Verbesserung der »Bilanzoptik« im Rahmen eines Forderungs- und Verbindlichkeitsabbaus.

Der deutsche Factoring-Verband hat im Jahr 1992 einen Gesamtumsatz von 18,9 Mrd. DM erzielt, wobei 28 % des Umsatzes auf Auslandsgeschäfte entfielen. Die Aktivitäten konzentrieren sich dabei schwerpunktmäßig auf Exporte in die Mitgliedsländer der Europäischen Union (o.V. 1993, S. 21). Neben der Textil-, Nahrungsmittel-, Papier-, Möbel- und Kunststoffindustrie wird Factoring als Finanzierungsinstrument insbesondere von der Bürokommunikations- und Fahrzeugbranche genutzt. Vom Factoring-Weltmarktvolumen von 431 Mrd. DM entfallen 53 % auf die EU-Staaten. Im Vergleich zu anderen europäischen Ländern kommt dem Factoring in Deutschland mit einem Weltmarktanteil von ca. 3,5 % eine vergleichsweise geringe Bedeutung zu.

Im **internationalen Leasing** behält der Exporteur des Leasing-Objektes bzw. eine zwischengeschaltete Leasinggesellschaft gegenüber dem Leasingnehmer (Importeur) die Eigentumsrechte an der exportierten Ware. Bei der Ausgestaltung internationaler Leasingverträge stellen insbesondere unterschiedliche steuerliche Vorschriften, länderspezifische Zulassungsverordnungen, z.b. beim Leasing von Automobilen, Maschinen etc., die komplizierte Bonitätsprüfung des Leasingnehmers und divergierende bilanzielle Behandlungsweisen eine besondere Herausforderung dar. So existieren z.b. in der Europäischen Union über 160 verschiedene Verordnungen, Bestimmungen und Vorschriften allein im Bereich des Automobilleasing. Von Leasinggesellschaften werden im internationalen Geschäft hohe Bonitätserwartungen an den Kunden gestellt, da der Zugriff auf das Leasingobjekt aufgrund von Sprachproblemen, Rechtskosten und Schwierigkeiten bei der Rückführung des Leasingobjektes, insbesondere bei Investitionsgütern, kaum möglich ist.

Neben der Bilanzneutralität der Leasingverbindlichkeiten sowie der steuerlichen Abzugsfähigkeit von Leasingraten liegt ein zentraler Vorteil von Leasinggeschäften in der Kostenreduzierung durch Zolleffekte. Da grenzüberschreitende Leasingverträge im Rahmen der Zollabwicklung als »temporärer Import« angesehen werden, unterliegt das Exportleasing einer reduzierten Zollbelastung. Die Zahlung des Importzolls erfolgt dabei erst zum Zeitpunkt des Eigentumsübergangs zum Ende des Leasingvertrages. Bemessungsbasis ist dann, je nach Jurisdiktion, der an die Leasinggesellschaft zu zahlende Restwert, der dann meist nominellen Charakter hat (1 % des Kaufpreises) oder aber der ursprüngliche Kaufpreis. Unter Berücksichtigung der teilweise relativ hohen Inflationsraten geht damit barwert-technisch die Importabgabe gegen Null.

Im Gegensatz zum Factoring wird bei der **Forfaitierung** die Forderung des Lieferanten gegenüber dem Abnehmer ohne Regressmöglichkeit verkauft (Bohlmeyer 1979, S. 170). Insofern gleicht die Forfaitierung dem (echten) Exportfactoring. Während das Exportfactoring im Rahmen regelmäßiger Lieferungen oder Leistungen Anwendung findet, bezieht sich das Forfaitierungsgeschäft auf eine einmalige Lieferung bzw. Leistung. Darüber hinaus unterscheidet sich die Forfaitierung vom Exportfactoring dadurch, daß das Forfaitierungsgeschäft in der Regel auf längerfristige Exportforderungen beschränkt ist. Während das Factoringgeschäft vornehmlich der Finanzierung von Konsumgütern, Investitionsgütern und Dienstleistungen mit kurzfristigen Zahlungszielen (bis

240

180 Tage) dient, beschäftigt sich das Forfaitierungsgeschäft mit der Finanzierung von mittel- bis langfristigen Forderungen vorwiegend von Investitionsgütern. Der Exporteur (Forfaitist) haftet dabei lediglich für Mängelrügen aus dem Liefervertrag. Die Vorteile einer Forfaitierung für den Exporteur liegen in der sofortigen Barauszahlung der diskontierten Forderung und der damit verbundenen Liquiditätsverbesserung, der »Entlastung« der Bilanz von langfristigen Forderungen, der Ausschaltung des Delkredere-, Transfer- und Wechselkursrisikos, der Reduzierung der Inkassokosten und der einfachen Abwicklung des Forderungsverkaufs. Dem stehen die relativ hohen Kosten dieser Finanzierungsform gegenüber, die sich aus der Übernahme sämtlicher Risiken durch den Forfaiteur ergeben.

4.524 Internationale Kompensationsgeschäfte

Eine besondere Form der internationalen Finanzierung stellen **Gegen- bzw. Kompensationsgeschäfte** dar. Kompensationsgeschäfte finden bei internationaler Geschäftstätigkeit vor allem im Warenverkehr mit solchen Ländern Anwendung, die ein **chronisches Leistungsbilanzdefizit** bzw. eine **Devisenknappheit** aufweisen wie z.b. die Staaten Osteuropas, Entwicklungsländer und die verbliebenen Staatshandelsländer (Dülfer 1991, S. 141).

Verläßliche Zahlen über den Umfang bzw. den Anteil von Kompensationsgeschäften am Welthandel sind nur ansatzweise verfügbar. Die verschiedenen Angaben internationaler Organisationen schwanken zwischen 1 – 40 % am Gesamtvolumen des Welthandels (Schill 1988, S. 73; Geue 1992, S. 12). Als Ursache für diese stark divergierenden Angaben ist dabei auf unterschiedliche begriffliche Abgrenzungen von Kompensationsgeschäften, die fehlende Erfassung in offiziellen Außenhandelsstatistiken sowie Bewertungsfragen bei komplexen und langfristigen Gegenlieferungsverträgen hinzuweisen.

Konstitutives Kennzeichen dieser auch unter den Begriffen Countertrade oder Bartergeschäfte auftretenden Form von Absatzkrediten ist eine zwischen dem Exporteur und Importeur auftretende wechselseitige Transaktion von Sachleistungen. Der Exporteur akzeptiert hierbei statt des Kaufpreises als Gegenleistung Waren bzw. Dienstleistungen des Leistungsempfängers. Jede Geschäfts- bzw. Vertragspartei tritt in der Rolle des Lieferanten sowie des Abnehmers auf.

Die Klassifizierung von Kompensationsgeschäften kann anhand der Kriterien Anzahl der Verträge, Dauer der vertraglichen Bindung der beteiligten Parteien, Anzahl der beteiligten Vertragsparteien, Ausmaß und Form des Nominalgüteraustauschs sowie Zeitpunkt der Lieferung vorgenommen werden. Eine eindeutige Systematisierung der in der internationalen Unternehmenspraxis üblichen Formen von Kompensationsgeschäften ist jedoch aufgrund der individuellen Vertragsgestaltung einzelner Geschäftsabschlüsse nicht möglich. Zu den in der Literatur zum internationalen Marketing am häufigsten genannten Formen zählen dabei die folgenden Bereiche (Schuster 1988, S. 31ff.; Dülfer 1991, S. 142ff.):

a) **Klassischer Barter:** Im engeren Sinn ist dies ein reines Tauschgeschäft von Waren zwischen dem Exporteur und dem Importeur, wobei der Exporteur die Kompensationswaren selbst nutzt. Voraussetzung ist hierbei, daß bei beiden Transaktionspartnern Angebot und Nachfrage bezüglich Inhalt und Umfang der Leistungen übereinstimmen. Im internationalen Geschäft ist diese Form deshalb nur selten anzutreffen.

b) **Teilkompensation:** Neben einem Realgütertausch erfolgt ein Teil der Kompensation in Form von Zahlungen in einer konvertiblen Währung. Der ursprüngliche Exporteur nimmt die Gegenware hierbei selbst ab (Eigenkompensation) oder sucht einen anderen Abnehmer der Kompensationsware (Fremdkompensation). Die Drittpartei zahlt dem Exporteur die Exportsumme abzüglich einer Provision.

c) **Parallelgeschäft/Counterpurchase:** Hier verpflichtet sich ein Exporteur ebenfalls zum Kauf von Waren aus dem Abnehmerland in Höhe eines bestimmten Prozentsatzes seiner eigenen Leistung. Er erhält jedoch im Gegensatz zum herkömmlichen Kompensationsgeschäft seine Bezahlung unmittelbar nach der Lieferung und hat Zeit, geeignete Güter auszuwählen, um seine Gegenkaufverpflichtung einzulösen. Die Gegenkäufe sind anschließend direkt an den Verkäufer zu bezahlen.

d) **Dreieckskompensation:** Diese häufiger angewandte Form wird zwischen drei Ländern bzw. Unternehmen abgewickelt. Bei der Dreieckskompensation (»Warenswitch«, »harte gegen harte Ware«) liefert der Exporteur aus Land A die Ware an den Importeur in Land B; dieses liefert die Kompensationsware (z.B. Rohstoffe) an ein Unternehmen in Land C, welches dann den ursprünglichen Exporteur in Land A auszahlt.

e) **Advanced Compensation Counterpurchase**: Bevor der Exporteur seine Waren an den Importeur z.B. in einem Entwicklungs- oder osteuropäischen Land liefert, bezieht der Exporteur vorab die Kompensationswaren vom Importeur. Der Verkaufserlös wird dann – als Sicherheit für den vorleistenden Importeur – auf ein **Escrow-Konto** bei einer Bank eingezahlt. Nachdem der Kontostand entweder den ganzen oder vereinbarten Anteil des Exportgutgegenwertes erreicht hat, liefert der Exporteur seine Güter an den Importeur. Der Rechnungsausgleich erfolgt gegen Vorlage vertraglich vereinbarter Dokumente von diesem Konto.

f) **Rückkaufgeschäfte/Buy-Back Arrangement**: Der Exporteur liefert Produktionsmaschinen und/oder stellt Technologie-Know-how zur Verfügung. Die Bezahlung erfolgt durch Abnahme der auf diesen Maschinen bzw. mit dieser Technologie hergestellten Produkte. Bedingt durch die relativ lange Laufzeit und die regelmäßig umfangreichen Größenordnungen von Buy-Back-Geschäften wird in der Regel nur ein Teil des Auftragsvolumens auf diese Art kompensiert.

g) **Offsetgeschäfte**: Bei Offset- oder Ausgleichsgeschäften handelt es sich um umfangreiche Lieferungen militärischer oder ziviler Art, z.B. im Luftfahrt-, Kraftwerk- oder Kommunikationsbereich. Bei diesen i.d.R. sehr langfristigen Projekten zwischen Firmenkonsortien und ausländischen Regierungen verpflichtet sich der Exporteur zu Leistungen wie z.B. Ko- oder Lizenzproduktionen, Vergabe von Unteraufträgen an Firmen des Importlandes zur Vereinbarung eines vereinbarten local content-Anteils, Investitionen im Importland sowie die Abnahme von Gegenlieferungen.

Die Kontrolle bzw. Sicherstellung der Produktqualität sowie der höhere Informationsaufwand über Zollvorschriften etc. stellen eines der Hauptprobleme bei der Abwicklung von Kompensationsgeschäften im internationalen Marketing dar. Dabei kommt der Vertragsgestaltung im Hinblick auf die Fixierung von Qualitätsstandards der Kompensationsware insbesondere bei mehr als zwei beteiligten Vertragsparteien eine besondere Bedeutung zu. Des weiteren ist auf die nur begrenzt verfügbaren Versicherungsleistungen hinzuweisen. So setzt z.B. eine Hermes-Deckung eine entsprechende Geldforderung aus Lieferungen und Leistungen an ausländische Schuldner voraus.

Die Bewertung der Kompensationsware stellt bei schwankenden Weltmarktpreisen sowie einer häufig bemängelten, unzureichenden Lieferzuverlässigkeit von Unternehmen in Entwicklungsländern oder osteuropäischen Staaten ein weiteres Problem dar. An internationalen Warenbörsen notierte Rohstoffe wie z.B. Baumwolle, Metalle und Rohöl stellen für den Exporteur eine vergleichsweise einfach zu bewertende und abzusetzende Kompensationsware dar. Auch Halbfertigprodukte wie z.B. Baumwollgarne sind als Kompensationsware geeignet, da hier durch Weiterverarbeitungs- und Veredelungsprozesse Einfluß auf die Qualität der Endprodukte genommen werden kann. Die Annahme von Fertigprodukten gestaltet sich demgegenüber weitaus schwieriger, da aufgrund einer geringeren Markttransparenz, unterschiedlichen technologischen Standards sowie eines u.U. notwendigen After-Sales-Service der Exporteur mit entsprechenden Marketingproblemen konfrontiert werden kann. Dienstleistungen wie z.B. Hotelkontingente in Tourismuszentren stellen eher die Ausnahme dar. Grundsätzlich ist anzumerken, daß mit Erreichen einer höheren Stufe im Wertschöpfungsprozeß die Fungibilität und damit Eignung als Gegenlieferungsgut abnimmt.

Demgegenüber bieten Kompensationsgeschäfte eine Reihe von Vorteilen bzw. Chancen. Gegengeschäfte bieten z.B. die Möglichkeit, Geschäftsbeziehungen anzuknüpfen, die auf Basis von traditionellen Geldgegen-Ware Geschäften nicht zustande kommen. So hat z.b. der amerikanische Soft-Drink-Hersteller Pepsi einen umfangreichen Vorsprung gegenüber Coca-Cola in der ehemaligen UdSSR aufbauen können, da Pepsi im Rahmen von Gegengeschäften bereits vor der Öffnung Osteuropas Marktanteile und ein Vertriebssystem aufbauen konnte (Quelch, Joachimsthaler, Nueno 1991, S. 86).

Darüber hinaus können die mit unterschiedlichen Währungs- und Kreditsystemen verbundenen Transfer- und Konvertibilitätsrisiken minimiert sowie mögliche Ausfuhr- bzw. Einfuhrbeschränkungen, Preisprüfungsverfahren und Anti-Dumping-Untersuchungen umgangen werden. So wurden in der Vergangenheit von einigen erdölexportierenden Ländern Kompensationsgeschäfte zur Umgehung von Mengen- und Preisabsprachen genutzt.

Eine besondere Bedeutung kommt Kompensationsgeschäften bei Außenhandelsgeschäften mit osteuropäischen Staaten aufgrund der unzureichenden Zahlungsfähigkeit potentieller Abnehmer zu (Pues 1993, S. 35f.). Über die aktuelle Bedeutung von Kompensationsgeschäften in Osteuropa liegen jedoch z. T. widersprüchliche Aussagen vor. Teilweise wird darauf hingewiesen, daß gegenwärtig fast alle Geschäftsabschlüsse mit osteuropäischen Handelspartnern Bartervereinbarungen beinhalten. Demgegenüber steht die Aussage, daß von den rd. 10 Mrd. DM der deutschen Exporte nach Rußland im Jahre 1992 nur 10 – 15 % durch Kompensationsvereinbarungen finanziert wurden.

Die Frage, ob Kompensationsgeschäfte lohnend und zweckmäßig sind, läßt sich kaum allgemeingültig beantworten. Offensichtlich sind mit diesen Geschäften Risiken und Chancen verbunden, wobei aufgrund der besonderen Rahmenbedingungen oft keine andere Möglichkeit besteht, mit osteuropäischen und Entwicklungsländern ins Geschäft zu kommen. Wesentlich ist, daß das Unternehmen die **Marketingimplikationen** erkennt und die **organisatorischen Voraussetzungen** zur Abwicklung dieser Geschäfte schafft (z.B. Gründung einer eigenen Abteilung, die die Planung, Bewertung und Koordination dieser Geschäfte vornimmt).

4.525 Lieferungs- und Zahlungsbedingungen im internationalen Geschäftsverkehr

Lieferungsbedingungen sind im wesentlichen Bestimmungen hinsichtlich des Umfanges der Lieferverpflichtungen des Lieferanten (Hersteller, Handel, Exporteur) und ihrer Erfüllung (Jahrmann 1995, S. 236ff.). Im allgemeinen regeln sie die Warenübernahme bzw. -zustellung (Ort und Ziel) und das Transportmittel, das Umtauschrecht, Konventionsstrafen bei verspäteter Lieferung, die Berechnung von Porti, Frachten, Versicherungskosten sowie Mindestmengen- und Mindestmengenzuschläge.

Einpunkt-, Zweipunkt-klauseln	Abkürzung für EDV	Klauseln	Übergang der Kostenlast Verkäufer → Käufer	Übergang der Gefahren Verkäufer → Käufer
•	EXW	„Ab Werk" (ex works)	mit Bereitstellung der Ware (Konkretisierung) im Werk des Verkäufers	mit Bereitstellung der Ware (Konkretisierung) im Werk des Verkäufers
•	FORIFOT	„Frei Waggon" (free on rail – for) oder „Frei Längsseite See- oder Binnenschiff" (free alongside ship – last)	Übergabe des beladenen Waggons/Lastkraftwagens an den Frachtführer (z.B. Bahn, Spedition) am vereinbarten Abgangsort	Übergabe des beladenen Waggons/Lastkraftwagens an den Frachtführer (z.B. Bahn, Spedition) am vereinbarten Abgangsort
•	FAS	„Frei Längsseite See- oder Binnenschiff" (free alongside ship – fas)	wenn die Ware übernahmebereit längsseits des Seeschiffes im vereinbarten Verschiffungshafen liegt	wenn die Ware übernahmebereit längsseits des Seeschiffes im vereinbarten Verschiffungshafen liegt
•	FOB	„Frei an Bord" (free on board – fob)	wenn die Ware die Reling des Seeschiffes im vereinbarten Verschiffungshafen überschritten hat	wenn die Ware die Reling des Seeschiffes im vereinbarten Verschiffungshafen überschritten hat
••	CFR	„Kosten und Fracht" (cost and freight – c & f)	nach Ankunft des Seeschiffes im Bestimmungshafen (fob-Verschiffung einschl. Seefracht)	wenn die Ware die Reling des Seeschiffes im vereinbarten Verschiffungshafen überschritten hat
••	CIF	„Kosten, Versicherung, Fracht" (cost, insurance, freight – cif) (Ergänzungen und Erweiterungen sind möglich)	nach Ankunft des Seeschiffes im Bestimmungshafen (fob-Versicherung einschl. Seefracht und Seeversicherung)	wenn die Ware die Reling des Seeschiffes im vereinbarten Verschiffungshafen überschritten hat
••	DCP	„Frachtfrei ..." (freight or carriage paid to ...)	nach Ankunft der Ware am Bestimmungsort	mit Übergabe der Ware an den ersten Frachtführer am vereinbarten Abgangsort
•	EXS	„Ab Schiff" (ex ship)	wenn das Schiff löschbereit im Bestimmungshafen liegt	
•	EXQ	„Ab Kai" (ex quay) a) verzollt (duty paid) b) unverzollt (dutes on buyer's account)	wenn die Ware auf dem Kai des vereinbarten Bestimmungshafens zur Verfügung steht a) verzollt: erst nach der Verzollung b) unverzollt: bereits vor der Verzollung	
•	DAF	„Geliefert Grenze" (delivered at frontiere)	wenn die Ware an der vereinbarten Grenze (vor der Zollgrenze) zur Verfügung gestellt ist	
•	DDP	„Geliefert verzollt" (delivered duty paid)	wenn die Ware am benannten Ort verzollt zur Verfügung gestellt wird	
•	FOA	„FOB – Flughafen" (fob – airport)	wenn die Ware dem Luftfrachtführer oder dessen Agenten am benannten Flughafen übergeben wird	
•	FRC	„Frei Frachtführer" (free carrier)	wenn die Ware dem Frachtführer am benannten Ort übergeben wird	
••	CIP	„Frachtfrei versichert" (freight, carriage and insurance paid to)	nach Ankunft der Ware am Bestimmungsort, zusätzlich muß der Warenverkäufer eine Transportversicherung abschließen	mit Übergabe der Ware an den ersten Frachtführer am vereinbarten Abgangsort

Abb. 83: Kosten- und Gefahrenübergang im internationalen Warenverkehr (INCOTERMS)
Quelle: Marschner 1989, Sp. 1315

Zahlungsbedingungen umfassen die Bestimmungen hinsichtlich der Zahlungspflichtung des Käufers und ihrer Erfüllung. Sie regeln im allgemeinen die Zahlungsweise (Vorauszahlung, Barzahlung nach Erhalt, Gesamt- oder Teilzahlung, Höhe der Raten), die Zahlungsabwicklung (Barzahlung gegen offene Rechnung, Zahlung aus Akkreditiv), die Zahlungssicherungen, die Inzahlungnahme gebrauchter Waren, die Zahlungsfristen und die Einräumung von Skonti.

Die Konditionenpolitik im internationalen Geschäft hat die Praktiken und Gegebenheiten in vielen Ländern zu berücksichtigen. Um die Vielfalt der Bestimmungen und Möglichkeiten zu strukturieren, hat die **Internationale Handelskammer** eine Liste mit den definierten **Lieferklauseln** des internationalen Warenverkehrs herausgegeben (sog. INCOTERMS, vgl. Abbildung 83). Sie regeln den jeweiligen Zeitpunkt des Gefahrenübergangs und legen fest, bis wohin der Verkäufer die Kosten trägt (Dülfer 1991, S. 139). »F.o.b.« bedeutet z.b. »free on board« und heißt, daß der Verkäufer die Waren frei bis in das Schiff des Ausgangshafens bringt. Bereits die Frachtkosten für den Schifftransport sind vom Käufer zu tragen. Der Gefahrenübergang vom Verkäufer auf den Käufer vollzieht sich, wenn die Ware konkret auf der Palette oder in der Schlinge in Höhe der Reling über dem Schiff schwebt. Derart genaue Regelungen sind notwendig, um Mißverständnissen vorzubeugen und internationalen Schiedskommissionen die Arbeit zu erleichtern.

4.53 Standardisierung der Preispolitik

Gegenstand der **preispolitischen Standardisierung** ist die Vereinheitlichung preis- und konditionen- bzw. kreditgesicherter Marketingentscheidungen. Neben der Bestimmung des Abgabe- und unter Umständen auch des Endverbraucherpreises bzw. der Handelsspanne ist vor allem die langfristig verfolgte internationale Preisstrategie festzulegen.

Grundsätzlich liegt das Bestreben eines Unternehmens darin, für einen jeweiligen Markt bzw. ein jeweiliges Marktsegment in einem bestimmten Land den höchstmöglichen Preis zu realisieren. Demnach ist die länderübergreifende Differenzierung der Preise eine Konsequenz aus einer gewinnorientierten Marktbearbeitung, darüber hinaus aber auch eine Folge höchst unterschiedlicher Marktgegebenheiten.

Eine zu stark ausgeprägte Preisdifferenzierung bietet jedoch den Anreiz länderübergreifender Arbitrage. Folglich steht die Frage im Vordergrund, inwieweit eine länderübergreifende Preisdifferenzierung durchgesetzt werden kann, ohne durch einen »grauen Handel«, der letztlich zum kleinsten in einem Land realisierten Preis führt, konterkariert zu werden. Diese Herausforderung stellt sich aktuell insbesondere vor dem Hintergrund

	BMW 525i	VW Golf CL	Renault 19	Fiat Uno 45
D	58.257,-	23.575,-	21.789,-	17.140,-
F	60.653,-	22.997,-	21.890,-	14.159,-
I	63.342,-	22.126,-	22.940,-	13.613,-
B	61.629,-	24.417,-	25.097,-	14.491,-
E	64.263,-	23.970,-	18.690,-	12.851,-
DK	51.489,-	19.016,-	14.429,-	13.304,-

Abb. 84: Verkaufspreise in DM incl. 15 % MwSt verschiedener PKW-Marken in
Europa
Quelle: ADAC Motorwelt, Nr. 2, 1993, S. 96

eines europäischen Handels, der seine Einkaufspolitik natürlich mit Blick
auf den niedrigsten in einem Land vom Unternehmen verlangten Abga-
bepreis ausrichtet. Im Gegensatz zu den übrigen Marketinginstrumenten
steht daher bei der Preispolitik die Frage nach der Standardisierung nicht
derartig im Vordergrund.

In der Pharmabranche bestehen in Europa Preisunterschiede von bis zu 500 %, bei
Sportbekleidung sowie bei der Autovermietung 100 %. (Simon und Wiese 1992,
S. 247). Bekanntestes Beispiel ist jedoch der Automobilmarkt. Abbildung 84 zeigt
die um alle Steuern bereinigten – incl. deutsche Einfuhrumsatzsteuer – Preise verschiedener Pkw-Marken. Die Preisunterschiede von bis zu DM 12.000 erklären sich
zum einen aus einer bewußten Preisdifferenzierung der Hersteller und zum anderen
aus unterschiedlichen Fabrikabgabepreisen aufgrund der differierenden Steuerbe-
lastung (z.B. knapp 30 % in Dänemark).

Die zum Teil erheblichen Preisunterschiede in den einzelnen Märkten,
verbesserte Transport- und Kommunikationsmöglichkeiten (z. B. Internet) sowie die Liberalisierung des Handels in der EU führen immer stärker zum Entstehen dieser sog. »Grauimporte«. Dabei handelt es sich um
Warenströme zwischen Ländermärkten, die vom Hersteller unerwünscht
sind. Parallelimporte treten dann auf, wenn im Exportland das Preisni-
veau höher als im Ursprungsland ist. Im umgekehrten Fall spricht man
von Reimporten (vgl. Abbildung 85). Graue Märkte entstehen, wenn die
Transaktionskosten geringer sind als die Preisdifferenz zwischen den Ländermärkten. Zu den Transaktionskosten sind alle Aufwendungen zu rech-
nen, die dem »Grauimporteur« entstehen, wie beispielsweise Transport-

kosten, Importzölle sowie Garantiekosten (Backhaus, Büschken und Voeth 1996, S. 133).

Verschiedene Branchen sind aufgrund der Preisdifferenzen durch intensive Parallel- bzw. Reimporte gekennzeichnet (z.b. 30 Mrd. DM Grauimporte im deutschen Pharmamarkt 1990 (Hennes 1992, S. 130)). Simon und Wiese (1992, S. 250) berichten von dem Haushaltsgerätehersteller Moulinex, der seinen Kunden beim Kauf eines Haushaltsgerätes von mindestens 1.000 FF grau importierte PKWs mit Preisnachlässen von 4.000 – 15.000 FF offeriert.

Bei der Bestimmung des **preisstrategischen Standardisierungsgrades** ist zunächst zu entscheiden, welche Bedeutung die Preispolitik im Rahmen der internationalen Marketingstrategie grundsätzlich haben soll. Die Beantwortung dieser Frage hängt weitgehend von den Produkteigenschaften und der Konkurrenzsituation ab und hat unmittelbare Auswirkungen auf die Höhe des preispolitischen Standardisierungsgrades. Sofern nicht vorrangig Preis-, sondern Leistungsvorteile als akquisitorische Instrumente eingesetzt werden, kann der länderspezifische Preisspielraum größer bleiben, ohne daß z.B. nachhaltige Imageschäden befürchtet werden müssen (Diller 1989, Sp. 1688).
Simon und Kucher (1992, S. 138ff.) empfehlen hinsichtlich der preispolitischen Anpassung einen auf Basis von Preiselastizitäten ermittelten Preiskorridor, in dessen Rahmen geringe Grauimporte geduldet werden. Sie schlagen ein fünfstufiges Vorgehen vor:

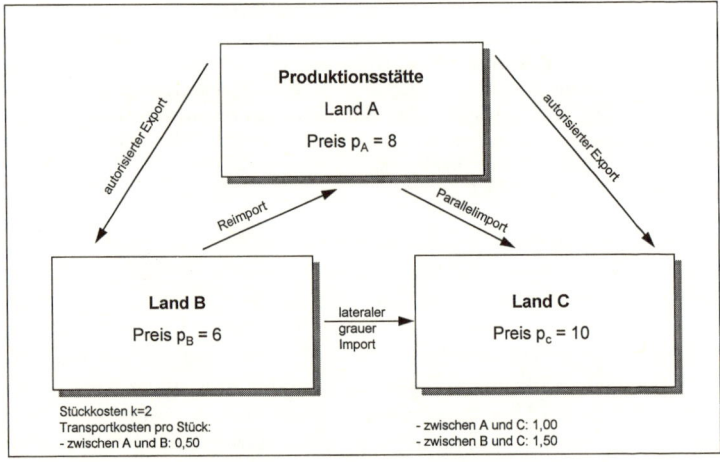

Abb. 85: Die grauen Märkte
          Quelle: Simon und Wiese 1992, S. 250

1. Ermittlung der preisbestimmenden Einflußfaktoren,
2. Bestimmung des länderspezifischen gewinnoptimalen Preises,
3. Analyse, ob Harmonisierungsbestrebungen (z.B. EU) die Einflußfaktoren verändern,
4. Identifikation von Grauimport- bzw. Arbitragepotentialen,
5. bei bestehenden Potentialen Anpassung im Sinne eines länderübergreifenden Preiskorridors.

Backhaus, Büschken und Voeth analysieren das Problem grauer Märkte unter Einbeziehung der Arbitrageneigung, die von vollständiger Arbitrage – alle Nachfrager sind in gleicher Weise über mögliche Arbitragegewinne informiert und reagieren unendlich schnell mit einer Nachfrageverlagerung – über unvollständige bis hin zu optimaler Arbitrage variiert. Selbst bei einfachen Modellannahmen – zwei-Länder-Fall, ein Produkt, lineare Preisabsatzfunktion, Anbieter-Monopol – steigt der Komplexitätsgrad der Berechnungen erheblich, so daß die praktische Anwendbarkeit des theoretisch plausiblen Konzeptes in Frage gestellt wird (Backhaus, Büschken und Voeth 1996, S. 175-185).

Hinsichtlich der **Vereinheitlichung von Preisabfolgen** im Zeitablauf können die Strategieoptionen Skimming- und Penetration-Pricing sowie die dauerhafte Hoch- bzw. Niedrigpreispolitik unterschieden werden. Die eher nutzenorientierte Skimmingstrategie geht von einem relativ hohen Ausgangspreis aus, der schrittweise gesenkt wird. Immer häufiger anzutreffen sind jedoch **länderübergreifende Penetrationspreisstrategien**, die eine schnelle Realisierung von Degressions- und Erfahrungseffekten ermöglichen.
Primär wettbewerborientiert ist eine Preisstrategie, bei der sich die Preisfestlegung nach den Konkurrenzpreisen richtet. Hierbei wird ein Preis festgesetzt, der einen bestimmten Prozentsatz über oder unter dem Konkurrenzpreis liegt. Dieses ermöglicht einen nicht unerheblichen **Flexibilitätsspielraum**, da zwar der relative Preis standardisiert ist, in absoluten Größen aber Anpassungen möglich sind.

4.6 Empirische Ergebnisse zur Standardisierung von Marketinginstrumenten

Abbildung 86 zeigt die Ergebnisse einer neueren empirischen Untersuchung (Bolz 1992; Meffert und Bolz 1992; Meffert und Bolz 1994) über die Ziele der internationalen Marktbearbeitung, differenziert nach ihrem Standardisierungsgrad. Dabei ließen sich deutliche Unterschiede zwischen »Standardisierern« und »Differenzierern«, vor allem hinsichtlich der Verfolgung effizienzorientierter Ziele bei der Marktbearbeitung, nachweisen. Lediglich die Zielsetzung »Erhöhung der Diffusionsgeschwindigkeit« scheint kein signifikant trennendes Zielkriterium zu sein. Interessant erscheint darüber hinaus, daß Unternehmen mit einer differenzierten Marktbearbeitung keinesfalls die mit einer polyzentrischen Marketingorientierung verbundenen Marktbearbeitungsziele stärker verfolgen als standardisiert vorgehende Unternehmen. Dies betrifft insbesondere das Ausschöpfen von Volumen- und Preisspielräumen durch eine differenzierte Marktbearbeitung. Auch wird offensichtlich die verbesserte Risikostreuung einer multinationalen Marktbearbeitung nicht als vorrangiges Ziel im Vergleich zur einheitlichen Marktbearbeitung gesehen.

Abbildung 87 zeigt eine Übersicht über die tatsächlichen und angestrebten Standardisierungsgrade von Marketinginstrumenten internationaler Unternehmen in Europa (Bolz 1992, S. 66). Hierbei zeigt sich, daß das Ausmaß der Vereinheitlichung produktpolitischer Aktivitäten mit Abstand höher ausfällt als bei den anderen Instrumenten. Die Kommunikationspolitik, der ansonsten ein vergleichsweise hohes Standardisierungspotential zugesprochen wird, stellt demgegenüber den am niedrigsten standardisierten Instrumentebereich dar, wobei hier und in der Preispolitik der vergleichsweise höchste Anpassungsbedarf besteht.

Ein Längsschnittvergleich (1975 – 1991) der empirischen Ergebnisse zur Instrumentestandardisierung macht deutlich, daß für die aktuellste Untersuchung (Bolz 1992) ein generell niedrigeres Standardisierungsausmaß zu konstatieren ist als für die vorangegangenen Studien (Abbildung 88). Lediglich die Produktpolitik zeigt ein weitgehend ähnliches Standardisierungsniveau.

Deutlich geringer ist das festgestellte Standardisierungsniveau bei den kommunikationspolitischen Instrumenten. So geben ca. 28 % der befragten Unternehmen der Studie von Bolz an, daß die Werbung (Botschaft und Werbeträger) ganz oder weitgehend vereinheitlicht wird, während dieser Wert bei den früheren Untersuchungen noch bei durchschnittlich 60 % lag. Da im Vergleich zu den Untersuchungen von Sorenson/Wiechmann oder Althans die Zahl der Unternehmen, die die Werbung vollkom-

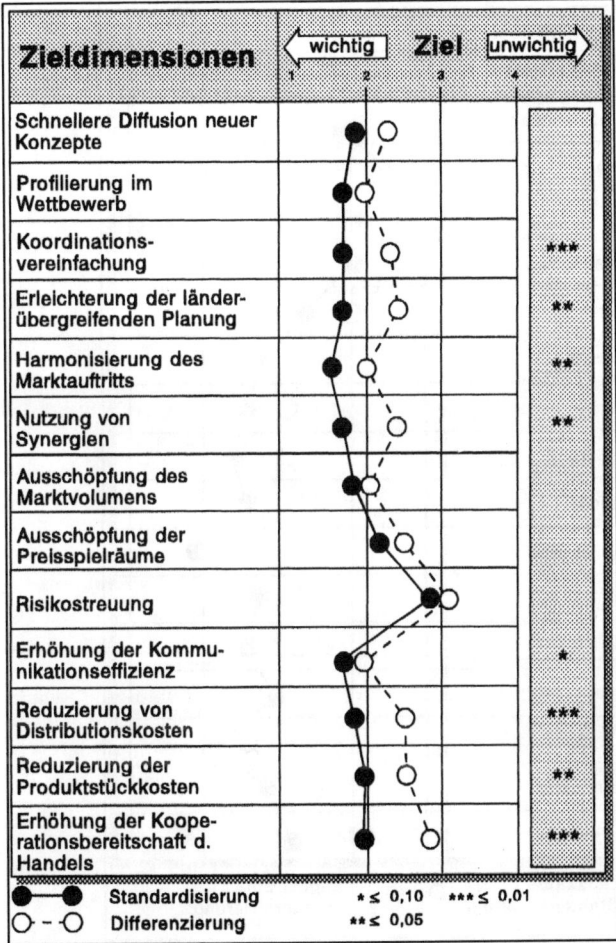

Zieldimensionen	wichtig	Ziel	unwichtig	
	1	2	3	4
Schnellere Diffusion neuer Konzepte				
Profilierung im Wettbewerb				
Koordinations- vereinfachung				***
Erleichterung der länder- übergreifenden Planung				**
Harmonisierung des Marktauftritts				**
Nutzung von Synergien				**
Ausschöpfung des Marktvolumens				
Ausschöpfung der Preisspielräume				
Risikostreuung				
Erhöhung der Kommu- nikationseffizienz				*
Reduzierung von Distributionskosten				***
Reduzierung der Produktstückkosten				**
Erhöhung der Koope- rationsbereitschaft d. Handels				***

● —— ● Standardisierung   * ≤ 0,10   *** ≤ 0,01
○ - - ○ Differenzierung   ** ≤ 0,05

Abb. 86: Ziele der Standardisierung

men differenzieren, nicht größer geworden ist, kann davon ausgegangen werden, daß immer häufiger werbepolitische Mischkonzepte verfolgt werden.

Hinsichtlich distributionspolitischer Standardisierungsmaßnahmen lassen sich aufgrund der mangelnden Vergleichbarkeit der Ergebnisse keine konkreten Aussagen machen. Tendenziell ist jedoch festzuhalten, daß sowohl die Aufgaben des persönlichen Verkaufs als auch die Gestaltung der

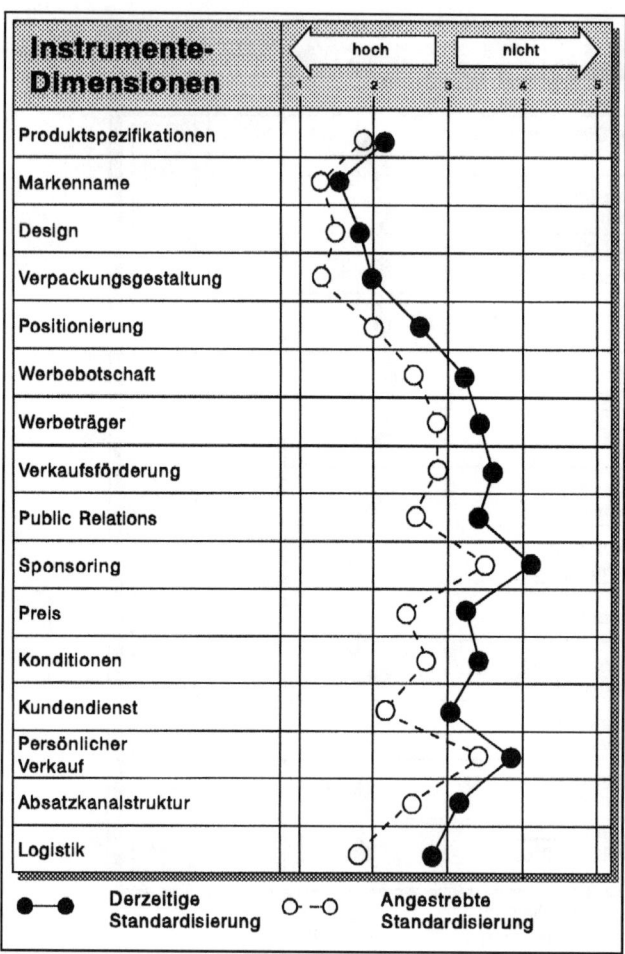

Abb. 87: Standardisierungspotentiale von Marketinginstrumenten
Quelle: Bolz 1992, S. 66

Absatzwege eher differenzierter verfolgt werden als dies noch zum Zeitpunkt der vergleichbaren Studien der Fall war.
Schließlich ist auch die Zahl der Unternehmen mit einer hohen Standardisierung der Preispolitik geringer geworden. Angesichts eines zugleich niedrigeren Anteils von Unternehmen mit einer vollkommen differenzierten Preisgestaltung ist auch hier von einem gemischten Vorgehen, etwa im Rahmen von einheitlichen Preiskorridoren, auszugehen.

Marketing-Instrument	Sorenson/Wiechmann 1975 Standardisierung		Meyer 1978		Althans 1980		Beutelmeyer/Mühlbacher 1985		Bolz 1992	
	hoch in %	niedrig in %	einheit-lich in %	differen-ziert in %	völlig ident. in %	völlig ver-schied. in %	völlig ident. in %	völlig ver-schied. in %	hoch standard. in %	nicht standard. in %
Produkt-eigenschaften	81	15	45	39	92	5	93	2	71	3
Markenname	93	7	63	27	95	3	91	0	89	2
Verpackung	75	20	57	30	57	5	82	4	87	0
Design	-	-	-	-	-	-	-	-	82	2
Positionierung	-	-	-	-	-	-	-	-	59	4
Preis	56	30	13	87	30	38	52	10	25	20
Konditionen	-	-	10	90	-	-	-	-	24	21
Werbebotschaft	74	20	-	-	65	14	75	5	32	16
Werbeträger	43	47	19	81	38	32	35	13	25	27
Verkaufs-förderung	56	33	18	82	46	19	56	4	16	22
Public Relations	-	-	19	78	-	-	-	-	19	23
Persönlicher Verkauf	-	-	-	-	-	-	-	-	15	40
Kundendienst-Leistungen	-	-	-	-	-	-	-	-	47	10
Absatzweg	80	13	-	-	59	14	76	4	41	18
Logistik	-	-	-	-	-	-	-	-	52	7

Abb. 88: Ausgewählte empirische Ergebnisse zur Instrumentestandardisierung

253

Die insgesamt beträchtlichen Unterschiede zwischen den Ergebnissen der einzelnen Studien sind sicherlich nur zum Teil auf ein verändertes Standardisierungsverhalten zurückzuführen. Vielmehr ist davon auszugehen, daß ein Großteil der Abweichungen aus den unterschiedlichen empirischen Konzeptionen der Studien resultiert. So liegen der Sorenson/ Wiechmann-Studie lediglich Nahrungsmittel- und Kosmetikhersteller zugrunde. Darüber hinaus bestehen Zweifel an der Vergleichbarkeit der Studien von Althans sowie Beutelmeyer/Mühlbacher, da jeweils nur die Landesgesellschaften in einem Land (Südafrika bzw. Österreich) befragt wurden. Lediglich die Studie von Meyer weist hinsichtlich der Branchenstruktur und Länderherkunft eine gewisse Ähnlichkeit mit der Stichprobenstruktur von Bolz auf. Im Vergleich zu der von Meyer 1978 erhobenen Standardisierung sind jedoch die Unternehmen der Untersuchungen von Bolz noch tendenziell durch ein höheres Standardisierungsniveau gekennzeichnet, so daß nicht mit letzter Sicherheit von allgemein sinkenden Standardisierungsanstrengungen gesprochen werden kann.

Die Annahme der gesunkenen Standardisierungsintensitäten wird auch aus einem Vergleich mit dem zukünftig angestrebten Standardisierungsausmaß einzelner Instrumente entkräftet. Hier zeigt sich deutlich, daß insbesondere im kommunikations- und preispolitischen Instrumentebereich noch unausgeschöpfte Standardisierungsmöglichkeiten liegen.

5. Implementierung des internationalen Marketing

Die Qualität jeder Marketingkonzeption hängt wesentlich davon ab, inwieweit es gelingt, die Vielzahl absatzpolitischer Teilentscheidungen in der internationalen Unternehmung zu koordinieren. Somit besteht die besondere Problematik der Implementierung internationaler Marketingentscheidungen in der **Koordination und Integration der Marktbearbeitungsaktivitäten**.

> Die internationale Koordination von Marktbearbeitungsmaßnahmen beinhaltet die Form und Intensität der Zusammenarbeit weltweit tätiger Organisationen (Aktivitäten, Funktionen). Sie manifestiert sich in spezifischen Integrationsinstrumenten und -mechanismen (Meffert und Bolz 1992 a, S. 3).

Dem Zwang zur Koordination von Tochtergesellschaften kann bei der internationalen Marktbearbeitung auf zwei verschiedene Arten begegnet werden. Die Abgestimmtheit kann zum einen durch die sog. **Vorauskoordination** und zum anderen durch die sog. **Feedbackkoordination** erreicht werden. Die erste Form stellt eine vorausschauende Abstimmung dar, mit dem Ziel, Störungen der Strategieumsetzung zu verhindern. Die zweite Form ist dagegen darauf ausgerichtet, bereits aufgetretene Störungen zu beseitigen. Unter Managementaspekten ist dabei insbesondere die Vorauskoordination relevant, die vielfach auch als Steuerung bzw. Regelung bezeichnet wird. Steuerung im instrumental verstandenen Sinne umfaßt daher die Gesamtheit jener Instrumente, die geeignet sind, die Aktivitäten von Tochtergesellschaften im voraus aufeinander abzustimmen.

Welge (1989) und Kenter (1985) haben ein Konzept der Steuerung von Tochtergesellschaften entwickelt, das zwischen technokratischer und personenorientierter Steuerung bzw. Koordination unterscheidet. Diese Unterscheidung ist dabei weitgehend identisch mit der verbreiteten Differenzierung zwischen **cultural** und **bureaucratic control**. Khandwalla unterscheidet hingegen zwischen **struktureller, technokratischer und kulturorientierter Koordination**.

Differenziert man somit zwischen strukturellen, technokratischen bzw. prozeßorientierten sowie kulturorientierten Koordinationsmechanismen, so läßt sich das Spektrum dieser Instrumente in einem Kontinuum darstellen (Abbildung 89). Dabei zeigt sich auch, daß in der wissenschaftlichen Auseinandersetzung in den letzten Jahrzehnten eine deutliche Perspektivenerweiterung stattgefunden hat (Martinez und Jarillo 1989). Standen anfänglich ausschließlich strukturelle und technokratisch-prozeßorientierte Mechanismen im Mittelpunkt der Diskussion, so widmet man sich in jüngerer Zeit verstärkt den informalen bzw. kulturorientierten Aspekten der Koordination (Frese und Blies 1997).

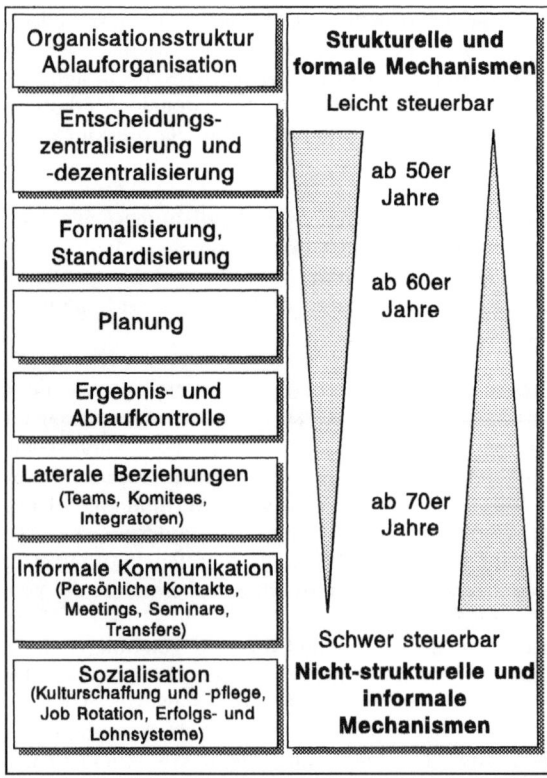

Abb. 89: Koordinationsmechanismen im internationalen Marketing

5.1 Organisation im internationalen Marketing

5.11 Strukturtypen

Die **Organisationsstruktur** von Unternehmen dient der Abgrenzung von Verantwortungsbereichen für die laufenden Entscheidungs- und Kontrollprozesse. Die Strukturtypen der Organisation können dabei anhand der Art der **Spezialisierung** auf der zweiten Hierarchieebene des Unternehmens unterschieden werden. Eine Spezialisierung nach Verrichtungen (z.B. Beschaffung, Produktion, Vertrieb) führt zu einer **funktionalen Organisation**. Erfolgt die Spezialisierung demgegenüber nach Objekten (Produkte, Regionen, Kundengruppen), spricht man von **divisionalen Organisationen**.

Die Besonderheit internationaler Organisationsformen ergibt sich durch den **Grad der realisierten Integration des Auslandsgeschäfts** in die Gesamtorganisation des Unternehmens (Welge 1989, Sp. 1593; Macharzina 1992, S. 595). Dabei können idealtypischerweise drei Organisationsformen unterschieden werden. Im Anfangsstadium der Internationalisierung, in dem internationales Engagement vielfach eher auf Zufällen als auf systematischer Planung beruht, erfolgt in den meisten Fällen keine Anpassung der formalen Organisation. Man spricht in diesem Fall von einer **unspezifischen Organisation,** d. h. einer sporadischen, informalen Regelung der Auslandsaktivitäten.

Differenzierte bzw. segregierte Strukturen beinhalten eine deutliche Trennung des Inlands- und Auslandsgeschäfts. Unterstellt man die dynamische Entwicklung der Organisationsstrukturen im Zuge einer Internationalisierung, lassen sich bei dieser Organisationsform insbesondere die Exportabteilung, die internationale Division und schließlich Holding-Konzepte als Entwicklungsstufen kennzeichnen (Macharzina und Oesterle 1995, S. 313 f.).

Integrierte Strukturen nehmen demgegenüber in der Zentrale keine organisatorische Trennung in Inlands- und Auslandsbereiche vor. Vielmehr werden Geschäftssegmente gebildet, deren Leitung sowohl für die inländischen als auch ausländischen Aktivitäten zuständig sind. Derartige Strukturen werden insbesondere als Ziel globaler Organisationen angeführt, bei denen der Gegensatz zwischen nationalem und internationalem Geschäft überwunden werden soll. Geläufige Strukturtypen sind hier die funktions-, produkt- und regionenorientierte Struktur des internationalen Unternehmens (vgl. Abbildung 90).

Im Rahmen von **Funktionalstrukturen** werden die internationalen Aktivitäten in die jeweiligen funktionalen Bereiche integriert. Diese Strukturform tritt dann häufig auf, wenn der Anteil des Auslandsgeschäfts ver-

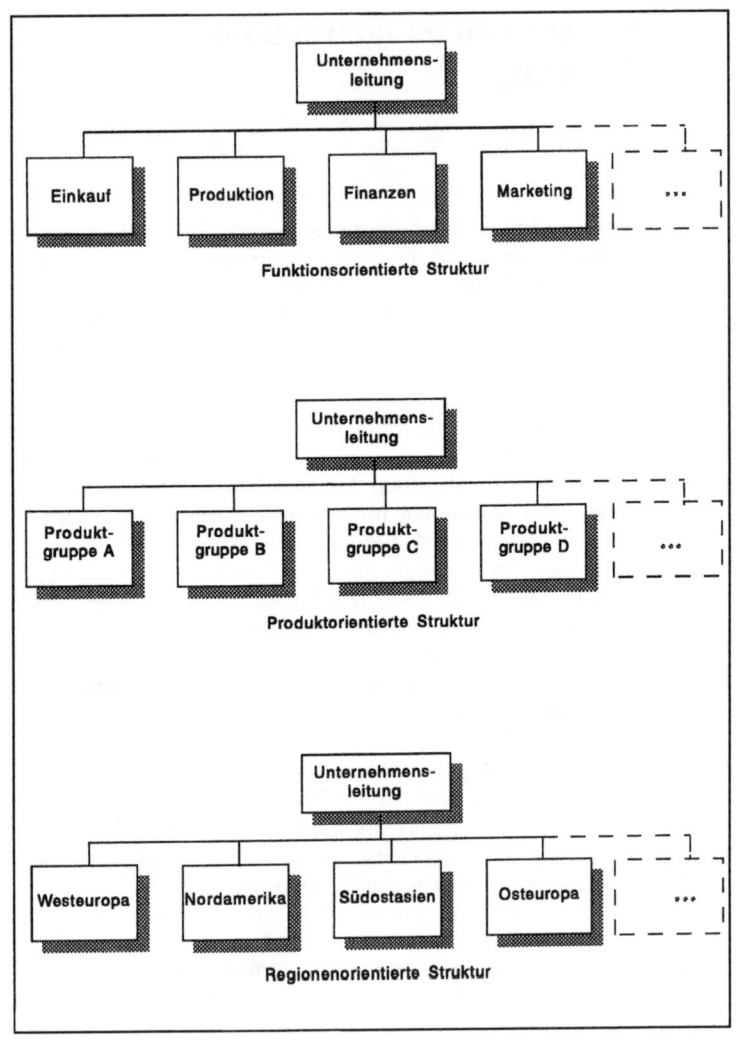

Abb. 90: Strukturtypen im internationalen Marketing

gleichsweise unbedeutend ist, verhältnismäßig wenig Produkte im Sortiment sind (z.B. in Unternehmen des primären Sektors wie Ölgesellschaften etc.) und die Produkte auf wenigen Märkten vertrieben werden. Funktionalstrukturen bieten die folgenden Vorteile:
- Möglichkeit der Durchsetzung abgestimmter Aktivitäten auf den Auslandsmärkten.
- Zentralisierung von Autorität und Verantwortung im Auslandsgeschäft bei einer Führungskraft. Dadurch wird der Unternehmensleitung eine zentrale Entscheidung und die Koordination der Hauptfunktion im Auslandsbereich erleichtert.
- Verringerung einer »in-house«-Konkurrenz auf den Auslandsmärkten.

Diese Ausrichtung an unternehmensinternen Aspekten bildet jedoch auch den Hauptnachteil dieser Organisationsform. Darüber hinaus lassen sich weitere Nachteile anführen:
- Durch die starke Konzentration von Entscheidungen und Verantwortung kann es zur organisatorischen Überlastung kommen.
- Nicht immer ist eindeutig, welchem Funktionsbereich die Auslandsaktivitäten zugeordnet werden sollen.
- Der Informationsfluß innerhalb der Auslandsgesellschaft wird durch die Spezialisierung und die starke Abhängigkeit von der Zentrale erschwert.

Bei der **produktorientierten Organisationsstruktur** sind die Produkte bzw. Produktgruppen die Kriterien für die Aufspaltung von Teilaufgaben. Erst auf einer tieferen Hierarchieebene erfolgt eine weitere Untergliederung von Aufgaben z.B. nach Funktionsgesichtspunkten.
Die produktorientierte Organisation läßt sich erweitern: Untergliedert man die Auslandsorganisation nach Produktgruppen, so liegt eine Spartenorganisation vor. Derartige Organisationsformen treten vor allem in Großunternehmen auf. Folgende Vorteile der produktorientierten Organisation sind hervorzuheben:
- Die Organisationsform verfügt über eine hinreichend große Flexibilität, um sich dynamischen Märkten anpassen zu können. Auch eine Anpassung an die Gegebenheiten in bestimmten Marktsegmenten ist möglich. Jedes Produkt bzw. jede Produktgruppe kann bestmöglich betreut werden. Da sich Kosten und Erlöse relativ leicht den einzelnen Produkten zurechnen lassen, können Profit-Center gebildet werden. Durch die direkte Erfolgsermittlung werden Motivation und Kreativität der Mitarbeiter gefördert.
- Kompetenzabgrenzungen sind verhältnismäßig einfach vorzunehmen.

Diesen Vorteilen stehen jedoch Nachteile gegenüber:
- Bei relativ heterogenen Produkten bzw. Produktgruppen kann es zu einer Aufblähung der Struktur kommen, weil Parallelarbeiten in den Funktionsbereichen sich kaum vermeiden lassen. Während sich z.b. ein paralleler Aufbau von Distributionswegen auf großen Märkten durchaus empfehlen kann, bedeutet dies in kleineren Ländern eine unnötige Erhöhung der Absatzkosten.
- Bei einer Zuordnung der lokalen Produktmanager zu den Produkt- bzw. Spartenverantwortlichen in der Zentrale kann es zu einer Unterhöhlung der Rolle der Geschäftsleitung der Auslandstöchter kommen (Welge 1989, Sp. 1595).
- In der Zentrale vorhandene Stabsabteilungen werden im Falle der produktorientierten Auslandsorganisation wenig genutzt, allenfalls als beratende bzw. koordinierende Instanz.

Unter Marketinggesichtspunkten weist die produktorientierte Organisationsform zwar erhebliche **Vorteile** auf. Dieses Organisationsprinzip sollte aber nur gewählt werden, wenn
- es sich um ein Unternehmen mit heterogenem Auslandssortiment handelt. Man wird sich in diesem Falle unterschiedlicher Vertriebskanäle bedienen.
- die Zahl der Auslandsmärkte relativ gering ist.

Auf Schwierigkeiten stößt man bei dieser Organisationsform, wenn für die Ausfuhr der verschiedenen Produkte in einer Vielzahl von Ländern gesonderte Vorschriften bzw. Bestimmungen bezüglich des Versandes, der Markierung, des Ursprungsnachweises oder des local content-Anteils zu beachten sind.

Bei der **regionenorientierten Auslandsorganisation** werden Länder, Ländergruppierungen oder Kontinente als Strukturierungskriterien herangezogen. Die Bildung von Teilmärkten kann dabei nach sprachlichen, absatztechnischen oder politischen Gemeinsamkeiten erfolgen.

Bei einer Unterteilung nach **sprachlichen Gesichtspunkten** können beispielsweise die sprachverwandten süd- und mittelamerikanischen sowie die nordamerikanischen Länder zusammengefaßt werden.

Bei der Untergliederung nach **absatztechnischen Gesichtspunkten** macht man sich Gemeinsamkeiten der Märkte im Bereich der Verwaltung, des Zoll-, Post- und Rechtswesens zunutze. Beispielsweise wäre eine Gruppierung der afrikanischen Länder in Länder des Commonwealth und ehemalige französische Kolonien denkbar, wobei sich natürlich auch Überschneidungen zum Kriterium »sprachliche Gesichtspunkte« ergeben.

Ein Beispiel für eine Einteilung nach politischen Gesichtspunkten ist die Zusammenfassung der ehemaligen Ostblockstaaten zu einem Absatzmarkt. Hier machen sich Gemeinsamkeiten der Akquisition, der Auftrags- und Versandabwicklung und der Marktbearbeitung zunutze.

Die gebietsorientierte Auslandsorganisation bietet die folgenden Vorteile:

- Diese Organisationsform kann als eine für das internationale Geschäft »natürliche« Vorgehensweise angesehen werden, da auf die speziellen Bedürfnisse unterschiedlicher Länder bestmöglich eingegangen werden kann.
- Die Integration von nationalem und internationalem Geschäft wird gefördert; eine »globale Perspektive« wird so erleichtert.
- Der Auslandsmarkt wird als organisatorisches Ganzes behandelt. Alle Aktivitäten werden von der regionalen Geschäftsleitung zentral gesteuert und überwacht.
- Die Mitarbeiter verfügen über bestmögliche Kenntnisse bezüglich Kunden, Wettbewerb und sonstiger umweltbezogener Gegebenheiten des Auslandsmarktes.

Gerade diese Konzentration auf die geographischen Unterschiede führt auch zu den Hauptnachteilen dieser Organisationsstruktur:

- Die Übertragung von neuen Ideen auf andere Märkte wird erschwert (sog. »Not-invented-here-Syndrom«).
- Es besteht die Gefahr, daß die Produktkoordination sowie die F&E-bezogene Abstimmung vernachlässigt wird.

Aus den genannten Strukturmerkmalen der internationalen Organisation lassen sich Mischformen bilden.

Die in diesem Zusammenhang häufig genannte **Matrixorganisation** versucht, durch eine gleichzeitige und gleichberechtigte Gliederung nach zwei oder mehreren Strukturierungsmerkmalen die Schwächen der bisher vorgestellten Strukturtypen zu überwinden. So ist z.B. eine Gliederung nach Gebieten und Produkten oder nach Produkten und Funktionen häufig zu beobachten.

Der Aufbau einer solchen Organisationsstruktur bringt die relative Gleichgewichtigkeit der Faktoren – Region, Produkt und Funktion – für die Entscheidungsfindung zum Ausdruck. Erfahrungen in der Praxis belegen jedoch, daß diese Matrixstrukturen, vor allem diejenigen, die eine gleichzeitige Berücksichtigung von Produkt- und Regionenerfordernissen sicherstellen sollen, aufgrund der Komplexität der Abstimmungsprozesse sowie der geringen Flexibilität oft keine echte Problemlösung darstellen. Sie führen zu einer **breiten, häufig oberflächlichen Zusammenarbeit** (Meffert 1989, S. 451).

Henkel beispielsweise mußte erkennen, daß die produktorientierte Divisionalstruktur in der Unternehmenszentrale der Andersartigkeit des asiatisch-pazifischen Marktes nicht gerecht wurde. Daher gründete das Unternehmen die Gesellschaft Henkel Asia Pacific Ltd., die mit der Koordination aller Marketingaktivitäten in diesem Raum betraut wurde. In der Folge konnte der Gegensatz zwischen den

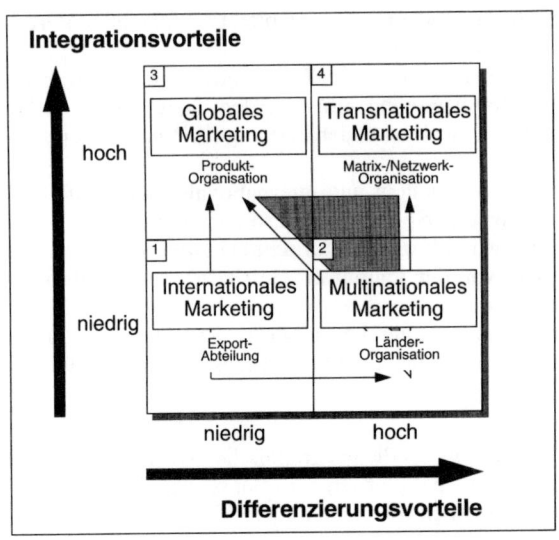

Abb. 91: Grundlegende Strategie-Struktur-Zusammenhänge im internationalen
Marketing

mächtigen Divisionen und den lokalen Interessen der Markt-Insider kaum dauer-
haft überwunden werden, so daß die Ziele eines abgestimmten Marktauftritts und
integrierter Planung nur in Ansätzen erreicht wurden (Schütte 1994).

Die zunehmenden Globalisierungserfordernisse haben in zahlreichen
Unternehmen dazu geführt, daß Organisationsstrukturen angepaßt werden. Im allgemeinen wird davon ausgegangen, daß der **Entwicklungspfad
internationaler Unternehmen** von der rein nationalen Orientierung bis
hin zum globalen Management sich auch in der Organisationsform nie-
derschlägt. Dabei wird die Exportorientierung der divisionalen Struktur,
die multinationale Strategie der Regionenstruktur, die einfache Globalstrategie der Produktgruppenstruktur und die vernetzte Globalstrategie
der Matrix- oder Netzwerkstruktur zugeordnet (vgl. Abbildung 91).
Ein Blick in die Realität zeigt auch, daß die wenigsten Unternehmungen
im Zuge eines Globalisierungsprozesses zur postulierten, rein produktorientierten Aufbauorganisation übergegangen sind. In der Tat weisen
empirische Untersuchungen großer US-amerikanischer und europäischer multinationaler Unternehmungen nach, daß die Organisationsstrukturen nur mit einer großen **zeitlichen Verzögerung** den Strategien
angepaßt werden (Egelhoff 1982, S. 435ff.; Daniels et al. 1985, S. 223ff.). So
dominierte bei vielen multinationalen Unternehmungen immer noch die

internationale Division, in der das gesamte Auslandsgeschäft zusammengefaßt ist. Sie ist eigentlich typisch für das Übergangsstadium von einer eher inlandsorientierten zu einer weltweit tätigen Unternehmung. Es folgen dann die produktorientierte, die regionalorientierte und relativ selten die Matrixorganisation als Kombinationsform von Produkt- und Ländererfordernissen.

Eine Vielzahl von **Situationsfaktoren** trägt darüber hinaus dazu bei, daß sich eine eindeutige Zuordnung von Internationalisierungsstrategie und Organisationsstruktur nicht vornehmen läßt. Studien belegen, daß beispielsweise die vorherrschende **Umweltdynamik** sowie der jeweilige **Diversifikationsgrad**, aber auch der **Umfang des Auslandsgeschäftes,** die Zahl der Auslandsniederlassungen und die Besitzverhältnisse ausländischer Tochterunternehmen Einfluß auf die Unternehmensstruktur nehmen.

Zu der bekanntesten und meistzitierten Studie gehört – trotz verschiedener früherer Untersuchungen (Clee und di Scipio 1959; Chandler 1962; Clee und Sachtjen 1964; Fouraker und Stopford 1968) – zweifelsohne die von **Stopford und Wells** (1972) über den Strategie-Strukturzusammenhang von 187 US-amerikanischen Unternehmungen. Validierungen u.a. von Franko (1976), Daniels et al. (1984, 1985) und Erweiterungen u.a. durch Egelhoff (1988b) sowie Turner und Henry (1994) haben zu relativ gesicherten Erkenntnissen über die Ausprägung und den Einfluß der untersuchten Strategiedimensionen auf die internationale Struktur geführt.

So herrscht die stärker zentralisierte produktorientierte Organisation (Sparten- bzw. Geschäftsfeldorganisation) vor allem bei solchen weltweit tätigen Unternehmen vor, die bei hohem Diversifikationsgrad eine gerin-

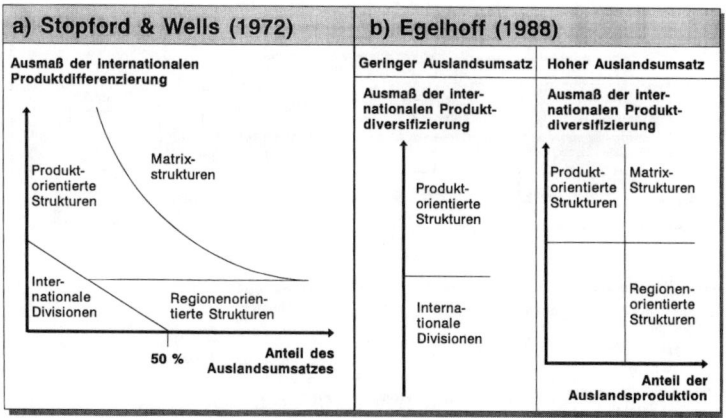

Abb. 92: Ergebnisse ausgewählter Untersuchungen zum Strategie-Struktur-Zusammenhang

ge ländermäßige Streuung der Produktion aufweisen (z.B. General Electric).
Abbildung 92 gibt eine Übersicht über die Erkenntnisse der Studien von Stopford und Wells sowie Egelhoff.
Im Vordergrund der Auseinandersetzung mit der »richtigen« Struktur steht seit geraumer Zeit vor allem die Frage, wie globale Unternehmen organisiert sein müssen. Hiermit sind gleichzeitig bestimmte **Effizienzkriterien** angesprochen, die zur Beurteilung der Eignung von Organisationstypen im globalen Wettbewerb heranzuziehen sind (Bartlett 1983, S. 54; Kreutzer und Raffée 1986, S. 11ff.):

– Die Organisation muß einem unterschiedlichen Globalisierungsniveau einzelner Geschäftsbereiche Rechnung tragen. Die Struktur sollte zu einer hohen Koordination und Integration aller internationalen Aktivitäten beitragen. Sie muß andererseits aber eine Partizipation der Landesgesellschaften an den Entscheidungsprozessen sowie die Motivation und Identifikation des lokalen Management sicherstellen und die Nutzung des Know-how vor Ort ermöglichen.
– Schließlich muß die Organisationsstruktur – nicht zuletzt über kurze Kommunikationswege – eine ausreichende Flexibilität im Sinne der schnellen Anpassung an veränderte Umweltbedingungen zulassen.

Der Forderung nach einer schnellen und wirksamen Reaktion auf Umweltänderungen wird die zentralisierte produktorientierte Aufbauorganisation kaum gerecht. In jenen Branchen, die sich durch eine hohe Umweltdynamik auszeichnen, setzen sich deshalb in verstärktem Maße sog.

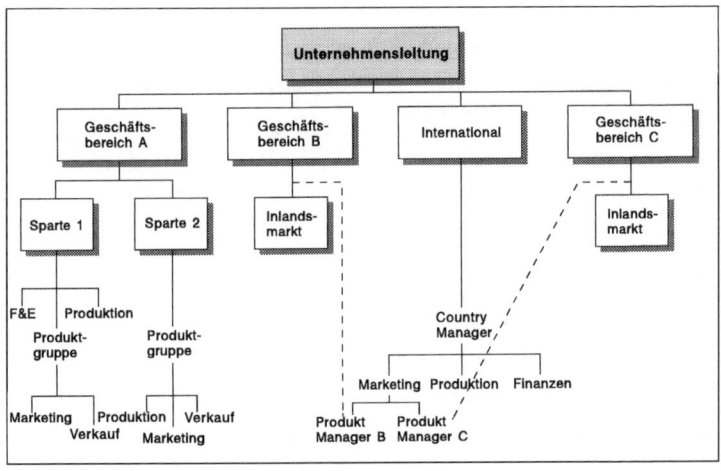

Abb. 93: Hybride Organisationsstruktur

»hybride« Organisationsformen durch. In Abhängigkeit bestimmter Funktionen und Geschäftsbereiche werden länder- und produktspezifische Dimensionen integriert, ohne komplexe Matrixstrukturen zu entwickeln. Auf diese Weise kann unter Berücksichtigung der spezifischen situativen Gegebenheiten sowie des erreichten Globalisierungsgrades eine sukzessive Anpassung der Organisation erfolgen, die eher dem Grundgedanken einer »Evolution« als dem einer »Revolution« entspricht. Praktische Beispiele belegen zudem, daß eine Zentralisation der Entscheidungen im Headquarter nicht zwingend mit der Globalisierung verbunden ist. So bringt die Zentralisation von Forschung und Entwicklung wesentlich größere Vorteile als die weltweite Steuerung der Verkaufs- oder Serviceaktivitäten.

Abbildung 93 zeigt beispielhaft eine derartige hybride Organisationsstruktur.

Entscheidende Impulse auf die Gestaltung der internationalen Organisationsstruktur gehen in jüngerer Zeit vor allem von der Entwicklung der **Informations- und Kommunikationstechnologien** aus, die neue Potentiale zur Anpassung an rasch wechselnde Umweltbedingungen eröffnen. In Abkehr vom tayloristischen Weltbild werden durch die zunehmende **Auflösung von Produkt-, Länder- und Firmengrenzen** Flexibilität und Innovationsfähigkeit als zukunftsweisende Leitbilder für Organisation und Führung postuliert (Picot, Reichwald und Wigand 1996, S. 2 ff.). Auf dem Weg zur »grenzenlosen Unternehmung« werden Dezentralisierung und Modularisierung zur schnellen und permanenten Marktorientierung sowie technische und nichttechnische Formen der Vernetzung mit der Fähigkeit zur Kooperation besonders hervorgehoben. Vor allem der schnelle Verfall der Informations- und Kommunikationskosten bei gleichzeitig steigender Informations- und Kommunikationsleistung trägt zur Veränderung der Arbeitsteilung und Koordination zwischen Unternehmung und Märkten und damit zum Aufbau von Flexibilitätspotentialen und neuen Absatzchancen bei.

Im Gefolge dieser Entwicklung wird eine Reihe »neuer« Konzepte vorgestellt, von denen die Forderung »**Going virtual**« (Grenier und Metes 1995) eine besondere Faszination ausübt. Dies liegt vornehmlich darin begründet, daß mit dem Begriff der Virtualität sehr unterschiedliche Vorstellungsinhalte und Erwartungen verbunden werden. Die Vorstellungen zur **virtuellen Unternehmensführung** reichen vom einfachen Projektmanagement über temporäres Netzwerkmanagement bis hin zur Telekooperation und zur virtuellen (objektlosen) Leistungserstellung. Die »virtuelle Unternehmung« wird als ein »zukunftsweisender Ansatz im Wettlauf um künftige Markterfolge« propagiert (Ott 1996). In ihr entstünden Produkte und Dienstleistungen zu jeder Zeit, unmittelbar und individuell. Produzenten und Lieferanten seien ebenso wie die Kunden als Co-Produzenten über Datenbanken in einem flexiblen Netzwerk miteinander verbunden

(Davidow und Malone 1993). Im Kern lassen sich folgende zentrale Merkmale virtueller Unternehmungen festhalten (Meffert 1997b, S. 5–7):

1. Grundlage einer virtuellen Unternehmung ist ein Unternehmungsnetzwerk.
2. Die einzelnen Einheiten des Unternehmungsnetzwerkes bringen ihre Kernkompetenzen in die Kooperation ein.
3. Virtuelle Unternehmungen sind auf eine temporäre Zusammenarbeit angelegt, die sich im wesentlichen nach der Dauer der Marktaufgabe bestimmt.
4. Unternehmensübergreifende Informations- und Kommunikationstechnologien werden im Sinne einer gemeinsamen Informationsinfrastruktur in hohem Maße eingesetzt (vgl. auch Picot, Reichwald und Wigand 1996, S. 295 ff.).

Meffert (1997b) unterscheidet nach den marketingrelevanten Merkmalen der Visibility und Interaktionsform verschiedene Grundformen virtueller Unternehmungen, die in Abbildung 94 wiedergegeben sind. Tritt die virtuelle Unternehmung mit allen beteiligten Partnern am Markt sichtbar auf und laufen die Interaktionsprozesse direkt zwischen den Systempartnern und Kunden ab, können elektronische Märkte als Anwendungsfall dienen. Übernimmt dagegen ein Unternehmen als »Gatekeeper« die Führungsrolle im Kontakt zu den Kunden (konzentrierte Interaktionsform), lassen sich internationale Projektkonsortien oder auch verdeckte Formen unterscheiden. Als Beispiel für ein verdeckt auftretendes virtuelles Unter-

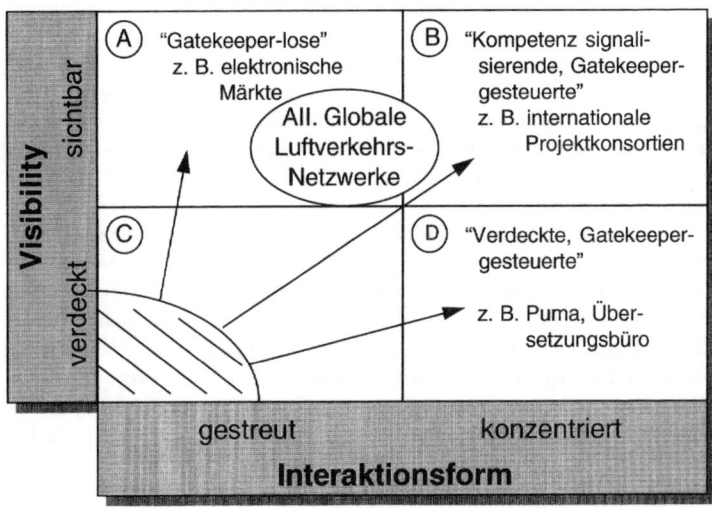

Abb. 94: Grundformen virtueller Unternehmungen
Quelle: Meffert 1997b, S. 18

nehmen wird häufig der Sportartikelhersteller Puma zitiert, dessen Zentrale in Herzogenaurach auf das Marketing und die Entwicklung spezialisiert ist. Produktion und Logistik führen weltweite Partner aus, die nach jeder Prototypentwicklung erneut ausgewählt werden. Ein Tochterunternehmen in Hongkong übernimmt Qualitätssicherungsaufgaben und das für Logistik zuständige Unternehmen ist per EDV-System mit der Puma-Zentrale verbunden, so daß die Prozeßkontrolle des Warenverkehrs sichergestellt ist (Hirn 1996, S. 78 ff.). Den Konsumenten bleibt dieses Netzwerk verborgen. Das Angebot von Gemeinschaftsflügen – z. B. im Rahmen strategischer Allianzen – läßt sich demgegenüber als sichtbare, eher gestreute Grundform in diese Systematik einordnen (Grundform A II). Durch die Aufnahme von Streckenverbindungen der Partner in den eigenen Flugplan erreichen die Beteiligten eine virtuelle Ausweitung ihres Streckennetzes, obwohl der Flug physisch nur von einer Fluggesellschaft durchgeführt wird (Meffert 1997b, S. 19 f.). Die Grenzen einer derartigen Virtualität zeigen sich auf seiten der Kunden, die teilweise mit Verunsicherung oder sogar Verärgerung auf derartige Angebote reagieren, wenn beispielsweise das Check-in von einer anderen Fluggesellschaft durchgeführt wird als der gebuchten.

Trotz des zunächst nahezu euphorischen Einzugs dieser Organisationsform in die wissenschaftliche und praxisorientierte Diskussion mehren sich Stimmen der Kritik, die vor allem den opportunistischen und temporären Charakter virtueller Unternehmungen zum Inhalt haben. Ihre Eignung zur Erfüllung der oben abgeleiteten Effizienzkriterien ist daher kritisch mit möglicherweise nachteiligen Konsequenzen abzuwägen.

5.12 Zentralisierung und Dezentralisierung

Eng mit der Frage der Organisationsstruktur ist der Problemkreis »**Zentralisierung vs. Dezentralisierung**« im internationalen Marketing verbunden.
In Abgrenzung zur geographischen Zentralisierung (Konfiguration) soll dabei unter »Zentralisierung« das Ausmaß verstanden werden, mit dem Planungs- und Entscheidungskompetenzen auf eine oder wenige Stellen im Unternehmen konzentriert werden (Schanz 1994, S. 213f.). Diese, in der deutschen Literatur auch präziser als Entscheidungsdelegation gekennzeichnete »vertikale Autonomie« (Hill et al. 1981, S. 275; Kieser und Kubicek 1992, S. 155; Hungenberg 1995, S. 47) beinhaltet im wesentlichen den Entscheidungsspielraum der dem Stammhaus untergeordneten Landesgesellschaften.
Das Ausgestaltungsspektrum der Zentralisierung kann vielfältige Formen annehmen. Es reicht von der Informationsvermittlung bei geringem Zentralisierungsgrad über koordinierende Maßnahmen bis zur zentralen Vorgabe und Steuerung von Aktivitäten (Quelch und Hoff 1986, S. 65ff.). Dabei besteht in der Literatur Einigkeit darüber, daß Zentralisation den

Autonomieverlust von Landesgesellschaften im Hinblick auf Marktbear-
beitungsentscheidungen bedeutet (Welge 1992, S. 582; Bartlett 1989,
S. 442). Basierend auf einer Studie von Theuerkauf (1991) untersuchen
Turner und Henry den Zentralisierungsgrad unterschiedlicher Funktionen in ausgewählten Unternehmen (vgl. Abbildung 95a und b). Offenbar
weisen insbesondere Marketing und Vertrieb Potentiale für eine Dezentralisierung auf, während F + E sowie das Finanzmanagement einen hohen Zentralisationsgrad erkennen lassen. Der Flugzeughersteller Boeing
weist in allen Funktionen die höchsten Zentralisationswerte auf und läßt
damit auf eine starke Stammhausorientierung schließen, die u. a. durch
die Standortgebundenheit der Produktion erklärt werden kann.

Abbildung 96 gibt eine Übersicht über den in ausgewählten Untersuchungen festgestellten **Zentralisierungsgrad von Marketingentscheidungen** in
international tätigen Unternehmen (Bolz 1992, S. 148). Wenn auch das
Zentralisierungsniveau der einzelnen Entscheidungstatbestände innerhalb der Studien stark voneinander abweicht, so lassen sich dennoch Ten-
denzaussagen bezüglich einzelner Instrumente ableiten: den höchsten
Einfluß hat die Unternehmenszentrale hinsichtlich produktpolitischer
Entscheidungen, gefolgt von kommunikationspolitischen Entscheidungen. Preis- und distributionspolitische Maßnahmen sind offenbar eher
»lokale« Aspekte, bei denen ein relativ hohes Autonomieniveau gewährt
wird.

Vergleicht man das generelle Zentralisierungsmuster einzelner Marketingaktivitäten in den Studien mit der Höhe der Instrumentestandardisierung (vgl. Kap. 4.6), so wird deutlich, daß zwischen der Zentralisierung
von Marketing-Entscheidungen auf der einen und einer Standardisierung
auf der anderen Seite ein enger Zusammenhang besteht. Verschiedentlich
wird angeführt, daß eine hohe Instrumentestandardisierung oder die
Nutzung hoch formalisierter Planungssysteme einen hohen Zentralisierungsgrad nach sich zieht.

Nicht zuletzt hat die vielfach unterschiedliche und z.T. **unzureichende
Operationalisierung** von »Zentralisierung« dazu geführt, daß z.B. in empirischen Untersuchungen zum Zusammenhang zwischen Zentralisierung und Standardisierung keine einheitlichen Beziehungen festgestellt
werden konnten.

So wird vielfach argumentiert, daß eine Entscheidungsdelegation die Notwendigkeit einer intensiven Koordination dezentral gefällter Entscheidungen nach sich
zieht (Welge 1981, S. 129f.). Folgt man dieser Argumentation, liegt der Schluß nahe,
daß ein hohes Maß an Zentralisierung zwangsläufig einen geringeren Koordinationsbedarf induziert (und vice versa). Daher bedarf es bei einem hohen Zentralisationsgrad nur einer geringen Unterstützung koordinierender Instrumente, wie z.B.
der Prozeßstandardisierung. Dieser inverse Zusammenhang zwischen Zentralisation und Formalisierung bzw. Standardisierung wurde insbesondere in den klassischen Untersuchungen der Organisationsforschung nachgewiesen.

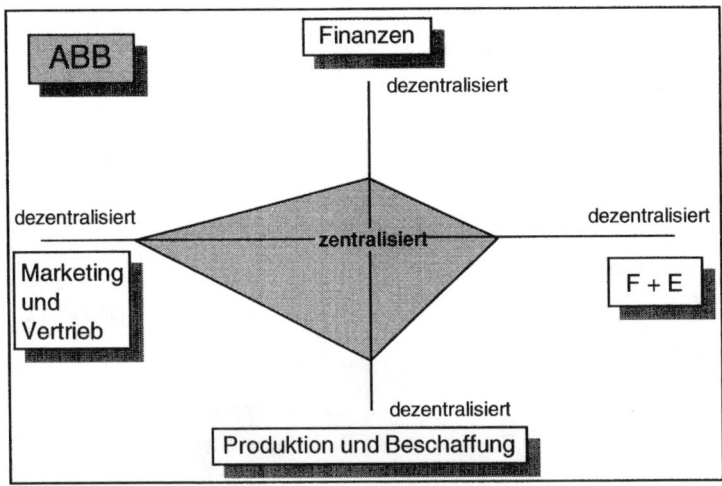

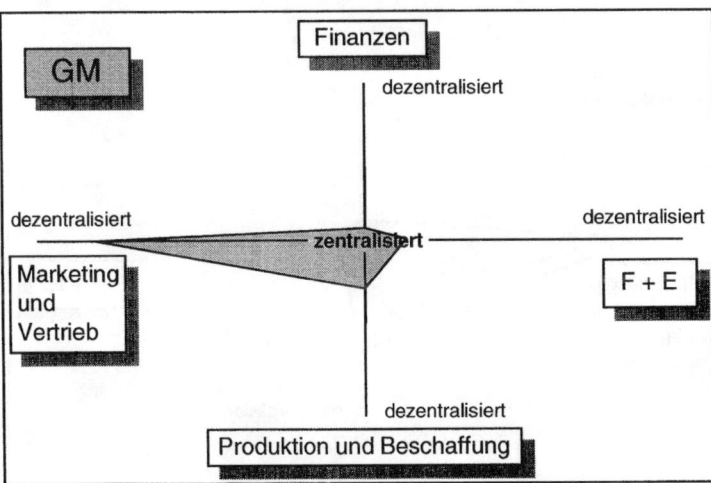

Abb. 95a: Zentralisierungsgrade ausgewählter Funktionen und Unternehmen
Quelle: Turner und Henry 1994, S. 426

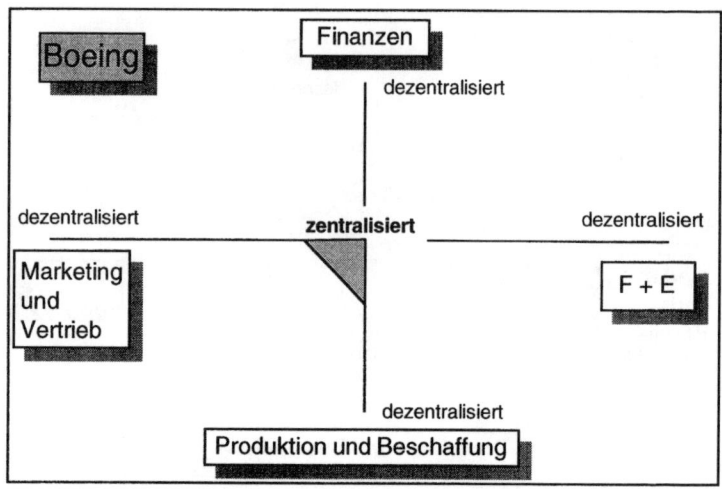

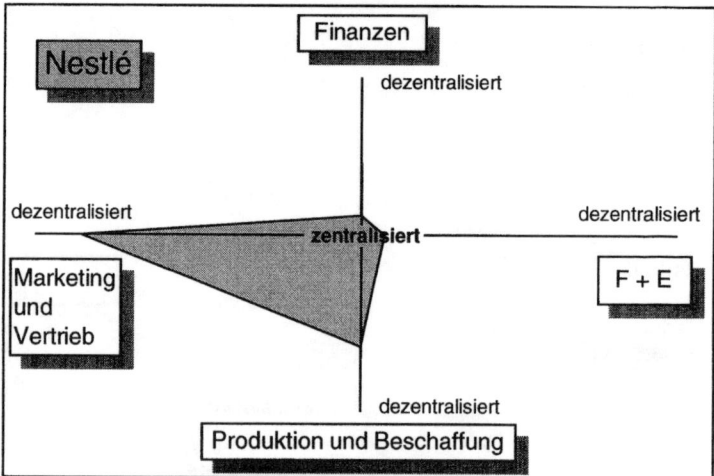

Abb. 95b: Zentralisierungsgrade ausgewählter Funktionen und Unternehmen
Quelle: Turner und Henry 1994, S. 426

Zentralisierungs- dimensionen \ Studien	Wiech- mann '76	Hedlund '81	Ahn et al. '86	Beutelmeyer & Mühlbacher '86
Produkteigenschaften	4,62	3,77	3,26	3,24
Markenname	4,62	./.	4,10	./.
Verpackung	4,72	./.	2,82	./.
Preis	2,54	4,19	1,77	2,14
Konditionen	./.	4,25	1,57	1,92
Werbebotschaft	3,00	4,35	1,71	2,50
Verkaufsförderung	1,94	./.	1,55	./.
Werbeträger	1,94	./.	1,59	./.
Außendienst	2,04	./.	1,25	./.
Betriebsform	2,34	3,79	1,27	./.
(5 = hoch, 1 = niedrig)				

Abb. 96: Zentralisierungsgrad von Marketingentscheidungen
Quelle: Bolz 1992, S. 148

In einer umfassenden Literaturauswertung zum Problemkreis »Zentralisierung-Dezentralisierung« kommt Welge (1989, Sp. 1532ff.) zu folgendem Fazit: **Entscheidungskompetenzen sollten um so mehr dezentralisiert werden**,
– je komplexer die Entscheidungssituation ist,
– je unbekannter die Verhältnisse im Auslandsmarkt sind,
– je schneller Entscheidungen getroffen werden müssen,
– je länger die Kommunikationswege zwischen Muttergesellschaft und Tochterunternehmen sind,
– je qualifizierter die Mitarbeiter im Ausland sind,
– je intensiver das Auslandsengagement ist.
In Wissenschaft und Praxis hat sich mittlerweile die Einsicht durchgesetzt, daß weder das für europäische Unternehmen typische dezentrale und **»föderative« Organisationsmodell** noch die japanische Unternehmen kennzeichnende **»zentralisierte Knotenpunktstruktur«** für internationale, insbesondere aber globale Unternehmen geeignet sind (Bartlett 1989, S. 442).

271

Mit Blick auf den Integrationsaspekt als bestimmendes Kennzeichen einer globalen Strategie darf die globale Geschäftstätigkeit von Unternehmungen nicht länger auf einseitigen Abhängigkeiten im Sinne einer Produktgruppenverantwortung oder völliger Unabhängigkeit bei regionenorientierten Strukturtypen beruhen. Vielmehr muß nach dem **Prinzip »Koordination und Partizipation«** eine enge Verflechtung der Zentrale sowie aller Tochtergesellschaften auf der Grundlage sog. **globaler Netzwerke** sichergestellt werden. Eine entsprechende, auf der Basis gegenseitiger Abhängigkeiten beruhende Organisationsstruktur sichert einerseits die aus der Marktnähe des lokalen Management entstehenden Vorteile und fördert andererseits die für eine globale Strategie notwendige Koordination zwischen Landesgesellschaften untereinander und der Zentrale (vgl. Abbildung 97).

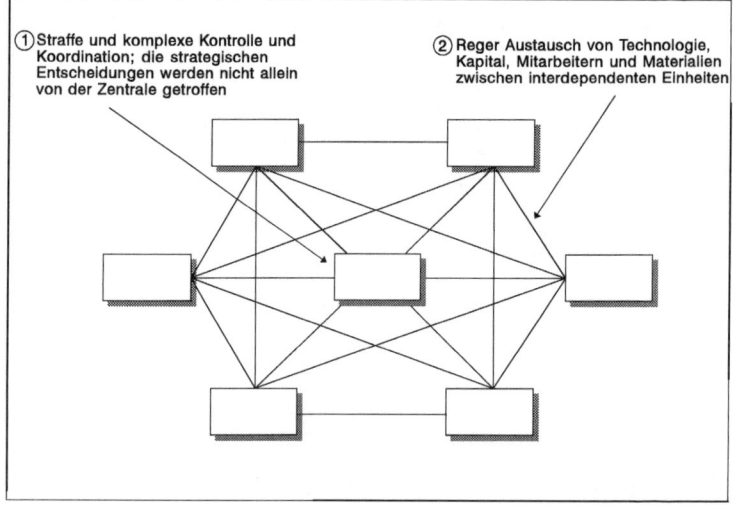

Abb. 97: Globales Netzwerkmodell
Quelle: Bartlett 1989

5.13 Strukturunterstützende Koordinationsmechanismen

Zur Einbindung der Landesgesellschaften in die Entscheidungsprozesse bei der Ausgestaltung der internationalen Marktbearbeitung werden in der Literatur verschiedene **strukturelle Koordinationsinstrumente** diskutiert. Dabei handelt es sich vor allem um strategische Koordinationsgruppen, Gremien mit Entscheidungsbefugnissen, das Lead-Country-Konzept und das Profit-Center-Prinzip (vgl. Meffert 1989, S. 453; Welge 1992, S. 584ff.).

Strategische Koordinationsgruppen, die aus Vertretern der Landesgesellschaften und der Zentrale zusammengesetzt sind, haben die Aufgabe, die notwendige Koordination dezentral entwickelter bzw. umzusetzender Marktbearbeitungsaktivitäten sicherzustellen.

Als erfolgreiches Beispiel für derartige Koordinationsgruppen lassen sich die sog. »Eurobrand-Teams« anführen, die Procter & Gamble zur Entwicklung länderübergreifender Marktbearbeitungskonzepte eingerichtet hat (Bartlett und Ghoshal 1987, S. 54).

Dies kann z.B. dadurch geschehen, daß man sich über gemeinsame Rahmenkonzepte und Dachkampagnen einigt und entsprechende länderspezifische Freiräume innerhalb derartiger Standardisierungskonzepte definiert werden. Damit stellen Koordinationsgruppen und Gesprächsweisen ideale Instrumente dar, um einen Know-how-Transfer zwischen den Landesgesellschaften zu ermöglichen.

Internationale Entscheidungsgremien haben die Aufgabe, tragfähige standardisierte Konzepte zu erarbeiten und zu verabschieden. Im Gegensatz zu strategischen Koordinationsgruppen haben diese Gremien Entscheidungsbefugnisse hinsichtlich der Marktbearbeitung. Die Unternehmenszentrale delegiert damit die Entscheidungsmacht nicht direkt an die Landesgesellschaften, sondern an eine zwischengeordnete Instanz, an deren Weisungen die Landesgesellschaften gebunden sind.

Eine Sonderform der internationalen Entscheidungsgremien stellt das **Lead-Country-Konzept** dar (Kreutzer 1987b, S. 416). Die Grundidee des Lead-Country-Konzepts besteht darin, daß für eine größere regionale Einheit bzw. für den Weltmarkt insgesamt ein Land und damit eine Tochtergesellschaft bzw. das Stammhaus selbst die Position des Koordinators und »Primus inter pares« übernimmt. Diese Lead-Funktion eines Landes bezieht sich in der Regel auf einzelne Produkte oder eine Produktgruppe, jedoch nicht auf eine heterogene Produktpalette. Unter der Leitung dieses Lead-Country wird für die Marketingaktivitäten der jeweils zugeordneten Länder ein Orientierungsrahmen abgesteckt. Die in diesem Rahmen ausgearbeiteten Marketing-Konzepte sind die Grundlage für die Marktbearbeitung in allen zugeordneten Ländern. Durch dieses Vorgehen können die angestrebte regionale oder globale Integration und Koordination der Marketing-Aktivitäten zur Effizienzsteigerung sowie zur Erreichung von Kostenvorteilen gewährleistet werden.

Erst wenn einer unmodifizierten Umsetzung dieser Konzepte gravierende Hindernisse entgegenstehen (z.b. Wettbewerbssituation, rechtliche Möglichkeiten, Verbraucherpräferenzen, kulturelle Gepflogenheiten etc.), können länderspezifische Adaptionen vorgenommen werden. Durch die Ausrichtung auf ein übergreifend verbindliches Rahmenkonzept läßt sich auch bei einem adaptiven Vorgehen gewährleisten, daß eine Vereinbarkeit mit den in angrenzenden Regionen und/oder den auf dem Weltmarkt insgesamt realisierten Ansätzen gegeben ist.

Die Auswahl einer Tochtergesellschaft oder des Stammhauses selbst als Referenzland für die internationale Marktbearbeitung orientiert sich an einem oder mehreren der folgenden Faktoren:

- Marketing-Kompetenz und Länder-Know-how der Tochtergesellschaften (einschließlich der personellen Stärken)
- räumliche Nähe zu Produktionsanlagen und Forschungseinrichtungen
- strategische Bedeutung der jeweils bearbeiteten Märkte
- Länderimage (z.b. zur Nutzung der country-of-origin-Effekte)
- Bedeutung der einbezogenen Produkte (derzeitiger und langfristiger Stellenwert im Rahmen des unternehmensspezifischen Leistungsprogramms)
- rechtliche Anforderungen und Restriktionen der gegenwärtigen Standorte sowie der zu bearbeitenden Länder
- firmenpolitische Erwägungen, etwa zur Aufwertung einzelner Tochtergesellschaften durch Übertragung der Lead-Funktion.

Die Beiersdorf AG beispielsweise hat für Europa sog. »dedicated factories« gegründet, die für bestimmte Produktgruppen zuständig sind. In Spanien werden vorwiegend Crèmes, Milch und Lotion, in Frankreich hochwertige Kosmetik-Produkte wie Nivea Visage und in Italien Haarwaschmittel und Duschmittel hergestellt. Durch diese Verteilung des Produktionsvolumens auf spezialisierte Fabriken konnten die Kapazitätsplanung optimiert und das Betriebsergebnis in zweistelliger Millionenhöhe verbessert werden (Kunisch 1994, S. 19).

Ein weiteres Instrument, mit dem viele Unternehmen die Aktivitäten der Landesgesellschaften steuern, ist das **Profit-Center-Prinzip**. Genaugenommen ist das Profit-Center zwar eine Sonderform der Steuerung divisionaler Organisationen. Aufgrund seiner Bedeutung und Übertragbarkeit im Rahmen der internationalen Unternehmensführung kann es jedoch zu den strukturunterstützenden Koordinationsmechanismen gerechnet werden.

Von einer Führung der Landesgesellschaften im Sinne von Profit-Centern kann dann gesprochen werden, wenn die betreffenden Landesgesellschaften für die Produktion (bzw. den Einkauf) und den Vertrieb von

Profit Center	Strategische Koordinations- gruppen	Internationale Entscheidungs- gremien	Lead-Country- Konzept
Vorteile			
– Eigenverant- wortung der Landesgesell- schaften – Zurechen- barkeit der Ergebnisse	– hohes Potential – hoher Know-how- Transfer – hohe Leistungs- motivation	– Know-how- Transfer – Integrative Steuerung	– niedrige Kosten – einfaches System – hohe Produkt- motivation
Nachteile			
– Integrative Steuerung wird erschwert – Interessen- konflikte	– kompliziertes System – hohe Kosten – Entscheidungs- problematik	– Durchsetzungs- probleme – zeitaufwendig – hohe Kosten	– Interessen- konflikte – Doppel- verantwortung

Abb. 98: Vor- und Nachteile internationaler Koordinationsmechanismen
Quelle: Bolz 1992, S. 153

Produkten **eigenverantwortlich** sind und dementsprechend der Zentrale hinsichtlich des Erfolgs Rechenschaft abzulegen haben. Daher ist eine Organisation nach dem Profit-Center-Gedanken durch eine **länderspezi- fische Optimierung der Erfolgsgrößen** (Gewinn bzw. ROI) gekennzeich- net. Dies widerspricht jedoch dem **Prinzip der länderübergreifenden Inte- gration**, welches eine länderübergreifende Optimierung der internationa- len Aktivitäten zu Lasten suboptimaler Ergebnisse anstrebt. So sind dem- zufolge auch besonders multinational orientierte Unternehmen durch Profit-Center gekennzeichnet (Bolz 1992, S. 154ff.).

Abbildung 98 zeigt in einer Übersicht die spezifischen Vor- und Nachteile der einzelnen Koordinationsmechanismen.

5.2 Gestaltung der Systeme und Prozesse im internationalen Marketing

Technokratische Koordinationsinstrumente besitzen nach wie vor einen wichtigen Stellenwert für die Reduzierung bzw. Deckung des Koordinationsbedarfs in international tätigen Unternehmen. Hervorzuheben sind die Planung sowie Formalisierung bzw. Standardisierung der Aktivitäten (Kreutzer 1989a, S. 113; Welge 1989, Sp. 1181 ff.). Darüber hinaus kommt der Kontrolle eine wichtige Bedeutung bei der Koordination internationaler Unternehmensaktivitäten zu (Kreutzer 1989a, S. 10 ff.; Auerbach 1994, S. 65). Aufgrund ihres Stellenwertes im strategischen Planungsprozeß (vgl. Kap. 1.6) wird diesem Instrument ein eigenes Kapitel gewidmet (vgl. Kap. 6: Marketing-Kontrolle im internationalen Geschäft).

5.21 Planung

Daß **Planung** einen koordinierenden Charakter aufweist, wird in der Literatur seit langem unterstrichen (March und Simon 1958; Emery 1969; vgl. die Übersicht bei Kieser und Kubicek 1992, S. 103). Die Koordinationswirkung besteht darin, daß Teilbereiche der Unternehmung durch Pläne zwangsläufig und formal miteinander verbunden werden, um ein integratives Denken über Wirkungszusammenhänge zu fördern (Welge 1989, Sp. 1185). Im internationalen Marketing steht Planung in engem Zusammenhang mit der Zentralisierung von Entscheidungen, da zentral getroffene Entscheidungen häufig in Form von Plänen vorgegeben werden. Unterscheidet man nach Planungsinhalten, so lassen sich vor allem die Ziel-, Maßnahmen- und Ressourcenplanung unterscheiden (vgl. im einzelnen Welge 1984). Insgesamt zeigen sich hinsichtlich der koordinierenden Wirkung der Planung jedoch keine Unterschiede zwischen nationalen und internationalen Aktivitäten.

5.22 Prozeßstandardisierung

Die weitgehende Autonomie von Tochtergesellschaften mit ihrer Orientierung an länderspezifischen Erfolgsmaßstäben hat häufig zur Folge, daß in internationalen Unternehmungen ein breites Spektrum unterschiedlicher, relativ unabhängiger Informations-, Planungs- und Kontrollprozesse eingesetzt wird. Die oft angestrebte Integration der Geschäftstätigkeit macht es in diesem Fall nicht nur erforderlich, die einzelnen Prozesse auf neue Erfolgsdimensionen auszurichten. Vielmehr sind diese auch kompatibel zu gestalten, um zu einer länderübergreifenden Abstimmung zu gelangen (Jaeger und Baliga 1985, S. 115ff.).

Letztlich ist damit das Erfordernis einer länderübergreifenden Formalisierung und Standardisierung der Entscheidungsprozesse und Management-Informationssysteme angesprochen (vgl. auch Backhaus, Büschken und Voeth 1996, S. 216 f.). Die Bedeutung einer solchen Prozeßstandardisierung für die Implementierung einer Internationalisierungsstrategie wird in zahlreichen Untersuchungen immer wieder hervorgehoben. Einheitliche Informations-, Planungs- und Kontrollprozesse nehmen zudem Einfluß auf die inhaltliche Standardisierung der Marktbearbeitung (vgl. Kap. 4.1).

Im Gegensatz zur inhaltlichen Standardisierung des Marketing, die auf die Vereinheitlichung von Marketing-Instrumenten und -Strategien abstellt, beinhaltet die Prozeßstandardisierung die einheitliche Strukturierung und ablauforganisatorische Vereinheitlichung u.a. von Informations-, Planungs- und Kontrollprozessen.

Standardisierte Prozesse können in vielen Bereichen einen Beitrag zur Koordination der internationalen Aktivitäten leisten. Prozesse sind dann sinnvoll standardisierbar, wenn
– Aufgabenstellungen wiederholt ausgeführt werden,
– die Aktivitäten hinreichend präzisiert werden können und
– die Aktivitäten beobachtbar und damit kontrollierbar sind (Bolz 1992, S. 70f.).

Diese Voraussetzungen sind insbesondere bei bestimmten Informations-, Planungs- und Kontrollprozessen erfüllt.

Unter allen Dimensionen der Prozeßstandardisierung kommt der **informatorischen Vereinheitlichung** eine besondere Bedeutung zu, da diese z.B. im Rahmen von Situationsanalysen sowohl die Grundlage für die länderspezifische Planung der Tochtergesellschaften als auch der länderübergreifenden Planung der Zentrale bildet. Die zeit- und sachgerechte Verfügung über Informationen spielt daher für den Erfolg des länderübergreifend tätigen Unternehmens eine ganz besondere Schlüsselrolle. Somit ist der Aufbau eines umfassenden und **integrierten Marketing-Informationssystems** anzustreben, das die Unternehmenszentrale und die Landesgesellschaften bzw. Verkaufsniederlassungen miteinander verbindet (Kreutzer 1989a, S. 109). Eine wesentliche Voraussetzung für eine effektive und effiziente informatorische Vernetzung stellt die Prozeßstandardisierung dar (Bartlett 1989, S. 435). Hierbei muß zwischen der Standardisierung interner und externer Informationsprozesse unterschieden werden. Von der **Standardisierung externer Informationsprozesse** ist in erster Linie die Marktforschung berührt, während sich die **Standardisierung interner Informationsprozesse** auf das Informationssystem bezieht. Ausgangspunkt und zentraler Baustein der **Vereinheitlichung des Informationssystems** ist der Aufbau einer einheitlichen **Firmensprache** zur Erleichterung der unternehmensinternen Kommunikation. Weiterhin ist es erforderlich, Informationsbedarfsfelder zu identifizieren, Informationsinstrumente vorzugeben und neben der Festlegung von Informationsrechten und -pflichten die Formen der Informationsvermittlung zu bestimmen. Die Formen der Informationsvermittlung reichen dabei von regelmäßigen Informationsbriefen über Videokonferenzen bis zu computergestützten Informationssystemen.

Gegenstand einer informatorischen Vereinheitlichung ist vor allem auch die **Standardisierung der externen Informationserhebung**. Dabei erweist sich gerade die **standardisierte Marktforschung** als kritischer Erfolgsfaktor sowohl für die länderübergreifende als auch landesspezifische Planung (z.B. für Nachfrageschätzungen, Segmentierungsentscheidungen oder die Strategieentwicklung) (Douglas und Craig 1986, S. 5).

Das zentrale Problem auf internationaler Ebene, das vor allem die Primärforschung, aber auch die Sekundärforschung berührt, ist die **Vergleichbarkeit der Informationen** aus den einzelnen Landesgesellschaften (vgl. hierzu auch Kap. 2.33). Die prozessuale Standardisierung knüpft hier deshalb an den Erhebungsmethoden und Auswertungsverfahren an. Eine weitestgehende Vergleichbarkeit von Daten aus dem internationalen Kontext ist dann gegeben, wenn eine Übereinstimmung in der Bedeutung und Interpretation der Daten, dem Grad der Genauigkeit und Zuverlässigkeit der Messung in allen betroffenen Landesgesellschaften vorliegt (Douglas und Craig 1983, S. 131; Holzmüller 1986, S. 51).

Bei der Analyse von Ansatzpunkten der prozessualen **Standardisierung der Marketingplanung** ist es zunächst notwendig, zwischen der länderübergreifenden und der länderspezifischen Planung zu unterscheiden. Dabei korrespondieren diese Bereiche – insbesondere bei stärker zentralisierten Unternehmen – oftmals mit der strategischen vs. operativen Planung (Kreikebaum 1989, Sp. 1652), wobei sich unterschiedliche Koordinationsmechanismen für die strategische und operative Planung ergeben. Offensichtlich berührt die Standardisierung der Marketingplanung hauptsächlich Planungsaktivitäten der Landesgesellschaften mit dem Ziel, die – zumeist operativen – Prozeßphasen hinsichtlich inhaltlicher Ausgestaltung und zeitlicher Abfolge zu vereinheitlichen. Demgegenüber wird die **strategische Marketingplanung** primär durch eine Standardisierung interner und externer Informationssysteme sowie des Marketing-Controlling gefördert. Daher ist vor allem die operative, auf die Landesgesellschaften bezogene Marketingplanung Gegenstand einer prozessualen Standardisierung.

»Nationale Tochtergesellschaften mit eigenen F+E- und Produktionskapazitäten könnten z. B. durch Vorgabe von Entscheidungsregeln dazu gezwungen werden, die Auswirkungen eines hohen Produktdifferenzierungsgrades gegenüber den Angeboten anderer Tochtergesellschaften nicht nur auf die eigene, sondern auch die Kostenpositionen anderer Tochtergesellschaften zu berücksichtigen. Ein höherer Standardisierungsgrad könnte eine Vereinheitlichung des Angebotes auf zwei Ländermärkten und in der Folge ein »Poolen« der Produktionskapazitäten mit synergetischen Kostenwirkungen (economies of scale) ermöglichen. Diese Veränderung von Entscheidungsgrundlagen kann zu koordinationsoptimalen Lösungen führen« (Backhaus, Büschken und Voeth 1996, S. 217).

Im Rahmen der **Instrumentalplanung** können vor allem die Prozesse der Zielfestlegung, der Maßnahmenformulierung und der Budgetierung standardisiert werden.

Neben der Frage, ob Instrumenteziele länderübergreifend vereinheitlicht werden (inhaltliche Standardisierung), ist für die prozessuale Standardisierung die Frage nach der **einheitlichen Messung der Zielerreichung** von Relevanz. Darüber hinaus können **Verfahren und Kriterien zur Abgrenzung von Zielgruppen** standardisiert werden. Neben einheitlichen Segmentierungsmethoden können standardisierte, vom Marketing-Zielsystem der Gesamtunternehmen abgeleitete Segmentbewertungskriterien vorgegeben werden, so daß die Segmentauswahl- und Segmentprioritätenbestimmung länderübergreifend gleichen Zielen dient.

Die **Standardisierung der Maßnahmengenerierung** setzt an den Entscheidungsfeldern innerhalb der Instrumentepolitiken an und beinhaltet zumindest Verfahren, die eine einheitliche Bewertung alternativer Maßnahmen in den einzelnen Ländern ermöglichen.

Im Rahmen der Maßnahmenplanung geht es im einzelnen darum, die zur Zielerreichung erforderlichen Mittel und Aktivitäten in dem durch die Strategie vorgegebenen Rahmen detailliert festzulegen. Ansatzpunkte für eine prozessuale Standardisierung ergeben sich hier in einer Vorgabe von Prozeduren zur Auswahl, Gewichtung und Ausgestaltung der absatzpolitischen Instrumente, der Festlegung der Aktivitätsniveaus der einzelnen Entscheidungen, der Kombination zu einem möglichst optimalen Marketing-Mix und der Bereitstellung der notwendigen finanziellen Mittel im Rahmen der Budgetierung. Erhebliches Standardisierungspotential weisen dabei Methoden zur Alternativengenerierung, Alternativenbewertung bzw. -auswahl und Budgetierung auf.

Bei der **Standardisierung der Instrumentebudgetierung** steht das Unternehmen vor dem zentralen Problem, ob die Höhe und ländermäßige Verteilung der Aufwendungen international vereinheitlicht werden soll. Länderspezifisch divergierende Entscheidungsprozesse und Budgetierungsmethoden leisten stark einer Prozeßvarietät Vorschub, welche durch die Budgets bezweckte Planung, Koordination und Kontrolle der Instrumentestrategien zwischen Zentrale und Landesgesellschaften zeitlich ausdehnt, erheblich erschwert oder gänzlich unterbinden kann (Landwehr 1988, S. 49).

Konkret können im Rahmen der Budgetierung sowohl Leistungs- als auch Kostenvorgabeentscheidungen vereinheitlicht werden. Dabei kommt neben einer Formulierung des Entscheidungsprozesses – einschließlich der Festlegung aller an der Entscheidung Beteiligten – der Standardisierung von Verfahren zur Budgetierung eine zentrale Bedeutung zu.

Die **Standardisierung von Kontrollprozessen** zielt auf eine Vereinheitlichung von Kontrollmethoden und -abläufen ab. Dazu ist es zunächst erforderlich, Erfolgskriterien wie Kosten- und Leistungsgrößen sowie Bewertungsstandards einheitlich zu definieren, um zu gewährleisten, daß alle Unternehmenseinheiten die »gleiche Sprache sprechen« (Meissner 1988a, S. 218). Ein **Definitions-Manual** ist somit integraler Bestandteil eines standardisierten Kontrollsystems. Weiterhin sind die Kontrollinstrumente wie z.B. Kennzahlensysteme und Ergebnisrechnungen zu standardisieren. Durch den Einsatz identischer Methoden wird die internationale Vergleichbarkeit von Kontrolldaten gewährleistet, und es werden Konsolidierungs- und Bewertungsprobleme verringert. Dies erleichtert

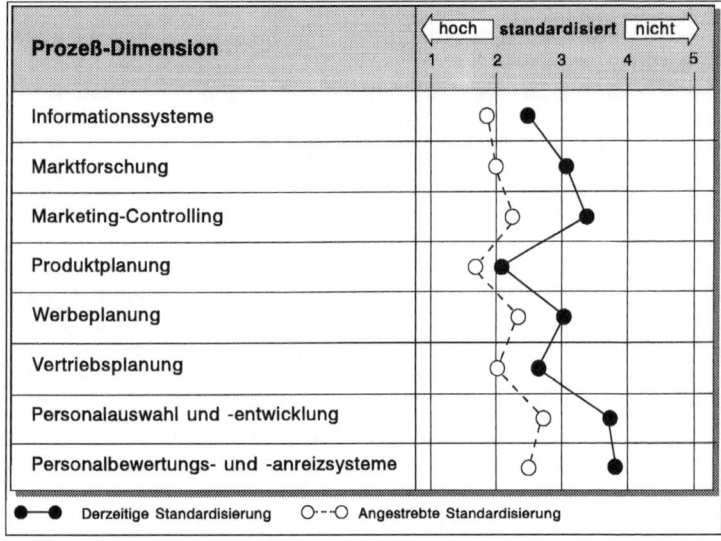

Abb. 99: Standardisierung von Marketingprozessen
Quelle: Bolz 1992, S. 83

nicht zuletzt auch den länderübergreifenden Erfahrungsaustausch über die Erfolgsträchtigkeit der Marketing-Maßnahmen (Kreutzer 1989a, S. 103).

Eine Übersicht über das derzeitige und angestrebte Standardisierungsausmaß bei Marketing-Prozessen gibt Abbildung 99 wieder (Bolz 1992). Es wird deutlich, daß planerische Aktivitäten, insbesondere die Produktplanung, am stärksten standardisiert werden, während die unterstützenden Prozesse der Personalpolitik noch vergleichsweise differenziert ausgestaltet werden. Die größten Anpassungserfordernisse ergeben sich jedoch im Bereich der informatorischen und controllingbezogenen Prozesse, deren durchschnittlich angestrebter Standardisierungsgrad von allen Prozeßdimensionen am höchsten ist.

Eine Analyse der **Beziehungen zwischen der Instrumente- und Prozeßstandardisierung** hat darüber hinaus gezeigt, daß nicht von dem immer wieder in der Literatur vermuteten substitutiven Zusammenhang ausgegangen werden kann (Bolz 1992). Vielmehr liegen ausschließlich komplementäre Beziehungen vor, wobei die Standardisierung produktpolitischer Aktivitäten eher unabhängiger von der Vereinheitlichung der übrigen Instrumente erfolgt. Demgegenüber geht die Standardisierung distributionspolitischer Aktivitäten überdurchschnittlich häufig mit der Vereinheitlichung anderer Instrumente sowie der Prozesse einher. Es kann daher angenommen werden, daß erst mit einer Distributionsstandardisierung eine weitergehende Marketingstandardisierung realisiert wird.

5.23 Transferpreise

Neben Planungs- und Prozeßstandardisierung besitzt auch die Festlegung von Transfer- bzw. Verrechnungspreisen koordinierenden Charakter für die internationale Unternehmung.

Die Problematik von **Verrechnungs- bzw. Transferpreisen** ist Gegenstand eingehender Diskussionen in der betriebswirtschaftlichen Literatur (vgl. den Überblick bei Drumm 1989a). Betrachtet man den inländischen Güteraustausch als Gegenstand der **Intrakonzern-Preispolitik**, so fällt der hier zu untersuchende Warenverkehr zwischen Produktionsstätten, Niederlassungen und Tochtergesellschaften, die in verschiedenen Ländern ihren Sitz haben, unter den Begriff **Interkonzern-Preispolitik**. Die zusätzlichen Einflußfaktoren, welche die Verrechnungspreisproblematik im internationalen Marketing erschweren, leiten sich aus der Souveränität der Staaten ab und sind vor allem Zoll- und Steuervorschriften, Devisenbeschränkungen einschließlich Restriktionen bezüglich des Gewinntransfers und Änderungen der Währungsparitäten. Bei international weit verbreiteten und verflochtenen Unternehmen ist der Auf- und Ausbau des

Transferpreissystems eine Entscheidung auf höchster Ebene, da eine Reihe von Zielen internationaler Unternehmen nur durch ein entsprechendes Transferpreissystem erreicht werden.

Transferpreise bzw. Verrechnungspreise werden zur zielorientierten Bewertung von Leistungen gebildet, die zwischen organisatorischen Einheiten von Unternehmungen ausgetauscht werden. Für den Leistungsaustausch zwischen den Tochtergesellschaften und der Zentrale müssen daher Transferpreise gebildet werden. Hinsichtlich der **Ausgestaltung von Transferpreisen** lassen sich neben der Abrechnungsfunktion von Transferpreisen zwei generelle Ziele nennen, die mit Verrechnungspreisen verfolgt werden (Drumm 1989b):

- Wenn Transferpreise für Sachgüter, Dienstleistungen, Know-how oder Kapital Entscheidungen über deren Verwendung beeinflussen sollen, liegen **Allokationsziele** (Allokations- bzw. Lenkungsfunktion) vor. Damit ist die Koordination von Allokationsentscheidungen sowie die Allokation unternehmensinterner Erfolge verbunden. Die Erfolgszuordnung kann bei einer Verbindung von Erfolg und Vergütung zu einer gewinnorientierten Steuerung im Sinne von Profit-Centern führen.

- Sollen Transferpreise lediglich eine gewünschte Erfolgsaufteilung bewirken, so liegen **Gewinnverlagerungsziele** (Erfolgstransfer bzw. Liquiditätstransferfunktion) mit den Subzielen der weltweiten Steuerminimierung sowie der Kapitalverlagerung in Form verdeckter Innenfinanzierung oder des Kapitaltransfers vor.

- Darüber hinaus kann durch die Gestaltung der Transferpreise die **Gefahr politischer und wirtschaftlicher Risiken** gemindert werden. Durch Vorauszahlungen von der von Abwertung bedrohten Tochtergesellschaft und durch Aufschiebung der Forderung dieser Tochtergesellschaft gegenüber anderen Konzerngesellschaften auf einen Zeitpunkt nach der Abwertung können Wechselkursverluste eingedämmt werden. Überhöhte Preise beim Export nach und erniedrigte Preise beim Import aus einem politisch instabilen Land führen zu einer Verringerung der dortigen Barbestände; eine Übertreibung einer derartigen Politik verstärkt allerdings die Gefahr teilweiser oder völliger Enteignung.

Die **Wahl des Transferpreisziels** stellt somit ein erstes Problem der Transferpreisbildung dar. Da in- und ausländische Finanzverwaltungen unterschiedliche Ziele verfolgen, die von denen der internationalen Unternehmungen abweichen können, ergibt sich als zweites Problem die Suche nach Zielkompromissen, etwa im Sinne von Konventionen. Ein drittes Problem ergibt sich aus dem Zwang zur Transferpreisbildung in operationaler Form. Vor allem bei einem umfangreichen Leistungsaustausch müssen Transferpreise einfach und möglichst EDV-gestützt bestimmbar sein. In der Praxis hat sich gezeigt, daß folgende vier **Transferpreismuster** im Vordergrund stehen:

– Auf der Basis eigener Listenpreise werden **marktpreisorientierte Transferpreise** gebildet. Korrekturen dieser Preise reichen vom Abzug entfallender Kosten bis hin zur Anwendung von Meistbegünstigungsklauseln.

– Ein zweites Transferpreismuster bildet die **Verrechnung durchschnittlicher Vollkosten**, wobei die für die Linearisierung fixer Kosten wichtige Bezugsgröße der Beschäftigung unterschiedlich definiert wird. Wegen der theoretisch nicht haltbaren Linearisierung fixer Kosten sind gegen dieses Transferpreismuster jedoch in der Vergangenheit massive Einwände hervorgebracht worden.

– Das dritte Transferpreismuster kombiniert den **Vollkostenansatz** des zweiten Musters mit einem **Gewinnaufschlag**. Es muß den gleichen Einwand wie das zweite Muster und den Vorwurf der Willkürlichkeit des Gewinnaufschlages gelten lassen. Zur Behebung dieser Einwände wird dabei vorgeschlagen, Transferpreise aus direkt zurechenbaren Einzelkosten und einem geschätzten Stückdeckungsbeitrag zu bilden. Ein Transferpreis aus Plankosten und Solldeckungsbeiträgen würde allerdings nicht von den Finanzbehörden akzeptiert. Diesem Aspekt trägt ein weiterer Vorschlag Rechnung, wenn gefordert wird, daß durchschnittliche Isteinzelkosten mehrerer vergangener Perioden zu verwenden sind und diese Einzelkosten bei Beteiligung inländischer Konzerngesellschaften zu konsolidieren sind. Solldeckungsbeiträge sind dabei aus bekannten Deckungsbeiträgen für Endprodukte retrograd abzuleiten.

– Das vierte Transferpreismuster ist ein **ausgehandelter Preis**, wobei dieser jedoch von der Marktmacht der Verhandlungspartner abhängt.

Rechtliche Einschränkungen bei der Gestaltung von Transferpreisen gehen vor allem von OECD-Prinzipien der Doppelbesteuerungsabkommen (Bedingungen wie unter unabhängigen Dritten) aus, die mittlerweile von zahlreichen nationalen Finanzverwaltungen übernommen wurden. Die Formen der Transferpreisbildung werden dadurch mit geringfügigen Modifikationen verbindlich vorgeschrieben. Zu wählen sind vergleichbare Markt- oder Börsenpreise oder Preise, die für eine bestimmte Branche auf einem bestimmten Markt typisch sind, oder realisierte Preise für Kunden der internationalen Unternehmung. Alle diese Marktpreise sind um einen jeweils typischen Gewinnaufschlag zu kürzen. Zusätzlich werden Transferpreise in Form durchschnittlicher Vollkosten plus Gewinnaufschlag ausdrücklich zugelassen.

Die Anpassung von Prozessen und Transferpreissystem ist im wesentlichen ein Problem der Komplexitätshandhabung. Sprachliche Barrieren, abweichende Rechnungslegungsvorschriften, unterschiedliche Managementfähigkeiten und nicht zuletzt abweichende Firmenkulturen erschweren die Neuorientierung z.B. der bei großen multinationalen Unternehmen anzutreffenden regelmäßigen Berichtssysteme.

So hat der Controllingbereich des großen Chemie-Konzerns Bayer mit seinen 62 weltweit tätigen Tochtergesellschaften mehr als 1.500 Berichte jährlich auszuwerten. Es kann daher nicht verwundern, daß in der Einfachheit der Systeme eine wichtige Erfolgsvoraussetzung liegt. Als Beispiel hierfür sei das berühmte Ein-Seiten-Memorandum von Procter & Gamble angeführt.

Mit der Anpassung der Prozesse und Systeme sind oft eine Reihe technischer, organisatorischer und personeller **Widerstände** verbunden. Am schwierigsten gestaltet sich dabei die Antizipation und der Abbau personaler Widerstandspotentiale, die sich nach meist langer Entscheidungsautonomie gegen standardisierte Problemlösungskonzepte richten.

So zeigt sich, daß sich die angestrebte Prozeßstandardisierung derzeit bei einer großen, weltweit tätigen Automobilunternehmung als äußerst langwieriger Anpassungsprozeß gestaltet. Die Durchsetzung einer länderübergreifend einheitlichen Vorgehensweise im Rahmen der Werbebudgetierung wurde dabei nicht nur aufgrund von Widerständen gegen einen Abbau der lokalen Planungsautonomie verzögert. Als zentrale Probleme erwiesen sich in diesem Fall vielmehr die unterschiedlichen Mediaszenen in den einzelnen Ländern und die mangelnde Verfügbarkeit international vergleichbarer Marktforschungsdaten (z.B. Imageanalysen). Hinzu kam der Zwang, auf die wechselnde Werbeintensität und Werbekonzeption der Wettbewerber in einzelnen Ländern flexibel reagieren zu müssen (Landwehr 1989).

Dieses Beispiel macht die begrenzte Leistungsfähigkeit formaler Strukturen und Prozesse bei der Koordination besonders deutlich. Zahlreiche empirische Untersuchungen verweisen in diesem Zusammenhang auf den hohen Stellenwert informaler Kommunikationskanäle und nicht-struktureller Koordinationsmechanismen. Damit ist letztlich die Frage angesprochen, wie in einer internationalen Organisation ein gemeinsames Aufgabenverständnis die Identifikation mit den übergeordneten Zielen bzw. Strategien sicherstellen kann.

5.3 Anpassung der Unternehmenskultur

Insbesondere vor dem Hintergrund des Erfolges japanischer Unternehmen auf Auslandsmärkten hat die Analyse der **Beziehung zwischen Unternehmenskultur und Management** eine besondere Bedeutung erlangt. Ouchi war dabei einer der ersten Vertreter, die die hervorragende Stellung der Kultur bei der Steuerung von Unternehmenseinheiten hervorhob (Ouchi 1981). Der in diesem Zusammenhang strapazierte Erfolgsfaktor »Unternehmenskultur« ist dabei sehr vielschillernd. Dies gilt vor allem dann, wenn man ihn auf international tätige Unternehmungen anwendet. Versteht man unter der Unternehmenskultur die **Summe von**

Wertvorstellungen, Denkweisen und Normen, von denen sich die Mitarbeiter leiten lassen und die das Erscheinungsbild der Unternehmung nach innen und außen prägen, so ist der Zusammenhang zwischen Unternehmenskultur und Nationalität bereits offensichtlich (Meffert und Hafner 1988, S. 4). Holzmüller (1997, S. 59 f.) spricht in diesem Zusammenhang auch von Kulturstandards, auf deren Grundlage eigenes und fremdes Verhalten beurteilt und reguliert wird.

Wertvorstellungen und Verhaltensnormen von Menschen werden neben vielen anderen Faktoren ganz entscheidend von der jeweiligen nationalen Kultur geprägt. Dies gilt nicht nur für die Unterschiede japanischer und amerikanischer **Wertbegriffe des Management**. So ist allein in Europa der Begriff »Mitbestimmung« mit sehr unterschiedlichen Wertvorstellungen verbunden.

Der Kulturstandard »Gesicht wahren« bezeichnet ein Phänomen in der chinesischen Kultur, das es zwar auch in Deutschland gibt, hier jedoch eine weitaus geringere Bedeutung hat. Im Mittelpunkt dieses vielschichtigen und in seinen Konsequenzen schwer durchschaubaren Standards steht für die Chinesen die Wahrung eines bestimmten Status einer Person im zwischenmenschlichen Kontakt. Im Fall einer Verletzung dieses Status durch eigenes oder fremdes Fehlverhalten büßt die betroffene Person ihr Gesicht ein und ist damit in letzter Konsequenz Scham oder Schande ausgesetzt (Holzmüller 1997, S. 61).

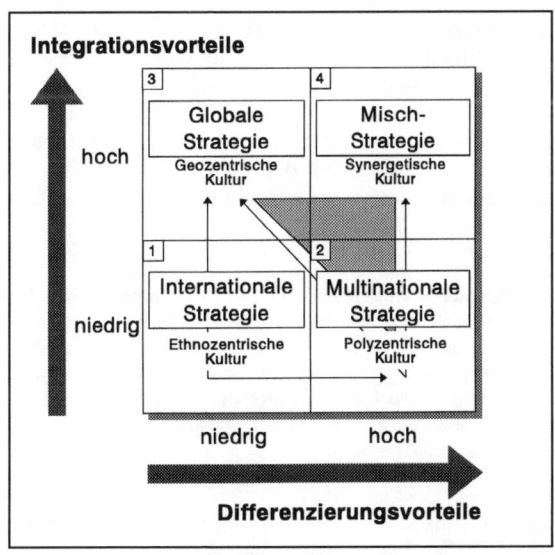

Abb. 100: Unternehmenskultur und internationale Grundorientierung

In diesem Zusammenhang ist es möglich, der **Internationalisierungsphilosophie** hinsichtlich ihrer ethnozentrischen, polyzentrischen und geozentrischen Ausprägung bestimmte Unternehmenskulturtypen zuzuordnen (Reineke 1989) (vgl. Abbildung 100). Besondere Aufmerksamkeit fand dabei in der Literatur die Anpassung einer polyzentrisch ausgeprägten Kultur multinational operierender Firmen an die zunehmende Globalisierung der Geschäftstätigkeit (Meffert 1989, S. 455ff.). Typisch für die Ausgangssituation polyzentrisch orientierter Unternehmen ist der hohe Einfluß, der von der jeweiligen Länderkultur auf die Firmenkultur der betreffenden Auslandsniederlassung ausgeht. Die Kultur globaler Unternehmungen ist demgegenüber oft dadurch gekennzeichnet, daß die Firmenkulturen der Auslandsniederlassungen von den sie umgebenden Länderkulturen weitgehend unbeeinflußt bleiben. Die Werte des Herkunftslandes spielen bei einer solchen Einheitskultur eine untergeordnete Rolle, entscheidender ist die weltweite Firmenidentität bzw. -kompetenz.

Eine derartige **Kulturanpassung** kann dabei nur in engen Grenzen bewußt gestaltet und allenfalls nur langfristig vollzogen werden. Auch müssen die Gefahren berücksichtigt werden, die mit einem Verlust von Werten und Verhaltensnormen des Gastlandes verbunden sind. Nicht nur das von vielen weltweit operierenden Unternehmungen gefürchtete »Multi-Image« wäre die unausweichliche Folge, vielmehr können auch die Firmenmitglieder solcher »globalen Clans« zu regelrechten »Firmensöldnern« degenerieren (Schneider 1988, S. 28). Daher wird dafür plädiert, daß im Rahmen sog. synergetischer Unternehmenskulturen kulturelle Unterschiede der Tochtergesellschaften, z.B. bedingt durch unterschiedliche Prägungen von Stammhaus-Vertretern und einheimischen Führungskräften, bewußt als Ressource begriffen werden (Meffert 1989, S. 456).

Ausgangspunkt einer internationalen Unternehmenskultur ist dabei die Schaffung einer gemeinsamen Corporate Identity. Bei der Erarbeitung einer konsistenten CI-Konzeption kommt den Instrumenten Corporate Design, Corporate Communications und Corporate Behavior besondere Bedeutung zu (Meffert 1991, S. 697f.).

Corporate Design stellt die optische Umsetzung der CI dar. Sie beinhaltet die ästhetische und symbolische Identitätsvermittlung im Wege eines systematisch aufeinander abgestimmten Einsatzes der visuellen Elemente der Unternehmenserscheinung. So finden wichtige visuelle Gestaltungselemente vor allem in den Designbereichen »graphische Gestaltung« (Drucksachen, Büromaterial, Kleidung), »Bau« (Außen-, Innenarchitektur), »Fuhrpark« (Vertreter, Lieferfahrzeuge) und in den Instrumenten der Kommunikation Anwendung.

Corporate Communication besitzt die Aufgabe, die angestrebte Unternehmensidentität mit den entsprechenden Kommunikationsmitteln und dem adäquaten Sprachstil zu unterstützen. Unter Corporate Communications wird deshalb der abgestimmte Einsatz sämtlicher innen- und außengerichteten kommunikationswirksamen Handlungen verstanden, die den Absatz und Beschaffungsmarkt sowie die Öffentlichkeit betreffen. Hierzu gehören insbesondere die produkt- und öffentlichkeitsbezogene Werbung, Direktkommunikation, Verkaufsförderung, Sponsoring und Public Relations.

Corporate Behavior bildet die in sich schlüssige und widerspruchsfreie Ausrichtung aller Verhaltensweisen der Unternehmensmitarbeiter im Innen- und Außenverhältnis.

Insgesamt stellt eine **internationale CI ein strategisches Orientierungskonzept** dar, mit dem ein notwendiger Identitätswandel durch ein »Wir-Bewußtsein« und damit eine Profilierung im internationalen Wettbewerb geschaffen wird.

Direktere Ansatzpunkte zur aktiven Beeinflussung der Unternehmenskultur bieten sich im Bereich der internationalen Personalpolitik. Durch ein gezieltes Human-Ressource-Management sind Anpassungen insbesondere der Personalplanung und -rekrutierung sowie der Gratifikations- und Ausbildungsprogramme vorzunehmen.

Wesentlicher Bestandteil einer **international orientierten Personalpolitik** ist die Besetzung von Führungspositionen auf der Grundlage einheitlicher **Auswahlverfahren**, die sich stärker auf die Qualifikation als auf die nationale Herkunft der Mitarbeiter beziehen. Dieses Vorgehen sichert ein hohes Maß an internationaler Erfahrung des Management und bietet auch den im Ausland akquirierten Führungskräften Aufstiegsmöglichkeiten in der Zentrale. Durch Einrichtung von **Karrierepfaden**, die internationale Erfahrungen erfordern, kann ein weiterer unternehmensinterner, weltweiter Know-how-Transfer erfolgen. Zum einen erhöht dies die Einsicht in die Notwendigkeit zur abgestimmten Zusammenarbeit der Landesgesellschaften, und zum anderen wird ein intensiver Ideenaustausch gefördert. Der daraus erzielbare Nutzen hat unter dem Schlagwort »Return on Global Learning« bereits Eingang in die Literatur gefunden (Light 1985, S. 56).

Diese Forderung nach einer Internationalisierung der Personalpolitik wurde lange Zeit nur zögerlich umgesetzt. Adler und Ghadar erkannten noch 1990 eine unsichtbare Barriere (»invisible ceiling«), die ausländische Führungskräfte in US-amerikanischen und japanischen Unternehmen kaum über die Position eines Country Managers hinauskommen ließ. Dieser Tatbestand bestätigte sich durch das Fehlen von Managern ausländischer Herkunft in den Führungsgremien der untersuchten Unternehmen, so daß die Schlußfolgerung lautete: »To get beyond the invisible ceiling, one must hold a passport of the home country« (Adler und Ghadar 1990, S. 250). Neuere Beiträge zum internationalen Personalmanagement (vgl. z B. Moran und Riesenberger 1994, S. 185 ff.; Wolf 1994, S. 132 ff.) sowie eine unlängst durchgeführte Studie zum Internationalitätsgrad europäischer Führungsgremien (vgl. Abbildung 101) deuten jedoch darauf hin, daß sich die Globalisierung der Wirtschaft auch verstärkt auf die Besetzungspolitik auswirken wird.

Die Motivation des Managements für ein am Weltmarkt orientiertes, integriertes Vorgehen kann vor allem dann erzeugt werden, wenn sich die Leistungsbeurteilung und die entsprechende Leistungsvergütung an Maßstäben des internationalen Unternehmenserfolges ausrichtet. So sollte im Falle einer globalen Unternehmenskultur der Beitrag einer Landesgesellschaft zum konsolidierten, weltweiten Unternehmensgewinn die Basis der Gratifikation bilden.

Schließlich können auch **internationale Management-Trainings-Programme** den Erfordernissen des internationalen Wettbewerbs angepaßt werden (Murray und Murray 1986, S. 75ff.; Bartlett 1983, S. 142f.). Ziel dieser Maßnahmen sollte es in erster Linie sein, den Mitarbeitern ein Denken in Länderzusammenhängen und ein übergreifendes Kulturverständnis zu vermitteln. Ebenso wie ein systematisches **Job Rotation** tragen solche Ausbildungsprogramme dazu bei, daß sich die Aktivitäten vor Ort im Rahmen der integrierten Strategie bewegen.

Obwohl dem Gedanken der Job Rotation in US-amerikanischen Unternehmen eine besondere Bedeutung zuerkannt wird, verzichten laut einer empirischen Untersuchung mehr als zwei Drittel der US-Unternehmen auf intensive Trainingsprogramme zur Vorbereitung ihrer Mitarbeiter auf den Einsatz in Übersee-Ländern. Auch bei deutschen Unternehmungen ist eine internationale Job Rotation bei intensiveren Ausbildungsprogrammen vergleichsweise schwach ausgeprägt (Reineke 1988, S. 24).

Die Internationalisierung von Unternehmenskulturen gestaltet sich naturgemäß besonders schwierig, wenn Unternehmen in eine **strategische Allianz** eintreten oder mit anderen Firmen fusionieren. So belegen Murray et al. (1986, S. 77) den zentralen Stellenwert einer **Konsistenz der Kulturen** bei internationalen Kooperationen. Demnach ist der Mißerfolg strategischer Allianzen im internationalen Wettbewerb in erheblichem Maße auf unterschiedliche Wertvorstellungen und Verhaltensnormen der beteiligten Firmen zurückzuführen. Offensichtlich ist die Gefahr eines »Kulturschocks« dann besonders groß, wenn die jeweiligen Länderkulturen der Partnerfirmen stark voneinander abweichen (z.B. bei japanischen und US-amerikanischen Unternehmungen).

Eine neuere empirische Studie zu internationalen Joint Ventures identifiziert die schwierige Adaption an die lokale Kultur sowie das Fehlen einer »echten« Integration der Partner als Hauptprobleme und bestätigt damit die strategische Bedeutung einer international ausgerichteten Kultur (Coopers & Lybrand 1995). Kumar verdeutlicht darüber hinaus in einem konzeptionellen Modell mögliche Entstehungsgründe für Kommunikationsstörungen zwischen US-amerikanischen und japanischen Unternehmen bei Geschäftsverhandlungen (vgl. Abbildung 102) (Kumar 1996). Es

Land/Region	Stichproben-größe n	international besetzter Board	mind. eine Fremdsprache	> 6 Monate Auslands-erfahrung
Deutschland	269	n. a.	86%	21%
Nordeuropa	207	31%	96%	47%
Großbritannien	632	38%	28%	27%
Südeuropa	297	50%	58%	28%
Belgien und Frankreich	170	61%	67%	15%

Abb. 101: Internationalisierungsgrad europäischer Führungsgremien (wiedergegeben sind die Werte für Management Boards (Insiders))
Quelle: Korn und Ferry 1996

wird deutlich, daß sich kulturelle Unterschiede bereits in der Zielbildungsphase zeigen und letztlich Auswirkungen auf das Endergebnis der Verhandlungen haben.

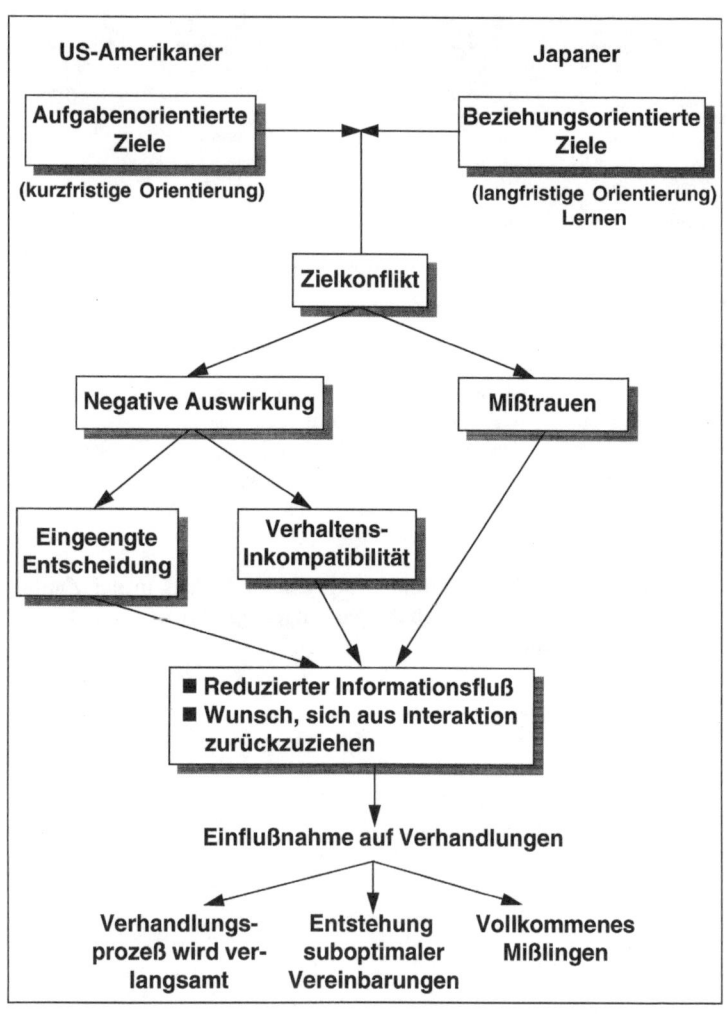

Abb. 102: Konzept zur Erklärung von Kommunikationskonflikten
Quelle: Kumar 1996

6. Marketing-Kontrolle im internationalen Geschäft

Die letzte Phase des Planungsprozesses im internationalen Marketing bildet die Marketing-Kontrolle. Zielsetzung, Instrumente, Aufgaben und die Koordination der Marketing-Kontrolle in internationalen Unternehmen unterscheiden sich dabei prinzipiell nicht vom Anspruchsspektrum rein national tätiger Unternehmen (Horváth 1989, Sp. 249; Berekoven 1985, S. 218).

Im Hinblick auf die begrifflichen Abgrenzungen sind dabei unterschiedliche Formen und Inhalte der internationalen Marketing-Kontrolle auszumachen. Im engeren Sinne bezieht sich die **Marketing-Kontrolle** auf die Ermittlung des erreichten Ausmaßes eines Zielkriteriums (Ist) und den Vergleich mit entsprechenden Vorgaben (Soll). Der erweiterte Kontrollbegriff schließt dabei die Analyse von Planungsprämissen mit ein.

Demgegenüber steht das **Marketing-Controlling**, das im Sinne eines systemorientierten Begriffsverständnisses aus den Subsystemen Informations-, Planungs- und Kontrollsystem besteht und demnach der Marketing-Kontrolle übergeordnet ist (Auerbach 1994, S. 39 ff.). Diese Begriffsabgrenzung weist demnach umfangreiche Interdependenzen zum generellen Aufgabenbereich des **Marketing-Management** auf (Lube 1997, S. 25 ff.). Vor diesem Hintergrund liegt den folgenden Ausführungen das engere Begriffsverständnis der Marketing-Kontrolle zugrunde, die im Rahmen der internationalen Geschäftstätigkeit wie folgt definiert wird:

Internationale Marketing-Kontrolle ist definiert als die systematische, kritische und unvoreingenommene Überprüfung und Beurteilung der grundlegenden Ziele, Strategien und Maßnahmen des internationalen Marketing sowie der Organisation, der Methoden und Mitarbeiter, mit denen die Entscheidungen verwirklicht und die Ziele auf ausländischen Märkten realisiert werden sollen (Meffert 1986, S. 557).

Dieses Konzept der internationalen Marketing-Kontrolle wird dabei wie im nationalen Kontext auf zwei verschiedenen Ebenen diskutiert. Die **strategische Marketing-Kontrolle** hat dabei u.a. die Aufgabe der Erfassung, Aufbereitung und Zusammenfassung der Bewertungsergebnisse für jede strategische Geschäftseinheit und Darstellung ihrer Position im Gesamtportfolio der Unternehmung. Darüber hinaus ist die Unterstützung und Beratung der Funktionsspezialisten im Marketing-Bereich zu nennen. Besondere Bedeutung kommt der Marketing-Kontrolle auch als Koordinationsfunktion innerhalb und zwischen verschiedenen Unternehmensebenen im Falle auftretender Bewertungsdifferenzen zu (Hasselberg 1991). Eine besondere Aufgabe der internationalen Marketing-Kontrolle ist dabei die Entwicklung eines unternehmensübergreifenden Erfolgsmaßstabes zur Steuerung und Überwachung der Auslandsaktivitäten (Meissner 1988a, S. 218). Daneben ist die länderspezifische Informationsversorgung des Management als weitere Funktion der internationalen Marketing-Kontrolle zu nennen. Des weiteren gilt es, durch die Entwicklung standardisierter Rahmenkonzepte sowie von Planungs- und Kontrollhandbüchern, einer Vereinheitlichung der Firmensprache und ihrer Dokumentation in Richtlinien die Koordination arbeitsteiliger Prozesse sicherzustellen (Kreutzer 1989a, S. 101ff.; Ziener 1985, S. 40ff.). Die Kontrolle der langfristigen Erfolgspositionen im Sinne eines Frühwarnsystems sowie die Erstellung international einheitlicher Kontroll- und Berichterstattungsrichtlinien kommen als weitere Aufgaben hinzu.

Als Objekte der strategischen Marketing-Kontrolle werden in diesem Zusammenhang Geschäftseinheiten und Strategien genannt, die anhand von Kontroll-Kriterien wie z.B. der Marktentwicklung sowie Stärken und Schwächen der eigenen Position beurteilt werden. Wie bei der Marketing-Planung und dem Marketing-Controlling ergeben sich aber auch hier umfangreiche Überschneidungen zu dem Aufgabenbereich des Marketing-Management.

Ein eigenständiges Objekt- und Methodenspektrum ergibt sich im Bereich der taktischen bzw. **operativen Marketing-Kontrolle**, wobei zwischen Ergebnis- und Ablaufkontrollen differenziert wird. Die **Ergebniskontrolle** setzt sich im Rahmen eines Soll-Ist-Vergleichs mit den Abweichungen zwischen Zielvorgaben und realisierten Ergebnissen auseinander. Gegenstand der **Ablaufkontrolle** ist demgegenüber die Bewertung der Effizienz unternehmensinterner Prozesse wie z.B. die Zusammenarbeit zwischen F & E und Marketing, die Vertriebs- und Außendienststeuerung, interne Koordinations- und Abstimmungsabläufe sowie Implementierungsprozesse von Strategien und Maßnahmen.

Bevor die Inhalte und Instrumente der internationalen Marketing-Kontrolle näher dargestellt werden, erfolgt im folgenden Abschnitt eine Analyse der besonderen Herausforderungen des internationalen Unternehmensumfeldes.

6.1 Besonderheiten der Marketing-Kontrolle bei internationaler Geschäftstätigkeit

Im Rahmen der **Makroumwelt** international tätiger Unternehmen führt die im Vergleich zum nationalen Marketing wachsende **Komplexität** und **Heterogenität** der externen Rahmenbedingungen zu einem höheren quantitativen und qualitativen Informationsbedarf mit entsprechenden Auswirkungen auf die Verarbeitungs- und Koordinationskapazitäten der Unternehmung (Fayerweather 1989, S. 936; Horváth 1989, Sp. 244; Dülfer 1989, Sp. 2109). Über die **räumliche Distanz** hinaus stellen **sozio-kulturelle Unterschiede** wie z.B. sprachliche Barrieren zwischen Heimat- und Gastland, ein Wechsel von Währungsräumen, unterschiedliche Rechnungslegungsvorschriften sowie divergierende fiskalpolitische Vorgaben eine besondere Herausforderung dar (Horváth 1989, Sp. 249; Zünd 1992, S. 914f.; Armistead 1989, S. 374).

Auf der Ebene der **Mikroumwelt** einer international tätigen Unternehmung kommt unterschiedlichen Markt- und Wettbewerbsstrukturen ein besonderer Stellenwert für die Ausgestaltung der Marketing-Kontrolle zu. Zu nennen sind z.B. die unterschiedliche Größe und Bedeutung der einzelnen Ländermärkte für die Unternehmung, ein u.U. divergierendes Kaufverhalten der Konsumenten sowie national geprägte Handelsstrukturen. Für die internationale Marketing-Kontrolle stellt sich hier z.B. die Aufgabe, Plankosten, Planumsätze und Deckungsbeiträge für unterschiedliche Zielgruppen und Produktvarianten unter Verwendung verschiedener Technologien und Marketing-Mix-Konstellationen zu bestimmen.

Als weitere Herausforderung der internationalen Marketing-Kontrolle ist **unternehmensintern** auf die Koordination der Kontrollaktivitäten von Unternehmenszentrale und Tochtergesellschaften hinzuweisen, die durch folgende internationale Besonderheiten gekennzeichnet ist (vgl. Zünd 1992, S. 915f.; Ziener 1985, S. 121; Kreutzer 1989a, S. 100):

- unterschiedliche Qualifikationen der Mitarbeiter in der Zentrale und im Ausland
- divergierende Größen und Aufgaben der Tochtergesellschaften
- länderspezifische Zugehörigkeitsdauer der Tochtergesellschaften zur Gruppe
- unterschiedliche Ausstattung mit Organisationshilfsmitteln, wie z.B. EDV-System etc.
- Interessenkonflikte zwischen Unternehmens- und Länderbereichen
- eine spezifische organisatorische Gestaltung und Abgrenzung der Unternehmensfunktionen.

Darüber hinaus bedingen divergierende Fristigkeiten der national üblichen Planung und Kontrolle einen höheren Koordinationsbedarf. Während in westlichen Unternehmen häufig eine jährliche Planungs- und Kontrollperiode vorherrscht, beträgt der Planungszyklus in japanischen Unternehmen in der Regel sechs Monate (Weber 1991, S. 78).

Die Expansion der internationalen Aktivitäten führt ferner zu einer Potenzierung der unternehmerischen Risiken, die durch ein Marketingkontroll-System zu erfassen und zu verarbeiten sind. Wie im Rahmen der nationalen Marketing-Kontrolle gilt dabei gleichzeitig das Erfordernis, die Kontrollaktivitäten unter Beachtung vertretbarer Kosten zeitnah, einfach und umfassend zu gestalten (Feuerbach 1980, S. 229; Horváth 1989, Sp. 247–249). Einen Überblick über die besonderen Herausforderungen und Aufgaben der internationalen Marketing-Kontrolle gibt Abbildung 103.

Internat. Rahmenbedingungen	Herausforderungen an die internationale Kontrolle	Aufgaben der internationalen Kontrolle
Makroumwelt	■ räumliche Distanz ■ soziokulturelle Unterschiede (Sprache) ■ Wechsel der Währungsräume ■ unterschiedliche Rechnungslegungsvorschriften sowie Produktnormen und -standards	■ Informationsbeschaffung und -verarbeitung ■ Anpassung der Instrumente und Kontrollgrößen ■ Koordinationsfunktion ■ Beratungsfunktion
Mikroumwelt	■ unterschiedliche Markt- und Wettbewerbsstrukturen ■ länderspezif. Kaufverhalten ■ Größe und Bedeutung einzelner Ländermärkte	■ Prognosefunktion
unternehmensbezogene Aspekte	■ divergierendes Leistungsprogramm in einzelnen Ländern ■ Besonderheiten der Tochtergesellschaften ■ erhöhtes unternehmerisches Risiko	

Abb. 103: Herausforderungen und Aufgaben der internationalen Marketing-Kontrolle

6.2 Kontrollgrößen und Instrumente der internationalen Marketing-Kontrolle

6.21 Kontrollgrößen der internationalen Marketing-Kontrolle

Die Auswahl geeigneter Kontrollgrößen stellt eines der Zentralprobleme der internationalen Marketing-Kontrolle dar. Grundsätzlich können im Rahmen der Ergebnis-Kontrolle sämtliche Marketingziele der internationalen Geschäftstätigkeit als Kontrollgrößen herangezogen werden. Neben den **ökonomischen** (quantitativen) Kontrollgrößen wie z.B. Umsatz, Absatz, Marktanteil und Deckungsbeitrag kommt auch **psychographischen** (qualitativen) Kontrollgrößen eine besondere Bedeutung zu (McNamee 1988, S. 368).

Hierbei ist vorab zu berücksichtigen, daß die internationale Marketing-Kontrolle bei der Aufbereitung und Darstellung unternehmensinterner Daten einen noch relativ großen Einfluß auf die Gestaltung der Erfassung und Weiterverarbeitung dieser Informationen hat. Es bestehen jedoch geringere Ansatzpunkte dafür, die Vielzahl der notwendigen externen Informationen wie z.B. Marktanteilszahlen hinsichtlich ihrer Erfassung zu standardisieren. In vielen Ländern ist die Marketing-Kontrolle z.B. bei der Analyse von Marktanteilen bei Investitionsgütern oder in der Zulieferindustrie auf Schätzwerte angewiesen, während in anderen Ländern exakte Produktions- und Import-/Exportstatistiken vorliegen, die zur Berechnung der eigenen Marktanteile herangezogen werden.

Bei der Erhebung von **Absatzzahlen**, die zumeist in physikalischen Einheiten (z.B. Tonnen, Quadratmetern oder Stück) definiert sind, ergeben sich im Rahmen ökonomischer Kontrollgrößen im internationalen Kontext insbesondere Herausforderungen durch unterschiedliche Qualitäten oder Maßeinheiten. Die Aggregation von ausländischen und deutschen Absatzzahlen wird z.B. in der Lackindustrie dadurch erschwert, daß in vielen Ländern das Volumen in Litern oder Gallonen gemessen wird, während in der Bundesrepublik die Tonnage (kg oder t) betrachtet wird. Da das spezifische Gewicht dieser Produkte deutliche Schwankungen je nach Anwendungszweck oder Farbton aufweisen kann, hilft hier nur eine pragmatische Vorgehensweise bei der Umrechnung (z.B. Erfahrungswerte für ein bestimmtes Produktmix).

Statische oder zeitraumbezogene **Umsatzvergleiche** zwischen unterschiedlichen ausländischen Gesellschaften sind durch wechselnde Wettbewerbsstrukturen und Preisniveaus nur bedingt verwendbar. Darüber hinaus wird ihre Aussagefähigkeit durch Inflation und Devisenkursschwankungen beeinträchtigt. Letztere erschweren daneben die Darstellung von Geschäftsbereichen in der Aggregation verschiedener Länder.

So kann das in einer Landeswährung (z.B. auf Dollarbasis) hervorragende Geschäft eines Unternehmensbereiches auf DM-Basis stark rückläufig sein. Bei der Betrachtung der Geschäftstätigkeit in einem Land mit geringer Inflation wird daher in der Regel auf Werte in Landeswährung zurückgegriffen. Andererseits ist die Betrachtung in Landeswährung bei einem Land mit hoher Inflationsrate wenig aussagefähig. Hier werden zusätzlich die in DM umgerechneten Daten als Berechnungsgrundlage notwendig. Alternativ bietet sich an, die Werte in Landeswährung durch einen Inflationsindex, wie z.B. Verbraucherpreisindex, Rohstoffkostenentwicklung oder spezielle Indizes für Warengruppen zu relativieren. Ein Vergleich von Deckungsbeiträgen und operativen Ergebnissen der Geschäftstätigkeit in mehreren Ländern ist darüber hinaus nur sinnvoll, wenn die Einheitlichkeit im Rechnungswesen gewährleistet ist.

Die Einstellungen der Konsumenten, des Handels sowie anderer Transaktionspartner der Unternehmung stellen im Rahmen der **psychographischen** Kontrollgrößen wichtige Frühwarnindikatoren für Entwicklungstendenzen in der Mikroumwelt dar. Als Indikatoren der Konsumentenzufriedenheit kann die internationale Marketing-Kontrolle z.B. auf die Anzahl der eingehenden Beschwerden, die wahrgenommene Produktqualität, Markentreue und Wiederkaufraten zurückgreifen. Sprachliche und kulturelle Unterschiede zwischen den einzelnen Ländern sowie ein unter Umständen divergierendes Verwendungsverhalten der Abnehmer bedingen hierbei jedoch einen entsprechenden Anpassungsbedarf.

6.22 Instrumente der internationalen Marketing-Kontrolle

Das internationale Marketing kann auf eine Vielzahl im nationalen Rahmen entwickelter betriebswirtschaftlicher Kontrollinstrumente zurückgreifen (Zünd 1992, S. 918), die in Abbildung 104 im Überblick dargestellt sind. In Abhängigkeit von der Unternehmensebene sind dabei unterschiedliche Schwerpunkte bei der Verwendung dieser Instrumente festzustellen (Horváth 1989, Sp. 249). Die Unternehmenszentrale wendet vorrangig Instrumente der Systementwicklung wie z.B. Systemanalyse, Organisationsentwicklung und zur Generierung bzw. Aufbereitung strategischer Informationen (z.B. Szenario-Technik, Portfolioanalyse, Gap-Analyse oder Frühwarnsysteme) an. Die Marketing-Kontrolle der Tochtergesellschaften benötigt in erster Linie Instrumente zur Erfassung und Aufbereitung operativer Informationen (z.B. Kosten- und Erlösrechnung, Investitionsrechnung), wobei Soll-Ist-Vergleiche im Hinblick auf die Entwicklung finanzieller Zielgrößen wie Umsatz, (Marketing-) Kosten und Gewinn im Mittelpunkt stehen.

Instrumente zur Systementwicklung	Instrumente zur Informationsversorgung	

– Systemanalyse
– Organisationsprobleme/Stellenbeschreibungen/
   Flow-charts
– Informationsbedarfsanalyse
– Schwachstellenanalyse
– Nutzen-Kosten-Analyse für Informations- und PK-Systeme
   (z.B. Positiv-Negativliste zur Budgetierung)
– OR-Methoden
– Orientierungsbaum zur Verfahrenswahl im Rechnungs-
   wesen
	– Szenario-Technik
	– Portfolio-Technik
	– Gap-Analyse
	– Produktlebenszyklusanalyse/Erfahrungskurve/PIMS
	– kreativitätstechniken Brainstorming, Methode 635,
	   Synektik, Morphologie
	– Delphi-Methode
	– Länderanalyse (→ externe Datenbanken)
	– Standortanalysen
	– statistische Prognoseverfahren (Zeitreihenanalyse,
	   Regressionsanalyse)
	– Simulationsmodelle
	– Nutzen-Kosten-Analyse/Nutzwert-Analyse
	– Investitionsrechnung
	– Sensitivitätsanalysen
	– Wertanalyse
		Strategische
		Inhalte
		
		↕

Instrumente zur Betreuung der Systemanwendung
– Netzplantechnik
– System-Dokumentation/Planungshandbücher
– Begriffsvereinheitlichung/Konzernsprache
– Terminpläne/Planungs- und Kontroll-Kalender
– Formularwesen
– Management-Schulung
– Verhaltenstechniken
	– Entscheidungsbäume, -tabellen, -kriterien
	– internes Rechnungswesen – kurzfristige Erfolgsrechnung
	   – Kosten- und Erlösanalysen
	   – Planungsrechnungen/
	      Plan-Kostenrechnung
	   – Statistik
	– Währungsumrechnungsverfahren
	– Frühwarnsysteme
	– ABC-Analyse
	– Dispositionsrechnungen
	– Spezialrechnungen
		Operative
		Inhalte

Abb. 104: Überblick über betriebswirtschaftliche Kontrollinstrumente
Quelle: Zünd 1992, S. 918

Eine aktuelle Untersuchung hat bestätigt, daß bei der Kontrolle ausländischer Tochtergesellschaften vor allem die bilanzielle Ergebnisplanung und -kontrolle, kalkulatorische sowie zahlungsorientierte Planungs- und Kontrollverfahren eingesetzt werden. Verbale Einschätzungen ergänzen derarige Berichte in regelmäßigen Abständen um qualitative Informationen (Pausenberger 1996, S. 187).

Weitergehende Kontroll-Objekte stellen z.b. die Rohstoffbeschaffungs- und Lagerbestandssituation sowie personalwirtschaftliche Kennzahlen dar. Die hierbei kontrollierten Inhalte und angewandten Instrumente gehen jedoch über den originären Bereich der Marketing-Kontrolle hinaus und sind z.b. Gegenstand der Beschaffungskontrolle, des Personal-Controlling oder aber der dem Finanz- und Rechnungswesen zuzuordnenden **Revision**.

Die Komplexität des internationalen Unternehmensumfeldes hat dabei nicht selten eine Differenzierung der jeweiligen Instrumente zur Folge. Dies gilt insbesondere bei einem Wechsel der Darstellungsdimensionen, wie z.B. der Währung oder Sprache (Ziener 1985, S. 170). Die Bewertung unter Kosten-Nutzen-Aspekten sowie die Weiterentwicklung der einzelnen Instrumente ist hierbei häufig nur durch Spezialisten möglich. Dies erschwert ihre Verwendung als unternehmensübergreifendes, standardisiertes Kontrollinstrument auf unterschiedlichen Managementebenen.

Die **Portfolioanalyse** gehört zu den am weitesten verbreiteten Instrumenten der internationalen Marketing-Planung und -Kontrolle. Die heute diskutierten und in der internationalen Führung eingesetzten Portfolio-Varianten unterscheiden sich dabei in dem zugrunde gelegten Einflußfaktorensystem. Das wohl bekannteste Portfolio wurde von der Boston Consulting Group entwickelt und basiert auf den Erkenntnissen des Erfahrungskurvenkonzeptes. Als Erfolgsfaktoren für Produkte der strategischen Geschäftseinheit (SGE) werden das **Marktwachstum** und der **relative Marktanteil** gesehen.

Eine andere Vorgehensweise wählt die McKinsey-Company. Demnach sind die Schlüsselfaktoren, die den Erfolg einer Unternehmung determinieren, nicht durch zwei identische Größen auszudrücken, sondern stellen ganze Einflußgrößenbündel dar, bei denen sowohl quantitative als auch qualitative Größen berücksichtigt werden. Die Hauptdimensionen des McKinsey-Portfolios sind »**Marktattraktivität**« und »**relative Wettbewerbsvorteile**«, wobei sich beide Hauptdimensionen jeweils aus mehreren Subkriterien zusammensetzen. Je nach der Unternehmenssituation wird jede SGE beurteilt und ihr ein anhand des Punktwerteverfahrens gebildeter Wert auf jeder Achse zugewiesen. Ziel der auf Produkte oder SGE basierenden Portfolio-Varianten ist es, zu einem gegebenen Zeitpunkt ein ausgeglichenes Portfolio zu haben und Entwicklungshilfen für die Generierung von internationalen Normstrategien bereitzustellen.

Bei der Übertragung von Portfolio-Techniken auf den internationalen Bereich sind eine Reihe von Anwendungsproblemen zu berücksichtigen.

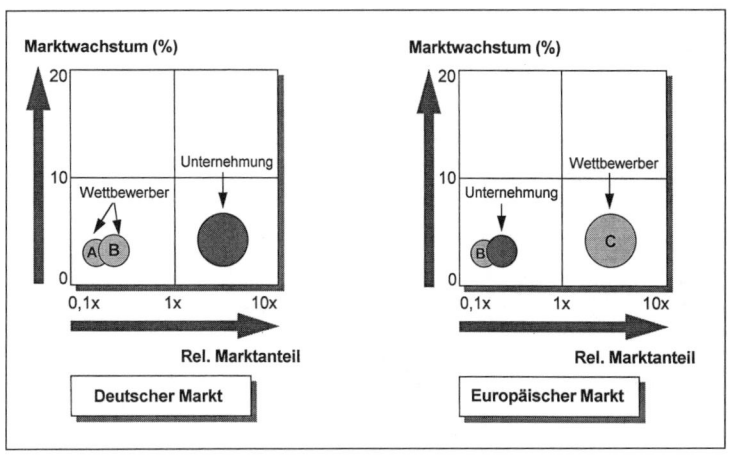

Abb. 105: Relative Marktposition in Abhängigkeit von der geographischen
Marktdefinition
Quelle: Channon und Jalland 1979, S. 110

Ein grundlegendes Problem besteht z.b. in der konkreten **Definition des relevanten Marktes** vor dem Hintergrund wechselnder Wettbewerbsstrukturen. Auf der Basis einer unterschiedlichen geographischen Marktdefinition werden der relative Marktanteil und die Wachstumsrate unter Umständen unzuverlässig gemessen. Während z.b. eine Unternehmung in einzelnen Schlüsselländern eindeutiger Marktführer ist, gerät dieselbe Unternehmung im europäischen oder globalen Markt in die Dog-Position. Selbst wenn der europäische Marktführer nicht in der Bundesrepublik als Wettbewerber auftritt, stellt er dennoch eine potentielle Bedrohung in Form eines zukünftigen Markteintritts oder eines geringeren Preisniveaus bei gleicher Qualität dar (vgl. Abbildung 105).

Werden Portfolio-Analysen auf der Grundlage **wertmäßiger Größen** durchgeführt, können unterschiedlich·hohe Inflationsraten in zweifacher Hinsicht die Ergebnisse verzerren. Zum einen können die SGE völlig unterschiedliche Positionen innerhalb des Portfolios einnehmen, je nachdem, ob reale oder nominale Größen der Berechnung von Marktwachstum und Marktanteil benutzt werden. Dieses Problem tritt besonders bei diversifizierten Unternehmungen auf, die verschiedene Auslandsmärkte mit unterschiedlichen Leistungsprogrammen bearbeiten (vgl. Abbildung 106).

Der zweite Effekt besteht darin, daß selbst SGE mit geringen realen Wachstumsraten unter Inflationseinflüssen in expansive SGE umschlagen. Dieses hat zur Konsequenz, daß ein sorgfältig ausbalanciertes Portfo-

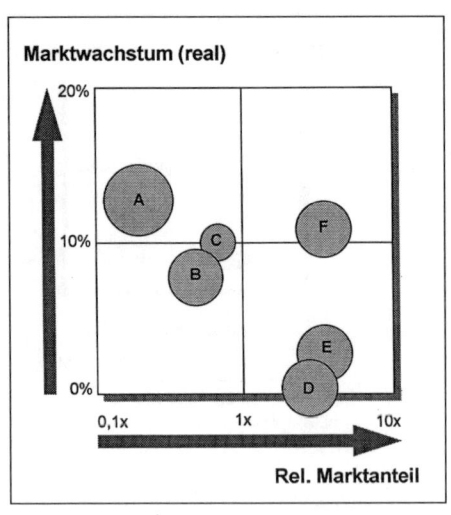

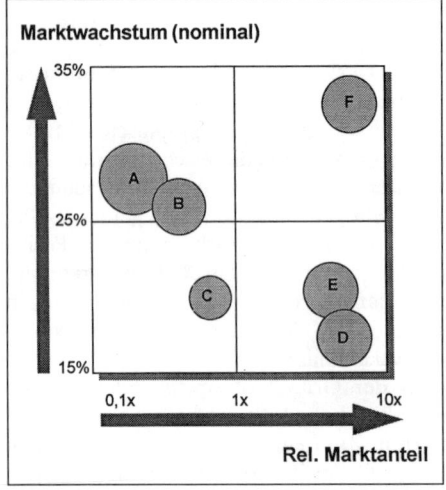

Abb. 106: Relative Marktposition in Abhängigkeit
von der Inflation
Quelle: Channon und Jalland 1979, S. 112

lio von cash-flow-bindenden und cash-flow-freisetzenden SGE die Realität nicht widerspiegelt. Hohe Inflationsraten bewirken nicht nur einen sprunghaften Anstieg der in Geldeinheiten ausgedrückten Wachstumsrate, sondern auch einen zunehmenden Bedarf an working capital (Umlaufvermögen minus kurzfristige Verbindlichkeiten), so daß ursprünglich geplante cash-flow-freisetzende SGE de facto Kapital binden.

Neben diesen mehr technischen Problemen der Portfolioanalyse können ebenfalls Schwierigkeiten bei der **Implementierung** und **Durchsetzung** der Strategien in der Unternehmung auftreten. Zum einen brauchen SGE nicht mit der organisatorischen Struktur einer internationalen Unternehmung übereinzustimmen. Vielmehr kann eine strategische Geschäftseinheit mehreren formalen Organisationsbereichen zugeordnet sein, woraus ein erheblicher Koordinationsbedarf erwächst. Außerdem ist der Fall denkbar, daß Manager, die z.B. im Rahmen einer mehrdimensionalen Organisation einen funktionalen Bereich verantwortlich leiten, für mehrere SGE aufgrund einer divergierenden Mikro- und/oder Makroumwelt völlig gegensätzliche Strategien verfolgen müssen.

Die oben beschriebenen Verfahren der Portfolio-Technik sowie die verschiedenen Kennzahlensysteme eignen sich insbesondere für einen Vergleich **vergangenheitsbezogener Zielvorgaben** mit den im Untersuchungszeitraum realisierten Ergebnissen. Diese ex-post-Betrachtung ist zur Ableitung entsprechender Korrekturen nur bei kurzen Betrachtungszeiträumen ein wirksames Steuerungsinstrument. Der Einsatz von Marketing-Strategien und -Maßnahmen bei nationaler wie bei internationaler Geschäftstätigkeit ist jedoch häufig an langfristige Wirkungszeiträume gebunden.

In diesem Zusammenhang beinhalten die **Gap-Analyse** sowie **Frühwarnsysteme** die Möglichkeit, die Wirkungs- und Entwicklungslinien des Strategie- bzw. Instrumenteeinsatzes sowie unternehmensexterner Rahmenbedingungen zu analysieren.

Die **Gap-Analyse** bezieht sich hierbei auf die Prognose der Wirkung unterschiedlicher Strategien- und Maßnahmenbündel, wobei im Rahmen des nationalen Marketing insbesondere **Trendextrapolationen** zur Anwendung kommen. Auf Basis vergangenheitsbezogener Daten wird hierbei die Entwicklungsrichtung der Beurteilungskriterien bei gleichbleibendem bzw. variierendem Mitteleinsatz prognostiziert und im Rahmen des **Soll-Ist-Vergleichs** mit den Zielvorgaben verglichen. Im Rahmen der internationalen Marketing-Kontrolle bietet sich darüber hinaus die Möglichkeit, durch den Vergleich der Strategien und Maßnahmen in verschiedenen ausländischen Tochtergesellschaften mögliche Wirkungsrichtungen abzuleiten. Aussagefähigkeit und Relevanz **internationaler Analogien** sind jedoch eng an die Homogenität der unternehmensexternen Kontextfaktoren gebunden und werden in der Praxis vornehmlich für Tochtergesellschaften in wirtschaftlich und kulturell verbundenen Ländern einer bestimmten Region wie z.B. der Europäischen Union, dem USA-Kanada-Wirtschaftsraum oder südostasiatischen Schwellenländern angewandt.

Eine Möglichkeit zur Prognose unternehmensexterner Entwicklungen und deren Auswirkungen auf die Zielerreichung bieten Frühwarnsysteme und die Szenariotechnik. Im Mittelpunkt von **Frühwarnsystemen** stehen dabei sog. Indikatoren, die mögliche Änderungen relevanter Umweltfaktoren antizipieren. Mögliche Gefährdungen für das Unternehmen sollen so frühzeitig erkannt werden, daß Zeit für Gegenmaßnahmen bleibt (interne Orientierung). Darüber hinaus zielen Frühwarnsysteme auf die Abschätzung der Unternehmensentwicklung anhand veröffentlichter Daten aus dem Rechnungswesen und dienen als Grundlage für Anlage- oder Kreditvergabeentscheidungen (Liebl 1996, S. 5). Entwickelt wurden Frühwarnsysteme vor dem Hintergrund der Erdölpreisschocks in den 70er Jahren und finden seitdem in international tätigen Unternehmen eine weite Verbreitung. Inhalte und Ausgestaltungsspektrum der verwendeten Indikatoren zur Ableitung von Diskontinuitäten variieren jedoch je nach der verwendeten Technologie, Branchenkontext, Rechtssystem etc. Im Gegensatz zu Frühwarnsystemen werden im Rahmen der **Szenario-Technik** bestimmte Entwicklungen in der Unternehmensumwelt als gegeben angenommen. Unter der Vorgabe z.B. einer positiven oder negativen Entwicklung wird dann – nach relevanten Subumwelten untergliedert – die entsprechende Veränderung der Rahmenbedingungen vorgegeben und mit Eintrittswahrscheinlichkeiten gewichtet. Abbildung 107 verdeutlicht dies am Beispiel des europäischen Fernsehmarktes. Untergliedert nach den relevanten Einflußfaktoren der Entwicklungsmöglichkeiten wird in Szenario A eine positive Entwicklung für private Fernsehsender angenommen. Szenario C stellt demgegenüber die Bedingungskonstellationen dar, unter denen private Anbieter nur vergleichsweise geringe Marktanteilssteigerungen erwarten können. Die Ergebnisse dieser Analyse sind dann für die Ableitung von Strategien und Zielvorgaben für das Marketing-Management und die -Kontrolle heranzuziehen.

Die umfangreichen und häufig unüberschaubaren Datenmengen, die im Rahmen der internationalen Kontrollaktivitäten anfallen, führen schnell zu einer Überlastung des Management. Wie im Rahmen der rein nationalen Marketing-Kontrolle stellen **Kennzahlen** und **Kennzahlensysteme** internationaler Kontrollgrößen eine Möglichkeit dar, die relevanten Informationen zu wenigen zentralen Größen zu verdichten. Kennzahlen sind Verhältniszahlen und absolute Zahlen, die in konzentrierter Form einen Überblick über die Leistung des gesamten Unternehmens oder einzelner Auslandsaktivitäten geben. Als Beispiele für derartige Kennzahlen als Verhältnisgrößen sind zu nennen:
– Deckungsbeitrag / Umsatz
– Deckungsbeitrag / Kapitaleinsatz
– Neukunden / Gesamtkunden
– etc.

	Szenario A	Szenario B	Szenario C
Wirtschaft	überdurchschnittliches Wachstum	mäßiger wirtschaftlicher Aufschwung mit differenzierter regionaler Entwicklung	abflachendes Wirtschaftswachstum mit Stagnation
politisch-rechtliche Rahmenbedingungen	nachhaltige Deregulierung	zögernde Deregulierung mit partiellen Rückschlägen	Tendenz zur Re-Regulierung mit wieder zunehmendem staatlichen Einfluß
Technologie	rasche Diffusion neuer Übertragungstechnologien	verzögerter Ausbau neuer Systeme	langsamere Diffusion neuer Übertragungstechnologien
TV-Nutzungsverhalten	sektorale Steigerung der Sehdauer	europaweite Angleichung auf leicht überdurchschnittlichem Niveau	Sättigungstendenzen bei der TV-Nutzung
Programmangebot	nachhaltige Programmspartendynamik bei differenzierter Preisentwicklung	spartendominante Programmausweitung	nachlassende Programmdynamik
Finanzierung	Expansion des Werbevolumens bei Ausbau der relativen Kostenposition	durchschn. Wachstum des Werbevolumens bei überproportionaler Entwicklung von Sponsoring und Pay-TV	nachlassende Entwicklung des Werbevolumens bei Stagnation des TV-Werbeaufkommens

Abb. 107: Szenario-Technik am Beispiel des europäischen Fernsehmarktes

303

Da einzelne Kennzahlen in einem komplexen Wirkungszusammenhang stehen, werden sie häufig in **Kennzahlensystemen** zusammengefaßt. Als Kennzahlensystem wird dabei eine strukturierte Gesamtheit interdependenter Marketing-Kennzahlen verstanden, die sich gegenseitig ergänzen und in ihrem Zusammenhang dem Zweck dienen, einen marketingbezogenen Sachverhalt für Planungs- und Kontrollzwecke vollständig, zeitgerecht, entscheidungsorientiert sowie übersichtlich zu erfassen und abzubilden (vgl. Krulis-Randa 1990, S. 268). Kennzahlen haben als Maßgröße darüber hinaus verschiedene Anforderungen zu erfüllen wie z. B. Eindeutigkeit, Zielkomplementarität, Wiedergabe des Zielerreichungsgrades sowie die Verursachungsgerechtigkeit (Pausenberger 1996, S. 187). Zu den wichtigsten gesamtunternehmensbezogenen, hierarchisch angeordneten Kennzahlensystemen gehören (vgl. Siegwart 1992):

– DuPont-System
– Ratios au tableau de bord
– Pyramid Structures of Ratios
– ZVEI-System
– RL-System

Bei international wie national tätigen Unternehmen findet das **DuPont-Kennzahlensystem** die größte Verbreitung (vgl. Siegwart 1992, S. 59). Entwickelt wurde dieses System vom amerikanischen Chemiekonzern DuPont de Nemours und Co. nach dem Ersten Weltkrieg. Hintergrund war die im Zuge umfangreicher Diversifikationen vorgenommene Umstrukturierung des Konzerns in einzelne Divisionen (Sparten), die eine effiziente Handhabung einer zunehmenden Menge von Berichten und Bilanzen durch die Unternehmenszentrale bedingte. Leitkriterien der Kontrolle sind dabei der **Return on Investment** (ROI) als Indikator für die Rentabilität des eingesetzten Kapitals in einer Unternehmenseinheit (Sparte/Division) in einem vorher festgelegten Zeitraum (vgl. Abbildung 108). Neben den bereits in Abschnitt 6.21 erörterten Problemen bei der Verwendung einzelner Kontrollgrößen wie Absatz-, Umsatz- oder Kostengrößen kommen bei der Kontrolle über das DuPont-System mögliche Ungenauigkeiten z.B. bei der Bewertung des Umlauf- oder Anlagevermögens hinzu.

Durch **Wechselkursschwankungen** kann die Bewertung des Gesamtvermögens teilweise über bzw. unter den jeweiligen Richtwerten liegen. Eine Kontrolle und Bewertung der Ergebnisse einzelner Unternehmenseinheiten anhand des ROI würde die tatsächlich erbrachte Leistung nicht widerspiegeln.

Darüber hinaus ist der Einsatz von Kennzahlensystemen im internationalen Kontext insbesondere bei der Verwendung von Bilanzpositionen als Eingangsdaten von Kennzahlensystemen mit Einschränkungen verbunden. **Unterschiedliche Rechnungslegungsvorschriften,** wie z.B. bei der Bewertung von Vorräten, Forderungen, des Anlagevermögens oder von

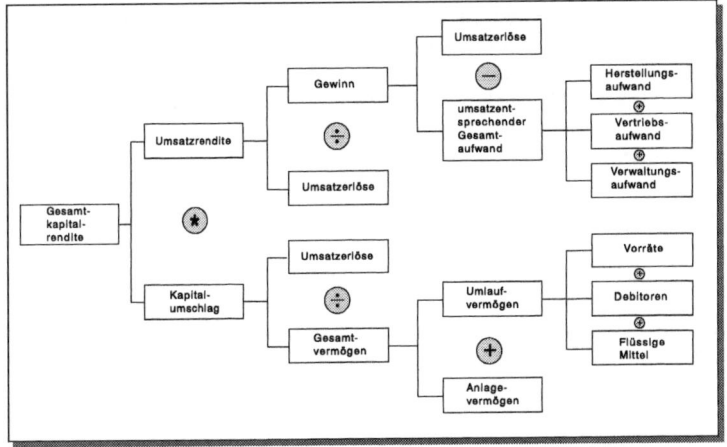

Abb. 108: DuPont Kennziffern-System

Verbindlichkeiten, schränken die Aussagefähigkeit von Ländervergleichen ohne vorherige Anpassung der Bilanzen ein.

6.3 Ablaufkontrolle im internationalen Marketing

Eine Kontrolle der unternehmensinternen Entscheidungs- und Abstimmungsabläufe ist Gegenstand der Ablaufkontrolle im internationalen Marketing. Als Kontrollgröße kommt dabei dem Faktor **Zeit** eine Schlüsselrolle zu. Hier bietet sich bei international tätigen Unternehmen die Möglichkeit, z.b. durch internationale Vergleiche von Entscheidungs- und Implementierungszeiten im Rahmen von Projekten, Strategien und Maßnahmen einen Soll-Ist-Vergleich zwischen erfolgreichen und weniger erfolgreichen Tochtergesellschaften durchzuführen. Besonderheiten der internationalen Unternehmensumwelt kommen hierbei jedoch als intervenierende Einflußfaktoren hinzu. So ist z.B. für die Verhandlungsphase über ein Gemeinschaftsunternehmen mit einem osteuropäischen oder chinesischen Partnerunternehmen ein weitaus längerer Zeitraum einzurechnen als mit einem Partner aus dem Heimatland oder einer anderen westlichen Industrienation.

Zur Kontrolle und Steuerung der unternehmensinternen Abläufe kommt im nationalen wie im internationalen Kontext den verschiedenen Koordinationsinstrumenten eine Schlüsselrolle zu, die in Kap. 6.1 im Detail dargestellt ist. Im Hinblick auf die Bedeutung der einzelnen **Instrumente** kommt dabei dem Informationsaustausch über Telefon, Telefax und Telex, schriftlichen Berichten, regelmäßigen Management-Treffen sowie Management-Transfers zwischen der Unternehmenszentrale und den einzelnen ausländischen Tochtergesellschaften eine Schlüsselrolle zu (Ziener 1985, S. 125ff.).

Die Entwicklungen im Bereich der elektronischen Datenübertragung und -verarbeitung haben darüber hinaus die technische Möglichkeit einer detaillierteren »on-line«-Kontrolle von Tochtergesellschaften durch die Unternehmenszentrale eröffnet (vgl. z. B. Schiemenz und Schönert 1997; Picot, Reichwald und Wigand 1996). Dies hat eine Reihe von Unternehmen dazu veranlaßt, den Planungs- und Kontrollhorizont sukzessiv von Jahres- über Monats- bis hin zu Wochen-, in Teilbereichen sogar bis zu Tagesvorgaben hin zu verringern.

Für den Umfang und die Häufigkeit von Berichten läßt sich generell nur die Forderung aufstellen, ein optimales Kosten-/Nutzenverhältnis im Berichtswesen herzustellen. Untergrenze ist die Anzahl der Berichte, die zur Kontrolle absolut notwendig sind; die Obergrenze ist erreicht, wenn die

Fragmentierte Kontrolle		Unifizierte Kontrolle
■ Bereichsbezogene Orientierung ■ Hohe Aufgabendiversität	**Kontroll-Funktion**	■ Gesamtunternehmensbezogene Orientierung ■ Bereichsübergreifende Aufgaben dominieren ■ Unternehmensweit einheitliche Aufgabenstellung
■ Niedriger Standardisierungsgrad	**Kontroll-Instrumente**	■ Hoher Standardisierungsgrad
■ Dezentrale Kontrolleinheiten ■ Unterstellung unter Linienmanagement ■ Besetzung von Kontroll-Positionen im Ausland mit Gastlandangehörigen ■ Unbedeutender Anteil am Reiseverkehr	**Kontroll-Institution**	■ Weitgehende Zentralisation der Aufgabenerfüllung ■ Unterstellung der lokalen Kontroll-Einheiten unter die Zentral-Kontrolle ■ Besetzung von Kontroll-Positionen im Ausland mit Stammlandangehörigen ■ Intensiver Reiseverkehr

Abb. 109: Überblick der Gestaltungsextrema »unifizierte« vs. »fragmentierte« internationale Marketing-Kontrolle

Tochter eine ganze Abteilung einrichten muß, um den Anforderungen der Zentrale gerecht zu werden. Darüber hinaus sind Inhalt und Häufigkeit der Berichterstattung sowohl den Anforderungen der Muttergesellschaft als auch den Möglichkeiten der Tochtergesellschaften anzupassen, ohne diese zeitlich und personell zu überfordern.

Die Standardisierung von Kontrollprozessen zielt in diesem Zusammenhang auf eine Vereinheitlichung von Kontrollmethoden und -abläufen ab (Bolz 1992, S. 78f.). Dazu ist es zunächst erforderlich, Erfolgskriterien wie Kosten- und Leistungsgrößen sowie Bewertungsstandards einheitlich zu definieren, um zu gewährleisten, daß alle Unternehmenseinheiten die »gleiche Sprache sprechen« (Meissner 1988a, S. 218). Ein Definitions-Manual ist somit integraler Bestandteil eines standardisierten Kontrollsystems. Weiterhin sind die Kontrollinstrumente und Kennzahlensysteme zu standardisieren. Durch den Einsatz identischer Instrumente wird die internationale Vergleichbarkeit von Kontrolldaten gewährleistet sowie Konsolidierungs- und Bewertungsprobleme verringert. Dies erleichtert nicht zuletzt auch den länderübergreifenden Erfahrungsaustausch über die Erfolgsträchtigkeit der Marketing-Maßnahmen (Kreutzer 1989a, S. 103). Abbildung 109 gibt abschließend einen Überblick der Gestaltungsextrema »unifizierte« versus »fragmentierte« internationale Marketing-Kontrolle.

6.4 Organisatorische Verankerung der internationalen Marketing-Kontrolle

Mittelpunkt der Entscheidung über die organisatorische Verankerung der internationalen Marketing-Kontrolle ist die Frage der zentralen oder dezentralen Einbindung. Beeinflußt wird diese Entscheidung insbesondere von der bestehenden Organisationsstruktur, Kosten-Nutzen-Kriterien, der Art und Größe des Gesamtunternehmens und einzelner Tochtergesellschaften, von der Breite und Tiefe des Produktprogramms sowie der Verfügbarkeit geeigneter Mitarbeiter (vgl. Horváth 1989, Sp. 250).

Hat das Unternehmen erst in einem begrenzten Umfang internationale Aktivitäten z.B. durch Exporte aufgenommen, kann die Marketing-Kontrolle durch das Management direkt wahrgenommen werden. Eine eigenständige Institutionalisierung der internationalen Marketing-Kontrolle ist hierbei nicht notwendig und kann gegebenenfalls durch die nationale Marketing-Kontrolle oder eine internationale Division geleistet werden (Küpper et al. 1990, S. 285).

In Großunternehmen wird die internationale Marketing-Kontrolle oft durch Stabsstellen auf Vorstands- oder Geschäftsleitungsebene etabliert.

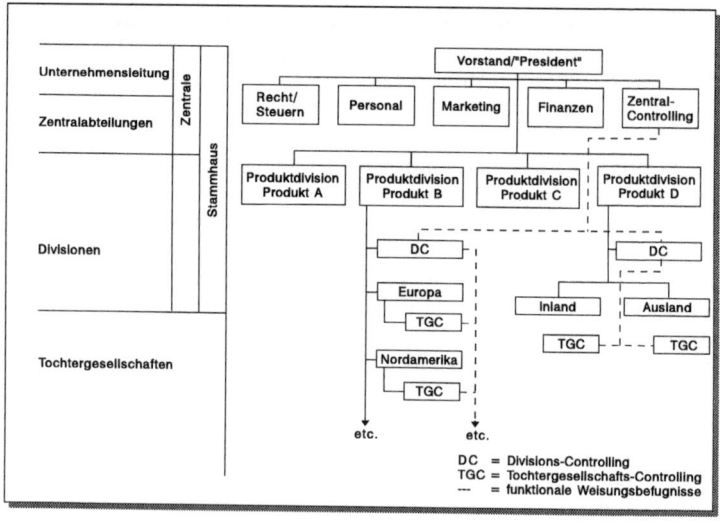

Abb. 110: Marketing-Kontrolle nach dem »Dotted-Line-Prinzip«
Quelle: Ziener 1985, S. 183

Bewährt hat sich in einigen internationalen Unternehmen eine disziplinarische Zuordnung der Marketing-Kontrolle als Stabsstelle zur jeweiligen
Geschäftseinheit (Ressort, Unternehmensbereich, Tochtergesellschaft),
wobei die Zusammenarbeit mit den hierarchisch höher angesiedelten
Kontroll-Einheiten bzw. der zentralen Marketing-Kontrolle wie in Abbildung 110 dargestellt nach dem »Dotted-Line-Prinzip« erfolgt (Zünd
1992, S. 920). Allerdings kann diese Art der Unterstellung die Unabhängigkeit schwächen, die die Controller der Landesgesellschaften und der
Unternehmensbereiche für Verfahrensanalysen, Plankritik und Ergeb-
nisprüfungen benötigen. Dementsprechend lassen sich Tendenzen erkennen, die disziplinarische Unterstellung des Divisionscontrollers unter die
Divisionsleitung aufzuheben, um seine Kontrollfunktion stärker hervorzuheben (Pausenberger 1996, S. 184).
Im Extremfall einer strikten zentralen Kontrolle ist praktisch jede relevante Entscheidung von der Zentrale zu genehmigen. Ein derartiges Kontrollsystem ist jedoch aus Gründen der Flexibilität, aus Kostengründen
sowie aufgrund der Gefahr der Demotivation des Management bei den
Tochtergesellschaften wenig praktikabel (Meissner 1988a, S. 218). Dennoch haben Unternehmen wie z. B. Hoechst bei drastischer Reduzierung
des Informationsumfangs ein Zentralcontrolling eingeführt, da einer zu
starken Dezentralisierung offenbar die Gefahr der Verselbständigung
zugeschrieben wurde (Pausenberger 1996, S. 184).

6.5 Internationale Grundorientierung und Marketing-Kontrolle

Die konkrete Ausgestaltung eines Marketingkontroll-Systems in einer international tätigen Unternehmung ist von einer Vielzahl unternehmensinterner und -externer Rahmenbedingungen abhängig, wobei der in Kap. 1.4 beschriebenen internationalen Grundorientierung des Management als übergeordnetes Systematisierungskriterium eine Schlüsselrolle zufällt.

Die Ausgestaltung der Marketing-Kontrolle im Rahmen der **ethnozentrischen Managementorientierung** ist primär an den Bedürfnissen des Heimatmarktes orientiert. Während die Produkt- und Kommunikationspolitik im Ausland weitgehend entfällt, stellt die distributions- und preisbezogene Kontrolle der vertraglichen Vereinbarungen mit den ausländischen Lizenz-, Franchise- oder Exportpartnern eine der wenigen originär internationalen Kontrollaufgaben dar. Organisatorisch wird die internationale Marketing-Kontrolle hierbei durch eine Erweiterung des Aufgabengebietes des nationalen Koordinations- und Kontrollsystems sicherstellt. Insgesamt beschränkt sich die Aufgabe der internationalen Marketing-Kontrolle hierbei auf die Rolle eines »Registrators« (Kreutzer 1989a, S. 99).

Bei einer **polyzentrischen Management-Orientierung** mit vergleichsweise geringen Umsatzbeiträgen durch die Auslandstöchter verhält sich die Zentrale im Rahmen der Marketing-Kontrolle eher passiv. Eine intensivere Auseinandersetzung mit den Herausforderungen der internationalen Marketing-Kontrolle erfolgt dann, wenn bestimmte Vorfälle im Ausland die Mutter auf die Besonderheiten der internationalen Marketing-Kontrolle aufmerksam gemacht hat, z.B. wenn eine Landesgesellschaft liquide Mittel in der jeweiligen Landeswährung anlegt oder der Leistungstransfer zwischen einzelnen Tochtergesellschaften und der Zentrale auf Basis von Transferpreisen berechnet wird.

Wie bei der internationalen Grundorientierung sind multinationale Unternehmen auch in einer weit fortgeschrittenen Phase durch ein dominierendes nationales Marketingkontrollsystem in den einzelnen autonomen Tochtergesellschaften gekennzeichnet. Als Stab der Unternehmenszentrale kommt der länderübergreifenden Marketing-Kontrolle hierbei die Aufgabe der Entwicklung eines konzerneinheitlichen Erfolgsmaßstabes zur Steuerung und Überwachung der Auslandsaktivitäten zu. Darüber hinaus sind durch die internationale Marketing-Kontrolle in der Unternehmenszentrale die langfristigen Erfolgspotentiale der Unternehmen im Hinblick auf die Entwicklung von Märkten und Produkten im Sinne eines Frühwarnsystems zu überwachen (Meissner 1988a, S. 218). Als »Navigator« hat die Marketing-Kontrolle im Rahmen von Standortbestimmungen die Überwachung eines einmal eingeschlagenen Kurses zu sichern und Anpassungsempfehlungen abzuleiten (Kreutzer 1989a, S. 99). Beim Übergang von einem multinationalen zu einem globalen Management ist das Marketingkontrollsystem einem grundlegenden Wandel zu unterziehen. Für die internationale Marketingkontrolle stellt sich hier zunächst die Aufgabe der Entwicklung neuer Bezugsobjekte ihrer Aktivitäten. Das Ziel der länderübergreifenden Optimierung der Unternehmensleistung kann bei einer **geozentrischen Management-Orientierung** nur dann gewährleistet werden, wenn statt einzelner Länder die Leistungen im Hinblick auf bestimmte Produkte oder Dienstleistungen weltweit mit Blick auf den bzw. die Hauptwettbewerber kontrolliert werden. Der Marketingkontrolle kommt hierbei die Funktion eines »Innovators« und »Koordinators« bei der Entwicklung neuer Konzepte für Problemlösungen zu, die den Gegebenheiten globaler Märkte und länderspezifischer Anforderungen gleichermaßen Rechnung tragen (vgl. Kreutzer 1989a, S. 99). Abbildung 111 gibt zum Abschluß einen Überblick über die Besonderheiten der internationalen Marketing-Kontrolle in Abhängigkeit von der internationalen Grundorientierung.

Informationsbeschaffung → Informationsverarbeitung → Beratungs- und Prognosefunktion → Koordinationsfunktion	internationale Grundorientierungen	besondere Kennzeichen der Auslandsaktivitäten	organisatorische Verankerung der intern. Kontrolle	Aufgabenschwerpunkt der Kontrolle
	ethnozentrisch	geringer Umfang der Auslandsaktivitäten (Exporte, Lizenzen, Franchising)	durch nationale Marketing-kontrolle bzw. "International Division"	Kontrolle der ausländischen Transaktionspartner "Registrator"
	polyzentrisch	autonome Tochtergesellschaften	nationale Marketing-Kontrolle der Tochtergesellschaften internat. Marketing-Kontrolle als Stab der U.-zentrale	Entwicklung internat. Erfolgsmaßstäbe; Frühwarnfunktion; Anpassung der Instrumente und Kontrollgrößen "Navigator"
	geozentrisch	globale Integration der Geschäftstätigkeit	funktionsübergreifende Verankerung	internationale Koordination der Kontrollaktivitäten mit Blick auf die globalen Hauptwettbewerber "Innovator & Koordinator"

Abb. 111: Überblick der Besonderheiten der internationalen Marketing-Kontrolle in Abhängigkeit von der internationalen Grundorientierung

7. Entwicklungstendenzen des internationalen Marketing

Auch in Zukunft werden sich international tätige Unternehmen einer Reihe unterschiedlicher Herausforderungen stellen müssen, für welche die Wissenschaft gegenwärtig nur teilweise Lösungsansätze bereithält. Es ist jedoch davon auszugehen, daß sich der inhaltliche Fokus des internationalen Marketing auch in Deutschland von einer überwiegend funktional-instrumentellen Sichtweise zu einer **strategisch-integrativen Führungsperspektive** entwickeln wird. Die klassischen Forschungsschwerpunkte sind dabei vor dem Hintergrund veränderter Rahmenbedingungen neu zu definieren.

Daher sollen im folgenden abschließend zentrale Thesen vorgestellt werden, die Perspektiven für die zukünftige Entwicklung des internationalen Marketing-Management aufzeigen.

1. Innovative Informations- und Kommunikationstechnologien, verstärkte Deregulierungsmaßnahmen sowie die fortschreitende Entwicklung wirtschaftlicher Integrationsräume führen zu einer **Auflösung klassischer Länder-, Firmen- und Produktgrenzen.** Beispielhaft sei auf die forcierte Erschließung asiatischer Märkte, das Auftreten virtueller Unternehmungen und die Modularisierung von Produkten und Dienstleistungen hingewiesen.

2. Internationalisierungsfördernde und -hemmende Faktoren führen zu **veränderten Spielregeln** auf den internationalen Märkten. Im Wettbewerb der Länder können bisherige Spitzenreiter aufgrund von Versäumnissen zu »New Declining Countries« werden. Dieser Gefahr ist auch Deutschland ausgesetzt. Aufschluß über neue Rollenverteilungen auf dem internationalen Parkett geben Strukturanalysen der Handels- und Investitionsströme, Marktanteile in sog. Zukunftsbranchen wie etwa der Biotechnologie sowie die Beurteilung der Wettbewerbsaggressivität von Ländern. Die USA, Singapur und Hongkong belegen in letzterem Punkt nach einer aktuellen Analyse (IMD 1996) die ersten Plätze.

3. Transnationales Marketing überbrückt das Spannungsfeld zwischen lokaler Differenzierung und globaler Effizienz. **Weltweites Lernen und gezieltes Wissensmanagement** sind dafür die zentralen Erfolgsfaktoren, die nur durch die Vernetzung der Informationsströme erreicht werden können. Unternehmen verlagern die Forschungs- und Entwicklungsaktivitäten ihrer Strategischen Geschäftseinheiten daher immer häufiger in die am härtesten umkämpften Märkte wie beispielsweise Japan für Mikroelektronik. Neuen Informations- und Kommunikationstechnologien kommt bei der Sammlung, Speicherung, Aufbereitung und Verbreitung von länderübergreifendem Wissen wachsende Bedeutung zu.

4. Im globalen Wettbewerb sichert nur eine **optimale Konfiguration** der Wertkettenaktivitäten das langfristige Überleben von Unternehmen. Zeit-, Kosten- und Qualitätsvorteile müssen dabei zunehmend integriert im Sinne einer globalen Outpacing-Strategie verfolgt werden.

5. Das Spannungsfeld zwischen innerbetrieblicher, ressourcenorientierter Fokussierung und marktinduziertem Wachstum des Anspruchsspektrums läßt sich durch **strategische Allianzen** und **virtuelle Unternehmensformen** überbrücken. »Coopetition« tritt damit verstärkt an die Stelle von »Competition". Beispiele aus verschiedenen Branchen belegen dabei sowohl die innewohnenden Chancenpotentiale als auch die Risiken, die vor allem aus der Instabilität derartiger Unternehmenskonfigurationen resultieren.

6. Die **internationale Produktpolitik** vollzieht sich unter dem Primat einer weiteren Vereinheitlichung des Produktkerns bei gleichzeitigem Ausbau lokaler, bedürfnisindividueller Differenzierungselemente. Die Entwicklungspotentiale modularer Angebotsformen auf Basis länderübergreifender Plattformen sind noch nicht ausgeschöpft, wie die hohe Anzahl unterschiedlicher Bodengruppen bei der Mehrzahl der Automobilproduzenten beispielhaft belegt.

7. **Neue Medien** öffnen den Zugang zu bisher verschlossenen Märkten und beschleunigen einen weltweit interaktiven Kontakt zu Nachfragern. Ansätze des **Relationship-Marketing** treten damit zunehmend an die Stelle der klassischen internationalen Werbung und eröffnen insbesondere im Dienstleistungsbereich neue Kundenbindungspotentiale. Die zunehmende Verbreitung von Produkten und Dienstleistungen im Internet sowie die Entwicklungsdaten für das Online-Shopping deuten auf enorme Wachstumspotentiale hin und bieten auch und insbesondere kleineren und mittleren Unternehmen neue Marktchancen im internationalen Wettbewerb.

8. Sinkende Transportkosten und moderne Informations- und Kommunikationsmöglichkeiten erhöhen die Markttransparenz und **reduzieren den preispolitischen Differenzierungsspielraum**. Diese Entwicklung wird durch das Entstehen einheitlicher Währungsräume unterstützt. Zur Ausschöpfung von unterschiedlichen Preisbereitschaften muß sich die internationale Preispolitik damit in verstärktem Maße eines länderindividuellen »added-value-pricing« bedienen.

9. Der Einfluß der Globalisierung auf die **Absatzkanalstruktur** ist mit einer engeren Beziehung zwischen Hersteller und Handel verbunden und bringt Anpassungen in den internationalen Logistiksystemen mit sich. EDV-gestützte Informationssysteme stellen die unabdingbare Erfolgsvoraussetzung zur übergreifenden Vernetzung der Marktteilnehmer dar. Im Bereich des physischen Transports gewinnen Logistikdienstleister mit weltumspannenden Verteilungsnetzen weiter an Bedeutung.

10. Die **internationale Markenpolitik** steht in der Zukunft verstärkt vor der Aufgabe, eine nachhaltige Profilierung der Unternehmensleistungen sicherzustellen. Das Spannungsfeld zwischen »Local Branding« und »Global Branding« läßt sich dabei mit Hilfe einer internationalen identitätsorientierten Markenführung überbrücken. Insgesamt tritt das »Made-in-Image« in zunehmendem Maße hinter ein »Made-by-Image« zurück.

11. Im Wandel zum transnationalen Unternehmen wird die **strategiegerechte Implementierung** zum kritischen Erfolgsfaktor. Die länderübergreifende Integration (z. B. Standardisierung der Prozesse und Systeme) trägt stärker zum Geschäftserfolg bei als die Wettbewerbsstrategie. Eine zu starke Zentralisierung der Entscheidungen wirkt demgegenüber erfolgsmindernd. Damit ergeben sich Implikationen für Systeme, Strukturen und Kulturen im internationalen Marketing-Management.

12. Weltweit verteilte **Informationssysteme** stellen ein Potential für Wettbewerbsvorteile dar. Entscheidend sind dabei weniger die technologischen Möglichkeiten als relevante und zukunftsbezogene Informationsinhalte. Das strategische und operative Marketing-Controlling muß für die Steuerung der internationalen Geschäftstätigkeit ausgebaut werden und dabei die Subsysteme der Information, Planung und Kontrolle aufeinander abstimmen.

13. Klassische Organisationskonzepte des internationalen Marktmanagement (Produkt-/Länderorganisation) werden zunehmend durch **»hybride« Organisationsformen und Netzwerke** abgelöst. Nach dem Prinzip »Koordination und Partizipation« ist eine enge Verflechtung zwischen Zentrale und Tochtergesellschaften einerseits und den Kunden andererseits sicherzustellen. Dabei kommt dem Global Account Management zur Gestaltung der Geschäftsbeziehungen eine wachsende Bedeutung zu.

14. Kundenorientierte, **international verankerte (synergetische) Unternehmenskulturen** tragen wesentlich zur effizienten Koordination und Profilierung im weltweiten Wettbewerb bei. Eine starke internationale Corporate Identity (CI) sichert die strategische Orientierung. Das Management muß dabei über eine hohe interkulturelle Kompetenz verfügen. Rein national geprägte Führungsgremien werden die Ausnahme bleiben.

15. **Unternehmensethik und Marketingverantwortung** gewinnen – wegen wachsender Konfliktpotentiale – mit fortschreitender Globalisierung an Bedeutung. Internationale Unternehmungen sind aufgerufen, weltweite Ethik-Standards zu formulieren und einzuhalten (z. B. Codex des U.S. Department of Commerce). Die Unternehmensethik international tätiger Unternehmen muß den Anforderungen interkulturellen Handelns gerecht werden. (z.B. Wertvorstellungen der Gastlandmitarbeiter).

Diese Entwicklungstendenzen haben Auswirkungen auf die internationale Management-Forschung und die wissenschaftliche Ausbildung des international orientierten Führungsnachwuchses. Die internationale **Management-Forschung** ist zunächst aufgerufen, von einer aufarbeitenden zu einer vorausschauenden Wissenschaft zu werden. In einer engeren Vernetzung mit der Praxis sind auf empirischer Basis internationale Erfolgsfaktoren abzuleiten, die mit geeigneten Methoden umgesetzt werden können. Im Bereich der Ausbildung muß die marktorientierte Unternehmensführung zum integralen Bestandteil einer **internationalen Managementlehre** werden. Dabei empfehlen sich Schwerpunktbildungen nach den Bereichen Marketing, Finanz- und Rechnungswesen und Informationsmanagement.

Literatur

Aaker, D.A., Brand Extensions: The Good, the Bad, and the Ugly, in: SloanManagement Review, Summer 1990, S. 47–56.

Abell, D.F., Defining the Business: The Starting Point of Strategic Planning, Englewood Cliffs 1980.

Adelberger, O.L., Forderungsfinanzierung, in: Handwörterbuch Export und internationale Unternehmung, Hrsg.: K. Macharzina und M.K. Welge, Stuttgart 1989, Sp. 676–687.

Adler, N.J., Ghadar, F., Strategic Human Resource Management: A Global Perspective, in: Human Resource Management. An International Comparison, Hrsg.: R. Pieper, Berlin et al. 1990, S. 235–260.

Ahlert, D., Vertragliche Vertriebssysteme zwischen Industrie und Handel, Wiesbaden 1981.

Ahlert, D., Distributionspolitik, 3. Aufl., Stuttgart u. a. 1996

Ahn, Y.K., Lassere, Ph., Chandon, J.L., Centralization and Standardization of Marketing Decisions in South Korean Multinational Subsidiaries, Working Paper, Seoul 1986.

Albach, H., Betriebswirtschaftslehre als Wissenschaft vom Management, in: Zeitschrift für Betriebswirtschaft, Ergänzungsheft 1, 1981, S. 13–24.

Alden, D.L., Hoyer, W.D., Lee, C., Identifying Global and Culture-specific Dimensions of Humor in Advertising: A Multidimensional Analysis, in: Journal of Marketing, Vol. 57, No. 2, 1993, S. 64–75.

Althans, J., Die Übertragbarkeit von Werbekonzeptionen auf internationale Märkte, Frankfurt und Bern 1982.

Althans, J., Internationale Marktsegmentierung, in: Handwörterbuch Export und Internationale Unternehmung, Hrsg.: K. Macharzina und M.K. Welge, Stuttgart 1989, Sp. 1469–1477.

Anders, H.J., Produkt- und Markenpolitik im gemeinsamen Binnenmarkt, in: Marktforschung und Management, Nr. 1, 1991, S. 3–8.

Anderson, E., Coughlan, A.C., International Market Entry and Expansion via Independent or Integrated Channels of Distribution, in: Journal of Marketing, Vol. 51, No. 1, 1987, S. 71–82.

Armistead, C.G., International Factory Networks, in: European Management Journal, Vol. 7, No. 3, September 1989, S. 238.

Arnold, U., Global Sourcing – Ein Konzept zur Neuorientierung des Supply Managements von Unternehmungen, in: Globales Management, Hrsg.: M.K. Welge, Stuttgart 1990, S. 49–72.

Arnold, U., Internationale Logistik, in: Handwörterbuch Export und Internationale Unternehmung, Hrsg.: Macharzina und K., Welge, M.K., Stuttgart 1989, Sp. 1340–1356.

Attiyeh, R., Wenner, D., Critical Mass – Key to Export Profits, in: The McKinsey Quarterly, Nr. 4, 1981, S. 73 – 88.

Auerbach, H., Internationales Marketing-Controlling: eine systemorientierte Betrachtung unter besonderer Berücksichtigung strategischer Entscheidungsprobleme, Stuttgart 1994.

Ayal, I., Zif, J., Competitive Market Choice Strategies in Multinational Marketing, in: Columbia Journal of World Business, Fall 1978, S. 72 – 81.

Ayal, I., Zif, J., Market Expansion Strategies in Multinational Marketing, in: Strategic Management of Multinational Corporations: The Essentials, Hrsg.: H. V. Wortzel und L. H. Wortzel, New York u. a. 1985, S. 265–277.

Aydin, N., Terpstra, V., Marketing Know-how Transfers by Multinationals: A Case Study in Turkey, in: Journal of International Business Studies, Vol. 12, Winter 1981, S. 35–48.

Backhaus, K., Investitionsgütermarketing, 4. Aufl., München 1995.

Backhaus, K., Büschken, J., Voeth, M., Internationales Marketing, Stuttgart 1996.

Backhaus, K., Meyer, M., Ansätze zur Beurteilung von Länderrisiken, in: ZfbF, Sonderheft 20, 1986, S. 39–60.

Backhaus, K., Voeth, M., Strategische Allianzen – Herausforderungen neuer Kooperationsformen, in: Stabilität und Effizienz hybrider Organisationsformen – Die Kooperation im Lichte der Neuen Institutionenökonomik, Hrsg.: H. Wagner, W. Jäger, Münster 1995, S. 63–83.

Baliga, B. R., Jaeger, A. M., Multinational Corporations: Control Systems and Delegation Issues, in: Journal of International Business Studies, Vol. 15, Fall 1984, S. 25–40.

Bartlett, Ch. A., Multinational Structural Change: Evolution versus Reorganization, in: The Management of Headquarters-Subsidiary Relationships in Multinational Corporations, Hrsg.: L. Otterbeck, Aldershot 1981, S. 121–145.

Bartlett, Ch. A., MNCs: get off the reorganization merry-go-round, in: Harvard Business Review, Vol. 61, No. 2, 1983, S. 138–146.

Bartlett, Ch. A., Building and Managing the Transnational: The New Organizational Challenge, in: Competition in Global Industries, Hrsg.: M. E. Porter, Boston 1986, S. 367–401.

Bartlett, Ch. A., Aufbau und Management der transnationalen Organisationsstruktur: Eine neue Herausforderung, in: Globaler Wettbewerb, Hrsg.: M. E. Porter, Wiesbaden 1989, S. 425–464.

Bartlett, Ch. A., Doz, Y., Hedlund, G., Managing the Global Firm, London und New York 1990.

Bartlett, Ch. A., Ghoshal, S., Tap Your Subsidiaries for Global Reach, in: Harvard Business Review, Vol. 64, No. 6, 1986, S. 87–94.

Bartlett, Ch. A., Ghoshal, S., Arbeitsteilung bei der Globalisierung, in: Harvard Manager, Nr. 2, 1987a, S. 49–59.

Bartlett, Ch. A., Ghoshal, S., Managing Across Borders: New Strategic Requirements, in: Sloan Management Review, Vol. 28, No. 4, 1987b, S. 7–17.

Bartlett, Ch. A., Ghoshal, S., Internationale Unternehmensführung, Frankfurt und New York 1990a.

Bartlett, Ch. A., Ghoshal, S., Managing Innovations in the Transnational Corporation, in: Managing the Global Firm, Hrsg.: Ch. A. Bartlett, Y. Doz und G. Hedlund, London und New York 1990b, S. 215–255.

Barwise, P., Robertson, T., Brand-Portfolios, in: European Management Journal, Vol. 10, No. 3, September 1992, S. 277–285.

316

Becker, J., Marketing-Konzeption: Grundlage des strategischen Marketing-Management, 5. Aufl., München 1993.

Belk, R.W., Pollay, R.W., Materialism and Status Appeals in Japanese and U.S. Print Advertising, in: International Marketing Review, Vol. 2, No. 4, Winter 1985, S. 38–47.

Bello, D.C., Barksdale, H.C., Experting at Industrial Trade Shows, in: International Marketing Management, Hrsg.: A. Reader, D.M. Andres u.a., Bessenne 1988, S. 365–376.

Benkenstein, M., Koordination von Forschung & Entwicklung und Marketing, in: Marketing Zeitschrift für Forschung und Praxis, Nr. 2, 1987, S. 123–132.

Benkenstein, M., Die Reduktion der Fertigungstiefe als betriebswirtschaftliches Entscheidungsproblem, Münster 1992.

Berekoven, L., Internationales Marketing, Wiesbaden 1985.

Berekoven, L., et al., Marktforschung: methodische Grundlagen und praktische Anwendung, 6. Aufl., Wiesbaden 1993.

Berger, Roland, zitiert bei Nölting, A., Preissner, A., Netzwerk der Giganten, in: Manager Magazin, Nr. 1, 1997, S. 92–102.

Berndt, R., Fantapié Altobelli, C., Sander, M., Internationale Kommunikationspolitik, in: Internationales Marketing-Management: Grundlagen, Strategien, Instrumente, Kontrolle und Organisation, Hrsg.: A. Hermanns, U.K. Wißmeier, München 1995, S. 176–224.

Beutelmeyer, W., Mühlbacher, H., Standardisierungsgrad der Marketingpolitik transnationaler Unternehmungen, Wien 1986.

Boddewyn, J.J., Leardi, M., Sales Promotions: Practice, Regulation and Sales-Regulation Around the World, in: International Journal of Advertising, Vol. 8, No. 4, 1989, S. 363–374.

Boddewyn, J.J., Soehl, R., Picard, J., Standardization in International Marketing: Is Ted Levitt in Fact Right?, in: Business Horizons, Vol. 29, No. 6, 1986, S. 69–75.

Bohlmeyer, K., Exportfinanzierung, Wiesbaden 1979.

Bolz, J., Wettbewerbsorientierte Standardisierung der internationalen Marktbearbeitung, Darmstadt 1992.

Booz, Allen & Hamilton, Inc. (Hrsg.), The Computer's Role in Manufacturing Industry – Computers and Automation, New York 1966.

Brooke, M., Remmers, H., The Strategy of Multinational Enterprise, 2. Aufl., London 1978.

Buzzell, R.D., Can You Standardize Multinational Marketing?, in: Harvard Business Review, Vol. 46, No. 6, 1968, S. 102–113.

Cattin, P.J., Jolibert, A., Lohnes, C., A Cross-Cultural Study of Made-in-Concepts, in: Journal of International Business Studies, Vol. 13, Winter 1982, S. 131–141.

Chandler, A.D., Strategy and Structure, Cambridge 1962.

Channon, D.F., Jalland, M., Multinational stategic planning, London 1979.

Clee, G.H., di Scipio, A., Creating a world enterprise, in: Harvard Business Review, Vol. 35, No. 6, 1959, S. 77–89.

Clee, G.E., Sachtjen, W.M., Organizing a worldwide business, in: Harvard Business Review, Vol. 42, No. 3, 1964, S. 55 ff.

Colberg, W., Internationale Präsenzstrategien von Industrieunternehmen, Kiel 1989.

Cooper, R.G., Kleinschmidt, E.J., The Impact of Export Strategy on Export Sales Performance, in: Journal of International Business Studies, Vol. 16, Spring 1985, S. 37–55.

317

Coopers & Lybrand, Corporate finance, Joint-Ventures: étude internationale de l'experience des entreprises, Paris 1995.

Craig, S.C., Douglas, S.P., Reddy, S.K., Market Structure, Performance, and Strategy, in: Advances in International Marketing, Hrsg.: S. Cavusgil, Greenwich 1987, S. 1–21.

Cundiff, E.W., Hilger, M.T., Marketing in the International Environment, 2. Aufl., Englewood Cliffs 1988.

Czinkota, M., Kotabe, M., Product Development the Japanese Way, in: Journal of Business Strategy, Vol. 11, No. 6, 1990, S. 31–36.

Czinkota, M., Ronkainen, I.A., International Marketing, Chicago 1988.

Dahringer, L.D., Marketing Services Internationally: Barriers and Management Strategies, in: Journal of Consumer Marketing, Vol. 5, No. 3, 1991, S. 5–17.

Dahringer, L.D., Mühlbacher, H., International Marketing, Reading 1991.

Daniels, J.D., Pitts, R.A., Tretter, M.J., Strategy and Structure of U.S. Multinationals: An Exploratory Study, in: Academy of Management Journal, Vol. 27, No. 2, 1984, S. 292–307.

Daniels, F.D., Pitts, R.A., Tretter, M.A., Organizing for Dual Strategies for Product Diversity and International Expansion, in: Strategic Management Journal, Vol. 6, No. 3, 1985, S. 223–237.

Das, R., Impact of Host Government Regulation MNC Operations: Learning from Third World Countries, in: Columbia Journal of World Business, Vol. 16, No. 1, 1981, S. 85–90.

Davidow, W.H., Malone, M.S., Das virtuelle Unternehmen: Der Kunde als Co-Produzent, Frankfurt/Main, New York 1993.

Davidson, W.H., Global Strategic Management, New York 1982.

Davidson, W.H., Haspeslagh, P., Shaping a global product organization, in: Harvard Business Review, Vol. 59, No. 3, 1982, S. 125–132.

Day, E., Fox, R.J., Huszagh, S.N., Segmenting the Global Market for Industrial Goods: Issues and Implications, in: International Marketing Review, Vol. 5, No. 3, Autumn 1988, S. 14–27.

de Haan, H., Die Risikopolitik der internationalen Unternehmungen, Giessen 1984.

Demby, E.H., ESOMAR Urges Changes in Reporting Demographics, Issues Worldwide Report, in: Marketing News, 8.1.1990, S. 24.

Dichtl, E., Beeskow, W., Kögelmayr, H.-G., Risikobewertung im Auslandsgeschäft. Eine empirische Analyse des „mm-Ländertests", in: Jahrbuch für Absatz- und Verbraucherforschung, 30. Jg., 1984, S. 208–229.

Dichtl, D., Dohet, A., Der europäische Binnenmarkt, Status Quo und Perspektiven, in: Marketing, Heft 4, 1992, S. 221–226.

Dichtl, E., Köglmayr, H.-G., Länderrisikokonzepte, in: ZfK, 1985, S. 390–392.

Diller, H., Preispolitik, in: Handwörterbuch Export und Internationale Unternehmung, Hrsg.: K. Macharzina und M.K. Welge, Stuttgart 1989, Sp. 1682–1693.

Diller, H., Vahlens großes Marketinglexikon, München 1992a.

Diller, H., Euro-Key-Account-Management, in: Marketing Zeitschrift für Forschung und Praxis, Heft 4, 1992b, S. 239–245.

Douglas, S.P., Craig, S.C., International Marketing Research, Englewood Cliffs, 1983.

Douglas, S.P., Craig, S.C., Global Marketing Myopia, in: Journal of Marketing Management, Vol. 2, Winter 1986, S. 155–169.

Douglas, S.P., Craig, S.C., Evolution of Global Marketing Strategy: Scale, Scope and Synergy, in: Columbia Journal of World Business, Vol. 24, Fall 1989, S. 47–59.

318

Douglas, S.P., Rhee, D.K., Examining Generic Competitive Strategy Types in U.S. and European Markets, in: Journal of International Business Studies, Vol. 20, No. 3, 1989, S. 437–463.

Douglas, S.P., Wind, Y., The Myth of Globalization, in: Columbia Journal of World Business, Vol. 22, Winter 1987, S. 19–29.

Doz, Y., National Policies in Multinational Management, Boston 1979.

Doz, Y., Strategic Management in Multinational Companies, Oxford 1986.

Doz, Y., Bartlett, Ch.A., Prahalad, C.K., Global Competitive Pressures and Host Country Demands, in: California Management Review, Vol. 23, No. 3, Spring 1981, S. 63–74.

Doz, Y., Prahalad, C.K., How MNCs Cope With Host Government Intervention, in: Harvard Business Review, Vol. 58, No. 2, 1980, S. 149–157.

Doz, Y., Prahalad, C.K., Managing MNCs: the search for a new paradigm, in: Strategic Management Journal, Special Issue, Summer 1991, S. 145–164.

Drees, N., Sportsponsoring, 3., durchges. Aufl., Wiesbaden 1992.

Drumm, H.J., Verrechnungspreise, in: Handwörterbuch der Planung, Hrsg.: N. Szyperski, Stuttgart 1989a, Sp. 2168–2177.

Drumm, H.J., Transferpreise, in: Handwörterbuch Export und Internationale Unternehmung, Hrsg.: K. Macharzina und M.K. Welge, Stuttgart 1989b, Sp. 2077–2085.

Dülfer, E., Projektmanagement International, Stuttgart 1982.

Dülfer, E., Umweltbeziehung der international tätigen Unternehmung, in: Handwörterbuch Export und Internationale Unternehmung, Hrsg.: K. Macharzina und M.K. Welge, Stuttgart 1989, Sp. 2077 – 2111.

Dülfer, E., Internationales Management in unterschiedlichen Kulturbereichen, München 1991.

Dülfer, E., Internationales Management, 4. Aufl., München und Wien 1996.

Dunst, K.H., Portfolio-Management, 2. Aufl., Berlin und New York 1983.

Ebner, M., Walti, A., Innovationsmanagement als Antwort auf den zunehmenden Wettbewerbsdruck, in: Internationales Innovationsmanagement: Gestaltung von Innovationsprozessen im globalen Wettbewerb, Hrsg.: O. Gassmann, M. v. Zedtwitz, München 1996, S. 17–33.

Edström, A., Galbraith, G.C., Transfer of managers as a coordination and control strategy in multinational organizations, in: Administrative Science Quarterly, Vol. 22, June 1977, S. 248–263.

Egelhoff, W.G., Strategy and Structure in Multinational Corporations: An Information-Processing Approach, in: Administrative Science Quarterly, Vol. 27, June 1982, S. 435–458.

Egelhoff, W.G., Organizing the multinational enterprise, Cambridge 1988a.

Egelhoff, W.G., Strategy and Structure in Multinational Corporations: A Revision of the Stopford and Wells Model, in: Strategic Management Journal, Vol. 9, No. 9, 1988b, S. 1–14.

Eilenberger, G., Finanzierungsentscheidungen multinationaler Unternehmungen, 2. Aufl., Würzburg 1987.

Elinder, E., How International Can European Advertising be?, in: Journal of Marketing, Vol. 29, No. 2, 1965, S. 7–11.

Emery, J.C., Organizational Planning and Control Systems – Theory and Technology, London 1969.

Farell, G., Saloner, C., Competition, compatibility and standards: The economics of horses, pinguins and lemmings, in: Product Standardization and Competitive Strategy, Hrsg.: H.L. Gabel, North Holland 1987.

Fatt, A.C., The Danger of ‚Local‘ International Advertising, in: Journal of Marketing, Vol. 31, No. 1, 1967, S. 60–62.

Fayerweather, J., Begriff der Internationalen Unternehmung, in: Handwörterbuch Export und Internationale Unternehmung, Hrsg.: K. Macharzina und M.K. Welge, Stuttgart 1989, Sp. 926–948.

Feuerbach, K., Organisatorische Aspekte der Überwachung von Auslandsengagements, in: Betriebswirtschaftliche Forschung und Praxis, Heft 3, 1980, S. 229 ff.

Fouraker, L.E., Stopford, G.M., Organizational Structure and the Multinational Strategy, in: Administrative Science Quarterly, Vol. 13, January 1968, S. 47–64.

Franke, G., Währungsrisiken, in: Handwörterbuch Export und Internationale Unternehmung, Hrsg.: K. Macharzina und M.K. Welge, Stuttgart 1989, Sp. 2196–2213.

Franke, R.H., Hofstede, G., Bond, M.H., Cultural Roots of Economic Performance: A Research Note, in: Strategic Management Journal, Special Issue, Summer 1991, S. 165–173.

Franko, L.G., The European Multinationals: A Renewed Challenge to American and British Big Business, Stanford 1976.

Franko, L.G., Global Corporate Competition: Who's Winning, Who's Loosing, and the R&D Factor as One Reason Why, in: Strategic Management Journal, Vol. 10, 1989, S. 449–474.

Frese, E., Blies, P., Konsequenzen der Internationalisierung für Organisation und Management der Muttergesellschaft, in: Handbuch Internationales Management, Hrsg.: K. Macharzina, M.-J. Oesterle, Wiesbaden 1997, S. 287–306.

Friedman, R., Psychological Meaning of Products, A Simplification of the Standardization versus Adaptation Debate, in: Columbia Journal of World Business, Vol. 21, 1986, S. 97–104.

Fuß, J., Meyer, W., Stern, H., Praxis der Auslandsmarkterkundung, Heidelberg 1989.

Gahl, A., Die Konzeption strategischer Allianzen, Berlin 1991.

Gälweiler, A., Strategische Unternehmensführung, Frankfurt und New York 1989.

Garvin, D.A., Die acht Dimensionen der Produktqualität, in: Harvard Manager, Nr. 3, 1988, S. 66–74.

Geringer, G.M., Diversification Strategy and Internationalization: Implications for MNE Performance, in: Strategic Management Journal, Vol. 10, No. 2, 1989, S. 109–119.

Gerlach, M., Business Alliances and the Strategy of the Japanese Firm, in: California Management Review, Nr. 3, 1987, S. 126–141.

Geue F., Gal, Th., Vertex enumeration by means of the N-tree algorithm, Hayen 1992.

Ghemawat, P., Porter, M.E., Rawlinson, R.A., Patterns of International Coalition Activity, in: Competition in Global Industries, Hrsg.: M.E. Porter, Boston 1986, S. 345–365.

Ghoshal, S., Global Strategy: An Organizing Framework, in: Strategic Management Journal, Vol. 8, No. 3, 1987, S. 425–440.

Ghoshal, S., Creation, Adoption, and Diffusion of Innovations by Subsidiaries of Multinational Corporations, in: Journal of International Business Studies, Vol. 19, No. 3, Fall 1988, S. 365–388.

Ghoshal, S., Bartlett, Ch.A., The Multinational Corporation as an Interorganizational Network, in: Academy of Management Review, No. 4, 1990, S. 603–625.

Globerman, S., Addressing International Product Piracy, in: Journal of International Business Strategies, Vol. 19, No. 3, Fall 1988, S. 497–504.

Görgen, W., van Kerkom, K., Der Wechsel der Wettbewerbsstrategie: Eine kritische Analyse der Bestimmungsfaktoren und Maßnahmen, Arbeitspapier Nr. 20 des Instituts für Markt- und Distributionsforschung, Hrsg.: R. Köhler, Köln 1991.

Grenier, R., Metes, G., Going virtual: moving your organization into the 21st century, Prentice Hall 1995.

Gutenberg, E., Grundlagen der Betriebswirtschaftslehre, 2. Band, Der Absatz, 15. Auflage, Berlin u. a. 1976.

Haley, R.G., The Effects of Nonverbal Communications in Television Advertising, in: Journal of Advertising Research, Vol. 24, No. 4, 1984, S. 11–18.

Hall, E.T., The Silent Language in Overseas Business, in: Harvard Business Review, Vol. 38, No. 3, 1960, S. 87–96.

Hamel, G., Competition for Competence and Interpartner Learning Within International Strategic Alliances, in: Strategic Management Journal, Special Issue, Summer 1991, S. 83–103.

Hamel, G., Doz, Y.L., Prahalad, C.K., Collaborate with your competitors – and win, in: Harvard Business Review, No. 1, 1989, S. 133–139.

Hamel, G., Prahalad, C.K., Do You Really Have a Global Strategy?, in: Harvard Business Review, Vol. 63, No. 4, 1985, S. 139–148.

Hamel, G., Prahalad, C.K., Haben Sie wirklich eine globale Strategie, in: Harvard Manager, Nr. 1, 1986, S. 90–97.

Han, C., Terpstra, V., Country-of-Origin Effects for uni-national and bi-national products, in: Journal of International Business Studies, Vol. 19, Summer 1988, S. 235–255.

Haner, F.T., Rating Investment Risks Abroad, in: Business Horizons, Vol. 22, No. 2, 1979, S. 18–23.

Harbison, F., Myers, C., Management in the industrial world, New York 1959.

Harrigan, K.R., Strategic alliances: Their new role in global competition, in: Columbia Journal of World Business, Nr. 2, 1987, S. 67–69.

Hasselberg, F., Strategische Kontrolle von Gesamtunternehmensstrategien, in: Die Unternehmung, Heft 1, 1991, S. 16–31.

Hätty, H., Der Markentransfer, Heidelberg 1989.

Hedlung, G., Autonomy of Subsidiaries and Formalization of Headquarters: Subsidiary Relationship in Swedish MNCs, in: The Management of Headquarters: Subsidiary Relationships in Multinational Corporations, Hrsg.: L. Otterbeck, Aldershot 1981, S. 25–78.

Hedlund, G., The hypermodern MNC: A heterachy?, in: Human Resource Management, Spring 1986, S. 9–35.

Hedlund, G., Rolander, D., Action in heterarchies: New Approaches to managing the MNC, in: Managing the Global Firm, Hrsg.: Ch.A. Bartlett, Y. Doz und G. Hedlund, London 1990, S. 15–46.

Heinemann, G., Betriebstypenprofilierung und Erlebnishandel, Wiesbaden 1989.

Heinen, E., Grundlagen betriebswirtschaftlicher Entscheidungen – Das Zielsystem der Unternehmung, 3. Aufl., Wiesbaden 1976.

Hennes, M. Durch das Sieb, in: Wirtschaftswoche, 46. Jahrgang, Nr. 16, 1992, S. 128–129.

Henzler, H., Rall, W., Aufbruch in den Weltmarkt, in: Manager Magazin, Teil 1, Heft 9, 1985, S. 176- 190; Teil 2, Heft 10, 1985, S. 254–262; Teil 3, Heft 11, S. 167–174.

Hermanns, A., Drees, N., Kultursponsoring – Neue Möglichkeiten für die Kommunikationspolitik, in: Jahrbuch der Absatz- und Verbraucherforschung, 33. Jg., Heft 1, 1987, S. 6–24.

Hermanns, A., Püttmann, M., Internationales Musik-Sponsoring, in: Jahrbuch der Absatz- und Verbrauchsforschung, 35. Jg., Nr. 3, 1989, S. 277–291.

Hickson, D., Hinings, C., McMillan, C., Schwitter, J., The culture-free context of organization structure: A trinational comparison, in: Sociology, Vol. 8, 1974, S. 59–80.

Hildebrandt, L., Weiss, C.A., Internationale Markteintrittsstrategien und der Transfer von Marketing-Know-how, in: zfbf, 49. Jg., Nr. 1, 1997, S. 3–25.

Hill, J.S., Fehlbaum, R., Ulrich, P., Organisationslehre, 3. Aufl., Stuttgart 1981.

Hill, J.S., James, W.L., Product and Promotion Transfers in Consumer Goods Multinationals, in: International Marketing Review, Vol. 8, No. 2, 1991, S. 6–17.

Hill, J.S., Still, R.R., Adapting Products to LDC Tastes, in: Harvard Business Review, Vol. 62, No. 3, 1984, S. 92–101.

Hinterhuber, H.H., Innovationsdynamik und Unternehmensführung, Wien u.a. 1975.

Hinterhuber, H.H., Strategische Unternehmensführung, Bd. 2, 5. Aufl., Berlin und New York 1992.

Hirn, W., Der große Sprung, in: Manager Magazin, Heft 2, 1996, S. 78–83.

Hite, R.E., Fraser, C., International Advertising Strategies of Multinational Corporations, in: Journal of Advertising Research, Vol. 28, No. 4, 1988, S. 9–17.

Hite, R.E., Fraser, C., Configuration and Coordination of Global Advertising, in: Journal of Business Research, Vol. 21, 1990, S. 335–344.

Hofstede, G., Culture's Consequences, Sage 1992.

Holzmüller, H.H., Zur Strukturierung der grenzübergreifenden Konsumentenforschung und spezifischen Methodenprobleme in der Datengewinnung, in: Jahrbuch der Absatz- und Verbrauchsforschung, 32. Jg., Nr. 1, 1986, S. 47–70.

Holzmüller, H.H., Interkulturelle Konsumentenforschung, in: Handwörterbuch Export und Internationale Unternehmung, Hrsg.: K. Macharzina und M.K. Welge, Stuttgart 1989, Sp. 1143–1157.

Holzmüller, H. H., Kulturstandards – ein operationales Konzept zur Entwicklung kultursensitiven Managements, in: Interkulturelles Management: Theoretische Fundierung und funktionsbereichsspezifische Konzepte, Hrsg.: J. Engelhard, Wiesbaden 1997, S. 55–74.

Horvath, P., Internationales Controlling, in: Handwörterbuch Export und Internationale Unternehmung, Hrsg.: K. Macharzina und M.K. Welge, Stuttgart 1989, Sp. 241 – 254.

Hout, Th., Porter, M.E., Rudden, E., How Global Companies Win Out, in: Harvard Business Review, Vol. 60, No. 5, 1982, S. 98–108.

Hungenberg, H., Zentralisation und Dezentralisation: strategische Entscheidungsverteilung in Konzernen, Wiesbaden 1995.

Hunsinger, H., Produkteinführung: Die Floprate steigt, in: Manager Magazin, Nr. 10, 1985, S. 246–252.

Huszagh, S.M., Fox, R.J., Day, E., Global Marketing: An Empirical Investigation, in: Columbia Journal of World Business, Vol. 21, Twentieth Anniversary Issue, 1986, S. 31–43.

IMD (Hrsg.), The World Competitiveness Yearbook, Executive Summary, Lausanne 1996.

Institut für Marketing, Ziele und Nutzen von Messebeteiligungen. Zusammenfassung einer empirisch gestützten Untersuchung auf der Grundlage einer Befragung deutscher Aussteller im Auftrag des Ausstellungs- und Messe-Ausschusses der deutschen Wirtschaft e.V. (AUMA), Köln, Bergisch Gladbach 1996.

Jaeger, A.M., The Transfer of Organizational Culture Overseas: An Approach to Control in the Multinational Corporation, in: Journal of International Business Strategies, Vol. 14, No. 2, 1983, S. 91–114.

Jaeger, A.M., Baliga, B.R., Control Systems and Strategic Adaption: Lessons from the Japanese Experience, in: Strategic Management Journal, Vol. 6, 1985, S. 115–134.

Jahrmann, F.U., Außenhandel, 8. Aufl., Ludwigshafen 1995.

Jain, S.C., International Marketing Management, 3. Aufl., Boston 1990.

Jain, S.C., Standardization of International Marketing Strategy: Some Research Hypotheses, in: Journal of Marketing, Vol. 53, No. 1, 1989, S. 70–79.

Jeannet, J.-P., Hennessey, H.D., Global Marketing Strategies, 2. Aufl., Boston und Toronto 1992.

Jefkins, F., Public Relations, 4. Aufl., London 1992.

Johnson, R.T., Ouchi, W.G., Made in America (under Japanese Management), in: Harvard Business Review, Vol. 52, No. 4, 1974, S. 61–69.

Kale, S., Sudharsan, D., Strategic Approach to International Segmentation, in: International Marketing Review, Vol. 4, No. 2, Spring 1987, S. 60–70.

Kalweit, U., Product Placement. Die Bedeutung des Product Placement in TV- und Kinofilmen aus der Sicht des Konsumgüterherstellers, in: Marketing, Heft 2, 1988, S. 111–115.

Keegan, W.J., Global Marketing Management, 4. Aufl., Englewood Cliffs 1989.

Keegan, W.J., Global Marketing Management, 5. Aufl., Englewood Cliffs 1995.

Keegan, W.J., MacMaster, N.A., Global Strategic Marketing, in: International Marketing. Management Issues, Research and Opportunities, Hrsg.: V.H. Kirpalani, Cambridge 1983, S. 94–105.

Kenter, M.E., Die Steuerung ausländischer Tochtergesellschaften, Frankfurt 1985.

Khandwalla, P.N., Design of Organizations, New York 1977.

Kieser, A., Kubicek, H., Organisation, 3. Aufl., Berlin und New York 1992.

Kim, W.C., Mauborgne, R.A., Assessing the administrative forms for managing the modern multinational School of Business Administration, University of Michigan, Michigan 1989.

Kobrin, S.J., An Empirical Analysis of the Determinants of Global Integration, in: Strategic Management Journal, Special Issue, Summer 1991, S. 17–32.

Kogut, B., Designing Global Strategies: Comparative and Competitive Value-Added Chains, in: Sloan Management Review, Summer 1985a, S. 15–28.

Kogut, B., Designing Global Strategies: Profiting from Operational Flexibility, in: Sloan Management Review, Fall 1985b, S. 27–38.

Kogut, B., International Sequential Advantage and Network Flexibility, in: Managing the Global Firm, Hrsg.: Ch.A. Bartlett, Y. Doz und G. Hedlund, London und New York 1990, S. 47–68.

Köhler, R., Grundprobleme der strategischen Marketingplanung, in: Die Führung des Betriebes, Hrsg.: N. Geist und R. Köhler, Stuttgart 1981, S. 261–291.

Koppelmann, U., Produktmarketing: Entscheidungsgrundlage für Produktmanager, 5. Aufl., Berlin u. a. 1997.

Korff, R., Informeller Sektor oder Marktwirtschaft?: Märkte und Händler in Bangkok, Bielefeld 1988.

Korn und Ferry International (Hrsg.), European Boards of Directors Study, London 1996.

Kotler, Ph., Bliemel, F., Marketing-Management: Analyse, Planung, Umsetzung und Steuerung, 8. Aufl., Stuttgart 1995.

Kotler, Ph., Fahey, L., Jatusripitak, S., The New Competition, Englewood Cliffs 1985.

Kreikebaum, H., Internationale Planung, in: Handwörterbuch Export und Internationale Unternehmung, Hrsg.: K. Macharzina und M.K. Welge, Stuttgart 1989, Sp. 1650–1658.

Kreilkamp, E., Strategisches Management und Marketing, Berlin und New York 1987.

Kreutzer, R., Lead-Country-Konzept, in: Wirtschaftswissenschaftliches Studium, Nr. 8, 1987, S. 416–419.

Kreutzer, R., Global Marketing. Konzeption eines länderübergreifenden Marketing, Wiesbaden 1989a.

Kreutzer, R., Markenstrategien im länderübergreifenden Marketing, in: Markenartikel, Nr. 11, 1989b, S. 569–572.

Kreutzer, R., Standardisierung der Marketing-Instrumente im globalen Marketing, in: Betriebswirtschaftliche Forschung und Praxis, Nr. 5, 1991, S. 363–398.

Kreutzer, R., Raffée, H., Ansätze zur Erfassung von Länderrisiken in ihrer Bedeutung für Direktinvestitionsentscheidungen, in: Internationale und nationale Problemfelder der Betriebswirtschaftslehre, Hrsg.: G. von Kortzfleisch und B. Kaluza, Berlin 1984, S. 27–63.

Kreutzer, R., Raffée, H., Organisatorische Verankerung als Erfolgsbedingung eines Global Marketing, in: Thexis, 3. Jg., 1986, Heft 2, S. 10–21.

Kriependorf, P., Internationales Franchising, in: Handwörterbuch Export und Internationale Unternehmung, Hrsg.: K. Macharzina und M.K. Welge, Stuttgart 1989, Sp. 711–726.

Kroeber-Riel, W., Konsumentenverhalten, 5. Aufl., München 1992a.

Kroeber-Riel, W., Globalisierung der Euro-Werbung, in: Marketing Zeitschrift für Forschung und Praxis, Heft 4, 1992b, S. 261–267.

Krulis-Randa, J.S., Theorie und Praxis des Marketing-Controlling, in: Management Controlling, Hrsg.: H. Siegwart, J.I. Mahari, I.G. Caytas und S. Sander, Stuttgart 1990, S. 257–272.

Kumar, B., Formen der internationalen Unternehmenstätigkeit, in: Handwörterbuch Export und Internationale Unternehmung, Hrsg.: K. Macharzina und M.K. Welge, Stuttgart 1989, Sp. 914–926.

Kumar, R., Communicative Conflict in Intercultural Negotiations; The case of American and Japanese Business Negotiations, Working Paper, University of Vaasa, Vaasa 1996.

Kunisch, R., Erkenntnisse aus der Konsumgüterindustrie, in: Sicherung der Wettbewerbsfähigkeit am Standort Deutschland – Herausforderung an die Unternehmensführung, Arbeitspapier Nr. 86 der Wissenschaftlichen Gesellschaft für Marketing und Unternehmensführung e.V. Münster, Hrsg.: H. Meffert, H. Wagner, K. Backhaus, Münster 1994.

Küpper, H.-U., Weber, J., Zünd, A., Zum Verständnis und Selbstverständnis des Controlling, in: Zeitschrift für Betriebswirtschaft, 42. Jg., Nr. 6, 1990, S. 281–293.

Kutschker, M., Die Wahl der Eigentumsstrategie der Auslandsniederlassung in kleineren und mittleren Unternehmen, in: Handbuch der internationalen Unternehmenstätigkeit, Hrsg.: B.N. Kumar und H. Haussmann, München 1992, S. 497–530.

Kux, B., Rall, W., Marketing im globalen Wettbewerb, in: Globales Management, Hrsg.: M.K. Welge, Stuttgart 1990, S. 73–84.

Landwehr, R., Standardisierung der internationalen Werbeplanung, in: Schriften zum Marketing und Management, Hrsg.: H. Meffert, Band Nr. 13, Frankfurt 1988.

Levitt, Th., The Globalization of Markets, in: Harvard Business Review, Vol. 61, No. 6, 1983, S. 92–102.

Levitt, Th., Die Globalisierung der Märkte, in: Harvard Manager, Nr. 4, 1987, S. 19–27.

Liebl, F., Strategische Frühaufklärung: Trends – Issues – Stakeholders, München, Wien 1996.

Light, L., Think Global, Act Local, in: Werbeforschung und Praxis, Nr. 2, 1985, S. 56–57.

Lindquist, J., The role of Alliances in the Strategy of Airlines, Präsentationsunterlagen der Boston Consulting Group im Rahmen der Airline Alliances Conference, London 1995.

Loscher, C., Das politische Risiko bei Auslandsinvestitionen, München 1984.

Lube, M.-M., Strategisches Controlling in international tätigen Konzernen: Aufgaben – Instrumente – Maßnahmen, Wiesbaden 1997.

Macharzina, K., Internationalisierung und Organisation, in: Zeitschrift für Organisation, Nr. 1, 1992, S. 4–11.

Macharzina, K., Engelhardt, G., Internationales Management, in: Die Betriebswirtschaft, 47 Jg., 1987, S. 319–344.

Macharzina, K., Oesterle, M.-J., Organisation des internationalen Marketing-Managements, in: Internationales Marketing-Management, Hrsg.: A. Hermanns, U.K. Wißmeier, München 1995 S. 309–338.

Malnight, T.W., Globalization of an Ethnocentric Firm: An Evolutionary Perspective, in: Strategic Management Journal, Vol. 16, No. , S. 119 – 141

March, G.C., Simon, H.A., Organizations, New York und London 1958.

Marschner, H. Lieferungs- und Zahlungsbedingungen, in: Handwörterbuch Export und Internationale Unternehmung, Hrsg.: Macharzina und K., Welge, M.K., Stuttgart 1989, Sp. 1312–1322

Martinez, J.I., Jarillo, J.C., The Evolution of Research and Coordination Mechanisms in Multinational Corporations, in: Journal of International Business Studies, Vol. 20, No. 3, 1989, S. 489–514.

Mayer, H., Werbepsychologische Aspekte der Auswahl von Fotomodellen, in: Jahrbuch der Absatz- und Verbraucherforschung, 31. Jg., Heft 4, 1985, S. 312–321.

Mayer, H., Werbewirkung und Kaufverhalten unter ökonomischen und psychologischen Aspekten, Stuttgart 1990.

Mayer, H., Frey, C., Untersuchungen zur Wirksamkeit verschiedener Varianten von Modellen in der Bierwerbung, in: Jahrbuch der Absatz- und Verbraucherforschung, 34. Jg., Heft 1, 1988, S. 3–49.

McNamee, P., Management Accounting: Strategic Planning and Marketing, Oxford 1988.

Media-Perspektiven (Hrsg.), Statistik, Heft 4, 1992, S. 284 ff.

Meffert, H., Systemtheorie aus betriebswirtschaftlicher Sicht, in: Systemanalyse in den Wirtschafts- und Sozialwissenschaften, Hrsg.: K.E. Scheuch, Berlin 1971, S. 174–206.

Meffert, H., Marktsegmentierung und Marktwahl im internationalen Marketing, in: Die Betriebswirtschaft, 37. Jg., 1977, S. 433–446.

Meffert, H., Marketing – Grundlagen der Absatzpolitik, 7. Aufl., Wiesbaden 1986a.

Meffert, H., Marketing im Spannungsfeld zwischen weltweitem Wettbewerb und nationalen Bedürfnissen – Voraussetzungen und Implikationen von Globalisierungsstrategien, Arbeitspapier Nr. 27 der Wissenschaftlichen Gesellschaft für Marketing und Unternehmensführung e. V., Hrsg.: H. Meffert, H. Wagner und K. Backhaus, Münster 1986b.

Meffert, H., Definition des Betätigungsfeldes und strategische Planungskonzepte, in: Strategische Unternehmensführung und Marketing, Hrsg.: H. Meffert, Wiesbaden 1988a, S. 28–37.

Meffert, H., Marketing-Flexibilität als Erfolgsfaktor der Unternehmung, in: Strategische Unternehmensführung und Marketing, Hrsg.: H. Meffert, Wiesbaden 1988b, S. 361–373.

Meffert, H., Voraussetzungen und Implikationen von Globalisierungsstrategien, in: Strategische Unternehmensführung und Marketing, Hrsg.: H. Meffert, Wiesbaden 1988c, S. 266–288.

Meffert, H., Globalisierungsstrategien und ihre Umsetzung im internationalen Wettbewerb, in: Die Betriebswirtschaft, 49. Jg., Heft 4, 1989, S. 445–463.

Meffert, H., Euro-Marketing im Spannungsfeld zwischen nationalen Bedürfnissen und globalem Wettbewerb, in: Marktorientierte Unternehmensführung im europäischen Binnenmarkt, Hrsg.: H. Meffert und M. Kirchgeorg, Stuttgart 1990, S. 21–40.

Meffert, H., Wettbewerbsstrategien auf globalen Märkten, in: Betriebswirtschaftliche Forschung und Praxis, Nr. 5, 1991a, S. 399–415.

Meffert, H. (Hrsg.): High-Tech-Marketing: Branchenspezifische Trends und Strategien für die 90er Jahre, Düsseldorf 1991b.

Meffert, H., DBW-Stichwort: Corporate Identity, in: Die Betriebswirtschaft, 51. Jg., Nr. 6, 1991c, S. 697–835.

Meffert, H., Marketingforschung und Käuferverhalten, 2. Aufl., Wiesbaden 1992.

Meffert, H., Strategien zur Profilierung von Marken, in: Marke und Markenartikel, Hrsg.: E. Dichtl und W. Eggers, München 1993, S. 129–156.

Meffert, H., Marketing-Management: Analyse – Strategie – Implementierung, Wiesbaden 1994.

Meffert, H., Der EURO – Chancen und Risiken aus Verbrauchersicht, unveröffentlichte Dokumentation des Instituts für Marketing, Münster 1997a.

Meffert, H., Die virtuelle Unternehmung: Perspektiven aus der Sicht des Marketing, Arbeitspapier Nr. 108 der Wissenschaftlichen Gesellschaft für Marketing und Unternehmensführung e.V., Hrsg.: H. Meffert, H. Wagner, K. Backhaus, Münster 1997b.

Meffert, H., Althans, J., Internationales Marketing, Stuttgart 1982.

Meffert, H., Bolz, J., Globalisierung des Marketing bei internationaler Unternehmenstätigkeit, Arbeitspapier Nr. 64 der Wissenschaftlichen Gesellschaft für Marketing und Unternehmensführung e.V., Hrsg.: H. Meffert, H. Wagner und K. Backhaus, Münster 1991.

Meffert, H., Bolz, J., Globale Wettbewerbsstrategien und länderübergreifende Integration – Status und Entwicklungsperspektiven, Arbeitspapier Nr. 70 der Wissenschaftlichen Gesellschaft für Marketing und Unternehmensführung e. V., Hrsg.: H. Meffert, H. Wagner und K. Backhaus, Münster 1992a.

Meffert, H., Bolz, J., Globalisierung des Marketing bei internationaler Unternehmenstätigkeit, in: Handbuch der Internationalen Unternehmenstätigkeit, Hrsg.: N. Kumar und H. Haussmann, München 1992b, S. 657 ff.

Meffert, H., Bolz, J., Standardization of Marketing in Europe, in: European Marketing – Readings and Cases, Hrsg.: C. Halliburton und R. Hünerberg, Camebridge 1993a.

Meffert, H., Bolz, J., Zur Globalisierung der Geschäftstätigkeit: State-of-the-Art und Perspektiven, unveröffentlichtes Manuskript, 1993b.

Meffert, H., Bolz, J., Erfolgswirkungen der internationalen Marketingstandardi-sierung, Arbeitspapier Nr. 85 der Wissenschaftlichen Gesellschaft für Marketing und Unternehmensführung e.V., Hrsg.: Meffert, H., Wagner, H., Backhaus, K., Münster 1994.

Meffert, H., Bruhn, M., Dienstleistungsmarketing: Grundlagen – Konzepte – Methoden; mit Fallbeispielen, 2., überarb. und erw. Aufl., Wiesbaden 1997.

Meffert, H., Burmann, C., Identitätsorientierte Markenführung – Grundlagen für das Management von Markenportfolios, Arbeitspapier Nr. 100 der Wissenschaftlichen Gesellschaft für Marketing und Unternehmensführung e.V., Hrsg.: H. Meffert, H. Wagner, K. Backhaus, Münster 1996.

Meffert, H., Hafner, K., Unternehmenskultur und marktorientierte Unternehmensführung: Bestandsaufnahme und Wirkungsanalyse, Arbeitspapier Nr. 35 der Wissenschaftlichen Gesellschaft für Marketing und Unternehmensführung e.V., Hrsg.: H. Meffert und H. Wagner, Münster 1988.

Meffert, H., Heinemann, G., Operationalisierung des Image-Transfers, in: Marketing Zeitschrift für Forschung und Praxis, Nr. 1, 1990, S. 5–10.

Meffert, H., Kirchgeorg, M., Ein Unternehmen zieht aufs Meer, um sein Vertrauen zu verlieren, in: Absatzwirtschaft, Sondernummer Oktober 1995, S. 154–156.

Meffert, H., Netzer, F., Formen strategischer Netzwerke und Implikationen für das Marketing, Arbeitspapier Nr. 109 der Wissenschaftlichen Gesellschaft für Marketing und Unternehmensführung e.V., Hrsg.: H. Meffert, K. Backhaus, Münster 1997a.

Meffert, H., Netzer, F., Strategische Allianzen im Luftverkehr, unveröffentlichte Fallstudie des Instituts für Marketing, Münster 1997b.

Meffert, H., Pues, C., Timingstrategien des internationalen Markteintritts, in: Macharzina, K., Oesterle, M.-J. (Hrsg.), Handbuch Internationales Management: Grundlagen – Instrumente – Perspektiven, Wiesbaden 1997, S. 253–266.

Meffert, H., Wehrle, F., Strategische Unternehmensplanung: eine Bestandsaufnahme ausgewählter Grundprobleme, Arbeitspapier Nr. 4 der Wissenschaftlichen Gesellschaft für Marketing und Unternehmensführung e.V., Hrsg.: H. Meffert und H. Wagner, Münster 1982.

Meinig, W., Produktdifferenzierung durch Dienstleistung, in: Marktforschung, 28. Jg., 1984, S. 133–142.

Meissner, H.G., Außenhandelsmarketing, Stuttgart 1981.

Meissner, H.G., Marketing-Controlling für Multinationale Unternehmen, in: Controlling-Praxis: Erfolgsorientierte Unternehmenssteuerung, Hrsg.: T. Reichmann, München 1988, S. 215–221.

Meissner, H.G., Export- und Beteiligungsfinanzierung, in: Handwörterbuch Export und Internationale Unternehmung, Hrsg.: K. Macharzina und M.K. Welge, Stuttgart 1989, Sp. 526–532.

Meissner, H.G., Strategisches internationales Marketing, 2. Aufl., München u. a. 1995.

Meyer, L.W., Multi-Marketing: Eintopf oder nach Art des Landes, in: Absatzwirtschaft, Nr. 3, 1978, S. 82–88.

Meyer, M., Die Beurteilung von Länderrisiken der internationalen Unternehmung, Berlin 1987.

Miller, D., Relating Porter's Business Strategies to Environment and Structure: Analysis and Performance Implications, in: Academy of Management Journal, Vol. 31, No. 2, 1988, S. 280–308.

Mintzberg, H., The Structuring of Organizations, Englewood Cliffs 1979.

Moran, R.T., Riesenberger, J.R., The Global Challenge. Building the New Worldwide Enterprise, London et al. 1994.

Morrison, A.J., Strategies in Global Industries, New York 1990.

Mühlbacher, H., Beutelmeyer, W., Standardisierungsgrad der Marketingpolitik transnationaler Unternehmungen, in: Die Unternehmung, 38. Jg., Nr. 3, 1984, S. 245–257.

Müller, S., Köglmayr, H.-G., Risikoanalysen im internationalen Marketing, Teil 1, in: Planung und Analyse, 14. Jg., Heft 6, 1987, S. 261–265.

Murray, F.T., Murray, A.H., Global Managers for Global Business, in: Sloan Management Review, Vol. 27, Winter 1986, S. 75–80.

Neubauer, F.F., Portfolio-Management, 3. Auflage, Neuwied 1989.

Nieschlag, R., Dichtl, E., Hörschgen, H., Marketing, 17. Aufl., Berlin 1994.

o.V., ADAC Motorwelt, Nr. 2, 1993.

o.V., Europas größte Einzelhandelsgruppe durch Beteiligungen gebildet, in: FAZ, Nr. 206, 6.9.1989, S. 19.

o.V., Made in Germany, TBWA-Studie zum Hohen Lied der deutschen Wertarbeit, in: Der Kontakter vom 02.09.1996a, S. 1–6.

o.V., Rewe ist Europas größter Lebenmittelhändler, in: Frankfurter Allgemeine Zeitung vom 14.1. 1996b, S. 22

o.V., Seinen Palio sieht Fiat als das erste richtige Weltauto an, in: Frankfurter Allgemeine Zeitung vom 01.08.1996c, S. 14.

o.V., Statt made in Germany made by Mercedes-Benz, in: Die Welt vom 02.11.1994, S. 15.

Ohmae, K., Macht der Triade, Wiesbaden 1985.

Onkvisit, S., Shaw, J.S., Standardized International Advertising: A Review and Critical Evaluation of the Theoretical and Empirical Evidence, in: Columbia Journal of World Business, Fall 1987, S. 43–55

Ouchi, W.G., Johnson, G.B., Types of Organizational Control and their Relationship to Emotional Well-Being, in: Administrative Science Quarterly, Vol. 23, No. 2, 1978, S. 293–317.

Ouchi, W.G., Theory Z, Reading 1981.

Ott, M.C., Virtuelle Unternehmensführung: zukunftsweisender Ansatz im Wettlauf um künftige Markterfolge, in: Office Management, Heft 7–8, 1996, S. 14–17.

Papadopoulos, N., What product and country images are and are not, in: Product-Country Images: Impact and Role in International Marketing, Hrsg.: N. Papadopoulos, Binghamton 1993, S. 3–38.

Pausenberger, E., Controlling internationaler Unternehmungen, in: Strategische Führung internationaler Unternehmen: Paradoxien, Strategien und Erfahrungen, Hrsg.: J. Engelhard, Wiesbaden 1996, S. 179–198.

Perlmutter, H.V., The Tortuous Evolution of the Multinational Corporation, in: Columbia Journal of World Business, No. 4, 1969, S. 9–18.

Perridon, L., Steiner, M., Finanzwirtschaft der Unternehmung, 8. Aufl., München 1995.

Picot, A., Reichwald, R., Wigand, R.T., Die grenzenlose Unternehmung: Information, Organisation und Management, Wiesbaden 1996.

Pitts, R.E., Latour, M.S., Snook-Louther, D.C., Eroticism in Advertising, in: Werbeforschung und Praxis, Nr. 2, 1991, S. 57–64.

Plummer, J.T., Consumer Focus in Cross-National Research, in: Consumer Behavior and Marketing Action, Hrsg.: H. Assael, Boston 1984, S. 323 ff.

Porter, M.E., Wettbewerbsstrategie, 7. Aufl., Frankfurt a. M. und New York, 1992.

Porter, M.E., Competition in Global Industries: A Conceptual Framework, in: Competition in Global Industries, Hrsg.: M.E. Porter, Boston 1986.

Porter, M.E., Der Wettbewerb auf globalen Märkten: Ein Rahmenkonzept, in: Globaler Wettbewerb, Hrsg.: M.E. Porter, Wiesbaden 1989, S. 17–68.

Porter, M.E., The Competitive Advantage of Nations, London 1990.

Porter, M.E., Nationale Wettbewerbsvorteile, Sonderausg., Wien 1993.

Porter, M.E., Fuller, M.B., Koalitionen und globale Strategien, in: Globaler Wettbewerb, Hrsg.: M.E. Porter, Wiesbaden 1989, S. 363–399.

Prahalad, C.K., The Strategic Process in a multinational corporation, Boston 1975.

Prahalad, C.K., Doz, Y.L., The Multinational Mission, New York 1987.

Preece, S., Fleisher, C., Toccacelli, J., Building a Reputation Along the Value Chain at Levi Strauss, in: Long Range Planning, Vol. 28, No. 6, 1995, S. 88–98.

Prick, H.-J., Warum Line Extension für Nivea?, in: Brand News, Wie Namen zu Markennamen werden, Hrsg.: M. Gotta, Hamburg 1988, o.S..

Pues, C., Marktorientierte Unternehmensführung in Osteuropa: Eine Bestandsaufnahme, Arbeitspapier Nr. 76 der Wissenschaftlichen Gesellschaft für Marketing und Unternehmensführung e.V., Hrsg.: H. Meffert, H. Wagner und K. Backhaus, Münster 1993.

Pues, C., Markterschließungsstrategien bundesdeutscher Unternehmen in Osteuropa, Wien 1994.

Quelch, J.A., Markenwertentwicklung in internationalen Märkten, Zusammenfassung des Vortrags von Professor J.A. Quelch, Harvard Business School, in: International Brand Management, Dokumentation des Workshops vom 1. Dezember 1995, Arbeitspapier Nr. 103 der Wissenschaftlichen Gesellschaft für Marketing und Unternehmensführung e.V., Hrsg.: H. Meffert, H. Wagner, K. Backhaus, Münster 1996, S. 4–20.

Quelch, J.A., Hoff, E.J., Globales Marketing: nach Maß, in: Harvard Manager, Heft 4, 1986, S. 107–117.

Quelch, J.A., Joachimsthaler, E., Nueno, J.L., After the Wall: Marketing Guidelines for Eastern Europe, in: Sloan Management Review, Winter 1991, S. 82–93.

Quelch, J.A., Klein, L.R., The Internet and International Marketing, in: Sloan Management Review, Spring 1996, S. 60 – 75.

Raffée, H., Kreutzer, R., Ansätze zur Erfassung von Länderrisiken in ihrer Bedeutung für Direktinvestitionsentscheidungen, in: Internationale und nationale Problemfelder der Betriebswirtschaftslehre, Hrsg.: C. von Katzfleisch und B. Kaluza, Berlin 1984, S. 27–63.

Raffée, H., Kreutzer, R., Organisatorische Verankerung als Erfolgsbedingung eines Global Marketing, in: Thexis, Heft 3/2, 1986, S. 10–21

Raffée, H., Wiedmann, K.-P., Strategisches Marketing, Stuttgart 1985.

Raffée, H., Wiedmann, K.-P., Marketingumwelt 2000. Gesellschaftliche Mega-Trends als Basis einer Neuorientierung von Marketing-Praxis und Marketing-Wissenschaft, in: Marketing 2000: Perspektive zwischen Theorie und Praxis, Hrsg.: Chr. Schwarz, 2. Aufl., Wiesbaden 1989, S. 185–209.

Rasche, C., Wettbewerbsvorteile durch Kernkompetenzen: ein ressourcenorientierter Ansatz, Wiesbaden 1994, zugl. Bayreuth, Univ., Diss., 1994.

Reeves, R.K., Woodward, J., The Study of Managerial Control, in: Industrial Organization: Behaviour and Control, Hrsg.: Woodward, J., London 1970, S. 37–56.

Reichel, G., How can Marketing be Successfully Standardized for the European Market, in: European Journal of Marketing, Vol. 23, No. 7, 1989, S. 60–67.

Reineke, R.-D., Akkulturation von Auslandsakquisitionen, Wiesbaden 1989.

Remmerbach, K.-U., Markteintrittsentscheidungen, Wiesbaden 1988.

Rice, G., Mahmoud, E., Internationale Datenbanken, in: Handwörterbuch Export und Internationale Unternehmung, Hrsg.: K. Macharzina und M.K. Welge, Stuttgart 1989, Sp. 267–276.

Ricks, D.A., How to Avoid Business Blunders Abroad, in: International Marketing: Managerial Perspectives, Hrsg.: S.C. Jain und L.R. Tucker, Boston 1986, S. 107–121.

Ricks, D.A., How to Avoid Business Blades abroad, in: International Marketing Management, Hrsg.: A. Reader, D.M. Andres u. a., Bessenne 1988, S. 89–98.

Riesenbeck, H., Globale Marken: wie global sind sie wirklich? in: Markenartikel, 56. Jg., Nr. 7, 1994, S. 328–334.

Rijkens, R., European advertising strategies. The profiles and policies of multinational companies operating in Europe, London, New York 1994.

Ritsema, H., Piest, B., Tele-Marketing: The Case for (Self-)Regulation?, in: European Management Journal, Vol. 8, No. 1, March 1990, S. 63–66.

Roth, K., Morrison, A.J., An Empirical Analysis of the Integration-Responsiveness Framework in Global Industries, in: Journal of International Business Studies, Vol. 21, No. 4, 1990, S. 541–564.

Rueß, A., Eigenes Profil, in: Wirtschaftswoche vom 22.06.1995, S. 58–65.

Rühli, E., Zielsystem der internationalen Unternehmung, in: Handwörterbuch Export und Internationale Unternehmung, Hrsg.: K. Macharzina und M.K. Welge, Stuttgart 1989, Sp. 2315–2331.

Rummel, A., Auslandsmessen, in: Handwörterbuch Export und Internationale Unternehmung, Hrsg.: K. Macharzina und M.K. Welge, Stuttgart 1989, Sp. 83–94.

Rüschen, G., Internationale Nestlé-Strategie und -Organisation, in: Internationales Management – Erfahrungen im Auslandsgeschäft, Arbeitspapier Nr. 17 der Wissenschaftlichen Gesellschaft für Marketing und Unternehmensführung e.V., Hrsg.: H. Meffert und H. Wagner, Münster 1984, S. 47–61.

Sack, R., Product Placement im Fernsehen, in: Marketing, Nr. 3, 1987, S. 196–200.

Schanz, C., Organisationsgestaltung, 2. Aufl., München 1994.

Scharrer, E., Qualität – ein betriebswirtschaftlicher Faktor?, in: Zeitschrift für Betriebswirtschaft, 43. Jg., Nr. 6, 1991, S. 695–720.

Scheuch, F., Distributionspolitik, in: Handwörterbuch Export und Internationale Unternehmung, Hrsg.: K. Macharzina und M.K. Welge, Stuttgart 1989, Sp. 349–361.

Schiemenz, B., Schönert, O., Anforderungen an Informations- und Kommunikationssysteme im internationalen Unternehmensverbund, in: Handbuch Internationales Management, Hrsg.: K. Macharzina, M.-J. Oesterle, Wiesbaden 1997, S. 923–949.

Schiffmann, L.G., Dillon, W.R., Ngumah, F.E., The Influence of Subcultural and Personality on Consumer Acculturation, in: Journal of International Business Studies, Vol. 12, Fall 1981, S. 137–143.

Schill, G., Verbundgeschäft Projektfinanzierung und Kooperation als Finanzierungsinstrumente im Maschinen- und Anlagenexport, Frankfurt 1988.

Schneider, D.J.G., Distributionspolitik und Vertriebswege bei internationaler Unternehmenstätigkeit, in: Handbuch der internationalen Unternehmenstätigkeit, Hrsg.: N. Kumar und H. Haussmann, München 1992, S. 736–755.

Schneider, S., National versus Corporate Culture: Implications for Human Resource Management, INSEAD Working Paper, Fontainebleau 1988.

Schoppe, S.G., Kompendium der internationalen Betriebswirtschaftslehre, 3. Aufl., München 1994.

Schopphoven, G., Marktforschung für das internationale Marketing, in: Jahrbuch der Absatz- und Verbraucherforschung, 37. Jg., Nr. 39, 1991, S. 28–42.

Schuster, F., Countertrade professional, Wiesbaden 1988.

Schütte, H., Henkel Asia-Pacific, Case No. 09/94–4390 of the INSEAD-Euro-Asia Centre, Fontainebleau 1994.

Segler, K., Basisstrategien im internationalen Marketing, Mannheim 1986.

Seitz, K., Die japanisch-amerikanische Herausforderung, 2. Aufl., München 1991.

Sherman, H.C., Globalisierung: Transnationale Unternehmen auf dem Vormarsch, in: Ifo Schnelldienst, 49. Jg., 14.08.1996, S. 3–13.

Shoham, A., Rose, G.M., Albaum, G.S., Export Motives, Psychological Distance, and the EPRG Framework, in: Journal of Global Marketing, Vol. 8, Nr. 3/4, 1995, S. 9.

Siegwart, H., Kennzahlen für die Unternehmensführung, 4. Aufl., Bern u. a. 1992.

Simon, H., Wettbewerbsvorteile und Wettbewerbsfähigkeit, Stuttgart 1988.

Simon, H., Markteintrittsbarrieren, in: Handwörterbuch Export und Internationale Unternehmung, Hrsg.: K. Macharzina und M.K. Welge, Stuttgart 1989, Sp. 1441–1453.

Simon, H., Wiese, C., Europäisches Preismanagement, in: Marketing Zeitschrift für Forschung und Praxis, Nr. 4, 1992, S. 246–256.

Simon, H., Kucher, E., The European Pricing Time-Bomb: And How to Cope with it, in: European Management Journal, Vol. 10, No. 2, June 1992, S. 136–145.

Sorenson, R.Z., Wiechmann, U.E., How Multinationals View Marketing Standardization, in: Harvard Business Review, Vol. 53, No. 3, 1975, S. 38–54 und 166.

Specht, G., Distributionsmanagement, 2. Aufl., Stuttgart u. a. 1992.

Srinivasa Rangan, U., Yoshino, M.Y., Forging Alliances: A Guide to Top Management, in: Columbia Journal of World Business, Fall 1996, S. 6–13.

Stahr, G., Risiken im Auslandsgeschäft und Maßnahmen zu ihrer Absicherung, in: Wirtschaftswissenschaftliches Studium, 1981, S. 115–118 und S. 167–171.

Stahr, G., Strategische Internationale Unternehmensführung, Stuttgart 1989.

Stahr, G., Internationales Marketing, 2. Aufl., Ludwigshafen 1993.

Stahr, G., Schrittweise zu erfolgreichen Segmenten, in: Absatzwirtschaft, 1985, S. 60–67.

Stalk, G., Zeit – die entscheidende Waffe im Wettbewerb, in: Strategie: Die brillanten Beiträge der weltbesten Experten, Hrsg.: C.A. Montgomery, M.E. Porter, Wien 1996, S. 43–65.

Stalk, C., Hout, Th.M., Zeitwettbewerb: Schnelligkeit entscheidet auf den Märkten der Zukunft, Frankfurt 1990.

Statistisches Jahrbuch 1996 für die Bundesrepublik Detuschland, Hrsg.: Statistisches Bundesamt, Wiesbaden 1996.

Steffenhagen, H., Wirkungen absatzpolitischer Instrumente, Stuttgart 1978.

Stegmüller, B., Internationale Marktsegmentierung als Grundlage für internationale Marketing-Konzeptionen, Bergisch-Gladbach, Köln 1995a.

Stegmüller, B., Internationale Marktsegmentierung, in: Jahrbuch der Absatz- und Verbrauchsforschung, 41. Jg., Nr. 4, 1995b, S. 366–386.

Steinmann, H., Internationalisierung der mittelständischen Unternehmungen, in: Handwörterbuch Export und Internationale Unternehmung, Hrsg.: K. Macharzina und M.K. Welge, Stuttgart 1989, Sp. 1508–1520.

Stock, J.R., Labert, D.M., Physical Distribution Management, in: International Marketing Management, Hrsg.: D.M. Andrus et al., 1988, S. 278–291.

Stopford, I.M., Wells, L.T., Managing the Multinational Enterprise, New York 1972.

Stössel, R., Finanzierungsformen im Exportgeschäft, in: Exporte als Herausforderung für die deutsche Wirtschaft, Hrsg.: E. Dichtl und O. Issing, Köln 1984, S. 335–368.

Straus, M.A., Phenomenal Identity and Conceptual Equivalence of Measurement in Cross National Comparative Research, in: Journal of Marriage and the Family, Vol. 31, No. 2, 1969, S. 233–239.

Sullivan, D., Measuring the Degree of Internationalization of a Firm, in: Journal of International Business Studies, Vol. 25, No. 2, 1994, S. 325–342.

Szyperski, N., Winand, U., Duale Organisation: Ein Konzept zur organisatorischen Interpretation der strategischen Geschäfsplanung, in: Zeitschrift für Betriebswirtschaftf, 31. Jg., 1979, S. 195–205.

Taucher, C., Der dornige Weg strategischer Allianzen, in: Harvard Manager, Heft 3, 1988, S. 86–91.

Teece, D.J., Transaction Cost Economics and the Multinational Enterprise: An Assessment, in: Journal of Economic Behaviour and Organization, Vol. 7, 1986, S. 21–45.

Theuerkauf, I., Reshaping the Global Organization, in: The McKinsey Quarterly, Nr. 3, 1991, S. 102–119.

Tiemann, K., Der Freiraum einer deutschen Edelmarke unter französischer Regie, in: Absatzwirtschaft, Sonderheft Oktober 1991, S. 104–109.

Tietz, B., Internationale Marktforschung, in: Handwörterbuch Export und Internationale Unternehmung, Hrsg.: K. Macharzina und M.K. Welge, Stuttgart 1989, Sp. 1453–1468.

Toyne, B., Walters, D.G.P., Global Marketing Management, Englewood Cliffs 1990.

Toyne, B., Walters, P.G.P., Global Marketing Management, 2. Aufl., Boston u. a. 1993.

Triandis, H.C., Marin, G., Etic plus Emic versus Pseudoetic: A Test of Basic Assumptions of Contemprary Cross-Cultural Psychology, in: Journal of Cross-Cultural Psychology, 14. Jg., Nr. 4, 1983, S. 489–509

Turner, I., Henry, I., Managing International Organisations: Lessons from the Field, in: European Management Journal, Nr. 4, 1994, S. 417–431.

Übleis, H.-P., Das absatzpolitische Instrumentarium der multinationalen Unternehmung, Gernsbach 1976.

Ulrich, P., Fluri, E., Management, 7. Aufl., Bern und Stuttgart 1995.

UNCTAD, World Investment Report, o.O., 1992 und 1995.

Vaubel, D.W., Methoden des Markteintritts in Japan, in: Markteintritt in Japan, Hrsg.: H. Simon, Wiesbaden 1986, S. 75–98.

Veitengruber, D.K., Trends im Handel auf dem Weg zum einheitlichen Europa, in: Marktforschung & Management, Nr. 6, 1992, S. 193–197.

Voß, H., Internationale Wettbewerbsstrategien, Bayreuth 1989.

Walldorf, E.G., Auslandsmarketing: Theorie und Praxis des Auslandsgeschäfts, Wiesbaden 1987.

Walldorf, E.G. Die Wahl zwischen unterschiedlichen Formen der internationalen Unternehmer-Aktivität, in: Handbuch der internationalen Unternehmenstätigkeit, Hrsg.: N. Kumar und H. Haussmann, München 1992, S. 447–470.

Waltermann, B., Internationale Markenpolitik und Produktpositionierung, Wien 1989.

Walters, M., Marktwiderstände und Marketingplanung, Wiesbaden 1984.

Walters, P.G.P., Toyne, B., Product Modification and Standardization in International Markets. Strategic Options and Facilitating Policies, in: Columbia Journal of World Business, Winter 1989, S. 37–44.

Weber, J., Controlling in international tätigen Unternehmen, München 1991.

Weinberg, P., Erlebnismarketing, München 1992.

Weinberger, M., Madden, Ch.S., Humor in Advertising: A Practicous View, Journal of Advertising Research, Vol. 24, No. 4, 1984, S. 23–29.

Weiss, S.E., Creating the GM-Toyota joint-venture: a case in complex negotiation, in: Columbia Journal of World Business, Nr. 2, 1987, S. 23–37.

Welge, M.K., Management in deutschen multinationalen Unternehmungen, Stuttgart 1980.

Welge, M.K., Die effiziente Gestaltung der Mutter-Tochter-Beziehungen in deutschen multinationalen Unternehmungen, in: Internationales Management, Hrsg.: E. Pausenberger, Stuttgart 1981, S. 45–77.

Welge, M.K., Die Führung von Betriebseinheiten im Ausland aus organisatorischer Sicht, in: Exporte als Herausforderung für die deutsche Wirtschaft, Hrsg.: E. Dichtl und O. Issing, Köln 1984, S. 369–395.

Welge, M.K., Koordinations- und Steuerungsinstrumente, in: Handwörterbuch Export und Internationale Unternehmung, Hrsg.: K. Macharzina und M.K. Welge, Stuttgart 1989, Sp. 1182–1191.

Welge, M.K. (Hrsg.): Globales Management, Stuttgart 1990.

White, R.E., Poynter, T.A., Organizing for worldwide advantage, in: Managing the global firm, Hrsg.: C.A. Bartlett, Y. Doz und G. Hedlund, London und New York 1990, S. 95–113.

Whitelock, J.M., Global Marketing and the Case for International Product Standardization, in: European Journal of Marketing, Vol. 21, No. 9, 1987, S. 32–44.

Wiechmann, U., Integrating multinational market activities, in: Columbia Journal of World Business, Winter 1974, S. 7–16.

Wilkes, F.M., Capital budgeting technologies, London 1977.

Williamson, O.E., Markets and Hierarchies, Analysis and Antitrust Implications: A Study in the Economies of International Organization, New York 1975.

Wind, Y., Douglas, S.P., Comparative Consumer Research: The Next Frontier?, in: Management Decision, Vol. 20, No. 4, 1982, S. 24–35.

Woesler-de Panafieu, Ch., Vision ,92: Der Euro-Verbraucher: Sozio-Kulturelle Zielgruppen als Basis globalen Marketings, in: Europa 1992: Grenzenloser Wettbewerb in einem grenzenlosen Markt?, Hrsg.: Nürnberger Akademie für Absatzwirtschaft, Nürnberg 1988, S. 53–69.

Wolf, J., Internationales Personalmanagement. Kontext, Bedingungen, Erfolg, Wiesbaden 1994.

Yip, G.S., Global Strategy... In a World of Nations?, in: Sloan Management Review, Fall 1989, S. 29–41.

333

Yip, G.S., Die globale Wettbewerbsstrategie: weltweit erfolgreiche Geschäfte, Wiesbaden 1996.

Yip, G.S., Loewe, P.M., Yoshino, M.Y., How to Take Your Company to the Global Market, in: Columbia Journal of World Business, Winter 1988, S. 37–48.

Yoshino, M.Y., Japan's Multinational Enterprises, Cambridge 1976.

Zenoff, D.B., Zwick, G., International Financial Management, Englewood Cliffs 1969.

Zentes, J., Lubitz, S., Freier Warenverkehr im EG-Binnenmarkt vor dem Hintergrund der Maastricher Beschlüsse, in: Marketing Zeitschrift für Forschung und Praxis, 14. Jg., Heft 4, 1992, S. 227–232.

Ziener, M., Controlling in multinationalen Unternehmen, Landsberg 1985.

Zimmermann, A., Spezifische Risiken des Auslandsgeschäftes, in: Exporte als Herausforderung für die deutsche Wirtschaft, Hrsg.: E. Dichtl, Köln 1984, S. 105–139.

Zschiedrich, H., Die Wirtschaften Mittel- und Osteuropas auf dem Weg in die EG, in: Osteuropa-Wirtschaft, Heft 3, 1992, S. 201–214.

Zünd, A., Kontrolle und Revision in der multinationalen Unternehmung, Bern und Stuttgart 1992, S. 913–930.

Abkürzungsverzeichnis

AKA	Ausfuhrkredit-Anstalt
APEC	Asean-Pacific Economic Cooperation
BDI	Bundesverband der Industrie
BfAI	Bundesstelle für Außenhandelsinformationen
BFuP	Betriebswirtschaftliche Forschung und Praxis
Cal.	California
CJoWB	Columbia Journal of World Business
DBW	Die Betriebswirtschaft
EG / EU	Europäische Gemeinschaft / Europäische Union
F&E	Forschung und Entwicklung
GATT	General Agreement on Tariffs and Trade
HBR	Harvard Business Review
Ill.	Illinois
JIBS	Journal of International Business Studies
JoM	Journal of Marketing
Mass.	Massachusetts
Mich.	Michigan
NAFTA	North American Free Trade Area
RGW	Rat für Gegenseitige Wirtschaftshilfe
SMJ	Strategic Management Journal
ZfB	Zeitschrift für Betriebswirtschaft
ZfbF	Zeitschrift für betriebswirtschaftliche Forschung
ZfO	Zeitschrift für Organisation

Abbildungsverzeichnis

Stichwortregister